5.50!

Harlene Anderson

Das therapeutische Gespräch

**Der gleichberechtigte Dialog
als Perspektive der Veränderung**

Aus dem amerikanischen Englisch
von Georgia Hanenberg

Klett-Cotta

Klett-Cotta
Die Originalausgabe erschien unter dem Titel
„Conversation, Language, and Possibilities. A Postmodern Approach to Therapy"
im Verlag Basic Books, New York
© 1997 by Basic Books
Für die deutsche Ausgabe
© J. G. Cotta'sche Buchhandlung Nachfolger GmbH, gegr. 1659
Stuttgart 1999
Fotomechanische Wiedergabe nur mit Genehmigung des Verlages
Printed in Germany
Schutzumschlag: heffedesign, Rodgau
Gesetzt aus der 10,5 Punkt Weidemann,
auf holz- und säurefreiem Werkdruckpapier gedruckt
und in Fadenheftung gebunden
von Freiburger Graphische Betriebe, Freiburg i. Breisgau
Einbandmaterial: Garantleinen

Die Deutsche Bibliothek – CIP-Einheitsaufnahme
Anderson, Harlene:
Das therapeutische Gespräch : der gleichberechtigte Dialog als Perspektive der
Veränderung / Harlene Anderson. Aus dem amerikan. Engl. von Georgia Hanenberg. –
Stuttgart : Klett-Cotta, 1999
Einheitssacht.: Conversation, language, and possibilities <dt.>
ISBN 3-608-91978-3

*Zum Gedenken an Harold A. Goolishian – Freund, Kollege und Mentor –, der mich und so viele andere inspiriert hat,
und für meine Gesprächspartner – in Nordnorwegen, am Houston-Galveston-Institut und im Therapiezimmer –, die dieses Buch möglich gemacht haben.*

Inhalt

Geleitwort		9
Vorwort zur deutschen Ausgabe		16
Vorwort		21
Danksagung		25

Teil I: **Raum schaffen:**
Die Wechselbeziehung zwischen
Theorie und Praxis — 27

Kapitel 1: Weniger beengende Räume: Von den Traditionen der Moderne zu postmodernen Möglichkeiten — 38

Teil II: **Kollaborative Sprachsysteme,**
Beziehungen und Prozesse entstehen lassen:
Partner im Dialog — 61

Kapitel 2: Die Bühne bereiten — 75
Kapitel 3: Therapeutische Systeme als sprach- und sinnbildende Strukturen — 87
Kapitel 4: Eine philosophische Haltung: Position, Expertentum und Verantwortung des Therapeuten — 113
Kapitel 5: Therapie als dialogisches Gespräch — 131
Kapitel 6: Klientenstimmen: Praktische Ratschläge von den Experten, wie man dialogische Gespräche und kollaborative Beziehungen herstellt — 159
Kapitel 7: Ein kleiner Einblick in eine Geschichte von der guten und der schlechten Mutter — 200

| *Teil III:* | *Die Suche nach Bedeutung in der Bedeutung* | 229 |

| Kapitel 8: | Wissen und Sprache | 238 |
| Kapitel 9: | Selbst: Erzählung, Identität und Handlungsfähigkeit | 248 |

| Rückblick und Ausblick | 275 |

Anmerkungen	279
Bibliographie	285
Register	304

Geleitwort

Dann und wann erscheint ein Buch, das über sich selbst hinauswächst. Harlene Andersons *Das therapeutische Gespräch* gibt der außergewöhnlichen Leistung jener Menschen Ausdruck, mit denen sie im Lauf der Jahre zusammengearbeitet hat, darunter der verstorbene und schmerzlich vermißte Harold Goolishian, ihr langjähriger Mit-Arbeiter.. Harry hat nie selbst ein Buch geschrieben, aber in diesem ist er ebenso präsent wie die vielen Therapeuten, die einen Beitrag zu den hier dargelegten Ideen geleistet haben oder von ihnen beeinflußt wurden. Anderson gleicht einer begabten Malerin, die nicht nur für ihre eigenen Arbeiten, sondern gleich für das Werk einer ganzen Gemeinschaft eine wunderschöne Galerie gebaut hat.

Zugleich stellt dieses Buch aber auch eine außergewöhnliche Leistung von Anderson allein dar. Sie hat es sich zur Aufgabe gemacht, eine beängstigend schwierige Geistesströmung – die Theorie der Postmoderne – zu sichten, und hat dabei herausgearbeitet, wie einzelne Elemente dieser Theorie und der als Reaktion darauf zu verstehende kollaborative Therapieansatz zusammenhängen. Bei diesem Bemühen beruft sich Anderson auf einen umfassenderen philosophischen Diskurs, der hauptsächlich akademisch war, und erst in jüngster Zeit allmählich auch Anwendungsgebiete beeinflußt.

Bis vor kurzem hat sich die traditionelle Philosophie Westeuropas als über allen anderen Diskursen stehend und nicht als kulturgebundenes Gedankengebäude wie andere auch betrachtet. Die aus der Philosophie hervorgegangene Psychologie hat sich ähnliches angemaßt. So wie die Medizin versucht hat, die kausalen Zusammenhänge bei körperlichen Krankheiten aufzudecken, so haben die Experten für psychische Krankheiten für sich beansprucht, die Ursachen für seelisches Leid zu kennen. Gegen diesen wissenschaftlichen Positivismus haben sich die postmodernen Kritiker gewandt, ganz besonders im Hinblick auf „weiche" Wissenschaften wie die Psychologie.

Anderson beginnt auf der menschlichen Ebene, mit der Darstellung einer Episode unter dem Titel „Wenn meine Geschichte von Nutzen sein kann", dem tiefempfundenen Brief einer Mutter an die Fachleute, die ihrer Familie und den beiden anorektischen Töchtern zu helfen versucht haben. Anläßlich eines Workshops in Schweden begegnete Anderson dieser Familie, die daran verzweifelte, jemals einen Fachmann zu finden, der ihnen zuhören und ihre Ansichten berücksichtigen würde. Der Rest des Buches ist im Grunde ihre Antwort auf diesen Brief.

Es ist auch die Antwort auf einen Brief, den ich selbst schon lange im Geiste verfaßt hatte. Meine eigenen Erfahrungen mit der Familientherapie (sie studierend und nutzend) – die ich inzwischen unter der Rubrik „relationale Therapien" einordne – lähmten mich oft und gaben mir das Gefühl, unfähig zu sein. Voller Selbstironie pflegte ich nach einer „Therapie für Gebrechliche" zu fragen. Aufgrund dieser Unzufriedenheit landete ich schließlich bei der Psychologin Carol Gilligan (1982) und ihrem Konzept der „anderen Stimme" von Frauen. Keineswegs der Meinung, diese Stimme mit ihrem Nachdruck auf Verbundenheit und Auftrag für ein „Ethos der Fürsorglichkeit" sei auf Frauen beschränkt, begann ich mir Gedanken darüber zu machen, wie man sie in einem von so vielen Frauen gewählten Arbeitsgebiet als gültige therapeutische Haltung einführen könnte.

An der Arbeit von Anderson und Goolishian konnte ich in den letzten zehn Jahren beobachten, daß sie ähnlich viel Wert darauf legten, mit den Leuten wirklich in Kontakt zu kommen. Sie hörten denen, die bei ihnen Rat suchten, aufmerksam zu, wiederholten sinngemäß und baten um Bestätigung. Häufig hörten sie einem einzelnen in Anwesenheit anderer Familienmitglieder zu, als seien sie allein mit ihm. Deutungen waren ebenso selten wie Interventionen. Probleme schienen sich in Luft aufzulösen. Eigentlich verflüchtigte sich unter ihren Händen, was ich als Familientherapie zu bezeichnen gewohnt war.

Ihre Vorstellungen von Therapie waren ungewöhnlich. Sie gehörten zu den ersten auf ihrem Gebiet, die Therapie als bloßes *Gespräch* bezeichneten und sich von dem Gedanken verabschiedeten, man solle als Therapeut nach Pathologischem suchen. Am ketzerischsten aber klang ihre Empfehlung, Therapeuten sollten von einer Position des „Nicht-Wissens" ausgehen. Obwohl ich von den diversen Systemen, Mustern und Strukturen, die die Familientherapie „entdeckt" hatte, fasziniert gewesen war, betrachtete ich diese Artefakte inzwischen als Märchen, allenfalls als Behandlungsstrategien zu gebrauchen, nicht aber als auf Tatsachen beruhend anzusehen. Nun ging ich einen Schritt weiter und fragte mich, ob sie nicht mehr Schaden anrichteten, als sie nützten.

Um uns mit dem philosophischen Kontext ihres kollaborativen Ansatzes vertraut zu machen, zitiert Anderson eine Reihe von Sozialwissenschaftlern, die der

Ansicht sind, wir seien auf dem Weg von einem modernen zu einem postmodernen Paradigma (Gergen, 1994). Auf Descartes und die Aufklärung zurückgehend basiert das moderne Paradigma auf der Überzeugung, daß ein erkennendes Ich/Selbst mittels Vernunft und Erkenntnis eine objektiv verifizierbare Welt verstehen und „manipulieren" kann. Das postmoderne Paradigma gibt die dualistische Trennung zwischen Individuum und Welt auf und begibt sich in einem radikalen Schritt in einen soziolinguistischen Bezugsrahmen. Von der postmodernen Warte aus wird die Wirklichkeit – sogar die sogenannte naturwissenschaftliche – auf gemeinsam betriebenen Sprach-Webstühlen gewirkt.

Die Folgen dieser Umwälzung in den von der Psychologie bevorzugten Überzeugungen sind immens. Anderson gibt einen Überblick über einige der Konzepte, die wie Kegel gefallen sind: das Konzept eines für sich stehenden Selbst/Ich; daß Wörter Dinge in der realen Welt repräsentieren; der Glaube an essentielle Eigenschaften und grundlegende Wahrheiten. Was die Therapie angeht, so zeigt sich, daß dieser Gesinnungswandel die Trennung zwischen Experten und Nichtexperten sowie die darauf aufbauende hierarchische Struktur angreift; die „Stimme des Klienten" bekommt mehr Gewicht, und die Vorstellung von Therapie als „Gesprächspartnerschaft" rückt in den Vordergrund.

Für traditionell behandelnde Therapeuten ist das Schwierigste bei diesem Ansatz, daß der Therapeut eine Position des „Nicht-Wissens" einnehmen soll, was für viele in geradezu lächerlicher Weise ihre behandlungstechnischen Fähigkeiten abzuwerten scheint. „Wenn die Therapie nur ein Gespräch ist", fragen sie „wie kann ich dann Geld dafür verlangen?" Doch handelt es sich dabei um eine ernstgemeinte Aussage, abgestützt durch glaubwürdige philosophische Bezugssysteme. Den sozialen Konstruktionismus – mit der Hypothese, daß es die unabhängige Wirklichkeit „dort draußen" nicht gibt, sondern daß sie durch kollektive Bedeutungserzeugung konstruiert wird – gab es schon, bevor ein starker postmoderner Standpunkt im Bereich der Humanwissenschaften Gestalt annahm; dennoch ist er die Theorie, die am häufigsten zur Erklärung der Realität herangezogen wird. Ähnlich verhält es sich mit der Hermeneutik, der Kunst der Auslegung, die man jüngst wieder ausgegraben hat. Die Dritte im Bunde ist die Narrationstheorie, die davon ausgeht, daß Vorgänge, die Menschen betreffen, erst verständlich werden, wenn man sie in eine Geschichte faßt.

Wenn ich rückblickend zu klären versuche, in welcher Weise die Postmoderne die relationalen Therapien beeinflußt hat, fallen mir drei Bilder ein: die Ringe, der Hochsitz und der Urquell. Lange vor meiner postmodernen Zeit stellte ich mir die

Familientherapie immer wie einen ins Wasser geworfenen Stein vor, der sich ausbreitende Wellenringe erzeugt. Der erste Ring ist natürlich die Familie, und daraus entstand ein neuartiges fachliches Verfahren, die Familientherapie. Ein zweiter Ring ergab sich, als man der professionellen Systeme um die Familie herum gewahr wurde, woraus dann die systemische Therapie hervorging. Beim dritten Ring wird der Einfluß der Gesellschaft und ihrer Anschauungen erkennbar, woraus sich die feministisch orientierte Therapie mit ihrer Kampfansage an das Patriarchat und den Ideen über die gesellschaftlich erzeugte Geschlechterrolle entwickelte.

Inzwischen hat sich ein neuer Ring gebildet, der sich mit den Unterschieden zwischen größeren Kulturkreisen beschäftigt: die dritte und die erste Welt, schwul vs „normal", Ureinwohner vs Kolonisten, usw. Besonders letzterer Ring wurde von dem Narrationstherapeuten Michael White (1995) beleuchtet, der ganz genau beobachtet, mit welchen Vorgehensweisen eine Kultur oder Gruppe andere marginalisiert. Angesichts der Tatsache, daß die Menschen, die uns konsultieren, zunehmend arm sein und aus farbigen Bevölkerungsschichten stammen werden, sind wir einem Ansatz zu großem Dank verpflichtet, der Therapeuten in dieser Hinsicht für ihre eigene Kurzsichtigkeit sensibilisiert.

Allerdings scheint das Bild von den Wellenringen im Wasser eine immer noch zunehmende Quelle des Wissens und der Erkenntnis zu implizieren; daraus könnte leicht geschlossen werden, die narrative Sichtweise, da sie am umfassendsten ist, sei die beste. Entsprechend geht man mit dem Hinweis, eine postmoderne Sichtweise sei besser als eine modernistische, von einer fortlaufenden Entwicklungslinie aus, bei der das neueste Paradigma am höchsten einzuschätzen ist. Zur Vermeidung solch einer strukturellen Voreingenommenheit wende ich mich nun dem Bild vom Hochsitz zu.

In diesem Fall bedeutet der Hochsitz einen außerhalb gelegenen Standort, von dem aus man eine bessere Sicht auf die Stelle hat, wo man sich vorher befand. Er entspricht den Perspektiven der ersten und zweiten Ordnung im Werk von Gregory Bateson (Hoffman, 1990). Es ist eine rein gedankliche Vorstellung; ein solcher Hochsitz ist ein Nicht-Ort, wie der Horizont, oder besser gesagt, der aktuelle Hochsitz in diesem Jahr ist das Dogma des nächsten Jahres. Die Familientherapie war ein Hochsitz, von dem aus man die Mängel der Einzeltherapie erkennen konnte, die systemische Therapie war ein Hochsitz, von dem aus man an der Arbeit mit Familien Kritik üben konnte, und die an den Geschlechterrollen orientierte Therapie war ein Hochsitz, von dem aus die patriarchalische Befangenheit der systemischen Arbeit erkennbar wurde. Die narrative Therapie hat nun einen Hochsitz über den klassen-, rassen- und kulturbezogenen Diskursen gefunden, der es Therapeuten erlaubt, das Entmündigende und die Menschen Einengende solcher Diskurse wahrzunehmen.

Harlene Anderson hat noch einen weiteren Hochsitz zu bieten, nämlich einen erkenntnistheoretischen. Indem sie ein auf die Gemeinschaft ausgerichtetes Sprach-Paradigma einführt, hilft sie den Therapeuten, aus dem am Individuum orientierten Realismus-Paradigma, in dem die Therapie traditionell verankert ist, auszubrechen – keine geringe Leistung. Ironisch beschreibt Walker Percy (1996) die Probleme, die sich ergeben, wenn man versucht, sich der Verwendung eines sprachlichen Bezugsrahmens bewußt zu werden: „Als ob man goldene Brillengläser trägt und versucht, Gold zu sehen."

Interessant ist die Frage, warum gerade die Familientherapie so gut im Entwickeln solcher Aussichtspunkte und folglich im Sich-Verändern wurde – oder ist es umgekehrt? Ich vermute, daß sich dieser Bereich eine Art Widerstand gegen seine eigenen institutionalisierten Autoritäten erworben hat, vielleicht aufgrund seiner Verknüpfung mit Neuerungen in den Natur- und Geisteswissenschaften sowie in der Philosophie, für die Gesellschaftstheoretiker wie Bateson uns die Augen geöffnet haben. Indem dieser Fachbereich in solchen Outsider-Gesprächen periodisch eine Nische für sich gefunden hat, könnte er ein Reflexivitätsgen entwickelt haben, das – aus welchem Grund auch immer – als Reaktion auf neue Leidensortungen regelmäßig aktiviert wird und neue Positionen hervorbringt, aus denen man sie bewältigen kann.

Ich komme nun zu meinem Bild von der Quelle. Es ist für uns nicht leicht, uns über unser Therapeutenselbst im klaren zu sein; noch schwerer ist es, sich während der Therapie jenes Selbsts bewußt zu werden, das sich in das *gemeinsame Unbewußte* oder den *Gemeinschaftsfundus,* wie ich es nenne, ein- und ausklinkt. Ich hatte mit diesem Gedanken jahrzehntelang gerungen und begrüßte nun die Vorstellung, Wissen und Erkenntnis seien keine Hervorbringungen des individuellen Nervensystems, sondern entwickelten sich vielmehr aus dem lebendigen, veränderlichen Bedeutungsgeflecht, in das all unser Tun eingebettet ist.

Ich nenne diese Aktivität *kollaboratives Erkennen* und stehe in John Shotters (1993b) Schuld für seine Beschreibung einer „Erkenntnis der dritten Art", einem Prozeß, der weder im Kopf noch in der Außenwelt stattfindet, sondern beim faktischen und moralischen „gemeinschaftlichen Handeln", wie er es nennt. Shotter verwendet das Beispiel eines Ouijaboards*: die Antwort kann weder vorhergesagt noch gesteuert werden, sondern hängt vom mysteriösen Bewegungsablauf der kleinen Plattform unter der Masse der aufeinanderliegenden Hände ab. Eine andere (meine) Analogie wäre das Erlebnis, wenn man am Strand Tunnels gräbt: wer könnte je den Moment vergessen, wo die letzte Sandwand zerbröckelt und die blind vorwärts tastenden Finger eine andere Hand berühren?

Für mich unterstreichen solche Analogiebildungen den Grund für eine „nichtwissende" Haltung. Wenn sich während eines therapeutischen Gesprächs die Finger nicht berührt haben, gibt es keinen Kanal für einen Austausch. Bis jetzt hat man auf unserem Arbeitsgebiet die Bedeutsamkeit dieses Kanals, und wie er herzustellen ist, weitgehend ignoriert; der von Anderson beschriebene kollaborative Arbeitsstil gibt jedoch zu vermehrter Hoffnung Anlaß, daß man sich in Zukunft um diesen Kommunikationsweg kümmern wird. Das ist es, womit Carl Rogers die Einzeltherapie bereichert hat (wenn auch in einem humanistischen Bezugsrahmen), und was Anderson und Goolishian zu den relationalen Therapien beigetragen haben.

Ich möchte auch den politischen Aspekt im Ansatz von Anderson erwähnen. Nicht so offensichtlich politisch bewegt wie das narrative Modell von White und Epston (1990) (das aus ebendiesem Grund kritisiert wurde), stellt es viele der sozialen und kulturgebundenen Vorurteile richtig, die in den herkömmlichen Therapien verbreitet sind. Fairneß ist ein stetiges Anliegen bei Anderson:

> Gewöhnlich spricht die dominierende gesellschaftlich delegierte professionelle Stimme für die Randgruppen – Minderheiten aufgrund ihres Geschlechts, ihrer wirtschaftlichen Lage, Volkszugehörigkeit, Hautfarbe, Religion oder politischen Überzeugung – und entscheidet, ob eine Therapie angezeigt ist, und wenn ja, welche Art von Therapie und mit welchem Ziel. Teils aus Unkenntnis, teils wissentlich lassen Therapeuten es zu, daß Klienten den Auswirkungen dieses größeren Zusammenhangs zum Opfer fallen, der vor allem patriarchalisch, autoritär und hierarchisch ist.

Eine Therapeutenstimme, die ihren Kontrollimpuls zügelt, das Aufdrängen eines überlegenen Verständnisses vermeidet und gemeinsam gefundene Lösungen zuläßt, scheint mir von extrem politischem Charakter zu sein. Eine solche Stim-

---

* Alphabettafel für spiritistische Sitzungen (A. d. Ü.)

me geht davon aus, anderen nur durch Verrat an der eigenen professionellen Identität Kraft geben zu können – also durch „Loslassen der Macht".

Ich habe die Lektüre dieses Buches sehr genossen, vor allem seine „schwimmenden Inseln": die überall verteilten, rein philosophischen Abhandlungen über die Bedeutung des Selbst, die Natur von Erkenntnis und Wissen sowie die Frage der Veränderung. Besonders dankbar bin ich für Andersons respektvolle Distanz gegenüber der Systemmetapher, die ein so wichtiger Teil meiner eigenen beruflichen Entwicklung war. Sie und Goolishian beziehen sich auf eine „Zwiebeltheorie", und bezeichnen damit die normative Auffassung sozialer Systeme, die der Soziologe Talcott Parsons populär gemacht hat. Im Sinne dieser Analogie sind das Individuum, die Familie und die Sozialgemeinschaft ineinander verschachtelt wie russische Puppen, wobei die kleineren Systeme sich anpassen müssen, damit die Stabilität der größeren gewährleistet ist. Es ist unschwer zu erkennen, daß diese Sichtweise eine Art Komplizentheorie der Pathologie fördert, und der professionell Helfende sich gedrängt sieht, funktionsgestörte Personen und Familien in Stromlinienform zu bringen.

Dankbar bin ich auch für die von Anderson vorgenommene Vereinfachung der klinischen Arbeit. Man findet keine Analysen gestörter Familiengeschichten, keine Untersuchung pathogener Interaktionsmuster, kein kritisches Prüfen von eine Fehlanpassung bedingenden Ansichten. Es gibt auch keinen Fragenkatalog abzuhaken, ein Vorgehen, das mich immer ein wenig an Schäferhunde erinnert, wie sie die ihnen anvertraute Herde in den Pferch treiben. In der Tat erscheint vieles, was lange Zeit für den methodologischen und theoretischen Überbau der Familientherapie typisch war, heute als überholt. Oft greife ich in den Sack „Die größten Hits der Familientherapie", erläutere, warum diese oder jene Methode oder Idee als nützlich galt und biete sie an; ich versuche jedoch daran zu denken, daß ich – mit Unterstützung dieses Buchs – auch Tunnels in den Sand grabe.

Lynn Hoffman

Vorwort zur deutschen Ausgabe

Jedes Gespräch setzt eine gemeinsame Sprache voraus, oder besser: es bildet eine gemeinsame Sprache heraus ...

Verständigung im Gespräch ist nicht ein bloßes Sichausspielen und Durchsetzen des eigenen Standpunktes, sondern eine Verwandlung ins Gemeinsame hin, in der man nicht mehr bleibt, was man war.
Hans-Georg Gadamer

Mit diesem Buch von Harlene Anderson, der langjährigen Wegbegleiterin und kongenialen beruflichen Partnerin Harold A. Goolishians, wird ein neues Kapitel in der Geschichte der Psychotherapie aufgeschlagen. Mit Harry Goolishian zusammen ist Harlene Anderson bereits eine der meistzitierten und bekanntesten Therapeutinnen der sogenannten „systemischen" Szene.

Es gab in der Vergangenheit Bücher, die man als Meilensteine der systemischen Therapie in Deutschland bezeichnen könnte – z. B. Jay Haleys Bücher über Milton Erickson, Steve deShazers kurzzeittherapeutische Arbeiten sowie die Veröffentlichungen des Mailänder Teams. Im engeren Sinne „systemisch" kann man allerdings nur die Arbeiten der Mailänder Gruppe und die Arbeiten Tom Andersens zum Reflektierenden Team nennen. Alle anderen Arbeiten – auch die anderer Arbeitsgruppen – haben die Entwicklung der systemischen Therapie eher von außen beeinflußt, lagen nicht in ihrem Zentrum oder widmeten sich den bereits formulierten Ideen. Harlene Andersons Buch ist ein weiterer Meilenstein, jedoch ein solcher, von dem ich annehme, daß er den Kern der systemischen Therapie berührt und beeinflußt und zudem weit über die systemische Therapie hinausweist. Was ist der Grund?

Was wir[1] bisher nur als Zitate aus persönlichen Gesprächen, Seminaren und aus Artikeln von Harlene Anderson und Harry Goolishian im deutschen Sprachraum durch Übersetzung von Artikeln und in Seminaren bekanntmachen konnten, wird in diesem Buch zusammengefaßt und konzise dargelegt. Da viele der von Harlene Anderson und Harry Goolishian entwickelten Begriffe bereits in die deutsche Therapeutensprache Einzug gehalten haben, teilweise ohne daß man sich auf die beiden Autoren bezieht, wird es höchste Zeit, daß dieses Buch auf deutsch erscheint. Zu den genannten Begriffen und Konzepten gehören beispielsweise: Nicht-Wissen und Nicht-Expertentum als therapeutische Haltung, problemdeterminierte Systeme statt systemdeterminierter Probleme und das therapeutische System als problemorganisierendes/-auflösendes System. Des weiteren werden Sätze und Aphorismen diskutiert wie „ein Problem ist ein Problem, sobald es als Problem benannt wird", „wenn ich wissen will, was ich denke, muß ich sprechen" oder „verstehe nicht zu schnell, falls überhaupt", wie sie von Harlene Anderson und Harry Goolishian in den Diskurs systemischer Therapie eingebracht wurden. In diesem Buch kann man die theoretischen und praktischen Hintergründe für die angeführten Ideen kennen- und verstehen lernen.

Obwohl es ein amerikanisches Buch ist, wird deutlich, daß der zeitgenössischen Hermeneutik und damit auch Gadamer und der deutschen Philosophie eine Reverenz erwiesen wird. Wichtig erscheint mir dabei, daß Harlene Anderson es verstanden hat, den eher text- und theoriebezogenen Ansatz der Hermeneutik auf aktuelle Gespräche zu übertragen und damit für die Praxis der Therapie anwendbar zu machen.

Wovon handelt also dieses Buch? Harlene Andersons besonderes Verdienst besteht darin, daß sie den relationalen und generativen Aspekt von Gesprächen – insbesondere therapeutischen Dialogen – verdeutlicht und verständlich macht. So wird klar, daß jeder Dialog, der die Eigenschaft „transformativ" verdient, auch Änderungen bei den Gesprächspartnern nach sich zieht, weil deren Ich-Erzählungen sich ändern und weil sich ihnen damit neue Handlungsoptionen eröffnen, die ihren Erzählungen zugehören. Daß man diesen therapeutischen Ansatz heutzutage auch „narrativ" nennt, kann als Vernachlässigung der dialogisch-generativen und transformierenden Aspekte therapeutischer Gespräche mißverstanden werden; tatsächlich heißt narrativ in diesem Zusammenhang jedoch, daß die Erzählung sozusagen ein Produkt der Beziehung und damit des Dialogs ist.

Es gibt manche systemische Therapeuten, die Bateson als ihren „Gott" deklarieren, ihm aber im gleichen Atemzug einen Irrtum hinsichtlich seiner Auffassung der Macht als Metapher nachzuweisen suchen. So reklamieren einige systemische Therapeuten für sich ‚Mach', wenn sie versuchen, Klienten in ihrem Sinne therapeutisch zu beeinflussen. Im selben Sinne gibt es heutzutage Therapeuten, die sich auf Anderson (und Goolishian) berufen, aber gleichzeitig therapeutische Interventionen vertreten. Man kann das Bekenntnis vieler Therapeuten zu Macht und/oder Interventionen in ähnlichem Sinne verstehen: Es ist die Position von Experten, die aus einem Wissen heraus handeln und damit Klienten *be*handeln, die dem Wissen und den Handlungsweisen der Experten überlegen sind. Dies trifft leider auch zu, wenn sich heutzutage Experten als ‚kundenorientiert' definieren, weil häufig das, was im Sinne der sogenannten Kunden gehandelt wird, geschieht, ohne daß den Kunden eine Stimme gegeben wird. Da Harlene Anderson weder kundenorientierte Experten noch expertenorientierte Kunden voraussetzt – jedoch beides reflektiert, gibt sie sowohl den Therapeuten als auch den Klienten den Status von Experten; dabei besteht das Expertentum der Profis darin, dialogischen Raum zu schaffen, während sie gleichzeitig von ihren Klienten lernen, die Experten für ihr eigenes Leben sind. Diese lernende Haltung auf therapeutischer Seite ist eine radikale Abkehr vom klassischen Expertentum – dem Expertentum, das den Menschen, die zur Therapie kommen, vorschreibt, wie sie zu leben haben und was sie tun müssen, um zu „gesunden", da sie Experten voraussetzt, die im Besitz eines besseren Wissens und Könnens sind. Man kann Harlene Andersons Ansatz als radikal-kollaborativ[2] bezeichnen, da er auf Partnerschaft und Vertrauen in der Zusammenarbeit zwischen Klienten und Therapeuten setzt und Klienten zur Mitarbeit einlädt. Aber warum nennt sich dieser Ansatz kollaborativ und nicht kooperativ?

Wenn man sich einen wichtigen Bereich der medizinisch-psychologischen Forschung, die Complianceforschung[3] ansieht, so geht es dort hauptsächlich um die Frage, wie man Patienten dazu veranlassen kann, daß sie den Verschreibungen der Ärzte Folge leisten und beispielsweise nicht (sagen wir) 50% der Medikamente, die ihnen verschrieben wurden, wegwerfen. Ziel der Forschung ist es, elegante Formen der Verschreibung und Überredung zu entwickeln, damit Klienten das tun, was Experten für gut befunden haben. Harlene Anderson sieht darin die Idee verkörpert, Patienten zur Kooperation zu überreden, zu manipulieren oder zu zwingen. Sie macht also einen Unterschied zwischen Kollaboration und Kooperation: Kooperation wäre eher eine expertengesteuerte Form der Zusammenarbeit und Kollaboration[4] eher eine freiwillige Form, in der zum gemeinsamen und geteilten Expertentum eingeladen wird, in dem die sogenannten Experten (Fachleute) den Klienten zuhören und von ihnen lernen. Vielleicht werden einige Kolleginnen und Kollegen sich an die Gesprächspsychotherapie nach Rogers erinnert fühlen – und in der Tat wird Harlene Anderson bei ihren Workshops in Deutschland immer wieder gefragt, was der Unterschied zwischen ihrer Therapie und der von Rogers sei. Man kann die Frage vielleicht wie folgt beantworten[5]: Vom Stil her gibt es einige Ähnlichkeiten, Harlene Anderson greift jedoch nicht auf pathologische und/oder tiefenpsychologische Konzeptionen (in Andersons Sprache „inhaltliches Expertentum") zurück, wenn sie das Verhalten ihrer Klienten erklären soll. Darüber hinaus ist die personelle Zusammensetzung in den einzelnen Sitzungen in Absprache mit den Klienten variabel und nicht als Einzel-, Paar- oder Familientherapie von Expertenseite her planbar.

Soweit Andersons therapeutische Praxis in Deutschland bereits bekannt ist, wird ihr von Kritikern vorgeworfen, sie sei zu wenig effektiv – dies geschieht meist vor dem Hintergrund, daß erfolgreiche Therapie etwas Auffälliges, fast Großartiges und Interventionistisches an sich haben müsse, um wirksam zu sein. Eine solche Art von Therapie oder Beratung ist Andersons dialogische Praxis nicht; sie ist eher bescheiden, unauffällig und kommt dem Ideal eines Alltagsgesprächs am nächsten. Zwar fehlen sogenannte empirische Wirksamkeitsnachweise, doch ist mir aus persönlicher Erfahrung aus Konsultationen und Therapien von Harlene Anderson in Deutschland und den USA kein therapeutischer Ansatz bekannt, der bei den Klientensystemen und den beteiligten Fachleuten höhere Zustimmung und Nützlichkeitseinschätzungen bekäme.

Zum Abschluß noch ein paar Worte zum Verständnishintergrund ihrer Praxis: Harlene Anderson wendet sich ausdrücklich von Theorien ab, die ihren Ursprung in technologischen und biologischen Forschungen haben – dazu gehören u. a. Kybernetik, Systemtheorie, Konstruktivismus und die modernistische Sprache im allgemeinen. Sie bezeichnet ihr Verständnis und ihre Praxis von Therapie als postmodern, relational und den Ideen des sozialen Konstruktionismus nahe. Damit ist gemeint, daß sie sich von den Ideen abwendet, die menschliche Kommunikation durch Metatheorien und logisch widerspruchsfreie Gedankengebäude, die sich einer technologischen Sprache verpflichtet fühlen, zu erklären versuchen. Sie betrachtet den wissenschaftlichen, therapeutischen oder auch alltäglichen Diskurs als einen solchen, der von vielen gleichberechtigten Stimmen getragen wird. Dabei spielen die Formen der Gespräche und Dialoge, die miteinander und zwischen den Einzelpersonen entwickelt werden, die wichtigste Rolle.

Damit erweist sich Harlene Anderson als eine Autorin, die kein konstruktivistisch-kybernetisches Vokabular verwendet und damit in modernistischer Praxis steckenbleiben würde, sondern als eine Therapeutin, die mit ihren Klienten zusammen eine Praxis entwickelt, die in dieser Zusammenarbeit ihre Kohärenz findet.

Harlene Anderson gehört zusammen mit Harry Goolishian zu den Therapeuten, die mich in den letzten zwölf Jahren am stärksten beeinflußt haben. Dies liegt vor allem daran, daß Andersons Praxis und die Weise, wie sie darüber schreibt und spricht, nahe beieinander liegen. Mit anderen Worten: Ihre postmoderne Sprache entspricht ihrer Praxis.

Die vorliegende Arbeit ist für mich eines der bedeutendsten und wichtigsten Bücher, die im Bereich der Psychotherapie in den letzten zehn Jahren erschienen sind.

Marburg, im Frühjahr 1999 *Klaus G. Deissler*

Vorwort

Eines der wichtigsten Kennzeichen des Lebens ist das Gespräch. Wir sind ständig miteinander und mit uns selbst im Gespräch. In Gesprächen gestalten wir die Erlebnisse und Ereignisse in unserem Leben immer wieder neu; wir stellen immer wieder neue Bedeutung und neues Verständnis her, und wir konstruieren unsere Wirklichkeit und uns selbst immer wieder neu. Manche Gespräche verbessern unsere Möglichkeiten, andere mindern sie. Wenn sich die Möglichkeiten ausweiten, bekommen wir ein Gefühl für das eigene Wirkungsvermögen, das Gefühl, die notwendigen Schritte unternehmen zu können, um das, was uns beschäftigt oder beunruhigt – unsere Konflikte, Probleme, Schmerzen und Enttäuschungen – zu bewältigen, und das zuwege zu bringen, was wir uns wünschen – unsere Ziele, Hoffnungen, Absichten und Handlungen.

Der Philosoph Ludwig Wittgenstein nannte diese Möglichkeit und ihre Umsetzung einen Perspektivenwechsel – eine andere Art, die Dinge zu betrachten –, wozu es gehöre, sein Leben zu ändern. Damit meinte er den erforderlichen persönlichen Mut, das eigene Leben zu ändern. Wittgenstein betrachtet Verstehen als ein praktisches Verstehen von innen heraus. Daran interessiert, in welcher Weise wir uns im täglichen Leben aufeinander beziehen und aufeinander reagieren, legte er nahe, wir lebten eher in einer Welt von Ereignissen als in einer Welt von Dingen. Er forderte, uns lieber „zwischen den Dingen und Vorgängen in der Welt zu bewegen", statt zu versuchen, ihre wesentlichen Eigenschaften zu schildern oder sie mit definitorischer Genauigkeit zu beschreiben (van der Merwe & Voestermans, 1995, S. 38). Wenn ich diese Aufforderung auf unsere Bemühungen im Bereich der Verhaltenswissenschaften, insbesondere auf die Psychotherapie ausweite, frage ich mich: Was begünstigt und was verhindert *Gespräche, die Möglichkeiten eröffnen*? Was ist Sprache, und in welcher Beziehung steht sie zum Gespräch? Wie kann ein Therapeut mit einem anderen Menschen so an der sozial definierten Therapiesituation teilnehmen, daß diese Person in der Lage ist, die Möglichkeiten in ihrem alltäglichen Lebensumfeld zu erkennen? Wie können wir – in den Worten des wegweisenden norwegischen Psychiaters Tom Andersen – mit uns selbst und anderen in einer Weise reden, wie wir es vorher nicht getan haben? Wie können wir – in Anlehnung an die Autorinnen Peggy Penn und Marilyn Frankfurt – einen *beteiligenden Text* erzeugen, in dem gefragt wird: „Wie möchte ich mit anderen zusammensein?" und „Wie sollen sie mit mir zusammensein?" Wie können wir – eine Fragestellung von Lynn Hoffman, einer Pionierin der Familientherapie – unsere Geschichten über Therapie transformieren, ohne die gleichen autoritären Sünden zu begehen, gegen die wir uns wenden?

Ich glaube, daß es bei Gesprächen – sei es in der Therapie, in Lehr-/Lernsituationen oder in der Unternehmensberatung – darum geht, den Menschen zu helfen, Zugang zu ihrem Mut und ihrer Fähigkeit zu finden, „sich zwischen den Dingen zu bewegen", klar zu sehen, Handlungsfähigkeit zu erlangen. Die solcherart ermutigenden Faktoren und Ziele bestehen in einer besonderen Form des Gesprächs – *dem Dialog* – sowie dem Vermögen des Therapeuten, dialogischen Raum zu schaffen und dialogische Prozesse zu fördern – *einer philosophischen Haltung*.

Dieses Buch ist eine Darstellung meiner aktuellen Arbeit und der Vorstellungen, die meine praktische therapeutische Tätigkeit wechselseitig leiten und sich aus ihr ableiten. Es stellt eine Reise dar, ein in stetiger Entwicklung und Umwandlung begriffenes Werk, eine Suche nach wirksameren Weisen, den Menschen, die zu mir kommen – ob in der Therapie oder anderen fachlichen Settings – zu begegnen, sie zu verstehen und ihnen zu helfen (Anderson, 1990a, 1990b, 1993, 1995, Anderson & Goolishian, 1986, 1988b, 1992; Goolishian & Anderson, 1981, 1987a). Vor allem ist es eine Beschreibung und Veranschaulichung davon, wie ich ein Gespräch konzeptualisiere, wie ich mich daran beteilige, und wie sich aus ihm heraus Möglichkeiten ergeben und entwickeln. Es geht um meine philosophische Haltung.

Mein Bestreben ist es, einen Beitrag zu der sich abzeichnenden postmodernen Herausforderung gegenüber dem uns vertrauten psychotherapeutischen Diskurs zu leisten, sie um eine weitere Stimme zu bereichern sowie eine Alternative vorzustellen, die eine therapeutische Haltung, eine Herangehensweise verkörpert, und kein Modell. Den übergreifenden Ausdruck *postmodern* habe ich wegen der Freiheit und den Möglichkeiten in den mit diesem Begriff verbundenen Annahmen gewählt; gleichzeitig bin ich mir bewußt, daß er (wie im Grunde jede Bezeichnung, sogar das Wort *Therapie*) auch Risiken birgt. Ich gehe mit Begeisterung an meine Aufgabe heran und hoffe, meine Leidenschaft möge nicht ungewollt den Eindruck unerschütterlicher Gewißheit vermitteln. Ich unterbreite meine therapeutische Philosophie und Praxis als eine einzelne in Betracht zu ziehende Sichtweise und Stimme.

Was ich schreibe, entspringt meiner Erfahrung, doch ist meine tatsächliche Vorgehensweise nur schwer in Worte zu fassen. Was im Schriftlichen fehlt, ist die Möglichkeit, die Praxis selbst zu erleben und das Wesentliche daran in Gegenwart der Autorin zu erfassen. Da das Schriftliche linear ist, sind nicht-lineare Gedanken und Erlebnisse nur schwer durch einen Text zu vermitteln, und der Versuch ist für den Autor wie für den Leser eine Belastungsprobe. Einem Autor stellt sich die Aufgabe, sich so mitzuteilen, daß sich der Leser zum Dialog eingeladen fühlt. Michail Bachtin ist der Ansicht, der Autor sei verpflichtet, es dem Leser zu ersparen, bei der Begegnung mit dem Text seine Kultur verteidigen zu müssen, es vielmehr durch den Brückenschlag zwischen einer vertrauten und einer unbekannten Kultur möglich zu machen, daß kreatives Verständnis und neuer Sinn entstehen (Pittman, 1995). Der Leser hingegen steht vor der Aufgabe, sich mit dem Autor so auf einen Dialog einzulassen, daß Bedeutung erzeugt wird und eine Andeutung dessen, was nicht da ist. Es wäre für den Leser völlig unmöglich, meine Arbeit auf dieselbe Weise wie ich selbst zu erleben und zu verstehen.

Um meinen kollaborativen Ansatz anschaulich zu machen, verknüpfe ich Geschichte, philosophische Essays (die Lynn Hoffman als „schwimmende Inseln" bezeichnet), therapeutische Erörterungen und klinische Erzählungen. Ich habe festgestellt, daß andere Stimmen – Klienten, Wissenschaftler und Gelehrte, sowie Studenten und Ausbildungsteilnehmer – nicht selten das Wesentliche dessen, was ich vermitteln will, festhalten und meine Arbeit inspirieren; aus diesem Grund lasse ich sie selbst zu Wort kommen. Da meine Stimme die ihren einschließt, wechsle ich zwischen *ich* und *wir* beim Erzählen *meiner/unserer* Geschichte.

Man kann dieses Buch auf vielerlei Arten lesen: Von vorne bis hinten, oder aber die historischen und philosophischen Kapitel, die klinischen Kapitel und die Kapitel mit klinischen Erzählungen für sich, in beliebiger Reihenfolge. Ich lade Sie ein, Ihre eigene Erzählung zu konstruieren, indem Sie die Einzelteile und Stimmen mit dem, was Sie selbst mitbringen, so kombinieren, daß das Buch an Bedeutung und Nutzen gewinnt. Das Buch ist in drei Teile gegliedert, und jeder beginnt mit einer klinischen Erzählung. In Teil I, um jegliche Illusion zu zerstreuen, meine klinische Philosophie und Praxis seien objektiv dargestellte „schwimmende Inseln", stelle ich sie in einen größeren historischen, fachlichen und theoretischen Rahmen. Daran anschließend erörtere ich das meinen Ansatz prägende philosophische Bezugssystem, einschließlich des postmodernen sozialen Konstruktionismus, der Hermeneutik und narrativer Grundlagen. In Teil II schildere ich die klinischen Erfahrungen, die die Weichen für meine Hinwendung zu diesen Philosophien gestellt haben, und erläutere, wie das therapeutische System, der therapeutische Prozeß und die Position des Therapeuten konzeptualisiert und realisiert werden. Damit der Leser diese Konzepte auch umsetzen kann, füge ich „Ratschläge" bei, die Klienten an kollaborativ arbeitende Therapeuten gerichtet haben, und schließe mit dem Transkript eines mit Kommentaren versehenen therapeutischen Interviews. In Teil III widme ich mich wieder den „schwimmenden Inseln" und reflektiere über Sprache, Wissen und Erkenntnis, sowie das *Selbst/Ich** aus postmoderner Sicht.[2] Zum Schluß fasse ich noch einmal meine Gedanken beim Schreiben dieses Buches zusammen – wozu auch seine Wirkung auf mich gehört – und wage einen Ausblick in die Zukunft.

Ich fühle mich in hohem Maße verpflichtet, meine Arbeit ständig mit mir selbst und anderen zu reflektieren. Da ist es nur folgerichtig, daß ich über die Arbeit von anderen ebenfalls nachdenke. Ich lade Sie ein, während des Lesens über Ihre eigene therapeutische Philosophie und Praxis nachzudenken, und dabei Ihre der meinen gegenüberzustellen und sie mit anderen zu vergleichen. Ihre Ansichten, Fragen, Kritikpunkte und Einwände sind mir willkommen, und ich freue mich darauf, Ihr Gesprächspartner zu sein.

---

* *Self* kann im Englischen sowohl *Selbst* als auch *Ich* bedeuten. Im Deutschen wird – je nach Fachrichtung – mehr oder weniger zwischen den beiden differenziert. Um eine unschöne Doppelnennung zu vermeiden, verwende ich meist *Selbst* als umfassenden Begriff, an geeigneter Stelle auch *Ich*. (A. d. Ü.)

Danksagung

Ich lernte Harry Goolishian 1970 kennen, und bald kam es zu einer beruflichen Zusammenarbeit und Freundschaft, die über zwanzig Jahre, bis zu seinem Tod 1991, dauern sollte. Im Mittelpunkt unserer gemeinsamen Arbeit standen Gründung und Aufbau des Galveston Family Institute (jetzt Houston Galveston Institute) als Träger für psychotherapeutische Ausbildung und klinische Einrichtungen sowie für das wichtigste unserer gemeinsamen Interessen, die Grundlagenforschung für Theorie und Praxis; dort sollte auch hinterfragt werden, ob unsere eigenen Vorstellungen und die von anderen noch unserer sich weiterentwickelnden Erfahrung und praktischen Vorgehensweise entsprachen.

Auf Einladung von Basic Books wollten wir gerade gemeinsam ein Buch über unseren jeweiligen – theoretischen und praktischen – Beitrag zur Familientherapie verfassen, als Harry starb. In den fünf Jahren, die seither vergangen sind, hat sich das Fachgebiet, wie auch mein eigenes Denken und praktisches Vorgehen, weiterentwickelt. Da Harry mehr als alles andere ein radikaler Denker war und sich nie zufriedengab, wäre er einverstanden und der erste gewesen, seine eigenen Ideen und die anderer in Frage zu stellen, wie er es sein ganzes Leben lang tat. Ich bin ihm und unserer Zusammenarbeit zu tiefstem Dank verpflichtet.

Mein Erkenntnissystem konstituiert sich primär aus dem Houston Galveston Institute, meinen dortigen Kollegen und den Kollegen in der ganzen Welt. Sie waren die Gesprächspartner, deren Stimmen mich bei der Entfaltung, Vermittlung, Hinterfragung und Weiterentwicklung meiner theoretischen und praktischen Arbeit beeinflußt haben. Mit einigen verbinden mich jahrelange Gespräche und Beziehungen, mit anderen hatte ich nur kurze Unterhaltungen und vorübergehenden Kontakt. Manches davon liegt weit zurück, einiges ist neueren Datums, aber alles war von Bedeutung. Namentlich erwähnen möchte ich Tom Andersen, Paul Burney, Diana Carleton, Gianfranco Checchin, Dan Creson, Anna Margrete Flåm, Kenneth Gergen, Lynn Hoffman, Kerstin Hopstadius, Arlene Katz, Susan Levin, Sylvia London, Susan McDaniel, Einar Øritsland, Karen Parker, Peggy Penn, George Pulliam, Jamie Raser, Bjørn Reigstad, Harriet Roberts, Sallyann Roth, Susan Swim, Phil Torti und Kathy Weingarten. Jeder von ihnen hat mir auf seine eigene, unvergessene Weise geholfen, meine Gedanken zu entwickeln, mir Erklärungen abverlangt, mich unterstützt und mir Anlaß gegeben, über mich selbst und andere nachzudenken. Die vielen anderen Kollegen, Studenten und vor allem die Menschen, denen ich im Behandlungsraum begegnet bin, werden wohl nie erfahren, daß ihre Fragen, Kommentare oder Einwände bei einem Seminar, im Bewertungsbogen für einen Workshop, in einer Therapiesitzung oder einfach beim Miteinanderreden Einfluß hatten und nicht vergessen wurden. Da ich mich als einbeziehenden Menschen betrachte, entschuldige ich mich hiermit bei denen, die lobend zu erwähnen ich versäumt habe.

Eine Reihe von Konferenzen, von Lynn Hoffman „Reise-Universität" getauft, erwiesen sich als entscheidend für das Zu-Grabe-Tragen einiger Ideen und ausgeprägter Vorlieben und andererseits als aufregende Brutplätze für Neues: darunter die Institutstagungen „Epistemologie, Psychotherapie und Psychopathologie", 1982 und „Narrativ und Psychotherapie: Neue Strömungen in Theorie und Praxis", 1991; die Houston-Galveston-Institutssymposien; die Irish Team Conferences und die Tagung in Northampton über „New Voices in Human Services". Besondere Erwähnung verdienen auch Tom Andersens North-Norway-Konferenzen in den achtziger und neunziger Jahren. Tom und seine Mitarbeiter öffneten mir die Tür zu Norwegen und boten mir zahlreiche Gelegenheiten zum Nachdenken und praktischen Handeln, für Kollegialität und Freundschaft danke ich Bjørn, Finn, Anne-Grethe, Inger, Ingrid, Ivar, Kirsti, Liv, Magnus, Anna Margrete, Odd, Pål, Sissel, Steven, Tom, Turid und all den anderen. Durch meine Verbindungen zu Norwegen hatte ich das Glück, auch mit Kollegen in Schweden und Finnland arbeiten zu können. Ich möchte Kerstin, Matz, Eva und ihrem Team sowie Jakko und seinem Team meine Dankbarkeit bekunden.

Für den Ideenaustausch, der im Laufe der Jahre zwischen uns stattgefunden hat, möchte ich Klaus Deissler, Marburg, meinen tiefempfundenen Dank aussprechen. Sein anhaltendes Interesse für meine Arbeit hat diese Übersetzung ins Deutsche erst möglich gemacht.

Mein besonderer Dank gilt Lee Herrick und Carole Samworth für ihre sachkundige Redaktion und Unterstützung. Und ich danke den technischen Assistentinnen Anne Andras, Ruth Dillon und Ricka Waldron, graduate students an der University of Houston Clear Lake.

Vor allem aber möchte ich den wichtigsten Ko-Autoren meines Lebens meinen Dank aussprechen: meinem Mann, David Shine; meiner Schwester, Carol Anderson Ramirez; und meinen Eltern, Marjorie und Harry Anderson.

Teil I

Raum schaffen: Die Wechselbeziehung zwischen Theorie und Praxis

Die Therapielandschaft verändern: Eine weltanschauliche Herangehensweise

Mein kollaborativer Therapieansatz hat sich aus den verschiedenen Strömungen zahlloser, über Jahre hinweg mit Klienten, Kollegen, Studenten und mir selbst geführter „therapeutischer" Gespräche und solchen „über Therapie" entwickelt, in denen wir versucht haben, unsere Erlebnisse und Erfahrungen uns selbst und anderen zu schildern und zu erklären. All diese Gespräche – über gelungene wie über gescheiterte therapeutische Arbeit – haben meine gegenwärtigen Vorstellungen und Arbeitsweisen beeinflußt. Beim Nachdenken darüber kam ich immer wieder auf die Sprache, das Gespräch und die Beziehung als zentrale Bestandteile jeder Therapie zurück. Also fragte ich mich: Worin besteht der Unterschied zwischen einem gelungenen und einem gescheiterten therapeutischen Gespräch? Besteht ein Unterschied zwischen der zwanglosen Unterhaltung mit einem guten Freund und dem Therapiegespräch mit einem Fremden? Auf welche Weise ändert sich durch das, was im Behandlungszimmer passiert, auch das sonstige Leben des Betreffenden? Woher kommt das „Neue", das Klienten oft als ein *Gefühl der Befreiung oder Hoffnung* beschreiben? Was, wenn überhaupt, trägt der Therapeut dazu bei? Welche Art von fachlichem Können besitzt ein Therapeut? Vor allem: Sind das die Fragen, die ich stellen sollte?

Auf der Suche nach Möglichkeiten, unsere Erfahrungen und diese Art von Fragen gedanklich zu verarbeiten, wandte ich mich mehr und mehr von der Moderne ab. Irgendwie paßte es nicht. Doch zog es mich, manchmal gewollt, manchmal durch einen glücklichen Zufall, wieder und wieder zu den *postmodernen* philosophischen Annahmen hin, weil sie zu meinen Erfahrungen paßten und befreiend auf mich wirkten. Für meine derzeitige Arbeit war das postmoderne Denken im weitesten Sinne das Sprungbrett, und unter dieses allgemeine Dach ordne ich sie weiterhin ein, wohl wissend, daß es noch etwas darüber hinaus geben wird. Meine Herangehensweise ist zwar unter der Bezeichnung *kollaborativer sprachsystemischer Ansatz* bekanntgeworden (Anderson, 1993, 1995), doch möchte ich in diesem Buch einfach nur vom *kollaborativen Ansatz* sprechen. Diese Termini beziehen sich auf meine Auffassung von Therapie: *ein sprachliches System und Ereignis, bei dem sich die Beteiligten in kollaborativer Weise in der Beziehung und im Gespräch engagieren – ein auf Gegenseitigkeit beruhendes Streben nach Möglichkeiten.*

Zur näheren Bestimmung meines Standortes: Einige Vertreter der theoretischen, der philosophischen, der feministisch orientierten und der Sozialpsychologie sowie der klinischen Familientherapie haben Wege beschritten, die von der Anerkennung wissenschaftlicher Autorität als Grundlage der Erkenntnis wegführen; statt dessen bieten sie neue Kriterien für das psychologische Erkunden und die Verständlichkeit in der Psychologie an. Für mich ist diese umwälzende, potentiell brisante und nicht von ungefähr an den Rand gedrängte paradigmatische Herausforderung *postmodern*, weil sich in ihr die zeitgenössischen sozialkonstruktionistischen sowie hermeneutischen und narrativen Theorien wiederfinden. Ich selbst habe diesen Umbruch im Umfeld der Familientherapie und der Psychologie miterlebt und mich daran beteiligt, doch sind meine fachliche Weiterentwicklung und Identität sowie meine klinischen und wissenschaftlichen Beiträge überwiegend in der familientherapeutischen Bewegung angesiedelt.

Die Wurzeln meiner Analyse und Kritik an der Psychotherapie im allgemeinen sowie die meiner abweichenden Ansichten liegen in meiner Zugehörigkeit zur „Galveston-Gruppe" (formal Houston-Galveston Institute) – Geschichte, Milieu und Mitarbeiter inbegriffen (Anderson, Goolishian, Pulliam & Winderman, 1986; Goolishian & Anderson, 1990). Das Institut ist ein privates Non-profit-Unternehmen für klinische Praxis, Forschung und Ausbildung, dessen Anfänge bis in die Zeit der „multiple impact therapy" (MacGregor et al., 1964), einer der ersten innovativen Forschungs- und Anwendungsrichtungen in der Familientherapie, zurückreichen. Am Institut werden hauptsächlich solche Klienten klinisch betreut, deren Therapien gescheitert oder gerichtlich angeordnet sind; eingestuft als sozial abweichend (zum Beispiel bei Gewalt in Familien oder Kindesmißhandlung), werden sie von kommunalen Einrichtungen wie Kinderschutzbund, Familiengerichten, Frauenhäusern usw. überwiesen. Darüber hinaus versetzte mich meine Tätigkeit als Gastdozentin und Beraterin in die glückliche Lage, in anderen Zusammenhängen und Ländern einzigartige Erlebnisse, Hintergründe und Bereicherungen zu erfahren, die wiederum meine praktische Vorgehensweise und theoretischen Ansichten stark beeinflußt haben.

Diese beruflichen Settings bescherten mir entscheidende Gemeinschaftserlebnisse: die Zusammenarbeit mit wißbegierigen Kollegen, die vertraute Paradigmen in Frage stellten und die Grenzen neuer Paradigmen ausloteten; Lernsituationen, in denen der Lehrer gleichzeitig Lernender war; und die Gelegenheit zur Begegnung mit Menschen (Individuen, Familien, größeren Gebilden und Organisationen) aus ganz verschiedenen sozio-ökonomischen und kulturellen Verhältnissen und unterschiedlicher ethnischer Herkunft, die verschiedenartige Alltags- und Arbeitsschwierigkeiten einbrachten.

Mein postmoderner kollaborativer Ansatz und dieses Buch beruhen auf folgenden philosophischen Annahmen:

1. Menschliche Systeme sind sprach- und bedeutungserzeugende Systeme.
2. Ihre Konstruktion der Wirklichkeit vollzieht sich eher als eine Form sozialen Handelns denn als unabhängiger geistiger Prozeß beim einzelnen.
3. Der Geist des einzelnen ist ein soziales Gebilde, und folglich ist auch das Selbst ein soziales und relationales Gebilde.
4. Die uns selbst und anderen sowie Ereignissen und Erfahrungen zugeschriebene Realität und Bedeutung sind Interaktionsphänomene, die von Individuen miteinander und mit sich selbst in Gesprächen und Handlungen (durch Sprache) erzeugt und erlebt werden.
5. Sprache ist generativ, bringt Ordnung und Bedeutung/Sinn in unser Leben und dient als eine Form der sozialen Teilhabe.
6. Erkenntnis und Wissen sind beziehungsgebunden (relational) und werden von der Sprache und unseren alltäglichen Gepflogenheiten sowohl erzeugt als auch in ihnen verkörpert.

Aus diesen Annahmen ergeben sich tiefgreifende Folgerungen für jedes menschliche Unterfangen – und wie wir als Personen darin involviert sind –, besonders aber für Therapie und Therapeuten. Sie wirken sich darauf aus, was wir als Therapeuten von den Menschen und von unserer Rolle in ihrem Leben halten, darauf, wie ein Therapeut das therapeutische System, den therapeutischen Prozeß und die therapeutische Beziehung auffaßt und sich daran beteiligt. Dadurch unterscheidet sich meine postmoderne, kollaborative Denk- und Vorgehensweise von modernistischen Ansätzen und auch von anderen Ansätzen im „postmodernen Paket"; das therapeutische System, der therapeutische Prozeß und die Position des Therapeuten verschieben sich dadurch entlang eines Kontinuums in einer bestimmten Richtung, und zwar

VON	ZU
einem sozialen System, das durch Rolle und Struktur definiert ist	einem System, das kontextuell begründet ist und durch die soziale Kommunikation erzeugt wird
einem aus einer Einzelperson, einem Paar oder einer Familie bestehenden System	einem System aus Einzelpersonen, die miteinander durch Sprache in Beziehung stehen
einem vom Therapeuten gesteuerten, hierarchischen Gebilde und Prozeß	einer vom Therapeuten eingenommenen *philosophischen Haltung,* die zur kollaborativen Beziehung und einem ebensolchen Prozeß einlädt
einer dualistischen Beziehung zwischen einem Fachmann und einem Laien	einer *kollaborativen Partnerschaft* zwischen Menschen mit unterschiedlichen Sichtweisen und unterschiedlichem Expertentum
einem Therapeuten als Wissendem, der Sachverhalte herausfindet und Auskünfte einholt	einem Therapeuten als *Nicht-Wissendem,* der sich in der Position eines Informiert-Werdenden befindet
einem Therapeuten als Experte für Inhalte, mit Metawissen, wie andere ihr Leben gestalten sollen	einem Therapeuten, der Experte darin ist, Raum für einen Dialog zu schaffen und einen dialogischen Prozeß zu ermöglichen
einer Therapie, in der Erkenntnisse von oben nach unten vermittelt werden und nach Ursachen gesucht wird	einer Therapie, die vorrangig Möglichkeiten schaffen will und auf die Beiträge und die Kreativität aller Teilnehmer baut

einem Therapeuten als Wissendem, der sich dessen sicher ist, was er weiß (oder zu wissen glaubt)	einem Therapeuten als Nicht-Wissendem, der sich nicht sicher ist, und Wissen und Erkenntnis als etwas Entstehendes betrachtet
einem Therapeuten, der aus einer Position privaten und privilegierten Wissens und ebensolchen Annahmen und Überlegungen tätig wird	einem Therapeuten, der seine Kenntnisse, Vermutungen, Vorstellungen, Fragen und Ansichten offenlegt, mitteilt und sie reflektiert
einem Therapeuten, der kraft seines strategischen Expertentums und sämtlicher dazugehöriger Fertigkeiten und Methoden taktisch geschickt interveniert	einer gemeinsamen Erkundung, die sich auf das Expertentum aller am Gespräch Beteiligten stützt
einem Therapeuten, der bei einem anderen Menschen oder Angehörigen eines Systems eine Veränderung herbeiführen möchte	einer Veränderung oder Transformation, die sich durch schöpferischen (generativen) Dialog und eine kollaborative Beziehung ergibt und ihre natürliche Folge ist
einer Therapie mit dem Menschen als abgeschlossenem Einzelwesen mit einem Kernselbst	einer Therapie mit dem Menschen als einem multiplen, in Sprache konstruierten, relationalen Wesen
Therapie als einer Tätigkeit, bei der ein Untersuchender die Erforschung anderer Personen betreibt	Therapeut und Klient als Forschungsreisende, die gemeinsam das erschaffen, was sie „finden"

Warum und auf welche Weise meiner Ansicht nach diese Annahmen die Therapielandschaft verändern und wie die Folgen aussehen – davon handelt dieses Buch. Zur Einordnung meines therapeutischen Denkens und Handelns werde ich nun die Veränderungen auf dem Gebiet der Psychotherapie – vor allem in der Familientherapie – aus meiner Sicht darstellen, sowie die derzeit konkurrierenden Paradigmen und Anwendungsmodelle kritisch beleuchten. Doch möchte ich zunächst kurz innehalten, um die Geschichte einer Mutter zu erzählen.

„Wenn meine Geschichte von Nutzen sein kann ..."

An einem kristallklaren, bitterkalten Sonntagnachmittag wurde ich von meinen liebenswürdigen schwedischen Gastgebern, Gustaf und Kerstin, an einem kleinen Flughafen in Schweden in Empfang genomen. Nach herzlichen Begrüßungsworten von allen Seiten kam man bald auf den Therapie-Workshop zu sprechen, an dem wir alle am nächsten Tag teilnehmen wollten. Nur einen Augenblick lang herrschte auf der Fahrt zu meinem Hotel Schweigen – und nach kurzem Zögern fragte mich Gustaf, ob ich evtl. bereit wäre, noch am selben Abend mit einer Familie eine Beratung durchzuführen. Sie hofften, von der Sitzung eine Videoaufnahme machen und diese als „Lehrprogramm" im Workshop verwenden zu können. Da ich mir ein gutes Gespräch noch nie habe entgehen lassen, willigte ich ein. Treffpunkt und Uhrzeit wurden telefonisch mit der Familie vereinbart.

Uns blieben noch zwei Stunden Zeit bis zum Eintreffen der Familie. Auf mein Wohl bedacht, fragten mich Gustaf und Kerstin, ob ich mich ausruhen oder lieber etwas essen wollte. Obwohl mein Körper nach dem dreizehnstündigen Flug eigentlich dringend Schlaf brauchte, befand ich mich „in den Startlöchern" – wie Lynn Hoffman, Chronistin der Familientherapie und klinische Theoretikerin sagen würde – und entschied mich dafür, mit meinen Gastgebern zu Abend zu essen. Wir speisten auf einem zum Restaurant umgebauten Schiff, das mitten in der Stadt am Kai lag. Es war Muttertag, die Küche sehr beschäftigt und der Service schleppend, was für eine beschauliche Atmosphäre sorgte. Bei einer Mahlzeit aus frischem Fisch und Salzkartoffeln unterhielten wir uns über Schweden, psychiatrische/psychotherapeutische Versorgungssysteme, ihre Arbeit, meine Arbeit. Ich erkundigte mich nach den Erwartungen: ihre eigenen Erwartungen an den Workshop, welche Hoffnungen ihre Kollegen vermutlich in den Workshop setzten, und ob sie wüßten, welche Gedanken sich die Familienmitglieder über die Begegnung mit mir machten.

Im Laufe unseres Gesprächs kam mir die Idee, daß es gar nicht schlecht wäre, Gustaf und Kerstin zu dem Treffen mit der Familie dazuzubitten. Da ich nicht wußte, wie gut die Familie die englische Sprache beherrschte und ich selbst überhaupt kein Schwedisch spreche, überlegte ich laut, ob sie wohl bereit wären, bei etwaigen Übersetzungsschwierigkeiten einzuspringen und vor allem als Bindeglieder zwischen der Familiensitzung und dem morgigen Workshop zu fungieren. Wenn meine Gastgeber selbst mit im Zimmer wären, so meine Überlegung, könnten sie die Seminarteilnehmer an ihren eigenen, unmittelbaren Erfahrungen teilhaben lassen, so daß ein weit reichhaltigeres Ideen-„Gemisch" entstünde, als aus meinen Beobachtungen allein. Sie schienen von meinem Angebot überrascht. „Was wird die Familie davon halten?" „Was wäre unsere Rolle dabei?" fragten sie sich. Obwohl sie die Familie kannten, machte Gustaf sich Sorgen: „Wir sind nicht ihre Therapeuten." Dennoch waren sie neugierig geworden – und nahmen meinen Vorschlag an. Ich erkundigte mich, in welcher Funktion sie am liebsten dabei wären, und nachdem sie kurz beratschlagt hatten, entschieden sie sich: „Wir wären gern mit Ihnen und der Familie im gleichen Raum, wenn Sie nichts dagegen haben; wir möchten aber nur zuhören." Ich fragte nach, ob ich ihnen Fragen stellen dürfe, und sie waren sofort damit einverstanden.

Die Fahrt mit dem Auto zur Klinik war von Gesprächen ausgefüllt. Ich erfuhr, daß die „Familie" aus Mutter, Vater und zwei sechzehn bzw. neunzehn Jahre alten Töchtern bestand. Seit zwei Jahren hatten die beiden Töchter mit Anorexie zu kämpfen; die ältere befand sich derzeit in einer Klinik für Erwachsene. Unklar blieb, warum gerade diese Familie ausgewählt worden war und was sich die Beteiligten jeweils von unserem Treffen versprachen, abgesehen davon, daß es als „Demonstration" für die Kursteilnehmer dienen sollte.

Im Empfangsbereich der Klinik waren die Mitglieder der Familie bereits versammelt – alle sehr höflich und sehr ernst. Gustaf stellte mich jedem einzelnen vor, wobei ich sie dann fragte, ob die Therapeuten, die hier die Hausherren waren, sich uns anschließen dürften; ich teilte ihnen meine Gründe dafür mit und machte klar, daß es sich um einen Diskussionsvorschlag, nicht um eine Bedingung handelte. Alle vier waren mit dieser Regelung einverstanden. Im Besprechungszimmer angekommen, bat ich alle, sich dort hinzusetzen, wo es ihnen am angenehmsten war – auf irgendeinen der sieben im Kreis angeordneten Stühle. Links vom Vater saß die jüngere Tochter, rechts von ihm die Mutter und an deren rechter Seite die ältere Tochter. Die Eltern wirkten bescheiden und alle vier vielleicht ein wenig mißtrauisch. Mit leiser Stimme erzählten sie mir, wo sie wohnten und daß sie eine einstündige Fahrt zur Klinik hinter sich hatten. Besonders die Stimmen der beiden Töchter waren so gedämpft, daß man sie kaum verstand. Beide waren klein, zart und blond; doch verglichen mit der Jüngeren, die nur mager war, wirkte die Ältere ausgemergelt und teilnahmslos. Keiner, der sie sah, hätte sich gewundert, daß sie Eßstörungen oder irgendwelche anderen schweren gesundheitlichen Probleme hatte. Ich empfand die Atmosphäre im Raum als düster und spannungsgeladen.

Doch allmählich, mittels einer etwas holprigen Mischung aus schwedischem Englisch und meinem texanischen Akzent, lernten wir uns besser kennen. Ich hörte genau zu und versuchte sehr deutlich zu sprechen, als ich ihnen sagte, was ich über die Gründe für unsere Zusammenkunft wußte und daß ich gern alles erfahren würde, was sie so über ihr heutiges Hiersein dachten. Dann fragte ich aus Neugier: „Was sollten wir Ihrer Meinung nach über Sie wissen; was möchten Sie uns gerne über Sie wissen lassen?" Die Mutter reagierte prompt mit „Ich habe es hier", bückte sich nach ihrer Tasche und zog einige Blätter hervor – zwei computergeschriebene Seiten. Sie gab mir die Blätter und ich las in Großbuchstaben die Worte „WARUM DIE FAMILIENTHERAPIE UNS NICHT GEHOLFEN HAT". Ich muß zugeben, daß ich kurz zusammenzuckte: Mein erster Gedanke war „*Soll das zum Thema der morgigen klinisch-therapeutischen Diskussion werden?*" Mein zweiter, nachdrücklicherer war „Was sie wohl geschrieben hat?" Man konnte nichts weiter tun als fortzufahren. Nach einer langen Pause fragte ich: „Darf ich es vorlesen?"

„Natürlich" sagte die Mutter, und die anderen nickten zustimmend. Langsam las ich die folgenden Worte vor, so, wie man sie mir überreicht hatte, fettgedruckt und in Großbuchstaben.

Die Anorexie hat eine psychische und eine physische Seite, und man muß beide gleichzeitig behandeln. Die Verfahren, die man bei unseren Töchtern angewendet hat, um sie zu besserem Eßverhalten zu veranlassen, waren größtenteils unangebracht, unvernünftig, manchmal fast schon bösartig und haben alles oft noch schlimmer gemacht, als es ohnehin schon war. Sie waren Ursache von so vielen Frustrationserlebnissen, Qualen, Verzweiflung und Resignation, daß es in der Therapie zu einem Großteil um diese Probleme ging und die anderen Aspekte kaum beachtet wurden.

Viel zu häufig hatten die Mädchen das Gefühl, ihre Ansichten seien unwichtig und keiner sei bereit, ihnen zuzuhören und den therapeutischen Zugang über sie zu suchen, statt über uns (die Eltern). Es hätte ihnen und uns weit weniger Pein bereitet, wenn man sich mehr darum bemüht hätte, *auf ihre eigene Motivation einzuwirken,* die Risiken dieser Krankheit zu erläutern, und zwar sehr konkret, nicht nur in allgemeinen Worten. *Arbeitet* mit dem gesunden Teil von ihnen *zusammen, lobt* sie, statt sie zu *demütigen,* und laßt sie nicht offen eure *Geringschätzung* spüren. Seid energisch – ich kann euch versichern, daß sie das zu schätzen wissen –, *aber nicht grausam*. Erleichtert ihnen den Weg zu mehr Selbstachtung. Wenn sie nicht selbst unbedingt gesund werden wollen, werden sie es auch nicht schaffen.

Meiner Meinung nach wäre eine flexiblere Einstellung unserer Familie gegenüber hilfreich gewesen. Manchmal wäre es von Vorteil gewesen, mit uns allen zu sprechen, manchmal mit nur einem von uns. Ich bin fest davon überzeugt, daß sich eine solche Herangehensweise viel besser für uns geeignet hätte.

Durch den Umstand, daß beide zur gleichen Zeit krank waren, befanden wir uns in einer mehr als doppelt so schwierigen Lage, als wenn nur eins der Mädchen an der Krankheit gelitten hätte. Ich glaube, daß sich die Ärzte (und Therapeuten) angesichts dieser Tatsache zweimal hätten überlegen sollen, ob ihre Methoden bei unserer Familie wirklich angezeigt sind. Ich würde mir mehr Bescheidenheit, Phantasie und Geschick bei der Behandlung wünschen. Es kommt uns so vor, als hätten sie uns unbedingt in ihre einzige Theorie pressen wollen, ob sie für uns paßt oder nicht, und als ob sie nur eine einzige Behandlungsmethode kannten, die sie mit eher unbedeutenden Abänderungen immer wieder einsetzten, obwohl sie sich ein ums andere Mal als unzureichend erwies.

Kurz, *seid bereit, unseren Kindern zuzuhören*. Es ist nicht aussichtslos, mit ihnen zu reden. Wir verkennen keineswegs, daß es zeitweise sehr schwierig ist, an sie heranzukommen, aber ihr müßt es versuchen. Nach einer Weile zahlt es sich aus, und im besten Falle schenken sie euch ihr Vertrauen, womit schon viel gewonnen wäre. ... Sie müssen Gelegenheit haben, mit Leuten zu reden, denen sie vertrauen, also Leuten, die sie als Menschen mit Selbstachtung und Sinn für Gerechtigkeit, Unantastbarkeit und Würde betrachten.

Seid bereit, uns (den Eltern) zuzuhören. Es stimmt zwar, ... daß die Ärzte nie etwas dagegen hatten, uns zuzuhören und mit uns zu reden, aber nur, bis unsere Tochter 18 Jahre alt wurde – der Rest war Schweigen. ... Sehr häufig hatten wir den Eindruck, die Ärzte hörten nur das, was sie hören wollten, und alles übrige übergingen sie kommentarlos. Bestenfalls wurde [das Gesagte] nicht weiter beachtet, weil es uninteressant, unmöglich war, oder aber ... es wurde einfach als Quatsch abgetan und mit tiefem Mißtrauen betrachtet, weil es Äußerungen von unqualifizierten Leuten waren, die sich vollständig von ihren Töchtern und folglich der Krankheit beherrschen ließen. Aber wir kennen unsere Töchter besser als irgendwer sonst. Wir kennen ihre Reaktionen und ihre Gefühle ... wir wissen viel besser, wann man ihnen trauen kann, als irgendeine Krankenschwester oder ein Arzt.

Ich habe mich bemüht. Ich habe auch gemerkt, daß andere sich bemüht haben. Viel zu oft bin ich damit gescheitert. Andere sind ebenfalls gescheitert.

Aber zumindest habe ich aus meinem Scheitern etwas zu lernen versucht; doch bis jetzt habe ich noch keine Anzeichen dafür bei den Ärzten [und Therapeuten] entdeckt.

Das war's: in sich geschlossen, präzise, nichts fehlte. Es schnürte mir die Kehle zu, und ich dachte im stillen: „Das umfaßt alles, worauf ich morgen hinweisen will." Die Worte dieser Mutter stellen einen geradlinigen und beredten Appell dar, unser herkömmliches Therapieverständnis zu hinterfragen: *die Art, wie wir uns* auf die Menschen in der Therapie *beziehen,* die Art und Weise, wie wir über sie denken, mit ihnen reden, ihnen gegenüber handeln und auf sie eingehen.

Nach meiner Überzeugung könnten diese Worte von jedem beliebigen Klienten, aus irgendeinem Land stammen. Ich sah darin keine Verurteilung und möchte sie auch nicht so verstanden wissen. Für mich bedeuteten sie eine Aufforderung zum Innehalten und Nachdenken. Die Erfahrungen dieser Familie unterscheiden sich nicht wesentlich von denen, die viele von uns oft selbst machen: Mit den besten Absichten, aber unter dem Druck eines knappen Zeitplans und hoher Erwartungen versäumen wir es manchmal, uns Zeit zu lassen und uns anzuhören, was der Klient will; und manchmal bringen wir es nicht fertig, innezuhalten und den anderen an unserem eigenen inneren Dialog teilhaben zu lassen.

Nach abermaligem langen Schweigen, das sich über die ernste Stimmung im Raum legte, gab ich der Mutter den Brief zurück und bedankte mich dafür, daß sie ihn mit uns geteilt hatte. Nach und nach begann ich Fragen zu stellen, um das, was sie niedergeschrieben hatte, besser verstehen zu können. Die Sitzung wurde auf Band aufgenommen. In dem Workshop am nächsten Tag befaßten wir uns ausschließlich und eingehend damit, welche Implikationen ihre Worte hatten – als Herausforderung und Hoffnungsanker zugleich.

Am Ende des Seminars war mir klar, daß unser Gespräch, wie so viele andere wichtige Gespräche, damit noch nicht zu Ende sein konnte und sollte. Ihre Worte blieben haften und waren noch lange nach meiner Heimkehr Antrieb für einen anhaltenden inneren Dialog. Ich schrieb der Mutter einen Brief und bat sie um Erlaubnis, ihren Bericht und die Videobänder auch anderen Therapeuten zugänglich zu machen. In ihrer Antwort brachte sie mich auf den neuesten Stand der Dinge seit unserer Begegnung und schloß mit den Worten: „Wenn sich meine Geschichte als hilfreich für Therapeuten erweisen sollte, wäre das ein großer Trost für mich und könnte mich beinahe hoffen lassen, daß unsere Mühen und Qualen nicht völlig umsonst gewesen sind."

Eine bittere – und aufrüttelnde – Hoffnung fürwahr, nun, fast am Ende des 20. Jahrhunderts, wo für die Menschen eine Therapie zu den am meisten genutzten Möglichkeiten gehört, ihre Probleme zu lösen und sich weiterzuentwickeln. Durch die Erfahrungen dieser Mutter sind wir aufgefordert, unsere *Auffassung* dieses eingefahrenen Prozesses neu zu überdenken – ihn vielleicht *innerhalb* der normalen Erfahrungen des täglichen Lebens anzusiedeln und nicht *außerhalb*, als Versuchslabor für ihre akribische Enthüllung, Analyse und Reparatur. Ihre Worte legen uns nahe, die *Beziehung*, die eine Therapie ja *ist*, zu hinterfragen – eine Beziehung, in der die definierenden Elemente von entscheidender Bedeutung sind. Mehr noch als zu Antworten fordert ihr Appell zu Fragen heraus: Was bringen wir in die Beziehung ein? Auf welche Art von Beziehung legen wir Wert? Wer sind wir als Therapeuten? Sind wir Experten? Sind wir Erzieher? Sind wir freundliche Berater? Sind wir Vollstrecker der Moral? Und wie sind wir überhaupt dazu geworden?

Wenn wir auf die Worte dieser Mutter „hören", ist es aber nicht weniger wichtig, auch den Einflußfaktoren dafür nachzugehen, wie ein Therapeut diese Worte auffaßt. Wie ist zum Beispiel folgende Überzeugung eines Therapeuten zu verstehen: „Die Mutter steuert offensichtlich die Meinungsäußerungen der Familie"; oder diese: „Zwei Töchter mit Eßstörungen, das kann nur Inzest bedeuten"; oder diese: „Haben Sie das Schweigen des Vaters bemerkt? Die Mutter schützt ihn"; eine weitere: „Wieso schlägt einen dieser Brief so in Bann?"

In der Therapie als einer Beziehung geht es ebensosehr darum, wer wir als Therapeuten sind – und in diesem Beziehungsgefüge sind – wie darum, wer die Mitglieder einer Familie oder irgendeines Klientensystems sind und wer sie in Verbindung mit dem Therapeuten sind. Es geht ebenso darum, wie wir unsere eigene Geschichte erzählen, wie wir uns selbst als Person definieren, und um unser therapeutisches Selbstverständnis, wie es um die Selbstdefinition und Individualität des Klienten geht.

Der allerwichtigste Aspekt zwischenmenschlicher Beziehungen setzt am Selbst an. Das gilt für uns Therapeuten ebenso wie für unsere Klienten. Was sämtliche postmodernen Therapieansätze auszeichnet, ist eine andere Definition und Sicht des Selbst/Ich. Bevor wir uns nun den Voraussetzungen für eine postmoderne Therapie – einschließlich ihrem Selbst-Begriff und der Rolle narrativer Selbstauslegungen – sowie den praktischen Auswirkungen dieser Vorgaben zuwenden, müssen wir erst einmal zu den Anfängen zurückkehren, dorthin, wo der Richtungswechsel zur postmodernen Therapie seinen Ausgang nahm.

Kapitel 1
Weniger beengende Räume: Von den Traditionen der Moderne zu postmodernen Möglichkeiten

Durch die Wahl unserer Götter bestimmen wir unser eigenes Schicksal.
Vergil

Man hält an den alten Bräuchen und Familientraditionen fest, weil es alte Bräuche und Familientraditionen sind.
Mrs. Woods Baker, Pictures of Swedish Life (1984)

Paradigmen, auch die therapeutischen, sind vor allem mächtige Unternehmungen zur Bewältigung von etwas, das ihre Verfechter als wesentliche Probleme ansehen. Jedes Paradigma definiert, welche Themen darin als problematisch zu gelten haben, und ist so angelegt, daß diese Themen angesprochen werden können. Paradigmen geben Problemen eine Form; Probleme bestärken Paradigmen. Derzeit findet in der Psychologie, in der Familientherapie und in geringerem Umfang auch in der Psychiatrie eine Art Gewissensprüfung statt anläßlich der Suche nach einem brauchbaren Paradigma für das Verständnis von und den Zugang zu menschlichem Verhalten. Im Mittelpunkt dieser Untersuchungen innerhalb der Psychologie stehen Wissen und Methodologie, soweit sie der mit der Moderne assoziierten Wissenschafts-, Essentialismus- und Realismustradition verhaftet sind. Dazu gehört die kritische Prüfung der kartesianischen Begriffe Objektivität, Gewißheit, Geschlossenheit und Wahrheit sowie der damit zusammenhängenden dualistischen und hierarchischen Strukturen und Beziehungen. Dazu gehört ferner die Überprüfung der Vorstellung, daß der Untersuchungsgegenstand, das menschliche Individuum, ahistorisch und als unveränderliche Wesenheit zu betrachten sei, die beobachtet und gemessen werden kann (Danziger, 1994), und daß die Essenz des Untersuchungsgegenstandes, die menschliche Natur, in erster Linie ein dauerhaftes, allgemeingültiges Phänomen sei. Schließlich gehört dazu die Untersuchung des Desinteresses an Kontextbezogenheit (Danziger, 1988; Sass, 1992), der Bedeutungslosigkeit psychologischer Erkenntnisse für die Praxis

(Hoshmand & Polkinghorne, 1992; Polkinghorne, 1991; Schön, 1983), der Entstehung individuellen Wissens (Bruner, 1986, 1990; Freeman, 1993; Gergen, 1982, 1985, 1994; Kitzinger, 1989; Lehtinen, 1993), des Selbst/Ich-Konzepts (Gergen, 1991, 1994; Shotter & Gergen, 1989), des unbedingten Anspruchs auf Wissenschaftlichkeit innerhalb der Disziplin (Faulconer & Williams, 1990; Messer, Sass & Woolfolk, 1988; Slife, 1993), sowie der von moderner wissenschaftlicher Methodik geprägten Forschung (Danziger, 1988; Jones, 1986; Scarr, 1985; Snyder & Thomsen, 1988; Rosenhan, 1973). In der Psychiatrie gab es ähnliche Überprüfungen (Chessick, 1990; Fulford, 1989; Kleinman, 1988 a,b; Laing & Esterson, 1971; Szasz, 1962). Doch die wohl tiefgreifendste und nachhaltigste Wirkung solch disziplinärer Selbstbefragungen wird sichtbar in der Entstehung der Familientherapie mit ihrer traditionellen Vorliebe für den Wandel.

Ein Raum bedingt den anderen: Neue Paradigmen am Horizont

Die Familientherapie entwickelte sich als eine grundlegende Denkweise, mit der man sich von den Einschränkungen der Individualpsychologie ebenso entfernte wie von einer Fachsprache, die individuelle Merkmale menschlichen Verhaltens als intrapsychische Phänomene in den Mittelpunkt stellte; statt dessen richtete man die Aufmerksamkeit auf die unmittelbare Umgebung des Individuums – die Familie. Mit diesem – nun schon ein halbes Jahrhundert alten – konzeptuellen Durchbruch war ein kühner Sprung mitten ins Neuland eines bedeutenden Paradigmenwechsels und hin zu einem ganz neuen Verständnis menschlichen Verhaltens gelungen. Es steht außer Frage, daß die Familientherapie die Psychotherapie im allgemeinen – also ihre Metaphorik kybernetischer Systeme und der Parsonschen, nach Zwiebelart geschichteten Gesellschaftssysteme sowie die darauf gründende therapeutische Praxis, Forschung und Ausbildung – stark beeinflußt hat. Die Familientherapie hat Platz geschaffen für einen Paradigmenwechsel, bei dem sich die Psychotherapie vom vergangenheitsorientierten *Warum* (aus dem Blickwinkel von Ursache und Wirkung) abwandte und dem gegenwartsbezogenen *Was* (mit dem Fokus auf Verhaltensweisen, Kommunikation, Sprache, Überzeugungen und dergleichen mehr) zuwandte. Es herrscht weitgehend Einigkeit darüber, daß die hauptsächliche Wirkung dieses neuen Paradigmas – einschließlich der Entwicklung der familientherapeutischen Theorie und Praxis –

sowohl innerhalb als auch außerhalb der traditionellen psychosozialen Fachbereiche in den verwandten Konzepten der Kontextualisierung menschlichen Verhaltens und der Bezogenheit des einzelnen zu sehen ist. Dieses Konzept bedeutete eine Verschiebung von der intrapsychischen Sicht auf das Verhalten zu einer Sichtweise, die den Kontext des interindividuellen oder zwischenmenschlichen Systems, in dem das (normale oder problematische) Verhalten vorkommt, mitberücksichtigt. Mit diesem Perspektivenwechsel bot sich eine andere Art der Problembeschreibung, -erklärung und -ermittlung an, und damit auch ein anderer Behandlungsschwerpunkt. Ebenso wichtig ist, daß die Familientherapie den psychotherapeutischen Prozeß zugänglich gemacht hat; er ist kein geheiligtes Geheimnis mehr, sondern etwas, das man erkunden, beobachten und mit anderen teilen kann. Letzteres mag wohl der bedeutendste Beitrag der Familientherapie zur nie endenden Aufeinanderfolge theoretischer und klinischer Umwälzungen sein.[1]

Allerdings wurden mit zunehmender Reife, Akzeptanz und Glaubwürdigkeit der Familientherapie – die einst als radikal gegolten hatte – zugleich Kritik und Zweifel in den eigenen Reihen laut. Man kann diese Selbstkritik bis zu den sogenannten epistemologischen Debatten vor fast zwanzig Jahren zurückverfolgen. Darin wurde erstmals bezweifelt, ob es überhaupt angebracht sei, mit der Metapher von mechanischen kybernetischen Systemen an *lebendige* menschliche Systeme heranzugehen und sie verstehen zu wollen, und erstmals Kritik geübt am Einfluß der Parsonschen Schichtmetapher von den Gesellschaftssystemen, die das soziale Gefüge der *Familie* mit ihrer Ideologie verwechsle.

Worum handelt es sich bei diesem sich abzeichnenden Diskurs, und worauf will er hinaus? Paradoxerweise ist es gerade der Kernbegriff von den Familienbeziehungen, der einigen Therapeuten so viel Raum erschlossen hat, daß sie über die Familientherapie und über die säuberliche Trennung von Einzel-, Paar- und Familientherapie hinausgehen konnten (Andersen, 1987; Anderson & Goolishian, 1988b, 1991a; Anderson et al., 1986a, 1986b; Dell, 1982; Dell & Goolishian, 1981; Goolishian & Anderson, 1987a, 1990, 1994; Hoffman, 1993). Ein Großteil der Familientherapie hat vom Individuum in aller Unschuld keine Notiz genommen oder sich absichtlich abgewandt – wobei das individuelle Erleben verlorenging – sowie das *Ich* vom *Du* getrennt und so die Beziehung zugunsten der Identität aus den Augen verloren.

Für einige von uns rückt die Postmoderne Individuum *und* Beziehung ins Blickfeld, auch wenn sie ganz anders begriffen werden als in modernistischer Sicht.

Postmoderne Postulate betonen vor allem die soziale oder relationale Erzeugung oder Verankerung der Wirklichkeit, was zum Beispiel Bedeutungen, Muster, diagnostische Kategorien, und Geschichten zu Nebenprodukten menschlicher Beziehungen und kommunikativer Interaktionen macht. Zu dieser Betonung des Sozialen und Relationalen gehört es, die Vorstellung vom Ich oder vom Individuum neu zu überdenken (ob der Untersuchungsgegenstand nun ein einzelnes Kern-Ich oder viele zusammengefaßte Ichs sind): Selbstkonstruktion, Ichidentität, das Ich-in-Beziehung und das Verbundensein von *Ich* und *Du.*

Indem man die Vorstellungen vom Individuum in Beziehung zu sich selbst (oder zu den vielen Ichs), zu anderen, und zu seiner historischen, soziokulturellen, politischen und ökologischen Lebenswelt neu überdenkt, läßt man individuelle und Beziehungsdichotomien hinter sich, wie sie sich zwangsläufig ergeben, wenn man Sozialsysteme als Zwiebelhäute auffaßt: Individuum/Familie, Familie/Therapeut, individuelles/kollektives Verhalten, Organisches/Psychisches. Man begnügt sich nun nicht mehr damit, als Beziehungsfokus zwei oder mehr einander nahestehende Leute mit einer gemeinsamen Vergangenheit, die ein Sozialgefüge bilden, zu definieren; man geht *über die Familienbeziehungen hinaus,* und man stellt nicht mehr eine Systemebene über die andere. Durch diese neue Gewichtung wird es fraglich, ob es sinnvoll ist, in der Familientherapie die *Familie* als System im Gegensatz zu anderen Systemen festzulegen, und ob es zweckdienlich ist, innerhalb der Psychotherapie die *Familientherapie* besonders zu kennzeichnen (Anderson, 1994; Anderson & Goolishian, 1988b, 1990; Anderson, Goolishian, Winderman, 1986a, 1986b; Erickson, 1988; Goolishian & Anderson, 1987a, 1988, 1990). Die Familientherapie wird also nicht nur von ihrer einschränkenden Definition befreit, weil der anzusprechende Bereich und Fokus neu bestimmt werden, sondern auch die eigentliche Idee von Familientherapie mit ihrem systemtheoretischen Erklärungsmodell wird fragwürdig.

Ich plädiere nun keineswegs dafür, auf den Begriff Familie zu verzichten, finde allerdings, daß innerhalb der Familientherapie das Konzept Beziehung zu eng gefaßt wurde. Der gerade stattfindende Paradigmenwechsel – der relationale Schwerpunkt und sich wandelnde Vorstellungen vom Individuum und von Beziehungen – hat einschneidende Auswirkungen auf die Haltung, die wir gegenüber menschlichen Systemen und ihren Problemen, gegenüber unserer Arbeit mit und unserer Beziehung zu ihnen einnehmen. Die Postmoderne bedeutet eine Herausforderung für den Familienbereich der Psychotherapie, für die *Forschungsinhalte* und *-mittel,* also was untersucht und beschrieben wird, mit welchen Instrumenten, und von wem. Das soll nicht heißen, daß Individuum und Familie zwangsläufig konkurrierende Konstrukte sind. Vielmehr ist damit gemeint, daß weder das Innenleben des einzelnen noch die Familie im Mittelpunkt steht, sondern der Mensch in seinem Bezogensein. Es bedeutet, sämtliche erklärenden Annahmen einschließlich angesehener Theorien dürfen nicht als erwiesen betrachtet, sondern müssen ständig hinterfragt werden. Bateson drückte es einmal sehr treffend aus, als er die Therapeuten dazu aufrief, sich ihrer eigenen aktiven Verwicklung in die untersuchten Phänomene und der Auswirkung von Theorien auf ihre Beobachtungen bewußter zu werden: Wie die Protagonisten in einer griechischen Tragödie seien wir unabwendbar an Art und Gestalt von Prozessen gekettet, denen andere, allen voran unsere Kollegen, bereits gefolgt waren. Und unsere Nachfolger werden an unsere Art des Denkens gebunden sein.

Zusammengenommen führten diese Untersuchungen in den einzelnen Fachbereichen dazu, daß unsere Vorstellung von menschlichen Systemen eine neue Form annahm, und wir uns aufgefordert sahen, unsere psychotherapeutische Tradition in einer Weise neu zu erfinden, die besser an die Anforderungen der sich so rapide verändernden heutigen Zeit angepaßt und für sie relevanter ist. Wie sieht nun die Tradition aus, mit der man sich auseinanderzusetzen hat, und was erscheint bei der in dieser Tradition gründenden Psychotherapie bedenklich?

Modernismus: Individuelle Erkenntnis und repräsentationale Sprache

So wie ich den Terminus verwende, bezeichnet *Moderne* eine Richtung in der abendländischen Philosophie, einen monovokalen Diskurs, der die Ideale der Renaissance und der Aufklärung verkörpert; in ersterer ist der Mensch Mittelpunkt des Universums und Herrscher über die Welt, letztere steht für Vernunft, Evidenz und eine a priori gegebene Wahrheit. Dazu kommen die im Kartesianismus wurzelnden soziokulturellen Begriffe Objektivität, Gewißheit, Geschlossenheit, Wahrheit, Dualismus und Hierarchie, die uns auch im zwanzigsten Jahrhundert noch begleiten.[2] Die Tradition der Moderne bezieht sich auf

> jene Denkrichtung, die ... das traditionelle Ziel der Philosophie verwirklichen will, nämlich zu einer grundlegenden, fundierten Kenntnis dessen zu gelangen, ... was existiert ..., indem man sich nach innen wendet, ins erkennende

Subjekt selbst. ... Dort sucht sie Grundlagen zu entdecken, die uns in unserer ‚Kenntnis' ... der Welt um uns herum Sicherheit gewähren (Madison, 1988, S. x).

In dieser Tradition ist „wahre Erkenntnis ein vermitteltes, archiviertes Wissen, ein Wissen, das pädagogisch wertvoll ist und den Menschen aus dem Höhlendunkel der Zeitlichkeit in das strahlende Licht ewiger Gegenwart führt" (Spanos, 1985, S. 56). Erkenntnis und Wissen spiegeln eine objektive Welt wider, die unabhängig von Verstand und Gefühlen existiert, die vom einzelnen beobachtet und nachgeprüft werden kann, und die universal und kumulativ ist. Aus solchen Erkenntnissen entwickeln sich großartige, umfassende, verallgemeinerbare Theorien; und die Moderne zeigt sich als ein-stimmiger Diskurs, in dem die „Wahrheit" dominiert und großer Wert auf Stabilität gelegt wird.

Der Philosoph Richard Rorty (1979) vertritt die Ansicht, in dieser modernistischen Tradition einer repräsentationalen Erkenntnis sei der Geist eine Art Spiegel, der die Realität reflektiert. Das Individuum ist dann ein vernunftbegabtes Wesen, dessen Verstand ein computerähnliches Repräsentationssystem darstellt. Im Kopf findet die innere Abbildung der Realität statt. Die Wirklichkeit – das, was ist – ist ein empirisches, a priori feststehendes Faktum, unabhängig vom Beobachter. Aus dieser Sicht erscheint die Welt, in den Worten des Philosophiedozenten G. B. Madison (1988), als

> etwas, das vollständig es selbst ist und einfach auf ein erkennendes Ich wartet, das daherkommt und sich ein „inneres Abbild" davon macht ... Wenn er [der Beobachter] seine Ideen nur in der richtigen Weise verknüpft, werden sie sich wahrscheinlich zu einer echten „Wiedergabe" oder einem Ebenbild der „objektiven" Wirklichkeit zusammenfügen (S. 10).

Aus dieser Perspektive ist der Erkennende autonom und von dem unabhängig, was er beobachtet, beschreibt und erklärt, sei es etwas Physikalisches wie ein Sturm, oder etwas Menschliches, wie Massenverhalten. (In diesem Buch beschäftige ich mich allerdings nur mit letzterem.) Das erkennende Individuum ist Quelle aller Erkenntnis und bestätigt allein ihre Richtigkeit. Das Individuum befindet sich in privilegierter Position.

In dieser modernistischen Sichtweise ist Sprache das Medium der Erkenntnis, das heißt, Wissen wird durch Sprache vermittelt. Sprache (Wörter und

Symbole, die verbalen und die nonverbalen Aspekte) hat ebenso wie die Erkenntnis die Funktion, die Realität angemessen wiederzugeben – die Welt zu benennen und ein korrektes Bild von ihr und ihrem inneren Wesen sowie von unseren Erfahrungen mit ihr zu zeichnen, und sich auf das Wirkliche zu beziehen. Die Sprache wird von vernunftbegabten Menschen verwendet, um Gedanken und Gefühle zu übermitteln, oder als Ausdrucksmittel (Heidegger zitiert nach Palmer, 1985, S. 20).

Psychotherapie aus modernistischer Sicht

Die Moderne und ihre Wahrheiten stellen die ehernen Grundlagen für die Human- und Sozialwissenschaften dar. So haben auch unsere psychotherapeutische Kultur, unsere Theorien, Verfahren und Forschungsmethoden – in der Psychologie, Psychiatrie, Sozialarbeit und Familientherapie – ihre historischen Wurzeln in diesem maßgeblichen, alles beherrschenden Diskurs, und reflektieren ihn. Der Therapeut wurde darin in den Stand eines unabhängigen Beobachters erhoben und dort fest installiert, mit privilegiertem, nichtöffentlichem Zugang zu Wissen über die Natur des Menschen, über den Charakter des einzelnen und zwischenmenschliche Beziehungen, über normale und abnorme Verhaltensweisen sowie über Gedanken, Empfindungen und Gefühle. Solches Wissen erlaubt es den Therapeuten, menschliches Verhalten objektiv zu beobachten, zu beschreiben und zu erklären. Kraft dieses Erkenntnis- und Wahrheitsanspruchs befinden sich Therapeuten in einer dualistischen, übergeordneten Position, in der ihr Wissen das nebensächliche oder alltägliche, nichtfachliche Wissen des Klienten überflüssig macht.

Aus der modernistischen Perspektive ist Wissen, und damit die Wahrheit, einschließlich der über die menschliche Natur, pyramidenförmig; es baut eine Hierarchie auf. Ein Therapeut ist als Repräsentant eines herrschenden soziokulturellen Diskurses derjenige, der die menschliche Geschichte kennt und weiß, wie diese Geschichte aussehen *sollte*. Dieses *Wissen des Therapeuten*, genährt von fachlichen und persönlichen Theorien, Vorlieben, Abneigungen und Erfahrungen, wirkt wie eine Vorstrukturierung, so daß das vom Therapeuten in den Behandlungsraum mitgebrachte Wissen im voraus feststeht und es überflüssig ist, daß der Klient irgend etwas weiß. Auf diese Weise wird der Therapeut zum Meister in der Kunst, die Geschichte, wie sie *wirklich* ist, und wie sie sein *sollte,* zu betrachten, zu enthüllen und in ihre Einzelteile zu zerlegen. Das Wissen des Therapeuten prägt und bestätigt seine künftigen Beobachtungen; es wirkt wie eine „umgekehrte Quellenangabe" und dient dazu, „die Vergangenheit in die Zukunft zu projizieren" (Giorgi, 1990, S. 76).

Der modernistische Diskurs perpetuiert die Idee von *feststellbaren, allgemeingültigen Metaphern zur Beschreibung des Menschen* – ein-stimmig und einseitig festgelegte, unverrückbare Wahrheiten über die menschliche Natur im allgemeinen und das Verhalten des Menschen im besonderen. In diesen Wahrheiten kommt unsere schnellebige, sich gesellschaftlich, ökonomisch, politisch und zwischenmenschlich ständig verändernde Welt nicht vor, geschweige denn die Unterschiede innerhalb dieser Welt. Was die Feministin und Philosophin Lorraine Code (1988) über Stereotypien zu sagen hat, gilt auch für diese Wahrheiten: sie sind einfach dogmatischer „Teil des gesammelten Kulturerbes und werden im Zuge eines Akkulturationsprozesses übernommen" (S. 192). In diesen Wahrheiten werden Menschen, Probleme und Lösungen als homogene Gruppierungen in einen Topf geworfen, wodurch Nuancen und Unterschiede überdeckt und ignoriert werden.

Aus modernistischer Sicht ist Therapie ein durch die gesellschaftlich vorherrschende Wahrheit geprägtes, *vom Therapeuten gesteuertes Unterfangen,* und die daraus erwachsenden Möglichkeiten sind *von Therapeutenseite bestimmt.* Aus den genannten Wahrheiten ergibt sich, welche der apriorischen Pauschaldiagnosen, Ziele und Behandlungsstrategien festgelegt und umgesetzt werden. Auf der Grundlage solchen Denkens und Handelns wiederum läßt sich das Vorverständnis des Therapeuten unschwer bestätigen und konkretisieren, und zugleich lassen sich Einzigartigkeit, Reichtum und Komplexität des Individuums oder einer Gruppe von Individuen leicht übersehen und für unwichtig erklären. Wenn sich dieses Vorverständnis ausbildet, diese Einzelstimme Form annimmt, besteht die Gefahr, daß die daraus resultierenden, therapeutengeleiteten Gedanken und Aktionen die Stimme des Klienten dominieren und zum Schweigen bringen. Meines Erachtens wirken die vertrauten Metaphern und Erzählungen auch selbstbeschränkend und reduzieren folglich die kreativen Fähigkeiten und die Phantasie des Therapeuten auf ein Minimum; so wird das Potential für noch nicht Bekanntes, Neuartiges blockiert – für die Möglichkeiten, die sich aus der Vielstimmigkeit (Klient, Therapeut und andere) ergeben. Ich bin fest davon überzeugt, daß wir Gefahr laufen, die institutionalisierte Ungleichheit – wenn auch mitunter unwissentlich – festzuschreiben, wenn wir den Auffassungen von uns Therapeuten eine Vorrangstellung einräumen, und zwar sowohl auf der Ebene der einzelnen Therapeut-Klient-Beziehung als auch auf der allgemeineren Ebene von Individuum, Familie und Gesellschaft; ein Beispiel für letzteres wäre, daß wir etwas so Verbreitetes wie Sexismus, Rassismus und die Diskriminierung bestimmter Altersgruppen nicht sehen wollen oder befürworten.

Der modernistische Diskurs leistet der dualistischen und hierarchischen Vorstellung Vorschub, *der Klient sei ein Untersuchungs- und Beobachtungsgegenstand,* und weist dem Therapeuten eine überlegene Expertenposition zu. Die am therapeutischen Wagnis Beteiligten und was jeder von ihnen einbringt, haben dann etwas Vereinzeltes und Statisches an sich, anstatt sich wechselseitig beeinflussend an einer gemeinsamen Anstrengung mitzuwirken. Der Beziehungsaspekt oder die Idee vom in Beziehung stehenden Individuum rückt in den Hintergrund. Der Klient als unwissender Untersuchungsgegenstand wird vom Bösewicht Problem durch einen Therapeuten befreit, der die menschliche Natur und das menschliche Verhalten kennt und Experte dafür ist: der Befreier als Held.

Die psychotherapeutische Sprache und Terminologie innerhalb des modernistischen Diskurses ist *mängelorientiert* und gibt die psychische und die Verhaltens*realität* vermeintlich korrekt wieder. In Rortys Metapher vom Geist als Spiegel wird der Untersuchungsgegenstand (ein Klient) als fehlerhaft, beschädigt und dysfunktional gesehen. Als kulturelle und professionelle Kodierungen dienen Diagnosen dazu, die nur ihrer Entdeckung harrenden Daten zu sammeln, zu analysieren und einzuordnen. Sobald sich Ähnlichkeiten und Muster zeigen, paßt man die Menschen und Probleme in ein störungsorientiertes Kategoriensystem ein, das durch die Sprache und Terminologie unserer Diskurse aufrechterhalten wird. So entsteht die Illusion eines verallgemeinerbaren psychologischen Wissens. In der solcherart unpersönlich gemachten psychotherapeutischen Sprache und ihren Terminologien wird folglich die Einzigartigkeit jeder Person und Situation außer acht gelassen (Gergen, Hoffman & Anderson, 1997). Fach- und kulturbezogene Ausdrücke können Menschen klassifizieren und einordnen; aber sie teilen uns nichts über sie mit. Seit nahezu zwei Jahrzehnten schreibt der norwegische Psychologe Jan Smedslund (1978, 1990) extensiv über die Unterschiede zwischen objektiver und psychosozialer Realität, und schlägt eine – wie er es nennt – „dem gesunden Menschenverstand entsprechende Psychologie" vor: Kurz gesagt sind das all jene psychologischen Erläuterungen, die „von allen, die der Sprache mächtig sind, in der sie formuliert sind, für zutreffend gehalten werden" (1990, S. 46).

Aus dieser Perspektive ist Psychotherapie eine Technologie: der Mensch ist eine Maschine und der Therapeut ein Techniker, der sich mit fehlerhaften menschlichen Maschinen beschäftigt (Anderson & Goolishian, 1988b, 1991a). Um noch einmal Rortys Geist/Spiegel-Analogie heranzuziehen: Wenn die Psyche wie ein Spiegel abbildende Funktion hat, und wenn sie schadhaft ist und die Wirklichkeit unzutreffend widerspiegelt, muß es Aufgabe des Therapeuten sein, den beschädigten Spiegel einer Prüfung zu unterziehen, ihn auszubessern und wieder zum Glänzen zu bringen (Rorty, S. 12). Die Rolle des Therapeuten ist darauf ausgerichtet, eine Störung oder einen Mangel (zum Beispiel im individuellen Verhalten, in den familiären Interaktionsmustern, Überzeugungen oder Geschichten) im anvisierten menschlichen System (zum Beispiel einem individuellen, ehelichen oder familialen) zu diagnostizieren, das defekte System (Individuum, Paar oder Familie) zu reparieren und es wieder in einen normativen Zustand zu überführen (zum Beispiel ein differenziertes Individuum, ein sich gegenseitig ergänzendes Paar, eine funktionsfähige Familie). Von diesem Standpunkt aus ist Sprache das Medium und das Werkzeug, mit dem wir unser verbrieftes Recht ausüben, aufzudecken, zu erklären, Vorhersagen zu treffen und Veränderungen zu bewirken.

Einschränkungen, Grenzen und Desillusionen einer im Modernismus gründenden Therapie

Bislang lebten wir in einer Welt, in der Wandel stets mit einer gewissen Sicherheit und Berechenbarkeit stattfand, auch wenn er zuweilen in scheinbar chaotischer Weise hereinbrach. Die Philosophie hat sich bemüht, strukturelle Gerüste zum Verständnis des Wandels und zur Beherrschung des Chaos verfügbar zu machen. In der heutigen Zeit, in der die Welt um uns herum sich immer schneller zu verändern und um ein Vielfaches komplexer zu werden scheint, sind Veränderungen anscheinend weniger berechenbar und zugleich chaotischer. Der soziale und technologische Wandel und die damit verbundene Unsicherheit wirken sich auf unseren Alltag und unsere Zukunft aus; die zu erwartenden politischen, wirtschaftlichen und soziokulturellen Veränderungen erfordern eine neue Geisteshaltung und verlangen eine andere Sichtweise auf die Welt und uns selbst (Gergen, 1982, 1991a, 1991b; Drucker, 1994). Durch eine sozialwissenschaftliche Brille betrachtet, ist der Modernismus nicht gerüstet, sich mit der Komplexität und den Anforderungen dieser Umwälzungen auseinanderzusetzen und sie zu bewältigen.

Fachübergreifend ist mit der Postmoderne eine alternative Form des Fragens und Erforschens unter Theoretikern und Gelehrten entstanden, die nun damit befaßt sind, die Metaerzählungen, die Gewißheit sowie die Methoden und Verfahren der Moderne in den Natur- und Humanwissenschaften – Kunst, Geschichte, Feminismus und Erziehung/Ausbildung inbegriffen – in Frage zu stellen und nach alternativen Konzepten und Darstellungsweisen zu suchen (Berger & Luckmann, 1966; Gergen, 1982, 1985, 1995; Harré, 1983; Lyotard, 1984; Shotter, 1989, 1991, 1993a, 1993b; Sylvester, 1985; Wygotski, 1977).

Modernistische, vom Therapeuten dominierte Therapien, in denen man unabhängig von der theoretischen Ausrichtung eines Therapeuten dessen Wissen und Fachkenntnisse voraussetzt, werden jedoch innerhalb wie außerhalb unseres Fachbereichs kaum je in Zweifel gezogen. Immerhin eine Handvoll klinischer Theoretiker und Therapeuten sah sich – wenn auch aus unterschiedlichen Gründen – zunehmend ihrer Illusionen beraubt, was die Limitationen und Tragfähigkeit psychotherapeutischer Theorie, Praxis und Forschung betrifft, soweit sie von den Grundsätzen des herrschenden modernistischen Diskurses geprägt sind und ihnen Ausdruck verleihen (Andersen, 1987; Anderson, 1995; Anderson & Goolishian, 1988b; Atkinson & Heath, 1990; Cecchin, 1987; Chessick, 1990; deShazer, 1985; Dell & Goolishian, 1981; Flax, 1990; Gergen, 1982, 1985, 1991a, 1991b, 1994; Hare-Mustin, 1987; Hoffman, 1993; Kleinman, 1986, 1988; Kvale, 1992; McNamee & Gergen, 1992, Nicholson, 1990; Penn & Frankfurt, 1994; Polkinghorne, 1983, 1988; Sampson, 1981; Shotter, 1993a,b; Snyder, 1984; Watzlawick, 1976, 1984; White & Epston, 1990). Diese Desillusionierung und die damit verbundene Selbstprüfung haben ihren Niederschlag in einer gerade entstehenden Ideengemeinschaft mit weitreichenden Implikationen für die psychotherapeutische Theorie, Praxis, Forschung und Ausbildung gefunden. Generell ist diese noch im Entstehen begriffene Gemeinschaft durch Therapien vertreten, die sich als kollaborativ, narrativ und lösungsorientiert verstehen.

Für unsere Gruppe in Galveston stellte sich allmählich heraus, daß wir von sich entwickelnden Systemen[3] fasziniert und zugleich besonders an Sprache[4] interessiert waren. Mit dieser Hinwendung zur Sprache, insbesondere zum Sprachmodell der zeitgenössischen Hermeneutik und des sozialen Konstruktionismus, waren wir schließlich imstande, uns von der Metaphorik eines mechanistisch-kybernetischen, geschichteten Sozialsystems und einer pyramidenförmig organisierten Realität zu lösen. Indem wir menschliche Systeme als sprachliche Systeme konzeptualisierten – im Fluß befindliche, sich entwickelnde und miteinander kommunizierende Systeme, die in Sprache existieren –, gelangten wir zu den Konzepten problemdeterminierte Systeme, problemorganisierende und problemauflösende Systeme sowie kollaborative sprachliche Systeme (Anderson & Goolishian, 1988b; Anderson, Goolishian, Pulliam & Winderman, 1986; Goolishian & Anderson, 1987a).

Innerhalb dieser Ideengemeinschaft gibt es zwar theoretische und praktische Unterschiede, doch ist allen gemeinsam, daß sie von Familientherapeuten entwickelt wurden; jede Richtung stellt eine ideelle Herausforderung dar, insoweit bei der Konzeptualisierung von menschlichem Verhalten und von Therapie das Individuum bzw. die Familie keine Vorrangstellung einnehmen, sondern Begrenzungen wie Individuum, Paar oder Familie und die Anzahl von Leuten im Behandlungszimmer aufgehoben sind. Außerdem sind die verschiedenen Richtungen unter dem Dach einer postmodernen Philosophie vereint.

Aber worin besteht die Postmoderne? Worin unterscheidet sie sich von der Moderne? Wie weit reicht ihre Herausforderung? Welche Chancen bietet sie, die wir in der Moderne nicht finden? Und welches ist mein bevorzugter postmoderner Entwurf, der zum gegenwärtigen Zeitpunkt meine innere Haltung zur Therapie und ihrer praktischen Durchführung repräsentiert? Ich möchte keineswegs polarisieren, sondern einfach darüber sprechen, warum ich von einer Reihe mich einschränkender Postulate zu einer Anzahl von Annahmen übergegangen bin, die ich weniger einengend finde.

Die postmoderne Landschaft

In seiner einfachsten Form bezieht sich der Begriff postmodern auf eine kritische Haltung, nicht auf eine Epoche. Er bezeichnet eine diskontinuierliche philosophische Richtung[5], die radikal mit der modernistischen Tradition bricht und deren aus nur einer Stimme bestehenden Diskurs als übergreifendes Fundament für die Literatur-, Politik- und Gesellschaftskritik in Zweifel zieht.[6] In gewisser Hinsicht stellt er eine unübersichtliche Kreuzung dar, auf der ähnliche und unterschiedliche Traditionen zusammenlaufen.

Obgleich im späten Existentialismus verwurzelt, setzte sich der Postmodernismus erst in den siebziger Jahren durch. Ohne durch einen einzelnen Urheber ausgewiesen zu sein und ohne einheitliches Konzept erweist sich der postmoderne Diskurs als vielstimmiger Chor, bestehend aus aufeinander bezogenen, in Bewegung befindlichen Auslotungen – und jede ein Stück Unruhe stiftende Modernismuskritik. Das postmoderne (oft mit dem Poststrukturalismus[7] gekoppelte) Denken – meist in Verbindung gebracht mit Namen wie Michail Bachtin (1981), Jaques Derrida (1978), Michel Foucault (1973), Jean-François Lyotard (1984), Richard Rorty (1979) und Ludwig Wittgenstein (1969) – bedeutet vor allem eine weitreichende Infragestellung und kulturell sich abzeichnende Abkehr von festgelegten Metaerzählungen, privilegierten Diskursen und universellen Wahrheiten; eine Abkehr auch von objektiver Wirklichkeit, von der Sprache als repräsentational und von den wissenschaftlichen Erkenntniskriterien als objektiv und unveränderlich. Zusammengefaßt kann man sagen: Der Postmodernismus lehnt den grundlegenden Dualismus der Moderne, nämlich die Trennung in eine äußere reale und eine innere psychische Welt, ab und zeichnet sich durch Ungewißheit, Unberechenbarkeit und das Unbekannte aus. Wandel ist eine gegebene Tatsache und ist willkommen.

Das postmoderne Denken tendiert zur *Erkenntnis als diskursivem Verfahren* und *Sprache als dem Zentrum unserer Welt- und Selbsterkenntnis,* zu einer *Vielfalt von Narrativen, die sich eher im Partikulären und Kontextuellen bewegen und im Fluß sind;* es propagiert eine *Vielzahl von Herangehensweisen,* um Themen *wie Erkenntnis, Wahrheit, Sprache, Geschichte, Selbst und Macht zu analysieren.* Es betont die *relationale und generative Natur von Erkenntnis und Sprache.* Aus postmoderner Sicht ist Wissen gesellschaftlich konstruiert, und Erkennender und Erkanntes sind voneinander abhängig – was zur Voraussetzung hat, daß Kontext, Kultur, Sprache, Erfahrung und Verstehen in einer Wechselbeziehung zueinander stehen (Lyotard, 1984; Madison, 1988). Wir können die Welt nicht unmittelbar erkennen, wir können sie nur durch unser Erleben kennenlernen. Unaufhörlich interpretieren wir unsere Erfahrungen und interpretieren unsere Interpretationen. Als Folge davon entwickelt und erweitert sich unser Wissen ständig.

Die Sprache – die gesprochene und die nonverbale, Wörter und Symbole – erhält ihre Bedeutung durch die Anwendung. Sie ist das primäre Medium, durch das wir unsere Welt konstruieren, sie begreifen und in ihr handeln: „Sprache ist die Umwandlung von Erfahrung, und zugleich verwandelt sie, was wir erfahren können" (Goolishian & Anderson, 1987, S. 532). Betrachtet man Erkenntnis und Sprache zusammengenommen auf diese Weise, richtet sich die Aufmerksamkeit auf die Rolle und Bedeutung von Dialog und Gespräch – wie wir miteinander reden, miteinander Sprache anwenden und miteinander in Beziehung stehen.

An der postmodernen Sichtweise wird nun kritisiert, man wolle widersinnigerweise das Kind mit dem Bade ausschütten – die große historische Erzählung mit der philosophischen Metaerzählung (Nicholson, 1990, S. 90). Doch sind Ungewißheit, Unberechenbarkeit und Unbekanntes nicht unbedingt gleichzusetzen mit Nihilismus, Solipsismus oder Relativismus. Auf den Begriff Wahrheit zu verzichten bedeutet nicht, daß „nichts existiert"; eine pluralistische Position zu vertreten bedeutet nicht, daß „alles erlaubt ist". Vielmehr begünstigt der Postmodernismus die Sozialkritik; aus dieser Perspektive kann alles in Frage gestellt werden, einschließlich des Postmodernismus selbst. Was man also als gesellschaftstheoretischen (oder therapeutischen) Metadiskurs mit Sonderstatus mißverstehen könnte, ist nur einer von vielen.

Zwar bin ich an der postmodernen „Landschaft" ganz allgemein interessiert, doch haben sich vor allem die Konzepte der neueren philosophischen Hermeneutik und des sozialen Konstruktionismus – beides interpretierende Sichtweisen – als die zentralen Stützen meines begrifflichen Unterbaus herauskristallisiert. Meiner Ansicht nach werden beide einen grundlegenden Wandel im Therapiewesen einleiten.

Auf dem Weg zum Wandel

In der philosophischen Hermeneutik wie im sozialen Konstruktionismus werden menschliche Systeme als komplexe Gebilde betrachtet, bestehend aus Einzelindividuen, die denken, interpretieren und verstehen. Beide Richtungen stellen in Abrede, daß der herkömmliche physikalische und naturwissenschaftliche Erklärungsmodus auf die Analyse menschlicher Systeme anwendbar sei, und weisen darauf hin, daß das in solchen Erklärungen immanente „Vorverständnis" dem Menschen in seiner Komplexität nicht gerecht zu werden vermag. Keine der beiden Sichtweisen beinhaltet einen „theoretischen Denkrahmen mit der dazugehörigen Methodologie" (Semin, 1990, S. 151), sondern es läßt sich jeweils ein im Entstehen begriffener Bezugsrahmen erkennen, innerhalb dessen die dominierenden modernistischen Begriffe kritisch untersucht und Alternativen angeboten werden können.

Obwohl jeweils für sich stehend, haben Hermeneutik und sozialer Konstruktionismus einiges gemeinsam. Beide untersuchen für selbstverständlich gehaltene Alltagsanschauungen und -gepflogenheiten: wie wir Individuen und gesellschaftliche Institutionen erschaffen und verstehen; wie wir an dem, was wir erzeugen, erleben und beschreiben, beteiligt sind (Giddens, 1984). Beiden ist die *interpretierende Betrachtungsweise* gemeinsam, die die *Bedeutung (den Sinn)* unterstreicht, eine Bedeutung, die konstruiert, nicht aufoktroyiert ist. Zum Beispiel werden die Wortbedeutungen, der Sinn, den wir den Ereignissen und Erlebnissen in unserem Leben verleihen – einschließlich unserer Selbstidentität –, von den Einzelpersonen beim Miteinander-Sprechen und -Handeln produziert und sind immer für eine Vielzahl von Interpretationen offen. Für die Hermeneutik wie für den sozialen Konstruktionismus gilt: „Bedeutung sollte als Ko-Produktion von Sprecher und Hörer gesehen werden, in der beide in gleichem Maße über aktive sprachliche Kompetenz verfügen" (Müller-Vollmer, 1989, S. 14). So spielt also in beiden Denkrichtungen die Sprache eine zentrale Rolle, indem sie deutlich machen, daß Überzeugungen und Handlungsweisen mit der Sprache verknüpft sind, in ihr entstehen und stattfinden. Und sowohl hermeneutische als auch sozialkonstruktionistische Denker sind skeptisch, ob der individuelle Geist reflektieren, aufdecken und aufgedeckt werden kann (Gergen, 1990).

Hermeneutik

Die Hermeneutik war eine der ersten Denkrichtungen, die die kartesianische Theorie in Frage stellte, nach der alle Erkenntnis dualistisch, und der Beobachter strikt vom Beobachteten getrennt ist. Historisch gesehen reicht die Hermeneutik bis ins siebzehnte Jahrhundert zurück, wo sie ursprünglich dazu diente, Bibeltexte, später dann literarische Texte zu analysieren und angemessen auszulegen – der Leser erkennt und interpretiert das geschriebene Wort. Im späten achtzehnten Jahrhundert brach die Hermeneutik mit dieser Texttradition und wandte sich dem Auslegen und Verstehen menschlichen Verhaltens allgemein zu, trat also als „echte philosophische Richtung und allgemeine Theorie der Gesellschafts- und Geisteswissenschaften" (Müller-Vollmer, 1989, S. ix) in Erscheinung.

Mit dem Aufkommen der philosophischen Hermeneutik im 20. Jahrhundert, die meist mit den Anschauungen von Hans-Georg Gadamer, Jürgen Habermas, Martin Heidegger und Paul Ricoeur assoziiert wird (siehe Madison, 1990, sowie Palmer, 1987), nahm die Hermeneutik eine postmoderne Wendung. Wenn es auch keine allgemein akzeptierte Definition gibt, und keine einzelne Denkrichtung den Ton angibt, kann man grob gesprochen sagen, daß sich die *Hermeneu-*

tik mit Verstehen und Auslegen beschäftigt: Verstehen der Bedeutung eines Textes oder Diskurses, menschliche Emotionen und Verhaltensweisen inbegriffen, und Verstehen als Prozeß, auf den sich die Überzeugungen, Annahmen, Absichten und Erfahrungen des Interpretierenden auswirken. Die Hermeneutik versucht nicht, zur *wahren* Bedeutung oder *richtigen* Wiedergabe zu gelangen, und sollte nicht mit kausalen Erklärungen verwechselt werden. Jede Darstellung, jede Auslegung ist nur eine Lesart der Wahrheit; Wahrheit wird durch die Interaktion der Beteiligten konstruiert und ist kontextabhängig. Demnach haben das Interpretieren, das Verstehen und das Suchen nach Wahrheit nie ein Ende.

Gadamer (1960) stellte fest, welch bedeutsamen Beitrag der Interpretierende zur Interpretationserfahrung leistet: Bedeutung und Sinn werden zum einen durch die Vorstrukturierung des Verstehens bei dem, der interpretiert, zum anderen durch die „Horizontverschmelzung" zwischen Leser und Text ausgeformt (anstelle von „Leser und Text" setze für den Therapiebereich „den Beteiligten"). Aus dieser Verschmelzung, die auch ein reflexiver Prozeß ist, ergibt sich eine für die jeweilige Begegnung spezifische Verständigung, die keinem der Beteiligten allein zugeschrieben werden kann, und die Auslegungsmöglichkeiten gehen ins Unendliche.

Aus diesem hermeneutischen Blickwinkel ist Verstehen sprachlich, historisch und kulturell bestimmt, das heißt, „Sprache und Geschichte sind stets sowohl Bedingung als auch Einschränkung für das Verstehen" (Wachterhauser, 1986a, S. 6). Der aktuelle Sprachgebrauch, innerhalb dessen wir uns bewegen, und die Vorkenntnisse aus unserer Vergangenheit – was Heidegger (1967) als unseren *Horizont* bezeichnet – beeinflussen (sowie prägen und begrenzen) unser Verständnis, unsere Sinngebungen und unsere Interpretationen. Der Verständigungsprozeß läuft so ab, daß wir uns in den Horizont des anderen vertiefen und umgekehrt – jeder dem anderen gegenüber offen. Dabei handelt es sich um einen aktiven Prozeß, einen aktiven Dialog.[8]

In der Hermeneutik gilt, daß „Verständnisprobleme zeitweilige Schwierigkeiten anzeigen, die Intentionen einer Person oder einer Gruppe zu verstehen; diese Störung kann überwunden werden, indem man den dialogischen, deutenden Prozeß fortsetzt" (Warneke, 1987, S. 120). Es gilt außerdem, daß keiner je einen anderen vollkommen verstehen oder vollständig erfassen kann, was ein Sprecher meint und beabsichtigt. Es gibt keine *wahre* Bedeutung, weil schon in der Bedeutungssuche selbst für jeden Interpretierenden etwas Neues, etwas Unterschiedenes Gestalt annimmt und sich wieder umformt, erzeugt und wieder neu erschaffen wird. Verstehen bezieht sich nicht auf das Begreifen von etwas, das da ist, das existiert; schon der Verstehensakt an sich erzeugt etwas, das sich von dem, was man verstehen möchte, unterscheidet (Gadamer, zitiert in Madison, 1988, S. 167). Verstehen heißt, anders zu verstehen.

Gergen (1994) äußerte sich kritisch zu Gadamer, weil er das Individuum und seinen Beitrag zur Auslegung in den Mittelpunkt stellt. Die Implikationen der Hermeneutik erstrecken sich jedoch über das Individuum hinaus auf die Interaktionen zwischen den Menschen oder auf den in Beziehung stehenden Menschen. Die Hermeneutik behauptet, daß „Bedeutung in einer dyadischen Beziehung durch [ich bevorzuge *in* und *mittels*] Sprache entsteht und nicht im Geist einzelner Sprecher oder Schreibender angesiedelt ist, sondern im Dialog selbst" (Chessick, 1990, S. 269). Mit dem Hinweis, daß sich bedeutungsorientierte Theorien wie die hermeneutische und die dekonstruktionistische Literaturkritik auf den geschriebenen Text richten, plädierte Gergen (1995) dafür, über den Text und die Person als Text hinauszugehen; nicht mehr das „Textliche" sowie das Individuum sollten der Fokus der Analyse sein, sondern der soziale Bereich, also das „Gemeinschaftliche" sowie die Beziehung (Gergen, 1994, S. 262 ff.). Gergens Betonung von „Beziehungsdarstellung" (1988a, S. 49), einer „relationalen Theorie menschlicher Bedeutungserzeugung" (1994, S. 264), steht im Mittelpunkt der sozialkonstruktionistischen Debatte innerhalb der Sozialwissenschaften. Aber was ist eigentlich sozialer Konstruktionismus?

Soziale Konstruktion

Die sozialkonstruktionistische Richtung in den Gesellschaftswissenschaften geht wohl auf das Frühwerk von P. L. Berger und T. Luckmann (1966) zurück, die in ihrer klassischen Schrift *Die gesellschaftliche Konstruktion der Wirklichkeit* eine Beziehung zwischen individueller Sichtweise und gesellschaftlichem Prozeß herstellten und folglich eine Vielzahl von Auslegungsmöglichkeiten sowie die Gesellschaftsbezogenheit aller Erkenntnis – einschließlich der Selbsterkenntnis – geltend machten. In jüngerer Zeit tauchen in Verbindung mit dem sozialen Konstruktionismus folgende Namen von Sozialwissenschaftlern auf: Jerome Bruner (1986), Nelson Goodman (1978), Kenneth Gergen (1982, 1985, 1994), Rom Harré (1979, 1983), John Shotter (1984, 1993a, 1994), Donald Polkinghorne (1988, 1991), Theodore Sarbin (1986), Clifford Geertz (1983) und Charles Taylor (1989); und jeder einzelne von ihnen interpretiert ihn auf seine Weise.

Beim sozialen Konstruktionismus geht es um Vielstimmigkeit, um Unterschiede. Shotter (1995) hat dessen Vertreter folgendermaßen charakterisiert:

> Sie beschäftigen sich inzwischen viel mehr damit, wie es einem einzelnen Menschen innerhalb eines Beziehungsnetzes mit anderen geht, da er ja zu verschiedenen Zeiten auf unterschiedliche Weise zu ihnen in Beziehung steht oder eine andere Position ihnen gegenüber einnimmt. Es ist dieses ‚In-Beziehung-Setzen' oder ‚Positionieren' dessen, was wir sagen wollen, zu den Aktivitäten irgendeiner sozialen Gruppe – manchmal ‚von innerhalb', manchmal ‚von außen' –, ... das die Richtung grundsätzlich kennzeichnet (S. 384).

Der soziale Konstruktionismus ist eine Form des sozialen Erkundens und Nachfragens. Gergen, allgemein als sein führender Vertreter angesehen, beschreibt ihn als eine hauptsächlich der Klärung jener Prozesse gewidmete Untersuchung, mittels derer Menschen ihre Lebenswelt – sich selbst inbegriffen – beschreiben und erklären können, oder sich anderweitig einen Begriff davon zu machen vermögen (Gergen, 1985, S. 266). Im sozialen Konstruktionismus „wird der Diskurs über die Welt nicht als Widerspiegelung oder Landkarte der Welt gesehen, sondern als ein Produkt *gemeinschaftlichen Gedankenaustauschs*" [Hervorhebung von mir] (S. 266).

Wissen wird gemeinschaftlich konstruiert, ist ein Ergebnis sozialen Austauschs. Für Gergen ist die Beziehung der Ort der Erkenntnis. Aus dieser Perspektive sind zum Beispiel Ideen, Wahrheiten oder Selbstidentität als Produkte menschlicher Beziehungen zu sehen. Das heißt, für alles liegt die Urheberschaft, oder genauer, die Urheberschaften, in einer Gemeinschaft aus Personen und Beziehungen. Zu den Bedeutungen in der Sprache, also dem Sinn, die wir den Dingen, Ereignissen und Menschen in unserem Leben sowie uns selbst geben, kommen wir durch Sprachanwendung – mittels gesellschaftlich konstruiertem Dialog, Gedankenaustausch und Interaktion. Die Betonung liegt auf der „im Kontext gründenden Bedeutung und ihrem ständigen Aushandeln über die Zeit hinweg" (Gergen, 1995, S. 66), und nicht darauf, den Bedeutungsursprung ausfindig zu machen. Sich so von der Vorstellung individueller Autorschaft ab- und der Idee mehrfacher Urheberschaft zuzuwenden, bedeutet wegen der damit verbundenen Möglichkeiten eine Befreiung für mich. Aber wie kommt es zu einer solchen gemeinsamen Urheberschaft? Meine Gedanken finden ein Echo in dem, was Gergen (1994) als *Ergänzung* und Shotter (1993) als *gemeinschaftliches Handeln* bezeichnet.

Ergänzung

Gergen (1994) benutzt den Begriff Ergänzung als Schlagwort für die Art und Weise, wie die Koordination unserer Äußerungen und Aktionen Bedeutung entstehen läßt. *Ergänzung* ist ein reziproker Prozeß, in dem der eine auf die Äußerungen oder Handlungen des anderen reagiert oder sie ergänzt. Im Ergänzungsprozeß entsteht das *Potential* (Hervorhebung von Gergen) für Bedeutungsentfaltung in der Dyade. Die Reaktion kann aus einem Wort, einer Geste oder einem ausgedehnten Gespräch bestehen. Jede Person in der Dyade befindet sich auch noch in einer Reihe anderer Beziehungen – zurückliegenden, gegenwärtigen und künftigen – und die vielfältigen Kontexte dieser Beziehungen wirken auf die innerhalb der Dyade entwickelten Ergänzungen und Bedeutungen ein. Umgekehrt reicht (der Möglichkeit nach) der Einfluß der Ergänzung als Teil eines erweiterten reziproken Prozesses über die Dyade hinaus. Daher sind Bedeutungen nicht für alle Zeiten verankert, sondern werden ständig beeinflußt, konstruiert und wieder umgestaltet.

Gemeinsames Handeln

Der von Gergen propagierten Form des sozialen Konstruktionismus verwandt sind die Ideen des Sozialpsychologen John Shotter (1993a), der für seine Version die Bezeichnungen rhetorisch-reagierend oder gemeinschaftlich handelnd fand. Er führt aus, allen Spielarten des sozialen Konstruktionismus gemeinsam sei „der dialektische Nachdruck sowohl auf der Kontingenz als auch der Kreativität des menschlichen Interagierens – darauf, daß wir uns unsere sozialen Gegebenheiten selbst schaffen und von ihnen geformt werden" (S. 13). Im Mittelpunkt steht immer „der kontingente Fluß kontinuierlicher kommunikativer Interaktion zwischen den Menschen ... eine Interaktionsdimension zwischen dem Ich und einem anderen" (1994, S. 12). Shotter beschäftigt sich besonders mit der Beziehung Ich/Anderer und mit der Art und Weise, wie die Menschen ihre Alltagsaktivitäten spontan miteinander koordinieren. Ihn interessiert, wie „Sprecher und Hörer anscheinend fähig sind, untereinander einen umfassenden kontextuellen Hintergrund aus lebendigen und (mit den Sinnen) erlebten Bezügen zu schaffen und zu bewahren, in dem sie sich so, wie sie nun einmal sind, aufgehoben fühlen" (1993b, S. 12). Shotter beschreibt das gemeinschaftliche Handeln folgendermaßen: „Alle Handlungen von Menschen, die auf diese Weise mit anderen in einer gesellschaftlichen Gruppe zu tun haben, sind irgendwie durch Dialog oder Reaktion verknüpft, und zwar mit zurückliegenden, bereits vollzogenen Handlungen ebenso wie mit voraussichtlichen, als nächstes denkbaren Handlungen" (1984, S. 52f.).

Verwirrungen

Ich stelle häufig fest, daß der soziale Konstruktionismus mit dem eng verwandten Sozialkonstruktivismus verwechselt wird. Zwar sind sie aus unterschiedlichen Geistesströmungen hervorgegangen, doch lehnen beide im Grunde die Vorstellung ab, Erkenntnis und Wissen spiegelten etwas ontologisch Reales wider, und der Geist gebe die Wirklichkeit wieder. Und beide vertreten die Ansicht, daß Wissen und Wirklichkeit vom Menschen konstruiert werden. Meiner Meinung nach besteht der Hauptunterschied in der Art, wie man zu diesen Konstruktionen kommt und wie man sie einschätzt.[9] Bei allen Varianten des Konstruktivismus liegt die Betonung auf dem gestaltenden Geist des einzelnen, der Autonomie des Selbst/Ich, und dem Individuum als sinnstiftend. Von Glasersfeld (1985) drückt es so aus: „Alle Verständigung, alles Lernen und Verstehen (ist) stets Bau und Interpretation des erlebenden Subjekts" (S. 17). Für den Konstruktivismus sind die organisch bedingten kognitiven Strukturen und Prozesse des erlebenden Individuums entscheidend, zum Beispiel die Beziehung zwischen inneren geistigen Prozessen und dem Erleben der Außenwelt. Gergen (1994) machte darauf aufmerksam, daß der Konstruktivismus „der abendländischen Individualismustradition verhaftet" sei (S. 68), wohingegen der soziale Konstruktionismus sich von der Vorstellung des individuell gestaltenden Geistes löst und die Begriffe autonomes Individuum und individuelle Psyche in Frage stellt.

Im sozialen Konstruktionismus wird der gemeinschaftliche, auf wechselseitiger Beeinflussung beruhende Kontext als sinnstiftend herausgestellt – Verstand und Psyche sind relational, und die Herstellung von Bedeutung geschieht auf diskursivem Weg. Shotter (1993b) fand dafür den Ausdruck „Gesprächswirklichkeiten". Der soziale Konstruktionismus geht viel weiter, als nur das Verhalten in einen sozialen Kontext zu stellen und alles zu relativieren. Kontext wird als ein multirelationaler und sprachlicher Bereich aufgefaßt, in dem Verhalten, Empfindungen, Gefühle und Verständnisvereinbarungen gleichsam Gemeinschaftsbesitz sind. Sie treten innerhalb einer Vielzahl sich ständig verändernder, komplexer Geflechte aus Beziehungen und sozialem Geschehen auf, sowie innerhalb eng umgrenzter und weiter gefaßter sprachlicher Bereiche/Verfahren/Diskurse. Ich führe hier meine eigene Unterscheidung zwischen sozialem Konstruktionismus und Konstruktivismus an, weil die Folgerungen für Theorie und Praxis der Psychotherapie sich deutlich unterscheiden, je nachdem, ob man die Betonung auf soziale Vorgänge oder die individuelle Psyche legt.

Mein Bild der Postmoderne

Meine Skizze der Postmoderne hat nicht alle ihre Farbtöne eingefangen, sondern enthält nur jene Schattierungen, die ich gegenwärtig für meine Arbeit übernehmen will. Zwei natürlich nicht vollständig getrennte postmoderne Wege werden dargestellt: der eine führt zur Szenerie des „bereits Gesagten" – Vorhandensein und Wirkung kulturgeschaffener Diskurse, Narrative und Gepflogenheiten (Vgl. White & Epston, 1990). Der andere führt zum „noch nicht Gesagten" – dem im Dialog zu erwartenden Neuen. Dieses letztere Terrain und seine Facetten – mit dem Nachdruck auf der relationalen und generativen Beschaffenheit von Sprache und Erkenntnis sowie der Vorstellung vom Selbst als sprachlich konstruiert und durch den Dialog transformiert – ist Dreh- und Angelpunkt meines begrifflichen Unterbaus und liefert die dominierenden Farbtöne für den *kollaborativen sprachsystemischen Ansatz.* Diese Schattierungen entsprechen meinen Erfahrungen, durch sie werden meine Erfahrungen verständlich, und zwangsläufig haben sie meine Erfahrungen geprägt. Derzeit kreisen mein Denken und Handeln als Therapeutin und die Fragen, die sich mir – unter dem genannten Einfluß – im Hinblick auf die Therapie stellen, um die Therapie als einem inneren und äußeren dialogischen Gesprächsprozeß. Ich interessiere mich dafür, wie Veränderung oder Wandel innerhalb und mittels dieses Prozesses stattfindet: Wie in der therapeutischen Begegnung mittels Dialog Erkenntnis/Wissen und Neues entsteht, auf welche Weise der Therapeut an diesem Prozeß beteiligt ist, und wie der Therapeut in diesem Prozeß mit dem Klienten in Beziehung steht.

Wenn Sie die in meiner postmodernen Landschaft dominierenden Farben der Erkenntnis, der Sprache und des *Selbst* weiter erkunden wollen, gehen Sie bitte direkt zu Teil III. Wenn Sie aber auf das Konzept meines kollaborativen Therapieansatzes und seiner praktischen Durchführung gespannt sind, fahren Sie bitte mit Teil II fort; dort beschäftige ich mich zunächst mit den Veränderungen in meinen klinischen Erfahrungen, und wie dieser Umschwung meine Kollegen und mich veranlaßte, neue Wege zum Verständnis unserer eigenen und der von unseren Klienten geschilderten Therapieerfahrungen zu suchen.

Teil II

Kollaborative Sprachsysteme, Beziehungen und Prozesse entstehen lassen: Partner im Dialog

„Sabrina"

Auf einer Tagung traf ich einmal mit einer Therapeutin, die ich hier Jane nennen möchte, und ihrer Klientin Sabrina, die sich freiwillig zur Verfügung gestellt hatte, zu einem therapeutischen Demonstrationsgespräch zusammen.[1] Vor unserer Begegnung wußte ich weder etwas über Sabrina noch warum Jane gerade sie mitgebracht hatte oder welche Themen die beiden behandeln wollten. Für die Beschreibung und Erörterung unserer Gespräche verwende ich soweit möglich ihre eigenen Worte und Formulierungen. Es wäre schön, wenn Sie bei der Lektüre meiner erzählerischen Darstellung des Interviews und meiner Auseinandersetzung damit darauf achten würden, was Sie neugierig macht, welche Fragen und Kritikpunkte auftauchen.[2]

Wenige Minuten vor der Ankunft Sabrinas hatten Jane und ich eine kurze Unterredung, bei der ich erst einmal von ihr wissen wollte: Warum hatten sie und Sabrina sich angeboten, mit mir zu sprechen? Was erwarteten sie sich von dem Gespräch? Was sollten wir Janes Ansicht nach wissen und was aus Sabrinas Sicht, damit wir ihren Themenvorstellungen und Erwartungen gerecht werden konnten? Ich hätte diese Fragen auch in Anwesenheit Sabrinas stellen können, aber der Konferenzveranstalter hatte uns um diese „Vorabsprache" gebeten.

Bedenkt man die nicht gerade angenehmen Umstände – im gleißenden Licht der Scheinwerfer auf dem Podium eines Auditoriums mit zweihundert Zuschauern – war Janes Stimme nur ganz wenig Aufregung anzumerken, als sie stockend begann.

Ich habe Sabrina ausgewählt, weil sie so eifrig bestrebt ist, ihr Leben zu durchforschen und einen Sinn darin zu finden und alles mit neuen Augen zu betrachten. Sie war bereit, sich Ihnen mitzuteilen und hatte Zeit, herzukommen ... und ich dachte mir, daß sie unbefangen sei, weil sie Schauspielerin ist. Ich glaube, wir haben beide keinerlei Erwartungen. Wir sind offen für alles, was kommen mag; vielleicht können Sie etwas Neues zutage fördern, vielleicht neue Möglichkeiten aufzeigen.

Jane sagte, Sabrina sei Mitte Zwanzig, im Showbusiness tätig und noch nicht sehr lange ihre Klientin, habe aber bereits eine Therapie hinter sich. Eine einzige Sorge erwähnte Jane, nämlich Sabrinas „Beziehung zu ihrem Vater", einschließlich der Möglichkeit „sexuellen Mißbrauchs", ließ aber offen, ob es sich dabei um ihr, um Sabrinas oder ihrer beider Anliegen handelte. Laut Jane hatte der Vater „sie berührt", „mit ihr gerauft" und einmal „seine Zunge in ihr Ohr gesteckt". Dann sagte sie, beinahe sich selbst ins Wort fallend: „Es gefällt mir nicht besonders, wie schnell ich mit den Worten ‚sexueller Mißbrauch' herausgeplatzt bin" (sich auf ein früheres Gespräch mit Sabrina beziehend). Ich fragte: „Also haben Sie beide darüber gesprochen, über diese Worte, die Ihnen herausgerutscht sind?" Jane erwiderte, sie habe Sabrina gegenüber erwähnt, daß sie es mir vielleicht erzählen würde, und Sabrina habe nichts dagegen gehabt. Diese Worte fielen mit der Ankunft Sabrinas zusammen, und es blieb in der Schwebe, ob die beiden miteinander über sexuellen Mißbrauch geredet hatten oder nicht; es klang jedoch so, als ob es nicht der Fall gewesen sei.

Wir trafen uns mit Sabrina in einem kleinen Raum hinter der Bühne, in dem alles für eine professionelle Videoaufzeichnung vorbereitet war, unter anderem mit drei Kameraleuten und noch mehr hellem Licht. Als wir den Raum betraten, hatte Sabrina bereits Platz genommen, ihre Wasserflasche auf dem Boden neben sich. Sie lächelte und sagte uns Guten Tag. Sie gab sich lässig und blieb sitzen, als ich mich vorstellte und ihr die Hand schüttelte. Die Stühle waren in einem leichten Bogen aufgestellt, und ich setzte mich auf den Stuhl neben Sabrina, während Jane auf meiner anderen Seite Platz nahm. Sabrina war freundlich und lebhaft und gestikulierte viel beim Reden.

Ich bedankte mich bei Sabrina für ihre Bereitschaft, sich mit *uns* (Jane, mir und den Teilnehmern im Zuschauerraum) zusammenzusetzen, und sagte ihr, was ich aufgrund meines kurzen Gesprächs mit Jane als *unsere* zweifache Agenda ansah: erstens, daß die Leute daran interessiert waren, zu sehen, „wie ich mit Klienten spreche", und zweitens, daß ich hoffte, „unser Miteinanderreden möge ihr und Jane bei *ihrer gemeinsamen Arbeit* helfen. „Lassen Sie mich damit beginnen, Ihnen zu berichten, was ich über Sie weiß", sagte ich und teilte ihr mit, was Jane mir erzählt hatte, darunter auch, daß ihr „ein paar Worte herausgerutscht waren". Damit gab ich Sabrina Gelegenheit, das, was Jane mir über sie und unsere Themenplanung gesagt hatte, zu relativieren oder richtigzustellen.

Kommentar: Um einen Dialog in Gang zu setzen, muß man vor allem für sämtliche Stimmen Platz schaffen und sie ermutigen. Dazu gehört, an dem, was der andere zu sagen hat, interessiert zu sein und es zu respektieren. Dazu gehört außerdem, die Karten offen auf den Tisch zu legen und Geheimnistuerei zu vermeiden. Aus diesem Grund frage ich danach, was Jane und Sabrina vorhaben, lasse beide wissen, inwieweit ich über die geplanten Themen informiert bin, und berichte Sabrina, was ich über sie erfahren habe; und ich ermuntere sie zu einem Beitrag. Auch bediene ich mich einer kollektiven Sprache: „unser Vorhaben", „unser Miteinanderreden", „Ihre gemeinsame Arbeit".

„Ich weiß überhaupt nichts über Sie", bemerkte Sabrina. Ich erzählte ihr, wo ich herkomme und was ich mache, und schloß mit den Worten: „Gibt es irgend etwas Bestimmtes, was Sie von mir wissen wollen?

„Nein", erwiderte sie.

Ich fuhr fort: „Ich weiß nicht so recht, was Sie beide zusammengeführt hat, worüber Sie und Jane geredet haben, was Sie sich von dem heutigen Tag versprechen."

Sabrinas Antwort lautete: „Was genau wollen Sie nun eigentlich von mir wissen? Sieht so aus, als hätten Sie mir gerade eine Menge Fragen gestellt."

„Das stimmt. Ich habe Ihnen drei sehr schwierige Fragen gestellt."

„Welche soll ich beantworten?" fragte sie.

„Lassen Sie uns doch mit Ihrem Hiersein heute anfangen."

Kommentar: Manch einer mag Sabrinas Fragen herausfordernd finden, einen Machtkampf darin sehen oder ein typisches Beispiel für eine Reihe von Charakterzügen – für mich bedeutete es einfach, besser miteinander reden zu lernen, mich ihrem Rhythmus anzupassen.

„Ich mag den Therapieprozeß an sich; ich finde ihn faszinierend. Daher war ich neugierig zu erfahren, was dafür erforderlich ist; und obwohl ich erst seit kurzem mit Jane arbeite, empfinde ich so großen Respekt für sie und Bewunderung für ihre Arbeit, daß ich ihr aufs Wort glaube, wenn sie meint, es würde mir hier gefallen und es sei interessant und hilfreich. Ich dachte mir, ich sei sicher gut darin, ein gutes Opfer."

„Nun, hoffentlich fühlen Sie sich nicht mehr als Opfer, wenn Sie von hier weggehen, und hoffentlich auch keiner von uns," fuhr ich fort. „Worüber haben Sie beide also gesprochen?"

Sabrina fing an, ihre Geschichte zu erzählen. „Ich glaube, als ich zu Jane kam, wollte ich die Beziehungen in meinem Leben besser gestalten, und Jane sagte etwas wie: ‚Das ist es doch, worum es in der Therapie geht, nicht wahr?' Und ganz konkret ging es darum, daß ich Probleme mit der Intimität in einer Liebesbeziehung hatte."

„Einer bestimmten Beziehung?" wollte ich wissen.

„Und auch im allgemeinen", fügte sie hinzu und fuhr fort: „Da ich seit einem Jahr nicht mehr in Therapie war, hatte ich das Gefühl, es sei an der Zeit, wieder mit jemandem zu arbeiten, der besser darin war als ich. Für mich allein und mit meinen Freunden hatte ich bereits so viel wie möglich getan."

„Und in Ihrer früheren Therapie, war es da auch um Beziehungen gegangen oder um etwas anderes?"

„Ja."

„Also, wenn Sie beide über Beziehungen geredet haben, welche Dinge kamen da zur Sprache?"

„Mein Vater", kicherte sie fast, „der ist gut."

„Der ... [da ich wußte, daß sie aus New England stammte, hatte ich fragen wollen: Der noch in New England lebt?] –

Sabrina unterbrach mich: „Ich weiß auch, daß Jane das vor unserer Begegnung Ihnen gegenüber vielleicht erwähnt hat."

„Habe ich", warf Jane ein.

„Das meinte ich mit den Worten, auf die ich nicht näher eingegangen bin." Damit bezog ich mich auf meine vorherige Bemerkung zu Sabrina, daß Jane mir gesagt habe, ihr seien bestimmte Worte entschlüpft.

Sabrina meinte: „Ja, noch nicht, aber ich habe mir schon gedacht, daß Jane es Ihnen sagen würde."

Ich erfuhr, daß Sabrinas Vater in New England lebte, und welche Familienmitglieder es noch gab. Ich fragte sie: „Also, Sie [Jane und Sabrina] reden über Beziehungen im allgemeinen, und Ihr derzeitiges Liebesverhältnis hat dazu geführt, daß Sie über Ihren Vater reden?"

Kommentar: Ich bin daran interessiert, Sabrina in unserem Gespräch möglichst viel Freiheit zu lassen, ihre Geschichte zu erzählen. Es entsteht ein Dreiergespräch, in dem Jane und ich an der sich entwickelnden Geschichte mitwirken und Sabrina die Führung übernimmt. Wenn der Klient der Lenkende ist, bekommt das Erzählen einen anderen Klang und Rhythmus. Eine Weile zuvor hatte ich etwas über Sabrinas Vater wissen wollen – wo hielt er sich auf? –, aber als sie mich unterbrach, richtete ich mich nach ihr. Meine Frage beruhte nicht auf einem heimlichen Plan oder einer Vorannahme; und ich stellte sie nicht, um Fakten zu sammeln oder mir eine Vermutung bestätigen zu lassen. Es interessierte mich einfach in diesem Moment, als eine Möglichkeit, in ihre Geschichte hineinzufinden und sie besser zu verstehen. Daß sie mir ins Wort gefallen war, interpretierte ich keineswegs als Zeichen der Kontrolle, Vermeidung oder Verleugnung. Wenn sie wollte, daß ich etwas über ihren Vater erfuhr, würde sie es mir mitteilen, und später tat sie das dann auch, als sie von ihrer Familie und dem Leben in New England sprach.

Das brachte uns wiederum zum Ausgangspunkt und den Worten ‚sexueller Mißbrauch' zurück.
„Sie können sich nicht erinnern, was zuerst kam?" schaltete Jane sich ein.
Worauf ich sagte: „Haben Sie die Worte ‚sexueller Mißbrauch' in den Mund genommen?"
Sabrina warf ein: „Habe nicht ich sie als erste ausgesprochen?"
Jane überlegte: „Ich glaube mich zu erinnern, daß ich den Mund aufmachte, und da waren sie, gerade als Sie die verschiedenen Verhaltensweisen Ihres Vaters ... seit Sie ein Teenager waren, schilderten."
Aber Sabrinas Erinnerung sah anders aus: „Ich dachte, ich habe Sie gebeten, mir eine Definition davon zu geben – Ist es? War es?"
Da die Reihenfolge nicht herauszufinden war, zog Jane das Fazit: „Da war es nun jedenfalls."
Daraufhin fragte ich: „Aber lassen Sie mich nochmal kurz zurückgehen; wir haben gesehen, daß Sie sich Gedanken über Beziehungen gemacht und sich just zu diesem Zeitpunkt entschlossen haben, über Beziehungen zu reden und sich

den Kopf darüber zu zerbrechen, und herauszubekommen, worum es dabei eigentlich geht – worin bestehen denn einige der Konflikte oder Herausforderungen oder Enttäuschungen oder Probleme, die Sie in Beziehungen erleben?"

Sabrina: „Angst vor Intimität und Verpflichtetsein, der Versuch, zu einer gesunden Unabhängigkeit und Abhängigkeit in einer Beziehung zu finden."

„Der Versuch, einen Mittelweg zu finden?" fragte ich nach. „Aber jeder versteht ja etwas anderes unter Intimität und Verpflichtung; was bedeuten diese Worte für Sie?"

Kommentar: Ich möchte nicht schon voraussetzen, daß ich weiß oder verstehe, was ein anderer meint. Ich will versuchen, den Bedeutungsinhalt von Sabrinas Worten genau zu erfassen, worüber sie spricht und was ich hören soll.

Sabrina machte uns nun mit ihren Gedanken und Konflikten im Zusammenhang mit Beziehungen vertraut. „Seit wann haben Sie Probleme mit Beziehungen?" fragte ich.

„Mindestens seit ich einundzwanzig bin."

Ich überlegte laut, wie wohl andere Leute, zum Beispiel Freunde oder der Mann, mit dem Sabrina ein Verhältnis hatte, sie in bezug auf Intimität und Sichgebunden-Fühlen erleben und beschreiben würden. Sie erzählte ein wenig über ihre derzeitige Beziehung und sagte, der Mann wüßte nichts von diesen Schwierigkeiten, weil sie sich entschlossen habe, „es besser machen zu wollen" und sich in dieser Liebesbeziehung anders zu verhalten. Sie sei „überrascht", sagte sie, daß sie tatsächlich „besser darin [sei], als ich dachte."

Kommentar: Ich teile die Gedanken mit, die ich mir für mich mache, und zwar ganz behutsam, als etwas, worüber man reden könnte, wenn der Klient es will, nicht aber als Fragen, die eine Antwort verlangen.

„Was hat denn nun sozusagen die Möglichkeit eröffnet, besser zu sein, als Sie dachten?"

„Mein Wille."

„Ist das typisch für Ihre Familie, dieser starke Wille, daß Sie sich etwas in den Kopf setzen und los geht´s?"

„Ja."

Kommentar: Wenn ich mich mit nur einem Mitglied eines Systems unterhalte, frage ich mich oft, was wohl die anderen denken. Wie sähe ihr innerer stummer Dialog angesichts des laut geführten Gesprächs aus? Wenn sie nicht selbst anwesend sind, frage ich vielleicht: „Gesetzt den Fall, Ihr Therapeut [Vater, Mutter oder Freund] wäre jetzt hier, welche Gedanken würde er [sie] sich Ihrer Ansicht nach machen im Hinblick auf das, was wir besprochen haben?"

Im vorliegenden Fall wandte ich mich einfach an Jane und fragte: „Nun, was geht Ihnen durch den Kopf, während Sabrina über diese Dinge spricht?"
Jane sagte, sie habe das mit dem starken Willen nicht gewußt, es sei eine Überraschung. Dann fügte sie hinzu, daß sie außerdem über Sabrinas Karriere gesprochen hätten.

Kommentar: Wir wenden uns Sabrinas beruflicher Laufbahn zu. Ich faßte das nicht als Ablenkungsmanöver oder Beschwichtigungsversuch angesichts eines „heiklen" Themas auf. Wie gesagt, Gespräche verlaufen nicht linear; sie streifen dieses und jenes, Themen überschneiden sich, manche Stellen werden vertieft, andere Komponenten treten dafür in den Hintergrund und verschwinden, und manche tauchen auch wieder auf. Gespräche entwickeln sich von Minute zu Minute, und man kann sie nicht im voraus festlegen.

„Ist denn das Berufsleben ein wichtiger Teil dieser Abhängigkeit/Unabhängigkeit?"
„Unbedingt!" erwiderte Sabrina rasch und mit Nachdruck.
„Erzählen Sie uns doch ein bißchen mehr von Ihrem Berufsleben, wenn es Ihnen nichts ausmacht."
Sie sprach über ihre Mißerfolge und Ängste; sie sagte, sie habe „eine Heidenangst" und normalerweise nur wenig Selbstwertgefühl, sei aber im Moment selbstsicher genug, sich „den Anforderungen und Risiken da draußen" stellen zu können.
Ich fragte noch einmal nach, um sicher zu sein, daß ich auch hörte, was ich in ihrem Sinne hören sollte: „Sie sprechen von der anstrengenden Arbeit, den Enttäuschungen?"

Kommentar: Ich möchte sie nicht mißverstehen.

„Ein Produkt."

Wieder versuchte ich zu klären, was sie gesagt hatte, um nichts falsch zu verstehen: „Das Gefühl, wie ein Produkt behandelt zu werden, fast wie eine Unperson?"

„Nein", antwortete sie.

Kommentar: An dieser Stelle hat uns meine Neugier hinsichtlich der Anstrengungen und Enttäuschungen kurzfristig scheinbar in eine andere Richtung geführt, aber ich hatte nur etwas wieder aufgegriffen, was Sabrina vorher einmal erwähnt hatte.

Ich wollte mich also noch einmal danach erkundigen, was so schwierig gewesen war. Sie sprach von ihrem Umgang mit Erfolg und Mißerfolg, und davon, wie sie über ihre berufliche Laufbahn dachte. „Ich bin ein gutes Produkt, und Sie sollten mich kaufen." Sie fuhr fort, daß ungefähr im Alter von achtzehn bis einundzwanzig Jahren, „alles ganz schön durcheinandergeriet." Es sei der erste größere Umbruch in ihrem Leben gewesen, womit sie sich auf die Tatsache bezog, daß bis dahin nichts in ihrem Verhalten der allgemeinen Erwartung widersprochen hatte, sie würde nie aus ihrem Heimatdorf in New England weggehen.

„Besteht vielleicht so eine Art Hin- und Hergerissensein zwischen dem, wie andere Leute Sie haben wollen und wer Sie selbst sein wollen; könnte man das so ausdrücken?" wollte ich wissen.

Das hatte zur Folge, daß sich das Gespräch erneut Beziehungsthemen sowie ihrem mangelnden Selbstwertgefühl zuwandte und daß für sie die Bedürfnisse der anderen – oder was sie für deren Bedürfnisse hält – stets an erster Stelle stehen. Sie sagte, obwohl es keiner von ihr verlange, möchte sie es immer allen recht machen. Und damit waren wir natürlich wieder beim Ausgangspunkt, ihrem Vater.

Kommentar: Man kann über alles reden oder nicht reden. Ich möchte keiner Sache den Vorzug gegenüber einer anderen geben. Wenn man dem Klienten die Führung überläßt, wird man dahin gelangen, wo man hinsoll. Während dieser Begegnung bin ich mir der äußeren Umstände unserer Unterredung bewußt: Ein öffentliches Live-Gespräch fordert sowohl vom Klienten als auch vom Therapeuten ziemlich viel Respekt.

„Sprechen Sie ein wenig davon, wie Ihr Vater in all das hineinpaßt. Wo würden Sie ihn in ihre Schwierigkeiten mit Beziehungen einordnen?" fragte ich.

Sabrina erzählte von ihrer Familie, der Scheidung der Eltern und ihrer eigenen Rolle innerhalb der Familie (dies war ein Teil des „unschönen Durcheinanders", von dem sie vorher gesprochen hatte). Sie sprach über Fragen von Macht und Mißbrauch. Peinlich berührt und zu ihrer eigenen Überraschung rief sie plötzlich aus: „Ui, ich verwende das Wort Mißbrauch."

Darauf ging ich ein mit: „Sie brauchen nichts oder nicht mehr zu sagen, als Sie sagen wollen, nichts, was Ihnen peinlich ist. Klingt, als ob Sie vielleicht mit Jane weiterreden wollen über ..."

Sie wußte nicht recht, ob sie wollte oder nicht, und pflichtete uns bei, daß es eine ständig präsente, nicht ein für allemal zu beantwortende Frage sei.

Kommentar: Es ist allein ihre Entscheidung, ob sie darüber reden will oder nicht. Natürlich hätte ich danach fragen können, was diese Entscheidung beinflußt hat oder was für sie anders sein müßte, damit sie darüber reden kann. Solche Fragen lassen jedoch darauf schließen, daß mir das Thema am Herzen liegt. Statt dessen machte ich erneut eine Kehrtwendung hin zu etwas, das mir im Gedächtnis geblieben war – der starke Wille. Wenn man dem, was der andere sagt, aufmerksam zuhört und wirklich daran interessiert ist, entwickelt man ein sehr gutes Gedächtnis. Dinge, die bereits im gerade stattfindenden oder in einem früheren Gespräch angeklungen sind, tauchen häufig wieder auf, ohne jedoch zur „Wiedervorlage" vorgemerkt worden zu sein.

„Mich interessiert immer noch dieser starke Wille", sagte ich. Dadurch kamen wir wieder auf die Verbindung zwischen „Wille" und „Veränderungen" zurück, und ich überlegte, ob es nicht Gemeinsamkeiten zwischen ihrem Umgang mit Beziehungen und der Einstellung zu ihrem Beruf gab.

Am Anfang unseres Gesprächs hatte Sabrina erwähnt, wie sehr ihre derzeitige Therapeutin ihr geholfen hatte; also fragte ich sie, was so hilfreich daran war. Sie sagte, Jane sei ihr bei ihrer Karriere behilflich gewesen, und erzählte, wie sie sich wegen eines Vorsprechens abgequält hatte, weil sie nicht wußte, wie sie ihren Lebenslauf abfassen und sich überhaupt auf das Vorsprechen vorbereiten sollte. Ganz sachlich wiederholte sie, was sie damals zu Jane gesagt hatte: „Ich könnte denen folgenden Lebenslauf vorlegen: Ich bin einundzwanzig, aus Boston, usw. Das ist furchtbar langweilig ... sagt gar nichts darüber aus, wer ich wirklich bin."

Jane hatte sich erkundigt, was die anderen ihrer Ansicht nach *wissen sollten*, und ihr geraten, ihnen das mitzuteilen und nicht, was sie wissen wollten.

Äußerst selbstbewußt und sich kerzengerade aufsetzend sagte Sabrina: „Sie sollten wissen, daß ich eine phänomenale Schauspielerin bin, welche Rollen ich für mich aussuchen würde, die Bandbreite meiner Möglichkeiten, die Tatsache, daß ich mich in der Branche auskenne und daß ich mich gut verkaufen lasse."

Sie griff ihre Bemerkung von vorhin wieder auf, daß sie ein Mensch und nicht bloß ein Produkt sei, und sprach davon, wie wichtig es sei, „den Rahmen der rein deskriptiven Angaben wie Alter und woher man stammt, zu sprengen" und seine „lebendige Ausstrahlung" fühlen zu lassen. Jane fügte mit Blick auf Sabrinas neue Einstellung in ihren Beziehungen noch hinzu: „Statt zu tun, was man Ihrer Meinung nach von Ihnen verlangt hat, legten Sie Wert darauf, klarzumachen..."

„Klingt, als mache Ihre Arbeit mit Jane Fortschritte in der von Ihnen erwünschten Richtung", bemerkte ich.

„Sie stellt großartige Fragen", war Sabrinas umgehende Antwort.

Kommentar: Ich bat Sabrina nicht darum, Janes Frage näher zu erläutern, da sie uns ja kurz zuvor ein Beispiel für Janes Fragen gegeben hatte. Doch es fiel mir etwas anderes ein, und ich fragte Sabrina danach, was sie vorher über Therapie als solche geäußert hatte. Als sie davon sprach, hatte ich allerdings nicht vor, wieder darauf zurückzukommen; ich bringe keinen Fragenkatalog mit und hake auch keine bestimmten Fragen ab. Wie so oft ergab sich diese Frage aus dem Gesprächszusammenhang und einer gedanklichen Verknüpfung mit unseren zuschauenden Konferenzteilnehmern.

„Ich würde gern auf eine Äußerung von Ihnen über den Grund Ihres Hierseins zurückkommen. Sie sagten, Sie seien am Therapieprozeß als solchem interessiert. Wie Sie wissen, verfolgen sehr viele Therapeuten unser Gespräch, und die sind ebenfalls sehr wißbegierig in bezug auf den therapeutischen Prozeß, was in der Beziehung zwischen Klient und Therapeut passiert. Kommen die Klienten, weil sie ein Problem haben oder sich in einer Notlage befinden? Kommen sie, weil sie eine Lösung anstreben? Würde es Ihnen etwas ausmachen, sich zu ihren Erfahrungen mit Jane zu äußern? Und waren Sie nicht früher schon einmal in Therapie?"

Kommentar: Wie am Anfang unserer Unterhaltung stellte ich erneut Mehrfachfragen, doch schienen wir inzwischen besser aufeinander eingestimmt zu sein, und Sabrina antwortete diesmal ohne zu kontern.

„Der therapeutische Prozeß scheint so abzulaufen, daß man mit einem Problem hinkommt und damit in die Tiefe geht, es gleichsam zurückverfolgt und schaut, wo es sonst noch Verästelungen gebildet und sich eingeschlichen hat. Welche Art von Sprache ich für diese Beschreibung finde, das paßt auch zu anderen Lebensbereichen von mir. Es ist sehr schwierig für mich, mich in dieser Frage verständlich zu machen. Es hängt ganz davon ab, wer Klient und Therapeut sind und wer der letzte Klient beim Therapeuten war. Wie gut ich bin, ist davon abhängig, wie gut die Therapeutin sein kann ... Wo sie an dem Tag gerade ist ... Ganz bestimmt ist es eine Partnerschaft."

Kommentar: Auch jetzt werde ich wieder an Sabrinas vorherige Bemerkung über frühere Therapien erinnert.

Ich fragte sie danach: Wie würde sie ihre Erfahrungen beschreiben; was hatten andere Therapeuten getan, das sie als hilfreich empfand; war in der Therapie irgend etwas geschehen, das nicht hilfreich war?
Sie begann über ihre Empfindlichkeit gegenüber „Grenzverletzungen" zu sprechen und erwähnte, wie wichtig „Zusammenpassen" und „Verbundenheit" sei. Sie meinte, da sie die Art von Patientin sei, die „persönliche Fragen stellt", bedürfe es eines wirklich guten Therapeuten, der damit professionell umgehen könne.
„Ich möchte es wissen und es liegt mir am Herzen, und für mich als Patientin ist es wichtig, ein bißchen zu wissen, mit wem ich es zu tun habe, sonst kann ich keinen echten Kontakt herstellen."
Sie sprach davon, was es bedeute, einen Eindruck davon zu bekommen, wer die Person hinter den wissenschaftlichen Qualifikationen des Therapeuten ist, also der Mensch. Sie nannte das ein „Gefühl der Ebenbürtigkeit".
Ich überlegte laut, ob Sabrina irgendwelche Fragen an Jane habe. Sie sagte, es würde sie interessieren, ob Jane verheiratet sei, welche Art von Beziehung sie habe. Daraufhin fragte ich sie, ob es irgend etwas gebe, was sie zu diesem Zeitpunkt von mir wissen wollte.

Kommentar: Erinnern Sie sich an Sabrinas erste Bemerkung mir gegenüber: „Ich weiß gar nichts über Sie"? Wie man an Sabrina sieht, wollen wohl die meisten Klienten etwas über ihre Therapeuten als Menschen wissen. Wir sollten ihnen dieses Recht zugestehen.

„Sie wissen nicht besonders viel von mir. Sie sitzen hier und hören zu. Was geht in Ihrem Kopf vor? Wie arbeiten Sie? Hören Sie genau hin, was ich sage? Worauf reagieren Sie? Was wollen Sie? In welche Richtung möchten Sie diese Sitzung lenken? Was wollen Sie all diesen Leuten demonstrieren? Was ‚meistern' Sie hier eigentlich?"*

Ich ließ sie wissen, was mir im Kopf herumging. „Ich bin an Ihnen und Jane interessiert, an Ihren Plänen für das heutige Treffen, daran, was Ihnen helfen könnte." Anschließend erzählte ich ihr, worauf ich, unter anderem, als Therapeutin Wert lege.

Dazu bemerkte sie: „Wie wenn Sie Seite an Seite mit Ihrem Klienten laufen, anstatt zu sagen, ‚komm schon, du kannst es' [dabei mit den Händen ‚komm her' signalisierend] oder ‚nur zu!'" [dabei einen Schubs andeutend].

Sabrina sagte, ihrer Meinung nach sollten Therapeuten „das Umfeld so angenehm gestalten, daß man sich sicher genug fühlt, darüber zu reden", und daß der jeweils aktuelle Kontext und die Umstände Auswirkungen darauf haben, worüber geredet werden kann und auf welche Weise.

An diesem Punkt war unser Dreiergespräch zwar zu Ende, doch wie Gespräche allgemein als Sprungbrett für andere dienen, fand dieses hier Eingang in mein Gespräch mit Jane und den Konferenzteilnehmern sowie in nachfolgende Unterredungen zwischen Jane und Sabrina, usw.

Wir begaben uns wieder in den Vortragssaal, wo angeregtes Stimmengewirr herrschte. Die Kommentare und Fragen der Zuschauer/Zuhörer reichten von „Viel hat sich nicht getan"; „Wenn ich Ihr Supervisor wäre...."; „Klient lenkte die Sitzung"; „Ich fand, daß Sie die gesamte Situation mit Respekt und Geschick nach allen Regeln der Kunst bewältigt haben"; bis hin zu „Meisterlich". Die Meinungen schienen darüber auseinanderzugehen, ob ich über den „sexuellen Mißbrauch" hätte sprechen sollen oder nicht. Manche waren der Ansicht, sie habe mich dazu gebracht, nicht darüber zu sprechen; andere wieder meinten, sie

---

* Sabrina bezieht sich hier darauf, daß dieses Gespräch als Teil einer ‚Master Series' angekündigt war.

habe mich geradezu aufgefordert, das Thema anzupacken. Einige meinten, sie habe gewisse Grenzen überschritten, als sie mir Fragen zu meiner Person und meinen therapeutischen Absichten stellte. Ich sagte ihnen aber, daß Klienten meiner festen Überzeugung nach zu jeder erdenklichen Frage berechtigt seien und daß die Beantwortung meine Sache sei. Ich erklärte ihnen außerdem, daß ich seinem Wunsch entspreche, wenn ein Klient wissen will, was ich denke.

Auf dem Heimflug dachte ich über eine altbekannte Tatsache nach: daß die Leute ein und dasselbe Geschehen ganz unterschiedlich erleben. Mir fielen andere Beispiele ein, wo die Beobachter ein Gespräch deutlich anders wahrgenommen hatten als die Beteiligten selbst. Von meiner Warte aus wollte ich dem gerecht werden, was Jane und Sabrina im Sinn hatten: „Ich glaube, keine von uns beiden hat irgendwelche Erwartungen. Wir sind offen für alles, was kommt. Vielleicht können Sie Neues zutage fördern, vielleicht neue Möglichkeiten eröffnen." Ich wollte der Situation Rechnung tragen, daß unser Gespräch in der Öffentlichkeit stattfand: ein Demonstrationsgespräch, das aufgezeichnet und vertrieben werden sollte, und von mehreren Therapeuten beobachtet wurde. Und ich wollte der Integrität von Jane und Sabrina gerecht werden und sie wahren. Sabrina übernahm die Führung, und ich ließ sie gewähren.

Eine Woche später fand ich eine Nachricht von Jane auf meinem Anrufbeantworter, in der sie einen Kollegen zitierte, der das Gespräch auf der Tagung verfolgt hatte: „Sabrina kam nicht mit einem Problem, sondern mit einer Lösung, und ihre Lösung lautete: ,Ich brauche Grenzen. Ich brauche Kontakt und ich will mich selbst mögen können.' Harlenes respektvolle Herangehensweise erlaubte ihr, diese Lösung darzustellen."

Zwei Monate später erhielt ich einen Brief von Jane, in dem sie mir von ihrer und Sabrinas Begutachtung des Videobandes beim nächsten Zusammentreffen berichtete.

Ich habe mir das Band von der Sitzung mit Sabrina angeschaut und fand es außerordentlich ergiebig. Sabrina zufolge empfand sie Sie sehr stark als Rivalin und nahm an, Sie hätten sich absichtlich so hingesetzt, daß die Kamera Sie von vorn und von ihr nur den Hinterkopf zeigte. Der Augenschein machte jedoch klar, daß sie ganz deutlich ins Bild gerückt war, und wir besprachen ihre Überzeugung, alle anderen seien ebenso rivalisierend wie ihre Familie. Sabrina fragte sich nach der Sitzung: „Sabrina, warum hast du so eine kritische Haltung Harlene gegenüber?" und gab sich selbst die Antwort: „Weil du dir selbst so kritisch gegenüberstehst." Als ihr das klar geworden war, bewertete sie die Sitzung neu. Ich hatte mir auch nicht klargemacht, daß eine Schauspielerin zwar mit Licht und Kamera vertraut sein mag, sich aber möglicherweise noch stärker mit Leistungsproblemen herumschlägt als eine Nicht-Schauspielerin.

Ein weiteres Diskussionsthema war das Verhalten des Therapeuten, der Grenzen verletzt hatte, über das wir nach der Videovorführung mit großem Gewinn sprachen. Sie hatten den Umstand angesprochen, daß Sabrina unablässig die Dinge in ihrem Kopf herumwälzt und das Grübeln lieber mehr in die Therapie verlagern und es ansonsten einschränken möchte. Als ich sie danach fragte, erwiderte sie, sie habe dieses Verhalten (Gedanken zu wälzen) ein paar Tage nach der Sitzung mit Ihnen aufgegeben.

Sechs Monate später erhielt ich erneut einen Brief von Jane.

Vor kurzem nahm ich die Gelegenheit wahr, das Video mit Ihnen und Sabrina der Abschlußklasse eines Lehrgangs für Paar- und Familientherapie zu zeigen. ... Sie wissen ja, daß ich wegen Sabrinas [damals] mangelnder Kooperationsbereitschaft verärgert war, mir die Sache aber in einem neuen Licht erschien, nachdem sie und ich darüber gesprochen hatten. ... In Absprache mit Sabrina erzählte ich dem Kurs von ihrem Konkurrenzdenken Ihnen gegenüber und welche Lehren sie aus dieser Erfahrung gezogen hat. ... Sowohl die Ausbildungsteilnehmer als auch die Gastdozenten dieses Kurses waren der Meinung, Ihre Arbeit mit Sabrina und mir sei von Respekt und Einfühlungsvermögen gekennzeichnet gewesen.

Kapitel 2
Die Bühne bereiten

Verschiebungen bei den klinischen Erfahrungen

Im Zuge der Reflexion meiner klinischen Erfahrungen – derjenigen, die meine Neugier erregten und zu meiner intensiven Beschäftigung mit dem postmodernen Denken führten – ist ein Bericht über ihren Einfluß auf mein Therapieverständnis und ihre charakteristischen Merkmale entstanden: Bei allen stand die Sprache im Mittelpunkt, und zusammen bildeten sie den Rahmen, in dem es möglich wurde, über menschliche Systeme als sprachliche Systeme sowie über einen kollaborativen Ansatz bei der Arbeit mit ihnen nachzudenken (Anderson, 1995). Das nun Folgende könnte man als eine „mündliche Überlieferung" auffassen, als eine Schilderung der Veränderungen in meinem klinischen Denken, die sich durch den Dialog mit Klienten, Kollegen und Ausbildungsteilnehmern in kollaborativen Zusammenhängen ergaben – eine Erzählung von Veränderung.[1]

Von rhetorischen Absichten zu kollaborativem Erkunden

Das Interesse an der Sprache
Am Anfang konzentrierte ich mich darauf, die Sprache des jeweiligen Klienten zu übernehmen (im wörtlichen wie im übertragenen Sinne), um seine Werte und Weltsicht, seine Wortwahl und Ausdrucksweise kennenzulernen.[2] Dahinter stand die Absicht, sich mit dem Klienten in seiner normalen Umgangssprache zu unterhalten und dabei diese Sprache rein rhetorisch als strategisches Mittel für die Therapie einzusetzen, als Bearbeitungsinstrument zur Ausgestaltung der vom Klienten erzählten Geschichte, sowie als Methode, um seine Kooperationsbereitschaft für die angestrebten Veränderungen zu wecken. In der Sprache des Klienten fanden sich Hinweise für die Definition von Problemen, die Formulierung von Therapiezielen und die Vorbereitung von Interventionen (in welcher Form auch immer), beispielsweise irrige Annahmen zu korrigieren oder bei unzulänglichen Lösungsversuchen

gangbarere Wege aufzuzeigen. Wir waren überzeugt, daß Klient und Therapie einander besser entsprächen, wenn all dies in der Sprache des Klienten geschah, so daß (a) der Klient der Diagnose und den Interventionen des Therapeuten aufgeschlossener gegenüberstehe, (b) Widerstand weniger wahrscheinlich und (c) die Prognose für die Therapie günstiger sei. Um all das zu erreichen, achteten wir sehr sorgfältig auf unsere eigene Sprache und paßten uns wie Chamäleons dem Standpunkt eines Klienten, den Überzeugungen einer Familie an. Aber im Laufe der Zeit, während wir uns gewissenhaft bemühten, Sprache auf diese Weise zu lernen, einzubauen und einzusetzen, machten wir einige neue, miteinander in Zusammenhang stehende Erfahrungen in unserer klinischen Arbeit.

Auf natürliche Weise voll und ganz gefesselt sein
Eine Erfahrung war die, daß wir tatsächlich Interesse für das, was die Klienten sagten, entwickelten, wenn wir ihnen aufmerksam zuhörten. So nahmen ihre einzigartigen Geschichten uns völlig für sich ein, und wir waren aufrichtig neugierig auf ihre Lebensanschauungen und Konfliktsituationen. Wir richteten unser Augenmerk immer stärker darauf, innerhalb des Erlebenszusammenhangs des Klienten zu bleiben, und fühlten uns verpflichtet, uns von seiner Geschichte informieren zu lassen. Aus einer zweckgerichteten Gesprächstechnik wurden echte Neugier und eine spontane Art des Redens und der Beziehung mit den Betreffenden.

Eine individuelle Sprache
Wir stellten fest, daß wir uns die spezielle Ausdrucksweise jedes einzelnen Mitglieds eines Familienverbandes aneigneten und nicht die der gesamten Familie. Nicht die Familie als solche verfügte über eine eigene Sprache, sondern die einzelnen Mitglieder, und jede dieser Sprachen unterschied sich von den anderen. Jedes Individuum schilderte das Problem und seine Lösung auf seine unverwechselbare Weise, und auch die Beschreibung der Familie und der Therapie fiel individuell verschieden aus. Wir waren fasziniert davon, wie verschieden die einzelnen Mitglieder dasselbe Ereignis, dieselbe Familie und einander erlebten, wie sie ganz verschiedene Erklärungen fanden und unterschiedliche Bedeutungszuschreibungen vornahmen. Da wir irgendwie spürten, daß diese Unterschiede einen Wert hatten und von Nutzen sein konnten, wollten wir nicht länger verhandeln, die Unterschiede verwischen oder einen Konsens anstreben (zum Beispiel bei Problemdefinitionen oder vermeintlichen Lösungen), sondern den der Verschiedenheit innewohnenden Reichtum bewahren.

Das soll allerdings nicht heißen, die Mitglieder einer Familie hätten keine gemeinsamen Überzeugungen, Wertvorstellungen, Ziele und Vorgeschichten; selbstverständlich teilen sie diese oft, und es sind unter anderem solche Faktoren, die den Zusammenhalt und Fortbestand der Familie sichern. Doch ist eine Familie kein denkendes oder atmendes Wesen; das ist nur der einzelne. Folglich mußten wir erkennen, daß wir gar nicht an *einem* Problem, mit *einer* Familie oder auf *eine* Lösung hin arbeiteten.

Einer nach dem anderen
Aufgrund unseres starken Interesses an jeder einzelnen Person und an jeder Version der Geschichte gingen wir dazu über, mit jeweils nur einem von ihnen in einer ganz auf ihn konzentrierten Weise zu sprechen. Dabei stellten wir fest, daß während dieser intensiven Gespräche mit einem einzelnen die anderen in einer Weise zuzuhören schienen, die wir vorher noch nie beobachtet hatten. Sie neigten weniger dazu, einander zu korrigieren und zu unterbrechen, so als ob sie ohne Abwehrhaltung zuhörten. Ich habe dafür eine zweifache Erklärung: Zum einen machten wir durch Wort und Tat deutlich, daß wir aufrichtig daran interessiert waren, was der einzelne zu sagen hatte, daß wir es ernst nahmen und ihm genügend Zeit dafür geben würden. Daher mußte der jeweils Erzählende sich nicht so stark anstrengen, uns seine Geschichte verständlich zu machen oder uns von seiner Version zu überzeugen. Auch war die Wahrscheinlichkeit geringer, daß der Zuhörende dem Sprecher ins Wort fiel, ihn korrigierte, sich von seinen Worten distanzierte oder ihnen etwas hinzufügte. Zum anderen wurde die allen vertraute Geschichte nun anders erzählt und gehört als früher. Der Inhalt war zwar noch der gleiche, aber die Einzelteile waren anders miteinander verknüpft; nun paßten sie auf eine Weise zusammen, die ein Umdenken ermöglichte: im Hinblick darauf, welchen Sinn die Dinge für den einzelnen bekamen, und darauf, wie man einander erlebte.

Normale Alltagssprache
Wenn wir außerhalb des Behandlungszimmers über unsere Klienten sprachen, kennzeichneten wir sie anhand ihrer Geschichten und gaben letztere so weiter, wie sie selbst sie uns erzählt hatten. Zum Beispiel verwendeten wir bei Teambesprechungen in der Klinik oder Beratungen an Ausbildungsstätten zur Beschreibung und Erklärung von Klienten deren eigene Worte und Redewendungen. Das brachte es mit sich, daß wir ihre normale Alltagssprache nun häufiger gebrauch-

ten als unseren Fachjargon. Die Wiedergabe der Geschichte (oder eines Teils davon) eines Klienten in genau der Weise, wie man sie uns erzählt hatte, machte die Einzigartigkeit jedes Klienten greifbar und ließ ihn anschaulich und lebendig werden. Bei der Beschäftigung mit der speziellen Situation dieses einen Klienten, wie er persönlich sie empfand und welches Bild er im wesentlichen von sich selbst hatte, ließen sich unsere Kollegen sowohl auf uns als auch auf den Klienten stärker ein. Häufig machten Ausbildungsteilnehmer die Bemerkung, die Klienten erschienen ihnen nun nicht mehr als die sterilen, seelenlosen Abziehbilder, wie sie durch fachkundige Beschreibungen, Erläuterungen und Diagnosen wie „passiv-aggressiv", „bipolar" oder „bulimisch" erzeugt werden, sondern viel wirklicher. Sie erwachten zum Leben, und die durch die Fachsprache bedingte Gleichförmigkeit ließ nach, wenn wir eine Geschichte über sie erzählten und dabei für sie selbst bedeutsame Wörter und Ausdrücke verwendeten – also ihre Selbstbeschreibungen, wie zum Beispiel die Fahrrad-Familie, die Landmode-Stadtmode-Kinder, oder die Servietten-Dame. Wir erkannten immer mehr die Einzigartigkeit jedes Klienten und seiner Lebensumstände, die Einzigartigkeit jeder therapeutischen Situation sowie die Einzigartigkeit jeder Beziehung zwischen Therapeut und Klient. Ebenso wichtig war: Nicht nur die Klienten wurden durch die Verwendung der normalen Alltagssprache zu echten Menschen – das galt auch für die Therapeuten.

Interventionen
In dem Maße, wie wir die Sprache der Klienten und was sie damit ausdrücken wollten, in den Mittelpunkt stellten und kennenlernten, hielten wir auch nicht mehr an unserem Fachwissen darüber fest, wie Menschen sein sollten, und verzichteten auf Interventionen während oder am Ende der Sitzung, die sich allein auf das fachliche Können des Therapeuten stützten. Als wir die in unseren Augen neuartigen, von uns Therapeuten strategisch sorgfältig geplanten und auf die jeweilige Situation zugeschnittenen Interventionen genauer unter die Lupe nahmen, stellten wir fest, daß es gar keine Interventionen im herkömmlichen Sinne waren, das heißt, keine einseitig vom Therapeuten – häufig außerhalb des Behandlungsraumes – konzipierten und fachgerecht eingesetzten. Obwohl wir also zu „intervenieren" glaubten, war dies nicht der Fall. Die von uns immer noch als Interventionen bezeichneten Einfälle und Aktionen ergaben sich aus dem therapeutischen Gespräch; der Klient war an ihrer Entstehung beteiligt. Nur für diese eine Familie und ihre Mitglieder gültig, waren sie angemessen und einleuchtend für sie. Was

vormals eine aufsehenerregende, unterhaltsame „Designer"-Interventionstherapie gewesen war, kam den anderen nun ein wenig kärglich, alltäglich und langweilig vor. Einige Kollegen nannten es mißbilligend eine „nichts-tuende", „Bla-Bla-" und „ungelenkte" Therapie, andere sprachen von „unmerklicher Therapie". Mancher bezeichnete unsere Klienten gar als „Maschinen zur Erzeugung von Langeweile". Für uns waren Therapie und Klienten jedoch spannender geworden.

Suspendieren von Vorwissen und Konzentration
auf das Expertentum des Klienten
In dem Maße, wie unser Interesse am anderen und die Hochachtung für sein Wissen anhielt und sogar noch wuchs, wurden unsere eigenen Kenntnisse immer unwichtiger, so daß wir spontan und erklärtermaßen unser Vorwissen suspendierten – unsere Geschichten, unsere Vorlieben/Abneigungen, unsere Vorstellungen, wie Familien sein sollten, wie Erzählungen (Narrative) aufgebaut sein sollten, welche Narrative mehr Nutzen versprächen usw. Mit ‚suspendieren' meine ich, daß wir in der Lage waren, unsere Vorkenntnisse einfach nur im Blick zu behalten, so daß wir selbst wie auch die anderen uns ihrer bewußt waren, über sie nachdenken, sie anzweifeln, angreifen und ändern konnten. Je mehr wir unser eigenes Wissen hintanstellten, desto mehr Raum enstand, in dem sich die Stimme des Klienten Gehör verschaffen und sein Expertentum hervortreten konnte.

Gemeinsames Erkunden
Wir stellten fest: Je mehr wir uns in die Sprache unserer Klienten – und was sie meinten – vertieften und uns als Lernende, die etwas wissen wollten, verstanden, desto deutlicher hörten wir ihre Stimmen, ließen sie nicht nur gelten, sondern bestärkten sie noch. Dank unserer Lernhaltung fühlten sich die Klienten allmählich ganz selbstverständlich und unwillkürlich zum gemeinsamen Erkunden angeregt. Gemeinsam mit uns waren sie an einem partnerschaftlichen Prozeß beteiligt, in dem sie das Problem mitexplorierten und an der Gestaltung der Möglichkeiten mitwirkten. In der Therapie redete man nun miteinander, statt dem anderen nur etwas mitzuteilen. Klient und Therapeut sowie alle anderen am Gespräch Beteiligten schlossen sich in einem Prozeß des Gebens und Nehmens zusammen, in einem Austausch, einer Diskussion, einem Hinschauen, und einem Hin und Her aufeinanderprallender Ideen, Meinungen und Fragen. Es war ein Wechselgespräch, das wir als dialogischen Prozeß begriffen – in dem der Therapeut nicht länger narrativer Redakteur der Geschichte eines Klienten war und sie mittels der

Sprache redigierte. Vielmehr war der Therapeut nur einer von vielen Autoren der neuen Geschichten, die vermöge der Sprache und dank der Beziehung entstanden. Im Mittelpunkt standen nun der therapeutische Prozeß in Dialogform sowie die Rolle des Therapeuten bei seinem Zustandekommen, und unser Fachwissen – und damit der Inhalt – verlor an Bedeutung.

Ungewißheit
Insgesamt versetzten uns all diese Erfahrungen in einen permanenten Zustand der Ungewißheit, als uns klar wurde, daß Erfolg und Auswirkungen unserer Therapiegespräche nicht im vorhinein festgelegt oder vorhergesagt werden konnten. Nach und nach lernten wir es zu schätzen, daß nichts berechenbar war, weil wir uns dadurch auf merkwürdige Weise beruhigt und frei zugleich fühlten. Wir waren frei, „nicht zu wissen" (Anderson, 1990b; Anderson und Goolishian, 1992), nicht wissen zu müssen. Nicht-Wissen entband uns von der Verpflichtung, als Experten dafür aufzutreten, wie Klienten ihr Leben gestalten sollten, welche Fragen die richtigen und welche Erzählformen die besten waren. Wir brauchten nicht mehr die für den Inhalt zuständigen Experten zu sein. Auf der anderen Seite sorgte diese Freiheit des Nicht-Wissens wiederum dafür, daß Phantasie und Kreativität breiteren Raum einnahmen. Nicht-Wissen wurde zu einem zentralen Schlüsselbegriff für eine Herangehensweise, die von kollaborativen sprachlichen Systemen ausgeht; er bringt einen entscheidenden Unterschied zwischen meinen Vorstellungen von Therapie und der Position des Therapeuten und den Vorstellungen anderer Leute zum Ausdruck.

Der Einfluß von Äußerungen der Ausbildungsteilnehmer
Weitgehend wurden uns diese charakteristischen Merkmale erst durch die Bemerkungen, Fragen und kritischen Äußerungen von Ausbildungsteilnehmern bewußt, weil sie uns dazu zwangen, unsere Arbeit auf neue Art verstehen, beschreiben und erklären zu lernen. Häufig wiesen die Studenten darauf hin, wie positiv wir über unsere Klienten sprächen, und bezeichneten unsere Haltung und unser Auftreten als respektvoll und bescheiden. Sie wunderten sich über unsere Begeisterung für jeden Klienten und waren erstaunt, daß wir die von anderen möglicherweise als gesellschaftlich minderwertig angesehenen Klienten tatsächlich zu mögen schienen. Es überraschte sie auch, wie viele auf Anordnung eines Gerichts an uns überwiesenen Klienten nicht nur zur ersten Sitzung, sondern immer wieder kamen. Ein Ausbildungsteilnehmer, der unsere therapeutische Her-

angehensweise zu beschreiben versuchte, äußerte die Vermutung: „Wenn ich ein Beobachter wäre und wüßte nicht, wer der Therapeut ist, wäre ich keineswegs sicher, ihn identifizieren zu können."

Praxis und Lehre als reflexive Prozesse: Öffentlichkeit herstellen
Diese Erfahrungen in der Behandlung selbst sowie unsere Gespräche darüber mit anderen hatten natürlich Auswirkungen auf unsere Teamarbeit und Unterrichtsform. Traditionell sind die Teams in der Familientherapie überwiegend hierarchisch und dualistisch aufgebaut. Zum Beispiel räumt man den Teammitarbeitern hinter dem Einwegspiegel eine Metaposition ein und nimmt an, sie könnten zutreffender und schneller wahrnehmen – so, als seien sie „die wirklich und objektiv Wissenden". Der Spiegel soll die Mitarbeiter davor schützen, in die Funktionsstörungen und falsche Realität der Familie hineingezogen zu werden. Für eine solche überlegene Sicht der Dinge ist ein nicht-öffentlicher Prozeß hinter verschlossenen Türen erforderlich, in dessen Verlauf man zu einer Synthese der vielfältigen Gesichtspunkte oder einem Konsens kommt. Ganz gleich, ob ein Therapeut an der Diskussion beteiligt ist oder nicht, gilt er oft gemäß einer impliziten Zielsetzung lediglich als Sprachrohr für die Metasicht des Teams. Das Team bestimmt, was für den jeweiligen Therapeuten und die jeweilige Familie den größten Erfolg verspricht – welche Idee, Hypothese, Empfehlung, Frage oder Auffassung die beste ist –, und leitet es an den Theapeuten weiter. Natürlich hat dieser Vorgang dann Einfluß darauf, was der Therapeut später im Behandlungsraum sagt und tut. Bei diesem Prozeß treffen also Team und Therapeut eine Vorauswahl, was der Klient erfahren soll, und die Vielfalt der unterschiedlichen Betrachtungsweisen, das heißt, der den ursprünglichen Ideen und der Teamdiskussion innewohnende Reichtum geht verloren. Die Klienten haben keinen Zugang zu der Ideenvielfalt, sondern müssen damit vorlieb nehmen, die vom Team ausgewählte und von einem Therapeuten ins Therapiezimmer überbrachte Vorstellung zu akzeptieren oder abzulehnen.

Wieviel von diesem Ideenreichtum verlorenging und wie wenig wir sicher sein konnten, das auszuwählen, was die Klienten am meisten interessierte, begriffen wir, als manche Klienten anfingen, Neugier zu zeigen sowie in einigen Fällen das Team „von Angesicht zu Angesicht" zu sehen verlangten, und hören wollten, was jeder einzelne zu sagen hatte. Zunächst probierten wir es damit, jeden Gedanken, jede Frage und Empfehlung aufzuschreiben und in die Sitzung mitzunehmen, doch erwies sich dies als zeitaufwendig und umständlich. Also ließen wir das

Team mit einem Therapeuten und einem Klienten im Therapiezimmer zusammentreffen. Jedes Teammitglied hatte Gelegenheit, das zu sagen, was es wollte, worauf er oder sie wieder hinter den Spiegel zurückkehrte; der Chor der Stimmen blieb auf diese Weise im Raum, so daß die Familienmitglieder und der Therapeut sich gemeinsam damit auseinandersetzen konnten. Oft waren wir überrascht, was die Familienmitglieder am meisten beschäftigte und was sie gar nicht beachteten. Doch lag die Entscheidung bei ihnen, nicht bei uns. Der Therapeut war nun nicht mehr Abgesandter des hinter dem Spiegel versteckten Teams, sondern durfte sich zusammen mit der Familie spontan und unverstellt über die Angebote des Teams Gedanken machen. Weder der Therapeut noch die Familienmitglieder hatten Bedenken, ein Teammitglied um Klarstellung zu bitten oder einer Entscheidung zu widersprechen. Dadurch wurden sämtliche Gedanken immer mehr zum Allgemeingut, und die theoretisch und berufsspezifisch bedingten, künstlich errichteten Barrieren zwischen den Teammitgliedern, dem Therapeuten und der jeweiligen Familie fielen allmählich in sich zusammen. Außerdem erhielt der Klient dadurch wieder mehr Verantwortung, so daß die gemeinsame Verantwortlichkeit von Therapeut und Klient für die Therapie in greifbare Nähe rückte.

In Ausbildungssituationen stellten wir häufig Therapieteams zusammen, die aus zwei Studenten bestanden. Wir forderten beide auf, sich im Therapieraum einzufinden, weil wir bemerkt hatten, daß derjenige hinter dem Spiegel oft den Eindruck hatte – oder zumindest so auftrat –, als wüßte er mehr. Der Ausbildungsteilnehmer im Therapiezimmer kam sich dagegen oft übergangen, unbeholfen und unwissend vor. Wir regten an, sie sollten in Gegenwart des Klienten miteinander reden, Gedanken austauschen, einander Fragen stellen und widersprechen. Falls ihnen das allerdings leichter fiel, wenn die Familie nicht dabei war, wurde ihnen empfohlen, der Familie eine Zusammenfassung ihrer Gespräche zu geben. Dieser Teil unserer Vorgeschichte ist vergleichbar mit dem von Tom Andersen und Mitarbeitern entwickelten, hochgradig innovativen Konzept des reflektierenden Teams und seiner praktischen Umsetzung (Andersen, 1987). Beide Ansätze legen Wert auf die Integrität des anderen; beide lassen eine Vielzahl von Stimmen zu Gehör kommen und geben dem Therapeuten die Möglichkeit, seine Gedanken allgemein zugänglich zu machen.

Jenseits von Familie und Familientherapie
Parallel zu diesen Umwälzungen im klinischen Bereich entpuppte sich die „Familie" als hinderliches Konzept. Es legte von vornherein fest, wer warum zur Be-

ratung kommen sollte, ohne die jeweilige Situation und den Gedankenaustausch der einzelnen Personen untereinander und mit uns über das „Problem" zu berücksichtigen. Wir fingen an, die Leute, mit denen wir in der Therapie sprachen, als Teil eines Systems zu betrachten, das um ein Problem herum zusammengewachsen war; ein solches System nannten wir *problem-determiniert* (Anderson, Goolishian und Winderman, 1986b) sowie *problem-organisierend* und *problem–auflösend* (Anderson & Goolishian, 1988b, S. 371). Die Entscheidung, welche Personen zu uns in die Sitzung kamen und mit wem wir Gespräche am Telefon führten, hing davon ab, wer mit wem über das Problem sprach, nicht aber von der sozialen Rolle und Stellung innerhalb des Klientensystems, etwa als Eltern, Paar, Geschwister oder Schulpsychologe. Anders ausgedrückt, die Mitgliedschaft innerhalb des „Problemsystems" wechselte, weil sich aus den Gesprächsinhalten jeder Sitzung ergab, wer beim nächsten Mal dabeisein würde. Dementsprechend waren wir weniger geneigt, ganze Familien zu uns zu bitten, und hielten es auch nicht mehr für notwendig. Ein Großteil unserer Arbeit fand mit Einzelpersonen, Teilfamilien und Angehörigen des umfassenderen Systems statt. Die Therapien wurden nun weder nach sozialer Rolle oder Struktur unterschieden, noch danach, wer sich im Behandlungsraum befand.

Aus seinen Anfängen hatte sich der Begriff „Familientherapie" inzwischen zur Bezeichnung einer Behandlungsform für ein bestimmtes Sozialgefüge entwickelt, statt einen Paradigmenwechsel im Verständnis menschlicher Systeme und ihrer Probleme zu bezeichnen. „Familie" war an die Stelle des „Individuums" als Ort der Störung und Fokus der Behandlung getreten. Wie die Individualtherapie wurde auch die Familientherapie als Mittel zur sozialen Kontrolle eingesetzt; zum Beispiel begannen Kinderschutzverbände und Jugendgerichte Familientherapie anzuordnen. Das barg die Gefahr, die weitergehende Eignung des systemischen Modells zur Anwendung auf andere menschliche Gemeinschaften als die Familie, zum Beispiel auf Individuen, Arbeitsgruppen, Altersgruppen oder größere Sozialsysteme, in Vergessenheit geraten zu lassen. In dem Maße, wie wir uns bemühten, Nichtpathologisches und das Expertentum des Klienten herauszustellen, erwiesen sich Ausdrücke wie *Therapie* und *therapeutisch* als kontraproduktiv für unser Bemühen; wir wollten nichts mehr zu tun haben mit den Ideen und Implikationen hinter Begriffen wie Pathologie, Normalität und dem Therapeut-als-Fachmann dafür, wie andere ihr Leben gestalten sollten. Um den Widersprüchen und Veränderungen in unserer Art des Therapieverständnisses – der therapeutische Prozeß und unsere (Ein)Stellung blieben gleich, unabhängig davon, wie viele

Menschen im Raum waren und welche Rolle sie innehatten – Rechnung tragen zu können, traten wir als Familientherapeuten zurück und bezeichneten uns fortan als Berater oder nannten das, was wir taten, „einfach mit den Leuten reden".

Gesprächspartner
Alles in allem waren Klient und Therapeut nun Gesprächspartner, und indem wir die Kenntnis und Erfahrung des Klienten von sich selbst mit unseren Kenntnissen und Erfahrungen hinsichtlich des Prozeßablaufs verknüpften, konnten neue Erkenntnisse, neues Verständnis, neuer Sinn und neue Möglichkeiten für alle Beteiligten entstehen. Das Verhältnis zu unseren Klienten sowie der therapeutische Prozeß selbst nahmen eine mehr kollaborative Form an; infolgedessen wurde der dualistische, hierarchische Charakter der therapeutischen Beziehung und des therapeutischen Systems immer verschwommener und löste sich allmählich auf. Mit der zunehmend kollaborativen Arbeit übernahm man auch die Verantwortung für die Therapie und ihren Erfolg gemeinsam.

Folgerungen für die klinische Praxis und deren Besonderheiten

Kehrt man zu der philosophischen Prämisse zurück, daß sich Erkenntnis/Wissen und Sinn/Bedeutung aus dem generativen Prozeß und sozialen Diskurs ergeben, könnte man Therapie allgemein als eine besondere Art von sozialem Diskurs betrachten und sie idealerweise als zweckgerichtetes Gespräch bezeichnen, das darauf abzielt, ein günstiges Umfeld zu schaffen – günstig für einen Prozeß, bei dem Therapeut und Klient gemeinsam die Erzeugung und Konstruktion von Bedeutung leisten, wodurch sich neue Erzählungen und damit auch eine neue Handlungsfähigkeit ergeben. Aus dem Dialog entstehen neue Möglichkeiten.

Wenn ein Therapeut diese grundlegende Prämisse auf den Therapiebereich übertragen würde, wie sähe Therapie dann aus? Welche Eigenschaften hätte eine solche Therapie?

Ich möchte hier die praktischen Gesichtspunkte, also die Anwendung dieser Begriffe auf die Therapie darlegen, indem ich die Therapie als eine Art Schema betrachte, das aus meiner eigenen Beschäftigung mit psychotherapeutischen Theorien und ihrer Vermittlung entstanden ist. Jede Therapierichtung kann man im

Hinblick darauf beschreiben, analysieren und mit anderen vergleichen, wie ihre theoretischen Vorgaben in drei grundlegenden Punkten zum Tragen kommen: der Position des Therapeuten, dem therapeutischen Prozeß und dem therapeutischen System. Konkret überprüft man bei der *Therapeutenposition* Rolle und Intention eines Therapeuten; beim *therapeutischen Prozeß* untersucht man, was vor sich geht und was als unabdingbar für eine Transformation gilt; beim *therapeutischen System* schließlich ist zu klären, welches Behandlungsziel durch die Theorie festgeschrieben ist und welche Personen nach dieser Maßgabe dazugehören. Bei der Betrachtung dieser wesentlichen Punkte im kollaborativen Ansatz mag ein Vergleich mit den wesentlichen Merkmalen Ihrer eigenen oder anderer Theorien sinnvoll sein.

Man kann untersuchen, wie sich eine therapeutische Theorie auf die *Therapeutenposition* auswirkt: dazu gehört, wie sie diese Position definiert, beschreibt, was ein Therapeut zu tun hat und welche Eigenschaften er haben sollte. Die Art, wie ein Therapeut redet und handelt sowie die Absichten hinter diesem Reden und Handeln werden von der jeweiligen Theorie geprägt sein. Folgende Fragen müßte man stellen, um herauszufinden, ob die Position eines Therapeuten zu einer bestimmten Theorie gehört: Welche Zielsetzung hat der Therapeut? Welche Fachkenntnisse hat er? Was liegt in der Verantwortung des Therapeuten? Welche Wirkung hat die Therapie auf den Therapeuten? Kann der Therapeut sich neutral verhalten? Wie wird die Beziehung zwischen dem Therapeuten und dem Klienten verstanden und beschrieben? Werden mehrere Therapeuten eingesetzt, und wenn ja, zu welchem Zweck? Wie denkt man über Vertraulichkeit und Selbstoffenbarung? Welche berufsethischen Grundsätze gibt es?

Wie eine einschlägige Theorie sich auf den *therapeutischen Prozeß* auswirkt, läßt sich u. a. dadurch überprüfen, was sie als Therapieziel definiert, wie sie die zwischen Klient und Therapeut stattfindenden Interaktionen beschreibt, und erklärt, was sich innerhalb des Prozesses abspielt und wie lange er dauert. In einer therapeutischen Theorie sind bestimmte Vorstellungen über den Prozeß und über Veränderungen enthalten, unter anderem, was als Sinn und Zweck von Therapie begriffen wird und was erforderlich ist, um dieses Ziel zu erreichen. Wie würde die Theorie folgende Fragen beantworten: Was ist das Ziel dieser Therapie? In welche Begriffe werden Fragen und Probleme gekleidet, und wie werden sie angesprochen? Wie stellt man sich Veränderung vor? Was ist erforderlich, damit Veränderung sichergestellt ist? Welche Beziehung besteht zwischen dem therapeutischen Prozeß und Veränderung? Wer entscheidet darüber, wann das Therapieziel erreicht ist oder wann eine Veränderung eingetreten ist? Wieviel Veränderung ist ausreichend? Wie wird das Geschehen im Behandlungszimmer draußen umgesetzt? Ferner, welche dieser Fragen – oder welche Fragen überhaupt – werden im Rahmen der Theorie für relevant gehalten? Manche Theorien enthalten äußerst komplexe Erläuterungen, andere sind von eher schlichter Art.

Schließlich lassen sich die Auswirkungen einer Theorie auf das *therapeutische System* untersuchen anhand der Festlegung, wer ihm angehört, wo die Grenzen verlaufen und worauf die Behandlung abzielt. Eine solche Theorie enthält bereits Vorschriften über Mitgliedschaft und Eingrenzung des Therapiesystems, legt also fest, aus welchen Personen es besteht (wer an den Sitzungen beteiligt ist und wann), wer oder was im Mittelpunkt der Behandlung steht und wer diese Entscheidungen trifft. Oder, mit den Worten Tom Andersens: „Wer soll wann wo mit wem über was sprechen?" (Andersen, 1991). Wie würde die Theorie folgende Fragen beantworten: Ist das therapeutische System auf einen einzelnen Klienten beschränkt? Umfaßt es eine Familie? Wird der Therapeut als zum therapeutischen System gehörend betrachtet, und wenn ja, in welcher Position? Bezieht das System auch andere mit ein: entferntere Familienmitglieder, Freunde oder zusätzliche Fachkräfte? Welche Beziehung besteht zwischen dem jeweiligen größeren Systemkontext, in das Klient und Therapeut eingebunden sind, und dem Therapiesystem? Berücksichtigt die Theorie das jeweilige engere Umfeld von Klient und Therapeut? Nimmt die Theorie die größeren soziopolitischen Zusammenhänge zur Kenntnis? Jede therapeutische Theorie signalisiert implizit oder explizit, ob diese Fragen für sie relevant sind und ob und auf welche Weise sie aufgegriffen werden.

In diesem zweiten Teil möchte ich mich näher mit diesen charakteristischen Merkmalen und Implikationen im Hinblick auf das therapeutische System, die Position des Therapeuten und den therapeutischen Prozeß befassen. Um deutlich zu machen, wie sie in Handlung umgesetzt werden, stelle ich (in meinen eigenen Worten) Richtlinien vor, die Klienten (in ihren eigenen Worten) bei der Interpretation ihrer Therapieerfahrungen aufgestellt haben. Hinzu kommt ein mit Anmerkungen versehenes Transkript.

Kapitel 3

Therapeutische Systeme als sprach- und sinnbildende Strukturen

Struktur ... ist ein Nebenprodukt sich wechselseitig beeinflussender Prozesse.
Erich Jantsch (1975)

Der therapeutische Diskurs und das System, das er gestaltet, sind zum einen innerhalb eines größeren soziokulturellen, politischen und ökonomischen Zusammenhangs angesiedelt und werden davon bestimmt; zum anderen bewegen sie sich im lokalen Therapieumfeld mit seinen anerkannten Abstufungen von Professionalität (Mediziner/Nichtmediziner, Doktortitel/anderer Abschluß) und praktischen Settings (öffentlich/privat, stationär/ambulant). Häufig übersehen Therapeuten jedoch die Zusammenhänge und Rahmenbedingungen, in und unter denen der lokale Therapiediskurs und der allgemeine Gedankenaustausch über Therapie stattfinden und Klient wie Therapeut leben und arbeiten.

Historisch gesehen war Therapie stets ein der Ober- und Mittelklasse vorbehaltener Luxus, aber in den vergangenen zwei Jahrzehnten hat sich das dahingehend verändert, daß Therapie immer mehr als gesellschaftliches Kontrollinstrument eingesetzt wurde. Überwiegend kommen sowohl die Therapeuten als auch die Leute, die sich mit der Planung und Verwaltung therapeutischer Systeme befassen, aus privilegierten Verhältnissen, wo andere Werte und Erfahrungen vorherrschen als bei ihren Klienten. Die Festsetzung, was als Problem gelten soll, sowie die Entscheidung für oder gegen eine Therapieindikation hängen immer von mehreren Faktoren ab, zum Beispiel den sozioökonomischen Verhältnissen, Gerichtsurteilen und maßgeblichen psychologischen Theorien. Gewöhnlich spricht die dominierende gesellschaftlich delegierte professionelle Stimme für die Randgruppen – Minderheiten aufgrund ihres Geschlechts, ihrer wirtschaftlichen Lage, Volkszugehörigkeit, Hautfarbe, Religion oder politischen Überzeugung – und entscheidet, ob eine Therapie angezeigt ist, und wenn ja, welche Art von Therapie und mit welchem Ziel. Teils aus Unkenntnis, teils wissentlich lassen Therapeuten es zu, daß Klienten den Auswirkungen dieses größeren Kontexts zum Opfer fallen, der vor allem patriarchalisch, autoritär und hierarchisch ist.

Auch die Therapieszene vor Ort und der organisatorische Kontext, in dem ein Therapeut praktiziert, beeinflussen die Zusammensetzung eines therapeutischen Systems. In allen helfenden Systemen – seien sie öffentlich oder privat, kommunale psychiatrische Polikliniken, Frauenhäuser oder private Gemeinschaftspraxen – gibt es aus Gewohnheit und Überzeugung entstandene, raumdefinierende Parameter dafür, welche Rolle ein Therapeut in seinem Denken und seiner praktischen Arbeit übernimmt. Diese Parameter haben Einfluß darauf, wie ein Therapeut die Mitglieder des therapeutischen Systems beurteilt, und, ob der Therapeut als Teil dieses Systems angesehen wird und welche Position er darin hat. Außerdem wirken sich diese Faktoren auf Länge und Frequenz der Therapie aus.

Mit dem kollaborativen sprachsystemischen Ansatz werden die im psychotherapeutischen Bereich verbreiteten modernistischen Vorstellungen von Objektivität, Dualismus und allgemeingültigen Narrativen in Frage gestellt, ebenso deren Einfluß auf die Art und Weise, wie wir über menschliche Systeme denken und in ihnen mitwirken, auch die Aspekte jener Systeme, mit denen wir in der Therapie interagieren. Diese Sichtweise stellt die Weichen für ein therapeutisches System, das *kollaborative Beziehungen* zwischen Klient und Therapeut begünstigt, also weniger hierarchische, auf Autorität beruhende und dualistische, sondern tendenziell demokratische und egalitäre Beziehungen auf gleicher Ebene. Ein solches kollaboratives therapeutisches System stellt gleichsam eine *Gesprächspartnerschaft* dar, in der Therapeut und Klient in gegenseitigem Einvernehmen die Zugehörigkeit bestimmen, Grenzen abstecken und das Behandlungsziel festlegen.

Dieselbe kollaborative Haltung findet sich auch in der Überzeugung, daß es wichtig ist, zu wissen, wer mit wem außerhalb des Behandlungsraumes relevante Gespräche über das jeweilige Problem führt. Wir als Therapeuten müssen die Vorstellungen der Systemmitglieder respektieren, was für das therapeutische Gespräch relevant sei und wer darin einbezogen werden sollte. Sämtliche Entscheidungen darüber, wer an den Sitzungen teilnehmen soll, wann das sein soll und worüber gesprochen wird, werden von Sitzung zu Sitzung, von Gespräch zu Gespräch jedesmal gemeinsam getroffen. Dieser Standpunkt der Gegenseitigkeit ist für meine Herangehensweise besonders charakteristisch.

Soziale Systeme als sprachliche Systeme

Ausgehend von dem Gedanken, daß soziales Handeln die Kraft ist, die – in sprachlicher Gestalt – das Beziehungsgeflecht aufbaut, aus dem ein System besteht, verstehe ich menschliche Systeme als sprachliche Systeme (Anderson & Goolishian, 1988b; Anderson, Goolishian, Pulliam und Winderman, 1986; Anderson, Goolishian & Winderman, 1986b; Goolishian & Anderson, 1987a).

Soziale Kommunikation und Diskurs bringen die soziale Struktur und soziokulturellen Systeme hervor und definieren sie. Bei menschlichen Systemen handelt es sich um Beziehungssysteme auf der Grundlage sprachlicher Interaktion. Durch die Sprache – tatsächlich geäußerte sowie stumme Gespräche und Interaktionen mit anderen und mit sich selbst – erzeugen wir gemeinsam Bedeutung. Dieses Erzeugen von Bedeutung ist ein interaktiver und interpretativer Prozeß (Gergen, 1982); die Bedeutungen von *System*, *Familie*, und *Problem* ergeben zum Beispiel „nur einen Sinn, wenn sie im Gespräch entwickelt werden" (Shotter, 1995b, S. 67). Soziale Systeme und Gebilde entstehen, wenn Menschen sich um bestimmte, für sie besonders relevante Themen herum in Beziehungen zusammenschließen.

Aus diesem Blickwinkel erscheint ein therapeutisches System ebenfalls als eine Art von Beziehungs- und Sprachsystem, in dem Menschen (mindestens ein Klient und ein Therapeut) miteinander Bedeutung erschaffen. Wie andere menschliche Systeme ist auch ein therapeutisches System kein Produkt der sozialen Struktur, sondern entsteht durch seine kommunikative Relevanz (meist im Sinne von „Problemen"), durch die es zu jedem Zeitpunkt charakterisiert ist. So gesehen sind die Systeme, mit denen wir therapeutisch arbeiten, Produkte des sprachlichen Daseinsbereiches und existieren ausschließlich in unseren Beschreibungen, in unserer Sprache. Sie sind die Erzählungen, die sich im Gespräch entwickeln. Ein therapeutisches System beschäftigt sich also damit, eine eigene Sprache und Bedeutung zu entwickeln, die nur für es selbst, seine Organisation und die „Auflösung" um das Problem herum gelten.

Im Gegensatz dazu werden in jenen Vorstellungen von menschlichen Systemen, die die Sozialstruktur zur Grundlage machen (etwa die Parsonsche Sozialtheorie) Menschen als Angehörige sozialer Systeme rollen- und strukturbezogen definiert und als kybernetische, wie Zwiebelhäute ineinandergeschichtete Elemente der Gesellschaft (zum Beispiel Individuen, Paare, Familien, Bevölkerungsgruppen) betrachtet. Unsere Auffassung steht auch im Gegensatz zur Markierung von Systemen (zum Beispiel Familien) als Verursacher von Problemen.

Die Existenz von Problemen in der Sprache

Ein Problem definieren
Es gibt viele Gründe, warum Menschen eine Therapie beginnen; meist sind sie an einem Punkt angekommen, wo für sie als einzelne oder auch als Mitglieder einer Familie oder eines anderen Beziehungssystems Gespräche ständig scheitern und das Gefühl für ihr eigenes Wirkungsvermögen verlorengegangen ist. Sie sind dialogunfähig geworden und haben die Hoffnung aufgegeben, selbst Schritte zur Bewältigung eines Problems unternehmen zu können; es fehlt das Gefühl der Eigenkompetenz oder des Seiner-selbst-mächtig-Seins. Bedeutung, Erzählung und Geschichte beschneiden in ihrer gegenwärtigen Gestalt die Handlungsfreiheit in bezug auf das Problem; statt dessen lösen sie ein Gefühl der Verarmung aus und stehen dem eigenen Wirkungsvermögen im Weg. Fast alle Leute behaupten, sie begäben sich in Therapie, weil sie ein „Problem" haben. Aus mehreren Gründen setze ich hier das Wort *Problem* in Anführungszeichen: Ich möchte nicht den Eindruck erwecken, ich zöge Problem der „Lösung" vor, die ich aus analogen Gründen in Anführungszeichen setze. Zwischen „Probleme bereden" und „Lösungen bereden" besteht für mich kein Unterschied, weil ich nicht glaube, daß das eine ein sinnvolles Gespräch darstellt, das andere dagegen nicht. Jede der beiden Ausrichtungen kann eine dialogische oder eine monologische Form haben; entscheidend ist die Art, wie man etwas bespricht, und nicht, ob der Inhalt oder Fokus problem- oder lösungsbezogen ist. Allerdings gefällt mir keines der beiden Wörter besonders gut, und zwar wegen der Bedeutungen, die sie im therapeutischen Diskurs angenommen haben. Eigentlich sind mir *Dilemma* oder *Lebenssituation* lieber als Problem; und das Wort *Lösung* verwende ich äußerst selten, weil ich nicht glaube, daß Probleme gelöst werden; vielmehr lösen sie sich auf.

In der Therapie stellt ein Problem das relevante Diskussionsthema dar. Ein Problem samt seiner ihm zugeschriebenen Bedeutung ist nichts anderes als sozial erzeugte Realität, die sich im mittels Sprache wechselseitig koordinierten Verhalten immer wieder bestätigt. Dabei handelt es sich um ein sprachlich definiertes Etwas, eine Person oder ein Ding, das den Betreffenden beunruhigt und stört, über das er sich beklagt oder vor dem er Angst hat, das er ändern möchte und das er möglicherweise bereits zu verändern versucht hat. Bei einer *Problemdefinition* nimmt der Betreffende eine bestimmte Haltung dazu ein, unterstellt eine ganz bestimmte Bedeutung, hat eine Erzählung ausgearbeitet. Meiner Ansicht nach ist jedes Problem auf den kommunikativen und sprachlichen Nährboden beschränkt, aus dem es hervorgegangen ist.

Anders als bei einer rein empirischen Sichtweise werden Probleme – einschließlich diagnostischer Terminologien und Kategorien – im Rahmen eines postmodernen Sprachsystems nicht als objektivierbare, von irgend etwas oder irgend jemandem verursachte Größen verstanden. Probleme sind damit nicht mehr in solch räumlich oder gesellschaftlich definierten Einheiten wie einem Individuum, einer Familie, einer Arbeitsgruppe oder einer größeren Gemeinschaft angesiedelt. Was als identifizierbare, objektive Realität erscheint – ein Problem –, ist lediglich das Ergebnis von Beschreibungen, von sozialer Konstruktion. Probleme sind nie losgelöst von den Vorstellungen des jeweiligen Betrachters zu erfassen. Bei den Merkmalen, die wir als problemimmanent betrachten – wenn wir zum Beispiel bei einem Individuum eine Persönlichkeitsstörung feststellen oder bei einzelnen und Familien pathologische Muster erkennen – handelt es sich nicht um Merkmale des Problems oder des Systems, sondern um Merkmale, die wir ihnen zuweisen und die sich dann ihrerseits wieder selbst bestätigen. Darüber hinaus sind aus dieser Sicht die Probleme – also die Definitionen, Beschreibungen und Erklärungen derer, die sie erleben – andauernd in Bewegung; sie stehen nicht unverrückbar fest. Übereinstimmend mit Gergen (1982) halte ich es für hilfreich, sich immer wieder vor Augen zu führen, daß jede Handlung und ihre Schilderung einer ständigen Revision unterliegt.

Ein Problem hat so viele Definitionen, wie Mitglieder des Systems an der Auseinandersetzung mit dem Problem beteiligt sind. Es gibt so viele Beobachtungen, Beschreibungen, Auffassungen und Erklärungen eines Problems, einschließlich der Vorstellungen über seine Ursache, Lokalisation und vermeintliche Lösungen (und auch der Rolle des Therapeuten im Hinblick auf das Problem), wie es Leute gibt, die sich darüber mit sich selbst oder anderen austauschen. Jedes Problem wird als eine ganz spezifische Ansammlung von Ereignissen oder Erlebnissen begriffen, das nur im Kontext des betreffenden sozialen Austauschs einen Sinn ergibt. Jeder an einer solchen Konfliktsituation Beteiligte erzählt seine eigene Geschichte, wie es zu der Situation kam, worum es dabei geht, wer dafür verantwortlich und was dagegen zu tun ist – das gilt auch für die Darstellung des Therapeuten.

Wirklichkeiten im Duell
Probleme sind sprachliche Ereignisse oder Positionen, die häufig in einander widersprechender Weise interpretiert und geschildert werden. Nur sehr selten besteht Einigkeit darüber, was wirklich das Problem ist; wenn man genauer hin-

schaut, lassen sich Varianten häufig sogar in der scheinbar herrschenden Einmütigkeit erkennen. Was die eine Person als Problem auffaßt, wird von der anderen nicht unbedingt genauso gesehen oder vielleicht nicht einmal als Problem erkannt. Mit ungeheurem Energieaufwand versucht jeder, seine Sicht der Dinge zu verteidigen und zu rechtfertigen und gleichzeitig den anderen von deren Richtigkeit zu überzeugen. Bis sich die Leute schließlich bei einem Therapeuten einfinden, weichen diese vielfachen Ansichten, diese unterschiedlichen Realitätsauffassungen so weit voneinander ab, daß der Eindruck entsteht, die Beteiligten seien in ein von mir so genanntes *Duell der Wirklichkeiten* verwickelt (Anderson, 1986; Anderson & Goolishian, 1986). Alle Therapeuten kennen aus eigener Anschauung Klienten, bei denen Realitäten im Widerstreit liegen: der Heranwachsende, der überzeugt ist, kein Problem zu haben, aber sicher ist, daß seine Eltern eines haben; der Ehemann, der denkt, es sei alles in Ordnung, außer daß seine Frau zuviel nörgelt; die Frau, die über die ausgeglichene Person spricht, als die sie ihre Berufskollegen kennen, und über die Privatperson, die nach einem Inzest weiterleben mußte. In gerichtlich verfügten Fällen – wenn zum Beispiel Eltern in die Therapie geschickt werden, weil sie laut Anklage ihr Kind körperlich mißhandelt haben, dies aber leugnen – glauben die Betreffenden oft gar nicht, das Problem, dessentwegen das Gericht eine Therapie angeordnet hat, überhaupt zu haben. Aber selbst wenn sie der Meinung sind, ein Problem zu haben, deckt es sich oft nicht mit dem von anderer Seite definierten. Höchstens halten es diese gegen ihren Willen zur Therapie beorderten Personen womöglich für ihr einziges Problem, daran teilnehmen zu müssen. Ich frage mich oft, wie viele Leute sich wohl in Therapie befinden wegen etwas, das für einen anderen ein Problem darstellt, und wie oft es bei einem Stillstand in der Therapie eine Rolle spielt, daß zu wenig Raum für ein Nebeneinander verschiedener Wirklichkeiten gelassen wurde (Anderson, 1986; Anderson & Goolishian, 1986).

Ich neige dazu, über jedes Problem aus der Perspektive multipler Realitäten nachzudenken und zu sprechen und es nicht als für sich stehendes Segment der Wirklichkeit aufzufassen. Ein Therapeut kann nie in Erfahrung bringen, was *wirklich* das Problem ist. Jedes Ereignis oder Erlebnis, von dem er erfährt, stellt nur eine einzelne Wiedergabe der Geschichte dar, nur eine Nacherzählung, nur eine Schattierung einer in vielen Farben schillernden Wahrheit. Was der Therapeut erfährt, ist nur eine Schilderung des Problems zu einem bestimmten Zeitpunkt in einem ganz bestimmten Kontext, nicht aber die unverrückbar feststehende Wahrheit. Zum Beispiel kann die Darstellung, die einer den Freunden zu Hause, dem psychologischen Berater in der Schule oder dem Therapeuten in der Sitzung gibt, kleinere oder größere Abweichungen enthalten, je nachdem, in welchem Kontext das Erzählen stattfindet, welche Erfahrungen der Erzählende gemacht hat, welche Personenkombination am Erzählen und Zuhören beteiligt ist und welche Anforderungen das Gespräch stellt.

Diagnostische Erkenntnisse
Sowohl innerhalb der Psychotherapie als auch im allgemeinen Verständnis wird bei einer Diagnose stillschweigend vorausgesetzt, daß Untersuchungsgegenstand und -methode wie im humanmedizinischen Bereich auf gesicherten Annahmen beruhen. Diagnosen stellen einen professionellen Code dar, der dazu dient, die nur ihrer Entdeckung harrenden Daten zu sammeln, zu analysieren und zu ordnen. Sobald man auf Ähnlichkeiten und Redundanzen stößt, werden Probleme in ein defizit-orientiertes Klassifikationssystem eingeordnet, wie es etwa das DSM-IV repräsentiert. Darin spiegelt sich die allgemein übliche theoretische Annahme wider, daß es Probleme per se gibt, jeweils von irgendwie typischem Zuschnitt, wodurch sie bestimmten Problemkategorien zugeordnet werden können. Die künftigen Therapeuten werden dazu ausgebildet, mit dieser Art „detektivischer" Einstellung nachzuforschen, zu registrieren und zu diagnostizieren. Im weiteren Sinne beruht dieser Bezugsrahmen auf der Vorstellung, Sprache bilde die Wirklichkeit ab und könne sie korrekt beschreiben – eine Wirklichkeit, die man beobachten kann.

Inzwischen bin ich von der Meinung abgekommen, ein Therapeut sei ein unabhängiger „eher passiver Empfänger der verfügbaren Informationen, die er dann integriert" (Jones, 1986, S. 42), einer, der auf einer diagnostischen Landkarte Daten sammelt und einordnet. Aus meiner Sicht hat ein Problem keine Ursache, die erkannt werden müßte; es muß nicht diagnostiziert, benannt, fixiert, gelöst oder behoben werden. Solche Ansätze basieren auf einer dualistischen Weltsicht, die die Existenz einer objektiven Wirklichkeit nahelegt, innerhalb derer es ein Problem mit verifizierbaren charakteristischen Merkmalen geben kann. Ferner wird man durch ein solches Herangehen in einen Prozeß der *Verhaltensbestätigung* hineingezogen, wobei die Meinung des einen über den anderen sich auf das Verhalten auswirkt und Realität schafft (Gergen, 1982; Jones, 1986; Snyder, 1984). Wie aus v. Foersters (1985) „Wir sehen, was wir glauben" hervorgeht, werden wir wahrscheinlich das finden, woran wir glauben und wonach wir suchen. Dem würde ich – mit der nämlichen Begründung – hinzufügen: *Wir hören, was wir glauben.* Aus diesem Grund vermögen unsere Bedeutungswegweiser – Vorlieben und Abneigungen, Wertvorstellungen, theoretische Annahmen, Erfahrungen – die Parameter unseres Denkens und Handelns sowie des Denkens und Handelns unserer Klienten zu reduzieren und somit das Gefühl des eigenen Wirkungsvermögens zu beschneiden. Zum Beispiel kommen Klienten häufig bereits mit einer Diagnose in die Therapie. Ein Mann erklärt, der Arbeitnehmerberater seiner Firma habe ihn wegen seiner „zwangsneurotischen Störung" auf eine Einzeltherapie verwiesen, und fügt hinzu, wenn er sich nicht damit auseinandersetze, werde ihn seine Frau verlassen. Eine Frau erzählt, sie sei gerade ausgeraubt worden und wolle nun in der Therapie herausfinden, ob sie „angemessen damit umgehe oder zu ko-abhängig sei". Jedesmal können die Worte des Klienten Überlegungen und Voreinschätzungen – seien sie theoretischer Art oder aus einem reichen Erfahrungsschatz gespeist – auslösen, die sich darauf auswirken, ob der Therapeut die Behandlung aufnehmen will und wie er dem Klienten begegnet und ihn kennenlernt. Diese Art von Vorannahmen (die freilich in einem gewissen Ausmaß immer vorhanden sind) können dazu führen, daß wir den Klienten – und das Problem – in einer Weise sehen, hören und angehen, die uns den Zugang zu anderen Möglichkeiten versperrt. Zum Beispiel wäre es ein leichtes, beide Eigendiagnosen als Problemstellungen für eine *Einzeltherapie* aufzufassen.

Wenn denn ein Problem nichts weiter ist als das, was die am Kommunikationsvorgang Beteiligten als Problem bezeichnen, nützen die herkömmlichen diagnostischen Abläufe und Kategorien wenig. Es ist meines Erachtens ein Fehler, anzunehmen, die Probleme in irgendeiner Kategorie (zum Beispiel Psychosen, Alkoholismus oder sexueller Mißbrauch) bestünden aus nur einer Variablen, und eine einzige Erklärung genüge jeweils für diese vielgestaltigen Krankheitsbilder. Harry Goolishian und ich (Anderson & Goolishian, 1986) formulierten es einmal so: „Wir sind davon überzeugt ..., daß wir letztendlich nur zu *unseren eigenen* Beschreibungen und Erklärungen des Problems gelangen; das heißt, der Therapeut kommt aufgrund seiner persönlichen Beobachtungen und Erfahrungen, die er mit dem Verhalten des Klienten gemacht hat, zu einer Diagnose" (S. 389) [Hervorhebung ergänzt].

Ich möchte nachdrücklich dafür plädieren, die Blickrichtung zu ändern, menschliche Systeme und Probleme nicht im Sinne einer individuellen, Familien- und Gruppentopologie oder im Sinne von Krankheitskategorien zu betrachten. Solche modernistischen Verallgemeinerungen verschleiern nur die Komplexität,

Einzigartigkeit und Vielfalt der betreffenden Personen und Ereignisse. Zum Beispiel werde ich oft gefragt: „Wie behandeln Sie Fälle von Kindesmißbrauch?" oder „Wie gehen Sie bei Eßstörungen vor?" Bei solchen Fragen wird vorausgesetzt, daß Probleme etwas Generelles und Grundsätzliches gemeinsam haben. Der veränderte Blickwinkel mag für jene Therapeuten ein Ärgernis sein, die glauben, die Behandlung gelte einem von der Sozialtheorie definierten System (Individuum, Paar, Familie, Gruppe) und behebe die Störung (bekanntes Krankheitssymptom) im übergeordneten System. Ist ein Therapeut aufgrund seiner fachlichen Ausbildung und Sozialisierung erst einmal so weit, daß er von ineinander verschachtelten Systemen ausgeht, mit dem psychologischen Mikroskop Defekte aufspürt und mit Patentrezepten Pathologisches beseitigt – zum Beispiel erwachsene Kinder von Alkoholikern, Ko-Abhängigkeit, Borderline-Persönlichkeiten oder dysfunktionale Familienstrukturen *sieht* und Kindesmißbrauch, Schizophrenie oder nicht differenzierte Ich-Substanz *behandelt* –, muß es ihm schwerfallen, irgend etwas anderes zu erkennen oder sich vorzustellen. Beispielsweise vermitteln Diagnose-Systeme sowohl dem Fachmann als auch dem Klienten ein Gefühl der Rechtmäßigkeit, Sicherheit und Berechenbarkeit (Gergen, Hoffman & Anderson, 1995), erfüllen also ihren gesellschaftlich konstruierten Zweck. Ist man bereits Besitzer eines therapeutischen Werkzeugkastens samt der zugehörigen, auf dieser Hierarchie fußenden Gebrauchsanleitung, müssen die vom kollaborativen Ansatz eingebrachte Ungewißheit und das Infragestellen des Vertrauten freilich verunsichernd wirken.

Ich teile Schöns (1983) Einschätzung, wie wichtig der leider oft nicht beachtete, von ihm *Problem-Aufbereitung* genannte Prozeß ist, „der Prozeß, in dem wir in wechselseitiger Absprache die Dinge, mit denen wir uns befassen wollen, *benennen* und *den Rahmen abstecken*, in dem wir uns mit ihnen befassen wollen" (S. 40). Anhand dieses Prozeßablaufs erweist sich, ob wir das Problem lösen können, das heißt, eine problematische Situation läßt sich in ein bearbeitungsfähiges oder nicht bearbeitungsfähiges Problem umwandeln und umgekehrt. Beim kollaborativen Ansatz ist es das erklärte Ziel, einen Raum zu schaffen und einen Prozeß zu ermöglichen, in dem nicht bearbeitungsfähige Problemsituationen oder Erzählungen transformiert und neue Möglichkeiten sichtbar werden. Wenn dies gelingt, dauert es erfahrungsgemäß nicht mehr lang, bis sich die Probleme auflösen.

Problemsysteme und Beziehungssysteme

Multiple, simultane und überlappende Beziehungssysteme

Wir leben und arbeiten innerhalb mehrerer, gleichzeitig bestehender und einander überlappender Beziehungsstrukturen. Für mich handelt es sich dabei eher um auf gleicher Ebene liegende Systeme, und ausschlaggebend für eine gleichzeitige oder mal hier, mal dort bestehende Mitgliedschaft sind die jeweils relevanten Gespräche. Das ist etwas ganz anderes, als hierarchisch abgestufte Systeme anzunehmen, wo etwa ein kleineres System (zum Beispiel eine Familie oder ein Paar) innerhalb eines größeren (zum Beispiel Kinderschutzbund oder Frauenhaus) angesiedelt ist. In einigen dieser Systeme mag die Realität vergleichbar sein, in anderen fallen die Interpretationen verschieden aus; manche sind voneinander abhängig, andere unabhängig. All diese Systeme haben jeweils ein unterschiedliches Programm und oft auch verschiedene Erwartungen an uns, ebenso wie wir an sie. Wir Therapeuten gehören zahlreichen Systemen an, die zum Teil langfristig stabil bleiben, zum Teil sich nur vorübergehend bilden. Zu diesen Bezugssystemen gehören unter anderem der klinische und der Ausbildungsbereich, allgemeinere Berufsverbände und unser Privatleben.

Da ich in meiner Arbeitssituation mit Leuten zu tun habe, die lernen wollen, wie man Therapeut oder ein besserer Therapeut wird, bin ich häufig vorübergehend und in verschiedenen Funktionen in die Arbeit anderer Therapeuten einbezogen und sie in meine. In dieser Rolle wird man zwar üblicherweise Berater genannt, doch begreife ich mich und andere in einer solchen Position mittlerweile als Gasttherapeut (Anderson & Swim, 1993, 1995), als jemanden, der einen Besuch macht, sozusagen in der Therapie eines anderen zu Gast ist.

„Ein paar neue Ideen" und „Beobachten"
Während eines Seminars mit einer Arbeitsgruppe für Familientherapie bat eines der Gruppenmitglieder Harry Goolishian, ein Beratungsgespräch mit einer Familie zu führen, die der betreffende Therapeut an einer öffentlichen psychiatrischen Klinik ambulant betreute. Mir fiel die Aufgabe zu, die Diskussion unter den Seminarteilnehmern zu unterstützen. Ich möchte über das Gespräch und die Familie insoweit berichten, als es für das Thema multipler, simultaner und sich überschneidender Systeme sowie für den Begriff Gasttherapeut relevant erscheint.

Ich bat den Therapeuten, mir, Harry sowie seinen Kollegen zu sagen, was er selbst, und was seiner Meinung nach die Familie in diesem Gespräch erreichen wollte. Anschließend bat ich ihn, uns mitzuteilen, was wir aus seiner Sicht über die Familie und seine Arbeit mit ihnen wissen sollten. Der Therapeut nannte zwei Wünsche für das Gespräch: er wollte im Hinblick auf den Fall „ein paar neue Ideen" bekommen und unsere klinische Arbeit „beobachten". Er entschied sich dafür, mit Harry und der Familie im Behandlungsraum zu bleiben.

Der Therapeut beschrieb die Familie: Vater, neunzehnjähriger Sohn mit der Diagnose Schizophrenie und erst kürzlich aus der Psychiatrie entlassen, achtzehnjähriger Sohn, Tochter Mitte Zwanzig sowie deren dreijährige Tochter. Aus diesen Mitgliedern bestand die im Hause des Vaters wohnende Familie. Im Grunde, meinte er, laufe die Therapie ganz gut, das Problem sei nur, daß die Familie, besonders die Schwester, „sich weigert, die Fortschritte des Bruders anzuerkennen", und daß die Schwester „feindselig" sei und von Bruder und Therapeut „mehr verlange". Man empfand sie als hartnäckig und nervtötend, sowohl was ihre Sorge um den Bruder, als auch ihre Kritik an der Therapie betraf. Sogar beim Klinikleiter habe sie sich beschwert.

Nachdem wir also vom Therapeuten erfahren hatten, was er für wissenswert bezüglich der Familie und seiner Arbeit mit ihnen hielt, forderte ich seine Kollegen auf (die ebenso wie ich das Gespräch hinter einem Einwegspiegel miterleben sollten), uns mitzuteilen, was sie darüber dachten. Da die klinische Information großes Interesse geweckt hatte, kamen viele Kommentare, Kritikpunkte und Vorschläge; und man gab der Hoffnung Ausdruck, sie möchten für Harry, den beratenden Therapeuten, im Gespräch von Nutzen sein. Zu unserer Gruppe gehörte auch der Klinikleiter, der außerdem der Supervisor des Therapeuten war.

Der Therapeut hatte sämtliche Mitglieder der *Familie* zu dem Beratungsgespräch gebeten, weil er fand, sie seien unentbehrlich, um den Bruder bei seinen Fortschritten zu unterstützen und ihm Mut zu machen. Der junge Mann, sein Bruder, seine Schwester und ihre kleine Tochter fanden sich zum Gespräch ein. Wir hinter dem Spiegel glaubten etwas in der Art zu hören, der Vater müsse „noch das Auto parken", waren uns aber dessen nicht ganz sicher, weil die Beratung bereits eine Stunde dauerte, als der Vater tatsächlich eintraf. Harry äußerte keine Meinung dazu und interpretierte dieses verspätete Eintreffen auch nicht für sich privat. Geschickt und reibungslos bezog er den Vater in das Gespräch mit ein, fast so, wie ein erfahrener Koch Eiweiß unterhebt, ohne die ursprüngliche Masse oder das Eiweiß zu beschädigen.

Vor der Ankunft des Vaters hatten die Geschwister über die vor einigen Jahren verstorbene Mutter und die Folgen ihres oft gewalttätigen Verhaltens für die Tochter gesprochen. Sie erwähnten auch noch eine weitere Schwester, die laut ihren Angaben ähnliche Probleme wie der Bruder gehabt und zwei Jahre zuvor Selbstmord begangen hatte, indem sie sich vor einen Zug warf. Diese beiden toten Angehörigen waren wichtige Mitglieder im derzeitigen Problemsystem. Außerdem redeten sie über die wichtige Rolle der dreijährigen Enkelin in der Familie, die für das Problemverständnis der Familie von großer Bedeutsamkeit war.

Was und wer waren die Mitglieder der sich überschneidenden und wechselnden, manchmal auch aufeinanderfolgenden Beziehungssysteme, auf die wir zum Zeitpunkt der Beratung trafen und an denen wir teilnahmen? Unter anderem gehörten dazu die unter einem Dach lebenden Familienmitglieder, die Familienmitglieder mit dem Therapeuten, der Therapeut mit seinem Supervisor/Klinikleiter, die Kollegen in der Arbeitsgruppe, und natürlich wir zusammen mit der Arbeitsgruppe. Jedes dieser Systeme befaßte sich mit einer Vielzahl von jeweils für wichtig gehaltenen Problemen und Programmpunkten.

Als der Tag zu Ende ging, bröckelten Teile dieser sich überkreuzenden Systeme auseinander. In der Arbeitsgruppe wurde weiterhin lebhaft diskutiert, aber nicht über die Familie; der Therapeut und einzelne Familienmitglieder setzten ihre Gespräche in verschiedenen Gruppierungen fort; Therapeut und Supervisor hatten nichts mehr miteinander zu bereden, weil keiner von beiden das Bedürfnis verspürte, noch weiter über die Familie zu sprechen. Erst später korrespondierten Harry und der Therapeut miteinander und unterhielten sich auf Tagungen über die Familie.

Zugegeben, man mag das, was ich hier anspreche, für zu stark vereinfacht und offensichtlich halten, doch ist es erstaunlich, wie oft Therapeuten und Ausbilder sich erst dann darauf besinnen, wenn sie in Schwierigkeiten geraten. Daraufhin werfen sie wahrscheinlich dem einen oder anderen System vor, ihre Bemühungen behindert oder sabotiert zu haben. Diese Art der Schuldzuweisung gehört zur Argumentation nach der Zwiebeltheorie, wonach das übergeordnete System das Problem verursacht; leider wird in zunehmendem Maße die Familie als eines dieser problemverursachenden Systeme ins Visier genommen.

Definition der Familie: Nur eine Art von Beziehungssystem
Meiner Auffassung nach gibt es so etwas wie *die* Familie gar nicht. Es gibt nicht die eine Familie; die Familie existiert nicht in einer konkretisierten sozialen Um-

welt. Für mich ist die Familie ein auf Kommunikation beruhendes Stück Realität. Folglich gibt es so viele Familien, wie es Mitglieder des Systems gibt, einschließlich des Therapeuten, der es definiert. Das soll aber nicht heißen, daß ich keine hohe Meinung von Familie habe. Sowohl im engsten als auch im weitesten Sinne ist die Familie für uns alle höchst bedeutsam – für unsere schiere Existenz und Identität; sie stellt den vertrauten und ganz persönlichen Kontext unserer Lebenswelt dar. Vielmehr möchte ich deutlich machen, daß die Mitglieder einer Familie ihre ganz eigenen Erfahrungen mit ihr machen, sie ganz individuell beschreiben und ihre je eigenen Erklärungen für sie haben, inklusive der eigenen Rolle und dem Grund für die Zugehörigkeit.

Zum Beispiel fällt die Definition einer bestimmten Familie aus der Sicht der Mutter anders aus als aus der Sicht des Vaters und wieder anders aus der Sicht ihres Therapeuten. Damit meine ich nicht, daß ein Therapeut, der den Behandlungsraum betritt und dort eine Familie versammelt sieht, keine Familie sieht. Aber die Familie, die er erlebt und auf die er Einfluß nimmt, ist die Familie, die er, voreingenommen aufgrund fachlicher und persönlicher Annahmen und Erfahrungen, *wahrnimmt*. Zwangsläufig führt die Überzeugung, daß sich jeder etwas anderes unter der jeweiligen Familie vorstellt, zu der Frage, auf welche Familie ein Therapeut trifft: die Familie der Mutter, die des Vaters, die Familie der überweisenden Person oder die des Therapeuten.

Ebenso wie das Denken in Topologien und Kategorien kann *Familie* zu denken dazu führen, daß man im Trüben fischt und in der Falle sitzt. Von vornherein steht dadurch fest, wer behandelt werden sollte und warum, ohne Rücksicht auf die einzigartige Situation und auf die sich miteinander und mit dem Therapeuten über das Problem auseinandersetzenden Einzelpersonen. Der Ausdruck *Familientherapie* ist zwar inzwischen in der Fachwelt sehr populär, erweckt aber den falschen Eindruck, es gebe so etwas wie eine Familie, die mit speziell auf die Familie ausgerichteten Methoden behandelt werden könne. Diese Beliebtheit hat außerdem zum Streit um das Besitzrecht geführt – wer ist am besten qualifiziert, Familien zu diagnostizieren und zu behandeln, wer ist am besten qualifiziert, Familientherapeuten auszubilden? Meiner Meinung nach sind das rein akademische Fragen.

Familie und *Familientherapie* stehen inzwischen für ein Verfahren zur Behandlung eines bestimmten sozialen Gebildes und nicht mehr für einen Paradigmenwechsel in der Auffassung menschlicher Systeme und ihrer Probleme. Das läßt einen leicht übersehen, daß ein an Beziehungssystemen orientierter Ansatz auch auf andere menschliche Gemeinschaften als die Familie anwendbar ist – zum Beispiel auf Einzelpersonen, Arbeitsgruppen, Altersklassen und größere soziale Gebilde.

Heutzutage kann der Begriff *Familie* kaum noch eine einzige Bedeutung im soziokulturellen Sinne für sich in Anspruch nehmen. Da Familien in vielen Größen, Formen und Spielarten vorkommen, unter anderem als miteinander blutsverwandt oder nicht (Goolishian & Kivell, 1981), erfordert der Begriff immer wieder wechselnde Mehrfachdefinitionen. Ob man nun einzelne Familien im Blick hat oder eine umfassendere gesellschaftliche Perspektive einnimmt, man begegnet der Familie in vielerlei Gestalt. Historisch gesehen verstand man im psychosozialen Bereich unter Familie die traditionelle Kernfamilie, bestehend aus Vater, Mutter, Kind(ern). Auf dieses Familiensystem bezog man sich in der psychologischen Forschung wie in der Familientherapie. Nach und nach konstatierte man in den einschlägigen Disziplinen jedoch Varianten der traditionellen Familie – Familien mit alleinerziehendem Elternteil, Stieffamilien, aus drei Generationen bestehende Familien; später kamen noch andere dazu, in denen das Miteinander-Verwandtsein nicht mehr in einer gemeinsamen Abstammung oder Heirat bestand –, Betriebsfamilien, gleichgeschlechtliche Paare, aus Freunden bestehende Familien – und man tat so, als könnte man all diese Varianten *erkennen* und auch definieren. Immer noch ist die Vorstellung, was eine Familie ausmacht, drastischen Veränderungen unterworfen, so daß der Begriff eine bunte, immer größere Vielfalt von Familienformen umfaßt. Leider haben die soziologisch begründeten – auf Organisation, Rolle und Struktur basierenden – psychologischen Theorien mit dieser Entwicklung weder Schritt gehalten noch ihr Rechnung getragen. Hinzu kommt noch, daß alle diese Definitionen in unzähligen Stereotypen, Mythen, Vorurteilen, Stigmatisierungen und Wertvorstellungen wurzeln, die auf Klienten wie Therapeuten einwirken und sie einengen; sie können die einzelne Familie nicht als Ansammlung von Einzelpersonen begreifen, die alle ihre eigene Definition des Beziehungssystems namens Familie haben.

Aus dem postmodernen Blickwinkel befassen wir uns immer, ob wir mit einer Einzelperson arbeiten oder mit einer Gruppe von Individuen, die sich als Familie bezeichnen, mit *wechselnden, gesellschaftlich konstruierten Mehrfachbeschreibungen und -erklärungen*. Einerseits arbeitet der Therapeut mit all diesen Familien in dem Bewußtsein, daß es sich bereits bei dem zugrundeliegenden Konzept um eine soziale Konstruktion handelt. Andererseits aber, im Sinne relationaler sprachlicher Systeme, arbeitet der Therapeut mit *mehreren miteinander in Be-*

ziehung stehenden Subjekten, die sich zufällig als Familie bezeichnen. Auf diese Weise kehrt das Individuum in den Behandlungsraum zurück; freilich liegt nun das Gewicht nicht auf dem Individuum im herkömmlichen Sinn, sondern auf dem in Beziehung stehenden einzelnen, der Denken und Handeln in und durch Sprache koordiniert. Die Familie wird also nicht als eine Gruppe für sich selbst stehender Individuen aufgefaßt, sondern als ein Zusammenschluß nicht festgelegter, in Beziehung und Dialog stehender Einzelpersonen.

Wenn nun in der Therapie die auf sozialen Strukturen beruhenden Unterscheidungsmerkmale wegfallen und die Unterscheidung zwischen Individual-, Paar- und Familientherapie gegenstandslos wird, hat das einschneidende und nicht unumstrittene Folgen für die Therapie. Unterschiede zwischen modernistischen und postmodernen Therapien wie auch zwischen den einzelnen postmodernen Therapien werden sichtbar. Und es sind nicht unwichtige Unterscheidungen für meinen Ansatz. Wie nun lassen sich die Systeme, mit denen wir es im Therapiebereich zu tun haben, kennzeichnen?

Das Problem kennzeichnet das System

Probleme leben in und von der Sprache. Die Versprachlichung eines Problems, oder das Miteinander-Kommunizieren innerhalb eines Problembereichs läßt ein Sozialsystem entstehen: Probleme erzeugen Systeme.[1] Das Problem determiniert das System. Harry Goolishian und ich bezeichneten diese Zusammenschlüsse miteinander kommunizierender Menschen, diese sozialen Gebilde, einmal als *problem-determinierte, problem-organisierende- „problemauf-lösende"* Systeme, oder einfach *Problemsysteme* (Anderson & Goolishian, 1988a; Anderson, Goolishian, Pulliam & Winderman, 1986; Goolishian & Anderson, 1987a, 1987b). Das Problemsystem stellten wir uns als ein System vor, in dem das soziale Handeln der Personen sich um die Versprachlichung derjenigen Angelegenheiten in ihrem Leben dreht, die sie als Probleme ansehen. Wie die Probleme selbst existieren auch Problemsysteme in Sprache, und jedes System (und seine Mitglieder) in der Therapie ist um ein Problem herum zusammengewachsen. Daher wird die Gruppe von miteinander im Gespräch befindlichen Personen, aus denen das therapeutische System besteht, durch ein gemeinsames Bindeglied, nämlich das Problem determiniert.

Im Gegensatz zur damals weit verbreiteten Sozialtheorie waren wir nicht der

Ansicht, Einzelpersonen, Paare, Familien und größere Systeme seien Problemverursacher. Zugehörigkeit zum System wird nicht durch die soziale Rolle oder Struktur – wie Individuum, Paar oder Familie – bestimmt; das therapeutische System kann durch derartige Abgrenzungen gekennzeichnet sein oder auch nicht. Zum Beispiel kann es ein einzelnes Familienmitglied, Teile einer Familie, die gesamte Familie oder nicht zur Familie gehörende Personen umfassen – Menschen, die einander sehr nahe stehen, oder solche, die sich vergleichsweise fremd sind. Es kann jede mögliche Kombination von Leuten umfassen, die feste Überzeugungen bezüglich des Problems haben und es lösen wollen.

Ein Problemsystem ist einfach eine andere Art von Beziehungssystem, zu verstehen als ein System, in dem die eigenen Handlungen oder die der anderen die „fein abgestimmte wechselseitige Abhängigkeit der konstruierten Narrative [Ich-Erzählungen und erzählende Darstellungen]" (Gergen, 1994, S. 209) gefährden. Das heißt, aus verschiedenen Gründen ist das fragile Gleichgewicht gestört, und nun lassen sich die zahlreichen Erzählungen im Hinblick auf die betreffende Person oder das Lebensereignis nicht mehr als Möglichkeiten oder Ressourcen nutzen.

Wenn man von einem relationalen sprachlichen System ausgeht, in dem ja die dualistische Trennung zwischen objektiver und wahrgenommener Wirklichkeit verworfen wird, muß der Therapeut Mitglied des Problemsystems sein. Zwar beziehen auch herkömmliche systemische Theorien meist den Therapeuten ins Therapiesystem mit ein, aber man weist ihm dabei eine höhere und besondere Position zu, die eine Hierarchie voraussetzt. In der Ablehnung der dualistischen Haltung ist aber gerade die Befreiung von solchem Hierarchiedenken implizit. Ein Therapeut nimmt einfach seinen Platz im System ein, nicht anders als die übrigen Mitglieder. Ein Therapeut ist kein von außen kommender Experte.

Der Therapeut wird zum Mitglied, sobald er mit irgendeinem Mitglied des Problemsystems spricht, vielleicht mit der überweisenden Person oder mit dem Klienten, der telefonisch einen Termin vereinbaren möchte. Manchmal wird ein Therapeut allerdings ohne sein Wissen Teil des Systems, noch bevor er tatsächlich zum Gesprächspartner wird. Auch wenn er nicht an der Entscheidung beteiligt ist, ob eine Therapie aufgenommen werden soll oder welcher Therapeut zu konsultieren sei, wirken sich die Vorannahmen der Systemangehörigen auf ihn aus: Alle haben im Hinblick auf die Therapie im allgemeinen und den Therapeuten im besonderen ihre eigenen, problembezogenen Überzeugungen, Vorstellungen und Erwartungen.

„Nicht mehr die alte"
Ein Beispiel für diese Art der Verwicklung ist es, wenn irgend jemand – der Ehepartner, ein Verwandter oder ein Freund – dafür plädiert, daß ein anderer zum Therapeuten gehen solle. Ein Mann äußerte seinem Hausarzt gegenüber, er sei in großer Sorge um seine Frau, die er als „deprimiert", „distanziert" und „nicht mehr die alte" bezeichnete. Da der Ehemann der Meinung war, seine Frau sollte einen Therapeuten konsultieren, vermittelte ihm der Hausarzt einen solchen. Daraufhin berichtete der Mann seiner Frau von dem Gespräch mit dem Hausarzt und daß der Therapeut sich zu einer Konsultation bereit erklärt habe. Bei ihrem Besuch teilte die Frau dem Therapeuten mit, sie sei keineswegs begeistert, hier zu sein, sondern nur ihrem Mann zuliebe gekommen. Sie ließ ihn wissen, sie sei ungeachtet der Behauptungen ihres Mannes ganz und gar nicht deprimiert und brauche keine Therapie. Was das veränderte Verhalten betraf, das ihr Mann als Depression beschrieben hatte, lautete ihre Erklärung ganz anders: Sie sah es im Zusammenhang damit, daß ihr Engagement in einer Bürgerinitiative nicht ohne Einfluß auf sie geblieben war. Man kann sich gut vorstellen, was sie von dem Therapeuten erwartete, der sie nur aus der Sicht des Ehemannes und des Hausarztes kannte.

Meiner Ansicht nach veranschaulicht diese Episode die Idee eines sozial konstruierten, multiplen, in Beziehungen verwickelten Selbst; jeder Mensch verkörpert eben nicht nur ein einziges Individuum, sondern ein komplexes Netzwerk von Beziehungen. Die verschiedenen Berichte über die Ehefrau stellten Erzählungen von Beziehungen dar. Bei dem Therapeuten liefen all diese Erzählungen zusammen, einschließlich die der Frau über den Therapeuten. Verständlicherweise würde diese Frau, wie die meisten überwiesenen Klienten, wohl annehmen, daß der Therapeut bereits bestimmte Vorstellungen über sie hatte. Im vorliegenden Fall könnte sie zu dem Schluß gekommen sein, der Therapeut übernehme die Darstellungen von Ehemann und Arzt, was mit ihr los sei und warum sie zu ihm komme. Welche Vorannahmen die Klienten uns nun unterstellen, beeinflußt wiederum die Art, wie sie sich geben. Daher finde ich es wichtig für einen Therapeuten, sich so zu verhalten, daß es mit den Erwartungen des Klienten nicht übereinstimmt. Der Therapeut müßte also dieser Frau zu verstehen geben, daß er gern von ihrem eigenen Standpunkt aus etwas über sie erfahren würde, nicht aus der Sicht eines anderen.

Zugehörigkeit zum therapeutischen System

Beim kollaborativen Ansatz werden die Akteure in dem menschlichen Drama Therapie (die Zielgruppe der Behandlung) weder zu Beginn noch zu irgendeinem anderen Zeitpunkt der Therapie auf der Grundlage theoretischer Modalitäten, sozialer Rollen oder Strukturen wie Individuum, Paar, Familie und übergreifendes System ausgesucht. Solche sozialen Rollen und Strukturen lassen das kommunikativ Vernetzte und Dialogische der Therapie nicht zur Geltung kommen. Das therapeutische System definiert sich auch nicht durch externe *objektive* Beobachter (beispielsweise den Therapeuten oder die überweisende Instanz). Vielmehr wird *das Therapiesystem intern durch die an ihm Beteiligten definiert.* Seine Identifizierung als Mitglied des um ein Problem herum zusammengeschlossenen relationalen Systems kann, muß aber nicht heißen, daß der Betreffende aktiv an der Therapie teilnimmt. Der folgende Bericht zeigt anschaulich, daß diese Entscheidungen teilnehmergesteuert sind.

„*Er muß das jetzt hören!*"
Eine Frau rief mich an und bat dringlich um einen Termin für eine Eheberatung – „so bald wie möglich". Bekümmert sagte sie zu mir: „Vielleicht ist es ja eher eine Scheidungsberatung, denn mit der Ehe ist es aus." Ihr Mann sei „ein Computerverrückter, der Tag und Nacht nur vor seinem Computer hockt. Er weiß nicht einmal, daß ich existiere, geschweige denn Bedürfnisse habe." Sie fügte hinzu, er sei sich nicht bewußt, „wie schlecht" ihre Ehe sei, und machte sich Sorgen, er könnte „völlig aus der Fassung geraten, wahrscheinlich an Selbstmord denken", wenn er davon erführe.

Ich erklärte mich bereit, die beiden zu treffen, stellte aber vorsichtig die Frage in den Raum, ob die Frau es nicht für angebracht halte, zunächst allein zu mir zu kommen. Zur Begründung führte ich an, daß ich vielleicht erst einmal mehr über die Situation und ihre Sorgen erfahren sollte, weil die Lage im Hinblick auf die möglichen Reaktionen ihres Mannes anscheinend sehr heikel und gefährlich sei. Sie lehnte dies aber entschieden ab; sie sollten sich beide gemeinsam mit mir treffen, und ihr Mann habe bereits schweren Herzens zugestimmt: „Er muß das jetzt einfach hören!"

Also vereinbarte ich einen Termin für beide. Aufgrund der mir zur Verfügung stehenden Informationen nahm ich zunächst an, das Problemsystem bestünde aus mir, der Ehefrau und dem Ehemann. Ich kennzeichnete die bevorstehende

Beratung nicht im Sinne sozialer Rollen und Strukturen – zum Beispiel als Ehe- oder Paartherapie –, sondern setzte nur voraus, daß ich mit zwei Leuten zusammentreffen würde, die etwas Bestimmtes als Problem definiert hatten. Und angesichts der von der Ehefrau eingangs erwähnten Problemdefinitionen würden die Ehegatten wahrscheinlich ganz unterschiedlicher Meinung sein, worin das Problem bestehe, wo es anzusiedeln sei und was in der Therapie zu geschehen habe, falls es dazu käme.

In diesem Beispiel wurden die Teilnehmer des ersten Treffens durch das Gespräch zwischen der Frau und mir bestimmt. Meiner Ansicht nach sollte nicht ein von vornherein feststehender Ablauf darüber entscheiden, wer zu der ersten Sitzung gebeten wird; ich respektierte den Wunsch der Ehefrau, daß beide Partner die Therapeutin konsultieren sollten. Auch spielte ich nicht mit dem Gedanken, den Ehemann anzurufen, um seine Meinung einzuholen; ich verließ mich auf die Zusage der Frau, daß ihr Mann mitkommen müsse und werde.

Freunde

Ich möchte immer wissen, mit wem meine Klienten gesprochen haben. Und häufig ist es so, daß sie Gespräche mit Freunden geführt haben und noch führen. Freunde sind oft eng vertraut mit unseren Problemen und den Versuchen, sie zu lösen. Freunde sind Gesprächspartner: sie hören zu, sie meinen es gut mit uns, sie geben uns Ratschläge; manchmal verstehen sie uns, manchmal nicht. Warum bedienen wir uns dieser Quellen eigentlich so wenig? Vielleicht vergessen wir die Freunde unserer Klienten deshalb so oft oder messen ihnen keine Bedeutung bei, weil wir in therapeutischen Angelegenheiten gewohnheitsmäßig bestimmte Wege beschreiten oder beruflich bedingte Vorstellungen von Vertraulichkeit und Abgrenzung haben. Mir scheint es jedoch selbstverständlich, in therapeutische Gespräche auch diejenigen Personen miteinzubeziehen, die eine wichtige Rolle im Leben unserer Klienten spielen, mit denen sie Gespräche führen, und die für sie wie für mich eine Hilfe sein können.

Es kommt gar nicht selten vor, daß ich die Freunde meiner Klienten, nur einmal oder auch längerfristig, zu den Therapiesitzungen einlade. Die folgende Episode illustriert geplante und spontane Einladungen an Freunde, wobei nur die unsere Diskussion betreffenden Ausschnitte der Geschichte zur Sprache kommen.

„Also, was würden Sie davon halten ...?"

Eines Tages rief mich eine beruflich sehr qualifizierte, unverheiratete junge Frau (Ende Zwanzig) namens Karen an, die mir sagte, sie und ihre Mutter Alice hätten „noch nie ein gutes Verhältnis zueinander" gehabt und sie habe sich entschlossen, „etwas dagegen zu tun", weil „mich die Wut auf meine Mutter und ihre negative Einstellung mir gegenüber fertig machen". Ihre Mutter sei einverstanden, zusammen mit ihr eine Therapie zu beginnen. In diesem Zusammenhang muß man wissen, daß die Familie nur aus diesen beiden Personen bestand. Karen war Einzelkind, ihr Vater auf tragische Weise ums Leben gekommen, als sie vier Jahre alt war. Alice hatte nicht wieder geheiratet, und aus vielerlei Gründen standen sie weder mit der Familie des Vaters noch mit der der Mutter in Verbindung.

Ich traf mich mehrfach mit Karen und Alice. Beide waren gleichermaßen enttäuscht und bekümmert, und beide wollten unbedingt ihre Beziehung verbessern. Die Situation war ziemlich kompliziert. Aufgewühlt und unter Tränen versuchten sie die Probleme von allen Seiten einzukreisen, sprachen unter anderem über die aktuellen Auseinandersetzungen; über die Vorgeschichte ihrer Beziehung; was ihrer Meinung nach dazu beitrug; wie sich jede die Beziehung vorstellte, und so weiter. Sie warfen sich gegenseitig vor, die Geschichte so drastisch zu verfälschen, daß sie nicht mehr im entferntesten der Wirklichkeit entsprach. Natürlich hatte jede ihre eigene Version davon, was das eigentliche Problem darstellte; jede war überzeugt, die andere sei schuld, verstünde sie nicht und gebe sich keine Mühe. Es dauerte nicht lang, bis beide enttäuscht die Hoffnung aufgaben und jede die andere als diejenige bezeichnete, die „eine Einzeltherapie nötig" habe und sich mit „ihren eigenen Problemen" befassen müsse, damit sich überhaupt irgend etwas an der Beziehung ändern könne. Wir besprachen diesen Vorschlag, und ich erklärte mich einverstanden, mit beiden Einzelsitzungen abzuhalten. Mit jeder traf ich mich zweimal.

Zu ihrer zweiten Sitzung brachte Karen ihre Zimmergenossin Jackie mit. Nachdem Karen uns im Wartezimmer miteinander bekannt gemacht hatte, gingen sie und ich in mein Sprechzimmer. Mir fiel ein, daß ich in der ersten Sitzung von Karen erfahren hatte, wie oft sie und Jackie sich über Alice unterhielten und Jackie und Alice miteinander über Karen sprachen. Ich erinnerte Karen daran und fragte: „Also, was würden Sie davon halten, wenn Jackie sich heute zu uns gesellt?" Sie stürzte sich geradezu auf diesen Vorschlag, weil sie meinte, ihre Mutter „tut hier drin so, als sei sie normal" und „behandelt mich ganz anders, wenn Sie dabei sind". Jackie könne mich wirklich über ihre Mutter aufklären und „ihr Tonfall bestätigt einfach die ganze Geschichte".

In der Zwischenzeit hatte ich bei meinen Treffen mit Alice einiges über ihren besten Freund Carl erfahren, mit dem sie häufig ihren Kummer wegen Karen und ihre Beziehung zu ihr besprach. Sie sagte, sie glaube, daß ihr Freund ihr deswegen helfen könne, weil er „Karen wirklich kennt" und ihr Verhalten „miterlebt" habe. Da Karen Alice bereits von meiner Begegnung mit Jackie erzählt hatte, erschien es ihr nicht ungewöhnlich, als ich sie diesbezüglich nach Carl fragte. War sie der Ansicht, sein Standpunkt könne von Nutzen sein? War seine Anwesenheit für sie wünschenswert? Würde er ihrer Meinung nach kommen wollen? Alice dachte darüber nach und teilte mir später telefonisch mit, daß Carl seine Teilnahme zugesagt habe, aber nicht sicher sei, ob er behilflich sein könne.

Nach den Einzelsitzungen setzten Karen, Alice und ich unsere gemeinsamen Zusammenkünfte fort. Daß aus Monolog nun Dialog geworden war, hatten wir auch der Öffnung unserer Gespräche im Behandlungszimmer durch Einbeziehung ihrer Freunde zu verdanken. Aus den neuen Gesprächskonfigurationen erwuchs Raum für neues Verständnis, neuen Sinn und die wiedererwachte Hoffnung auf eine Beziehung, wie sie sie ersehnten. Dieses Beispiel von den Freunden weist außerdem wieder auf die veränderliche und im Fluß befindliche Natur der Gespräche und Teilnehmerschaft in der Therapie hin.

Wechselnde und fließende Mitgliedschaft

Nicht anders als andere menschliche Systeme und ihre Belange werden therapeutische Systeme und das Problem, um das sie gruppiert sind, ebenso oft und schnell verändert und uminterpretiert wie die anderen Erzählungen, in denen unsere Organisation von Bedeutung und sozialem Austausch stattfindet. Auch therapeutische Systeme sind – wie Probleme – offen, fließend und veränderlich; sie existieren nur innerhalb der unberechenbaren Verläufe von Diskurs und Sprache. Das System und die daran Beteiligten sind keine arbiträren, von vornherein festgelegten, starren oder statischen Sozialstrukturen, sondern richten sich danach, wer gerade wichtiger Bestandteil des kommunikativen Handelns ist. Die Zusammensetzung ändert sich mit dem Wechselspiel beim Miteinanderreden, wenn Leute zum Gespräch dazukommen oder sich wieder zurückziehen. Die Beteiligung verändert sich mit den sich verändernden Problemdefinitionen, mit den wechselnden Kümmernissen und Befürchtungen, mit den sich verändernden Erzählungen.

Man darf freilich nicht vergessen, daß allein dadurch, wer ursprünglich mit wem gesprochen hat, noch nicht festgelegt ist, wer später miteinander kommuniziert. Da die Teilnehmerschaft Gespräch für Gespräch von den daran Beteiligten neu bestimmt wird, ändert sie sich mit den sich verändernden Gesprächen. Im folgenden Bericht werden diese wechselnden Mitgliedschaften sehr deutlich; manchmal kommen sie unerwartet, und ganz sicher werden sie nicht ausschließlich vom Therapeuten oder vom Klienten entschieden.

„Wären Sie bereit, nur mit mir allein zu sprechen?"
Eines Nachmittags bekam ich einen Anruf von einer Frau, die sich auf Empfehlung der Freundin ihrer Tochter – einer Therapeutin – an mich wandte. Sie berichtete ganz sachlich, sie sei seit zweiunddreißig Jahren verheiratet, ihr Mann sei Alkoholiker, und zwar schon fast vom Anfang der Ehe an, und seine Trunksucht habe katastrophale Folgen für die Ehe und die Kinder gehabt. Allerdings müsse ich wissen, daß ihr Mann vehement abstreite, Alkoholiker zu sein, aber ihre Kinder ihn auch für einen solchen hielten. Weiter sagte sie, sie glaube zwar, sie und ihr Mann bräuchten eigentlich eine Eheberatung, aber er halte nichts von Therapien und habe sich geweigert, einen Therapeuten aufzusuchen. Seit drei Jahren besuche sie eine Angehörigengruppe der Anonymen Alkoholiker, die ihrer Ansicht nach sehr hilfreich waren; aber nun habe sie das Gefühl, das sei nicht genug. Sie wolle gern etwas anderes mit ihrem Leben anfangen, ohne so recht zu wissen, wie sie das anstellen sollte. Angesichts dieser Situation und in dem Wissen, daß ihr Mann niemals in eine Therapie einwilligen werde, fragte sie: „Wären Sie bereit, nur mit mir allein zu sprechen?" Außerdem wollte sie wissen, ob ich glaubte, ihr helfen zu können.

Ich sagte, ich hoffte es sehr, aber die Situation höre sich sehr kompliziert an und ich müsse erst noch mehr darüber erfahren; versprechen könne ich nichts. Wir vereinbarten einen Termin, an dem sie mir ihre Geschichte erzählen sollte und wir gemeinsam den nächsten Schritt überlegen wollten. Diesem Gespräch entnahm ich, daß auf jeden Fall die Ehefrau, möglicherweise der Ehemann, die Kinder, die Freundin der Tochter und natürlich ich am Problemsystem beteiligt sein würden.

Ich mußte mich nicht entscheiden, ob ich eine Eheberatung mit dem Paar oder Einzeltherapie mit der Ehefrau durchführen wollte oder ob ich mit irgendeinem der am Problemsystem Beteiligten sprechen sollte. Ich hatte keine speziellen Pläne für die vereinbarte Sitzung. Zum Beispiel spielte ich nicht mit dem Hintergedanken, von der Frau womöglich genügend Informationen über den Ehemann zu bekommen, um ihn irgendwie zu einer Paartherapie überreden zu können. Meine Gedanken waren einzig und allein auf die erste Verabredung gerichtet, deren Teilnehmerschaft gemeinsam abgesprochen war.

Zu meiner Überraschung rief mich am nächsten Morgen der Ehemann an und sagte, seine Frau befinde sich ebenfalls in der Leitung. Mit lauter Stimme erklärte er wütend, er wisse von der Verabredung seiner Frau mit mir, und sie würde mir sicher erzählen, was für ein „fürchterlicher Scheißkerl von Ehemann ich bin" und daß „ich Alkoholiker bin". Dann sagte er: „Ich bin sicher, Sie glauben ihr jedes verdammte Wort."

„Trotz allem, was sie Ihnen erzählen mag", fuhr er fort, „ist die Vorstellung, ich sei Alkoholiker, total absurd. Ich bin kein Alkoholiker, war nie einer und werde nie einer sein." Weiter teilte er mir mit, er habe „einen äußerst verantwortungsvollen Job", sei „nie auch nur einen Tag von der Arbeit zu Hause geblieben", und trinke „keine Martinis zum Lunch". Das Problem liege darin, daß seine Frau „in den Wechseljahren" sei. Dann sagte er noch, er wolle mir „seine Version der Geschichte" erzählen und ich solle mir – das betonte er besonders – „unser beider Standpunkte anhören und einprägen". Sie sagte: „Ja, komm' mit."

Diese Gespräche machen deutlich, daß die Mitgliedschaft sich noch vor der ersten Sitzung verändern kann. Ich unterhielt mich nur kurz mit beiden, und wir kamen überein, daß ich die restliche Zeit mit dem Mann verbringen sollte. Nach meinem Gespräch mit ihm bat ich seine Frau wieder dazu, um zu besprechen, ob wir weitermachen sollten, und wenn ja, wer dabei sein sollte. In diesem speziellen Fall fanden die restlichen Sitzungen fast nur noch mit der Ehefrau statt, doch traf ich ab und zu auch den Mann, der seine Frau zu den Stunden chauffierte und im Auto auf sie wartete. Einmal hatte mich ein gerade beendeter Streit zwischen ihnen neugierig gemacht, und ich fragte, ob es ihr etwas ausmache, wenn ich ihn hereinbäte. Sie hatte nichts dagegen, bezweifelte aber, daß er käme, er sei nämlich „fuchsteufelswild". Also ging ich zum Auto und bat ihn, hereinzukommen; und er kam tatsächlich.

Erfahrungsgemäß kann man die Mitgliedschaft in einem therapeutischen System nicht aufgrund der an der ersten Sitzung Beteiligten vorhersagen. In jeder Sitzung entscheidet sich aufs neue, wer an der nächsten teilnehmen wird. Jedes therapeutische Gespräch bereitet das nächste vor und beeinflußt es. Die Gesprächsteilnehmer entscheiden gemeinsam, wer bei der nächsten Sitzung anwesend sein und wann sie stattfinden sollte. Bei dieser Arbeitsweise ist weder von vornherein festgelegt, wer am therapeutischen System beteiligt ist (zum Beispiel das Paar), noch trifft man sich zu festen Zeiten (zum Beispiel dienstags um neun

Uhr). Vielleicht ist das ein charakteristisches Merkmal. Der nun folgende Bericht veranschaulicht noch einmal, wie jedes Gespräch darüber bestimmt, wer am nächsten Gespräch teilnimmt.

„Wir machen uns Sorgen"
Eine Mutter rief bei mir an und sagte, ihre Familie sei vom Jugendbewährungshelfer ihres Sohnes zur Therapie überwiesen worden. Ihrer Ansicht nach hatte die Familie allerdings keine Therapie nötig; im Mittelpunkt der elterlichen Besorgnis stand der Junge. Sie hatten das Gefühl, daß ihn irgend etwas beunruhige, und weder die Eltern noch der Bewährungshelfer hatten ihn dazu bringen können, darüber zu reden.

„Wir machen uns Sorgen", sagte sie, „weil er sich die ganze Zeit allein in seinem Zimmer oder im Wald hinter unserem Haus aufhält." „Im Grunde ist er ein guter Junge", fuhr die Mutter fort. „Wenn Sie einfach nur herausfinden, was los ist, und mit ihm darüber sprechen, ist er sicher wieder okay." Außerdem teilte sie mir mit, ihr Sohn habe in letzter Zeit einige Enttäuschungen erlebt, unter anderem sei er nicht ins Basketballteam aufgenommen und von seiner Freundin fallengelassen worden.

Ich nahm die Besorgnis der Mutter angesichts der jüngsten Verhaltensweisen des Sohnes ernst und sagte, es scheine ihn tatsächlich etwas zu quälen. Da weder die Eltern noch der Bewährungshelfer den Sohn dazu gebracht hatten, mit ihnen zu reden, hielt ich es für das beste, mich erst einmal mit den Eltern allein zu treffen. Auf diese Weise konnte ich mehr über den Sohn und die Befürchtungen der Eltern erfahren – nicht nur, um einen Zugang zum Sohn zu finden, sondern hauptsächlich, um zu verhindern, daß er sich durch irgendeine Aktion meinerseits noch mehr abkapsele. Der Mutter leuchtete das ein, und sie meinte, ihr Mann sei wohl auch damit einverstanden. Hätten allerdings Mutter oder Vater darauf bestanden, daß ich gleich mit dem Sohn spreche, hätte ich sofort zugestimmt. Die Verabredung mit den Eltern war nur der *erste* Termin, und in diesem Gespräch sollte es sich entscheiden, wer am darauffolgenden Treffen teilnahm.

Weder entschied ich mich sofort für eine Familientherapie, noch war es für mich beschlossene Sache, daß das Problemsystem aus den Familienmitgliedern und dem Bewährungshelfer bestand. Von der Mutter erfuhr ich, daß sie nicht genau wußte, warum der Bewährungshelfer eine Familientherapie für angezeigt hielt, und ich bat sie daraufhin, mir ein wenig zu erzählen, welche Bewandtnis es mit dem Kontakt zwischen ihrem Sohn und dem Bewährungshelfer hatte. Am

Ende des Gesprächs kamen die Mutter und ich überein, daß ich mich mit dem Bewährungshelfer am Telefon unterhalten sollte.

Von ihm nun erfuhr ich, daß keine Anklage erhoben worden und die Überweisung somit „präventiv" war; er vertrat die Ansicht, die Eltern müßten ihren Sohn strenger beaufsichtigen. Da er erklärte, in Zukunft nicht mehr für den Jugendlichen oder seine Eltern zuständig zu sein, hieß das, er gehörte nicht mehr zum Problemsystem; hätte er weiterhin mit dem Fall zu tun gehabt, hätte ich ihn als Teil dieses Systems betrachtet. Aber selbst dann hätte ich ihn nicht automatisch in die therapeutischen Sitzungen einbezogen oder auch in Zukunft Telefongespräche mit ihm geführt oder eben nicht geführt. Die Entscheidung, ob man die überweisende Person oder andere maßgebliche Fachkräfte (sowie Familienmitglieder) an den Therapiesitzungen beteiligt oder telefonisch Kontakt mit ihnen aufnimmt, hängt davon ab, welche Vorstellungen die bereits Beteiligten darüber haben, wer sich in zweckdienlicher und sinnvoller Weise mit dem Problem auseinandersetzt; wie wir gesehen haben, kann diese Einschätzung sich ändern: entweder im Laufe der Therapie oder – wie in diesem Fall – noch vor deren Beginn.

Problemsysteme vs Lösungssysteme

Von Kollegen und Kritikern werde ich häufig gefragt, warum ich von Problemsystemen und nicht von *Lösungs*systemen spreche. Zum einen deutet diese Frage an, wie negativ der Begriff *Problem* besetzt ist. Sie läßt aber außerdem erkennen, wie tiefempfunden oft die Gefahr ist und wie groß die Furcht, das Problem zu reifizieren oder in sogenannten Problemgesprächen zu versinken. Leider ist in Therapiekreisen die Wortbedeutung von *Problem* festgelegt und wird als etwas verstanden, das gelöst werden muß. In *Lösung* wiederum steckt die Konnotation des Reparierens. Ich bin jedoch der Ansicht, daß ein Therapeut oder eine Therapie weder Probleme *löst* noch irgend etwas repariert. Meiner Erfahrung nach passiert nichts dergleichen, sondern die Problemexploration innerhalb des therapeutischen Prozesses führt zu einer Problem-*Auf*lösung. Probleme werden also nicht gelöst, sondern lösen sich in Sprache auf. Für mich ist der entscheidende Faktor der Prozeß selbst, in dem über etwas gesprochen wird, nicht sein Inhalt (zum Beispiel Probleme oder Lösungen).

Diese Idee der Problem-Auf-lösung ist verwandt mit Wittgensteins Auffassung, welches Ziel eine Philosophie bezüglich der Probleme, denen sie sich stellen will, verfolgt. Sie wird von Shotter treffend dargelegt:

„Der Philosoph behandelt eine Frage wie eine Krankheit" [255] – wo ja das Behandlungsziel nicht so sehr darin besteht, Probleme zu *lösen*, sondern sie *aufzulösen*, so daß sie „*vollkommen* verschwinden sollen" ... das die „Philosophie zur Ruhe bringt, so daß sie nicht mehr von Fragen gepeitscht wird, die *sie selbst* in Frage stellen". [133] (Wittgenstein in „Philosophische Untersuchungen", zitiert von Shotter, 1994)

Das Sichauflösen der Probleme bringt die Auflösung des therapeutischen Systems, des Problemsystems mit sich; das heißt, die um das Problem herum vereinten Systeme zerfallen wieder, und es bildet sich ein neues System, eine neue Struktur, wobei die an der neuen Struktur Beteiligten mit den alten identisch sein können, aber nicht müssen. War zum Beispiel die Familie am Problemsystem beteiligt, bedeutet das nicht, daß sich nun die Familie auflöst, sondern nur das Problemsystem. Letzteres ist nicht gleichbedeutend mit der Familie, auch wenn beide die gleichen Personen umfassen. Die Familie kann also immer noch aus denselben vier Mitgliedern bestehen, aber die Beziehungen zueinander sind jetzt andere, die Erzählungen haben sich geändert oder einen anderen Sinn erhalten, und folglich ist auch das System nun ein anderes.

In der Literatur über die Postmoderne wird wenig von Problemen gesprochen; im Mittelpunkt steht die Bedeutung dessen, was besprochen wird. Shotter (1993a) behauptet zum Beispiel, der Unterschied zwischen einer für problematisch und einer für unproblematisch gehaltenen Situation bestünde in einem Unterschied des *Seins*. Die Frage ist „nicht, was man *tun* soll, sondern was man *sein* soll" (S. 118); mit anderen Worten, „auf welchen ‚Platz', auf welche ‚Position' oder in welche ‚Lage' sich einer in bezug auf die anderen zu begeben versucht" (S. 122). Shotter weist darauf hin, daß wir uns mittels der Sprache gegenüber unserem eigenen Geschichten-Erzählen in eine andere „Position" zu begeben vermögen, und damit zu neuen Ich-Erzählungen oder Biographien gelangen (S. 130). Faßt man therapeutische Systeme als sprachliche Systeme auf, deren Mitgliedschaft fließend ist und gemeinsam festgelegt wird, nicht aber als soziale Strukturen, deren Mitglieder aufgrund theoriegeleiteter Vorstellungen des Therapeuten von vornherein feststehen, verschafft das sowohl dem Klienten als auch dem Therapeuten mehr Bewegungsfreiheit und Spielraum. Als nächstes wollen wir uns mit dem Prozeß befassen, der innerhalb dieses Spielraums abläuft.

Kapitel 4

Eine philosophische Haltung: Position, Expertentum und Verantwortung des Therapeuten

Man kann niemandem helfen, wenn man sich nicht selbst aufs Spiel setzt.
Carl Rogers

Nahezu alle therapeutischen Theorien erklären den Therapeuten zu einem objektiven, neutralen und technisch versierten Experten, der weiß, was pathologisch und was normal ist, und der in der inneren Welt eines Menschen lesen kann wie in einem Text. Wissen und fachliches Können durchziehen die Diagnosen, Vorgehensweisen und Ziele eines Therapeuten. Er ist daran interessiert und dazu verpflichtet, eine Veränderung zu bewirken, indem er seinen Einfluß geltend macht, und er weiß, wie eine solche Veränderung auszusehen hat. In diesen Theorien wird eine Beziehung zwischen Experte und Nicht-Experte vorausgesetzt, in der Annahme, ein Mensch könne einen anderen ändern oder ihn zumindest dazu bewegen, sich zu ändern; implizit geht man dabei von einer Ungleichheit zwischen Klient und Therapeut aus. Eine von der postmodernen Grundanschauung durchdrungene Therapie, wie es der kollaborative sprachsystemische Ansatz ist, bietet Alternativen zu der skizzierten Therapeutenposition, die völlig anders aussehen. Welche Alternativen sind das? Welche Position nimmt der Therapeut gegenüber und in der Beziehung mit dem Klienten ein? Welche Absichten verfolgt der Therapeut? Wie sehen Rolle, Expertentum und Verantwortung des Therapeuten aus?

Bei meiner Herangehensweise sind Interesse und Anspruch eines Therapeuten hauptsächlich darauf gerichtet, einen Dialog zu ermöglichen – und durch den Dialog den Weg zur Handlungsfähigkeit, zu Freiheit und zu Möglichkeiten zu ebnen, die so nur für diesen einen Klienten und seine Situation gelten, und an deren Herstellung und Weiterentwicklung der Klient selbst beteiligt war. Solch grundlegende Verwandlungen in der Therapie werden durch die Hervorbringung neuer Erzählungen im Dialog verkörpert und sind deren natürliche Folge; mit anderen Worten: Während sich der Dialog entfaltet, vollzieht sich die Veränderung.[1]

Eine solche Auffassung von Veränderung oder Wandel bewirkt und erfordert, daß wir in einer neuen Weise zu unseren Klienten „Stellung nehmen". Diese veränderte Position meine ich, wenn ich von einer *philosophischen Haltung* spreche – einer *Seinsweise* im Hinblick auf unsere Mitmenschen, wie wir über sie denken, mit ihnen reden, ihnen gegenüber handeln und auf sie reagieren (Anderson, 1995). Es bedeutet eine Einstellung und einen Stil, die den Hintergrund für meine Beziehung zu den Klienten und den therapeutischen Prozeß bilden und bestimmen, welchen Platz ich in einem Gespräch einnehme. Dabei handelt es sich um eine authentische, natürliche, unwillkürlich und auf Dauer eingenommene Position, die aber für jede Beziehung und jeden Diskurs anders aussieht. Dadurch kehrt der *Mensch* hinter Klient und Therapeut wieder in den Behandlungsraum zurück. Und es bringt uns davon ab, uns nur in unserer Rolle und Funktion als Therapeuten zu sehen, und läßt uns die *Beziehung* zu den Menschen, mit denen wir arbeiten, wieder erkennen. Es ist die innere Einstellung, durch die sich bei dieser Herangehensweise Position, Expertentum und Verantwortung des Therapeuten von anderen Ansätzen unterscheiden.

Ich möchte die Position des Therapeuten deshalb als *philosophische Haltung* bezeichnen, weil sie eine bestimmte Weltsicht und Welterfahrung aufgrund meiner beruflichen und privaten Lebensumstände repräsentiert und bestärkt. Unsere Werte und Vorlieben/Abneigungen – also unsere Lebensphilosophie oder Weltanschauung – haben Einfluß darauf, wie wir uns zu anderen Menschen stellen, welche Haltung wir ihnen gegenüber einnehmen. Es ist eine metaphorische, unsere sozialen und persönlichen Eigenschaften vereinende Position, die „Teil unserer diskursiven Konstruktion individueller Geschichten [wird], die die Handlungen einer Person verständlich und als soziale Handlungen relativ bestimmt erscheinen lassen" (Hermans, 1995, S. 376). Der Therapeut wird zu einer Ressource bei der Suche nach einer Seinsweise.

Was sind die charakteristischen Merkmale und praktischen Aspekte dieser Haltung? Wie läßt sie sich im therapeutischen Bereich erkennen? Auf welche Weise befähigt sie den Therapeuten zu einer gemeinschaftlichen Arbeitsweise? Auf welche Weise wird durch sie ein generativer Prozeß gefördert und eine Therapie begünstigt, die durch echten Kontakt, Zusammenarbeit und Konstruieren gekennzeichnet ist?

Kennzeichen einer philosophischen Haltung

Gesprächspartner: Ein Miteinander von Klient und Therapeut als Experten oder Was Klient und Therapeut jeweils einbringen

Im Mittelpunkt eines kollaborativen Ansatzes stehen ein Beziehungssystem und ein relationaler Prozeß, durch die Klient und Therapeut zu Gesprächspartnern beim Erzählen, Erkunden, Interpretieren und Gestalten der Erzählungen werden. Dabei verbindet und vermischt sich das Expertentum des einen mit dem des anderen. Aber was genau steuert jeder bei?

Der Klient kennt sich im inhaltlichen Bereich aus: Er ist Experte für seine Erlebnisse und dafür, was ihn veranlaßt hat, die therapeutische Beziehung aufzunehmen. Wenn Klienten als Erzähler ihrer Geschichte auftreten, können sie die eigene Stimme, die eigene Stärke und ihre Eigenverantwortung erkennen und erleben. Der Therapeut ist zuständig für Sachkenntnis im Prozeßbereich: Er ist Experte darin, sich mit dem Klienten auf einen dialogischen Erzählprozeß in Ich-Form einzulassen. Klient und Therapeut haben gleichsam die Rollen getauscht: *Der Klient wird zum Lehrer*.[2] Der Therapeut nimmt eher die Haltung ein: „Ich bin dazu da, von dir etwas über dich zu erfahren." Wie sagte einst eine junge Klientin zu ihrer in Ausbildung befindlichen Therapeutin, als diese ins Schleudern geriet, Fehler machte, sie falsch verstand und sich nicht auskannte: „Wenn Sie einmal so berühmt sind wie Freud, müssen Sie allen sagen, ich sei Ihre Lehrerin gewesen."

Erzeuger und Förderer von dialogischem Prozeß und Raum

Im kollaborativen Prozeß ist der Therapeut nur einer von mehreren Autoren einer erst noch zu erzählenden – sich wandelnden und allmählich sichtbar werdenden – Geschichte. Er nimmt eher als beratender Autor teil, der fördernd tätig ist – ein nachfragender anderer –, als sich aktiv und intervenierend zu verhalten.[3] Eine fördernde Haltung begünstigt einen Prozeß, in dem sämtliche Stimmen zum Einsatz kommen und in Bewegung bleiben. Das Wesentliche an dieser Haltung des Therapeuten ist seine Fähigkeit, der Erzählung des Klienten gegenüber in authentischer und aufrichtiger Weise aufgeschlossen zu sein, sie aufzugreifen, ernst zu nehmen, anzuhören, und sich damit zu beschäftigen. Alle am Gespräch Beteiligten sollen das Gefühl haben, daß ihre eigene Version ebenso wichtig ist wie alle anderen. Es handelt sich um eine Position der *Mehr-Parteilichkeit*[4], eine Position, in der der Therapeut für alle gleichzeitig Partei ergreift. Das ist etwas völlig anderes als Neutralität, bei der ein Therapeut bestrebt ist, niemandes Partei zu ergreifen. Meiner Ansicht nach führt eine solche Neutralität dazu, daß die Menschen, mit denen wir arbeiten, nicht recht wissen, einen Verdacht haben oder es sogar als bewiesen ansehen, auf wessen Seite wir stehen und welche Version wir glauben. In solchen Fällen überbieten sich dann die Leute leicht gegenseitig darin, den Therapeuten auf ihre Seite zu ziehen.

Was ein kollaborativer Therapeut nicht ist

Häufig bekomme ich die Frage zu hören: „Ab wann schlägt das Nicht-‚Experte'-Sein in Passivität um?" sowie „Genügt ein ‚nachfragender anderer' denn?" Solche Fragen basieren auf der modernistischen wissenschaftlichen Auffassung von Erkundung und Validität, in der die Überprüfung der Wahrheit und der Erkenntnisgewinn von grundlegender Bedeutung sind. Solche Fragen zeigen mir aber auch, wie wichtig es ist, aufzuzeigen, was ein Therapeut meines Erachtens nicht sein soll.

Ein Therapeut ist kein Redakteur von Erzählungen. Wenn sich ein Therapeut als Sachverständiger für Inhalte versteht – einer, der sich mit dem Leben der Menschen auskennt und weiß, wie es erzählt oder als Erzählung gestaltet und wieder umgestaltet werden oder eine neue Form bekommen soll –, übernimmt er insgeheim die Rolle des Erzählexperten, dessen Aufgabe es ist, zu redigieren, also die Erzählung des Klienten anzuleiten oder zu überarbeiten. Meist geht es darum, den Klienten dazu zu bringen, seine eigene Geschichte zu erzählen (als ob es nur eine einzige zu erzählen gäbe), damit der erzählerisch dargestellte Konflikt gelöst werden kann, wobei zugleich die Erzählung verändert wird. Zu erreichen ist das zum Beispiel, indem der Therapeut die Erzählung eines Klienten modifiziert, neu zusammensetzt und so gestaltet, daß sie aus der Sicht des Therapeuten sinnvoller ist. Oder der Therapeut verschafft dem Klienten eine dekonstruktivistische Einsicht in die Erzählsprache, so daß bereits eingeleitete Lösungsversuche bestärkt werden oder neue aufscheinen. Ich sehe solche Versuche, die Erzählung eines Klienten zu modifizieren, als narratives Redigieren an – als Überarbeiten, Verbessern, Feilen. Es ist aber nicht Aufgabe des Therapeuten, die Erzählung eines Klienten auseinanderzunehmen, zu reproduzieren oder wieder neu zusammenzusetzen, sondern das Erzählen und immer wieder neu Formulieren zu fördern und sich daran zu beteiligen.

Beim narrativen Redigieren begibt man sich nämlich auf gefährliches Terrain. Diese Position erfordert die speziellen Fachkenntnisse eines Redakteurs, was mit gewissen Risiken behaftet ist: Es wird stillschweigend vorausgesetzt, daß ein Therapeut als Meister im Erzählen menschlicher Schicksale glaubwürdiger ist als ein Klient. Vorausgesetzt wird auch, daß ein Therapeut einen Klienten lesen kann wie einen Text. Aus dem Therapeuten wird ein Archäologe des Narrativen, der überzeugt ist, die *eine* vorhandene Geschichte und ihren vermuteten tieferen Sinn freilegen oder nacherzählen zu müssen. Eine weitere Gefahr besteht darin, sich von der Vorstellung leiten zu lassen, es gebe universelle menschliche Geschichten und keine neuen mehr zu entdecken. Und es besteht ferner die Gefahr, Sprache und Metaphorik der Ich-Erzählung des Klienten in die einschlägige Fachsprache mit ihrem jeweiligen Menschenbild zu übersetzen.

Man muß sehr behutsam vorgehen. Wenn wir uns als Teil eines interaktiven Geschehens verstehen, müssen wir auch nach dieser Überzeugung handeln. In der Position eines narrativen Redakteurs, samt den damit verbundenen Risiken, betrachtet man den Klienten im Grunde nicht als Teil des Bedeutungszusammenhangs, und die Konstruktion von Bedeutung ereignet sich im Allgemeinen statt im Partikulären. Zum Beispiel wird dadurch die alleinerziehende Afro-Amerikanerin ausgeklammert, deren Sohn einen Mitschüler mit einem Revolver bedroht hat. Nimmt der Therapeut die Position eines narrativen Redakteurs ein, bleibt kein Platz für diese Mutter; sie gehört nicht dazu; es ist nicht mehr ihre Geschichte. Umgekehrt bestätigen sich sämtliche Annahmen und Befürchtungen dieser Mutter, man könne sie ja doch nicht verstehen oder ihr helfen. Noch entscheidender ist, daß der Therapeut als narrativer Redakteur eine dominante Rolle spielt, die ihn in eine hierarchische und dualistische Position gegenüber seinem Klienten bringt. Damit läuft er Gefahr, die Ich-Erzählung der Mutter für unbedeutend zu halten und sich dem herrschenden gesellschaftlichen Diskurs anzuschließen. Selbst Therapeuten, die erklärtermaßen gegen bestimmte in der Gesellschaft verbreitete Meinungen ankämpfen, drängen den Klienten an den Rand, wenn sie annehmen, ihre „Gegendarstellung" (zum Beispiel soziale Ungerechtigkeit, Diskriminierung von Frauen, institutionelle Kolonisierung) sei besser für den Klienten.

Ein Therapeut ist keine tabula rasa, kein unbeschriebenes Blatt. Wie unsere

Gesprächspartner bringen auch wir unser Wissen, unsere Vorerfahrungen sowie Vorlieben und Abneigungen – unser Vorverständnis (Gadamer, 1960; Heidegger 1967) – zum Ort des therapeutischen Geschehens mit. Allerdings sollten wir versuchen, keine vorgefaßten Meinungen aus ihnen werden zu lassen, etwa ein vorgefertigtes Programm, wie der Klient an die Lösung eines Problems herangehen sollte. Wir dürfen vielmehr darauf vertrauen, daß sich dies durch die Gespräche schon ergeben wird.

Ein Therapeut ist kein Vermittler oder Schiedsrichter bei unterschiedlichen Ansichten. Auch trachtet er nicht danach, Unterschiede aufzuzeigen oder anzusprechen. Es geht nicht darum, eine Synthese oder einen Konsens herbeizuführen. Statt dessen setzt sich ein Therapeut für vielerlei Versionen ein.

Ein Therapeut ist kein Detektiv, der die Wahrheit herausfindet, oder was richtig oder richtiger, falsch oder falscher ist. Der Therapeut soll nicht nach verborgenen Tatsachen, Absichten und Bedeutungen suchen. Er ist keiner, der einseitig und dominierend nachfragt, der sich mit der Definition und Lösung von Problemen auskennt, kein Sachverständiger dafür, was pathologisch und was normal ist. Ein Therapeut ist nicht jemand, der Handlungen beschreibt, erklärt oder interpretiert. Er ist ein Gesprächspartner.

Ein Therapeut interveniert nicht, aber er ist auch nicht passiv. Ich kann nicht genug betonen, daß es sich nicht um eine automatisch abrufbare, intervenierende, vorbekannte Seinsweise handelt. Vom Klienten gelenkt, ist ein Therapeut lediglich „Teil eines zirkulären interaktiven Systems"(Gadamer), nur ein Teil, nicht der Steuermann eines sich wechselseitig beeinflussenden Systems. Zum Beispiel übernimmt ein Therapeut nicht die Gesprächsleitung, indem er Programmpunkte vorgibt oder eine bestimmte inhaltliche oder ergebnisorientierte Richtung einschlägt; er ist auch nicht verantwortlich dafür, in welche Richtung sich etwas verändert. Es geht nicht darum, die Zügel in die Hand zu nehmen oder zu intervenieren. Das Ziel besteht darin, den Dialog zu fördern und durch den Dialog optimale Möglichkeiten für Neues zu schaffen – in Bedeutungen, Erzählungen, Verhalten, Empfindungen und Emotionen. Der Therapeut ist bestrebt, den inneren (stumme Gespräche mit sich selbst oder einem imaginären Partner) wie den äußeren Dialog (vernehmbares Gespräch mit einem anderen) anzuregen. Eine nicht-intervenierende, nicht-hierarchische Position ist jedoch etwas anderes als Passivität oder Naivität. Sie bedeutet nicht, daß alles erlaubt und beliebig ist, daß der Therapeut ratlos ist oder daß er keinen Einfluß hat. Aus dieser Haltung heraus tritt er aktiv, aber nicht direktiv auf.

Ein Therapeut wird seinen Klienten immer beeinflussen, ebenso wie ein Klient unweigerlich den Therapeuten beeinflußt.

Eine „Seinsweise" vs „Handlungsanweisungen"

So gesehen muß ein Therapeut keineswegs darauf verzichten, seinen persönlichen Therapiestil zu entwickeln und anzuwenden. Jeder wird dieses Therapieverständnis und die damit verbundene Haltung auf seine Weise auf die therapeutische Beziehung übertragen, so, wie es seiner Persönlichkeit und allem, was ihm zu eigen ist, entspricht und für ihn charakteristisch ist. Die Umsetzung ist für jeden Therapeuten höchst individuell und auch für jede Therapiesituation anders – je nach den beteiligten Personen, der Relevanz des Gesprächs und dem Gesprächskontext. Mit anderen Worten, ein Therapeut wird von Klient zu Klient und von Sitzung zu Sitzung unterschiedlich, jeweils charakteristisch für ihn und für die Situation, reden und auftreten. Für solch ein dem Anlaß angemessenes Handeln ist eine gewisse Elastizität erforderlich. Es ist mit der Fähigkeit und Bereitschaft verbunden, im Denken und Handeln umzuschalten, um sich auf die Anforderungen der Situation einzustellen. Lynn Hoffman (persönliche Mitteilung, Oktober 1994) meinte einmal mit Blick auf die mit der philosophischen Haltung verbundene Anpassungsfähigkeit und Wandlungsbereitschaft, man befinde sich „in den Startlöchern".

Die Ungewißheit, die sich ergibt, wenn ein Therapeut sein Denken, Reden und Handeln von Sekunde zu Sekunde neu gestaltet und man es daher nicht schon im voraus wissen kann, wirkt häufig sehr beunruhigend, weil wir im abendländischen Kulturkreis an ein Sicherheit verleihendes Vorgehen nach Rezept gewöhnt sind. Wir sind gewohnt, die Vorstrukturierung eines Therapeuten zu identifizieren und sie dann umgesetzt zu sehen. Sehen wir nicht das, was wir erwartet haben, fällt es schwer, sich vorzustellen, was der Therapeut eigentlich tut bzw. tun wird. Daran liegt es auch zum Teil, daß Leute, die einen Therapeuten bei der Arbeit nach dem kollaborativen Ansatz beobachten, manchmal nichts anderes zu sehen vermögen, als was sie ohnehin erwartet haben. Jedoch möchte ich nicht behaupten, man könne bei längerer Beobachtung eines oder mehrerer Therapeuten keine Ähnlichkeiten und Muster feststellen. Wie wissenschaftliche Untersuchungen immer wieder zeigen, neigen wir dazu, wahrzunehmen, woran wir glauben, und zu finden, was wir suchen (Jones, 1986; Rosenhan, 1973; Scarr, 1985). Das gilt auch für die Untersuchungen selbst.

Um meinen Studenten und Gastkollegen das Konzept der philosophischen Haltung zu erläutern, schicke ich sie oft zu verschiedenen Therapeuten, die alle mit einer kollaborativen Einstellung praktizieren. Sie sollen erleben, daß es Unterschiede zwischen uns sowie zwischen den jeweiligen Umständen gibt, obwohl jeder von den gleichen Vorannahmen ausgeht. Sie sollen die für jede Situation spezifischen Mittel einschätzen lernen, sie sollen begreifen, daß sie ihre Persönlichkeit und ihren eigenen Stil in die Arbeit einbringen (und weder mich noch sonst jemanden imitieren müssen und sollen) und ihren Einfallsreichtum und ihre Kreativität voll ausschöpfen können. Der Versuch, den Stil eines anderen zu kopieren, wird immer die Parameter unseres Denkens und Handelns verringern und dadurch unsere Kreativität und Wahlmöglichkeiten – und folglich auch die der anderen – einschränken.

Zu Gast

Ich betrachte mich als Gast, als einen Gast auf Zeit, der einen kurzen Besuch bei den Klienten macht, ein kleines Stück ihres Lebens mit ihnen teilt und sich in ihre kontinuierlichen und wechselnden Gespräche mit anderen ein- und wieder ausblendet. Ich möchte ein akzeptabler Gast sein. Die Psychiaterin Sue Chance (1987) vergleicht die Beziehung zu ihren Patienten ebenfalls mit der eines Tischgastes, wenn sie über Abschiede spricht.

> Mein Kommen und Gehen soll nicht den Mittelpunkt im Leben meiner Patienten bilden. Ich bin nur zu Gast; ich bin da, weil man mich zum Essen eingeladen hat. Es gelten bestimmte Umgangsformen. Vielleicht lehre ich sie gutes Benehmen; vielleicht teile ich einige Kochrezepte mit ihnen; vielleicht bringe ich ein Gericht mit, das sie noch nie gekostet haben. Aber ich wohne nicht bei ihnen, es ist ihr Heim.
> Mit meinen Freunden ist es dasselbe. Es steht mir an, mich liebenswürdig zu verhalten. Wenn ich mich verabschiede, tue ich es hoffentlich mit Respekt. Ich hoffe, daß sie wissen, wie sehr ich die Einladung zu schätzen weiß, wie sehr ich ihre Gesellschaft genossen habe. Ich hoffe, etwas von mir zu hinterlassen. Ich weiß, daß ich etwas von ihnen mitnehme. (S. 21)

In der Folge geht es dann um die Art von Gesprächen, die von Bedeutung sind, die sie im Gedächtnis behält und die ihre Klienten mit nach draußen nehmen.

Ich hatte selbst schon Gäste. Und ich weiß, welche unaufrichtig und welche unhöflich waren. Irgendwann vergesse ich, daß sie je da waren. Die umgänglichen bleiben mir in Erinnerung. Ich erinnere mich an die Gespräche; ich erinnere mich daran, wie gern ich sie an meiner Tafel hatte. Manchmal schaue ich auf den Stuhl, wo sie gesessen haben, und ich sehe sie beinahe vor mir. Jedenfalls spüre ich ihre Nähe. Ich denke daran, wie ich sie mit Wehmut fortgehen sah und wußte, daß es so sein mußte. (S. 21)

Klienten haben mir ganz Ähnliches gesagt. Lars äußerte über seine Gespräche mit Harry Goolishian: „Ab und zu sehe ich ihn direkt vor mir, wie er das sagt." Alice, ebenfalls eine Klientin, die in der Schule und auf dem College bei Harry Goolishian in Therapie gewesen war, schilderte Jahre später, als sie ihn zufällig wieder traf, wie sie ihn und ihre gemeinsamen Gespräche erlebt hatte:

In der Schule war ich darauf angewiesen, jede Woche mit Ihnen zu reden. Ich hatte solche Angst, aufs College zu gehen, daß ich es nicht schaffen würde; ich wußte gar nicht, was ich machen sollte, wenn ich Sie nur einmal im Monat, bei meinen Besuchen zu Hause, sehen könnte. Sie wissen, wie ich es gemacht habe: Ich habe Sie ständig im Kopf dabeigehabt. Wenn es nötig war, fragte ich mich: „Was würde Dr. Goolishian sagen?" oder „Welche Frage würde Dr. Goolishian mir jetzt stellen?" und Sie gaben mir die Antwort. Als ich nach meinem Collegeabschluß an die Ostküste umzog, nahm ich Sie mit. Eines Tages wurde mir dann klar, daß ich Sie nicht mehr ständig bei mir haben mußte, weil ich es eigentlich nicht mehr nötig hatte, mit Ihnen zu reden. Ich konnte nun mit mir selbst reden. Aber hin und wieder, wenn ich Sie brauchte, bat ich Sie zu mir in Gedanken, wie man einen alten Freund zum Essen einlädt.

Veränderung des Therapeuten: Eine riskante „Lern"-haltung

Wenn ein Therapeut eine solche philosophische Haltung einnimmt und sich auf diese Art dialogischen Prozeß einläßt, riskiert er auch, sich selbst zu verändern. In einem therapeutischen Prozeß der wechselseitigen Einflußnahme, in dem sich Veränderungen ganz selbstverständlich aus dem Dialog ergeben, ist der Therapeut nicht anders als der Klient diesen Veränderungen unterworfen. Es wäre doch unlogisch, anzunehmen, wir könnten an einem Umwandlungsprozeß beteiligt sein und uns selbst dabei nicht wandeln. Ein Ausbildungsteilnehmer drückte es so aus: „Jetzt versteh' ich das. Wenn ich auf keinen Fall meine Ansichten über eine Sache ändern kann, wie kann ich es dann von meinem Klienten verlangen?" Wir ändern also vielleicht unsere Vorstellung oder Meinung von einem Problem, einer Person oder einem Tatbestand; es kann auch bedeuten, daß wir eine Verhaltensweise ändern. Eher ernüchternd ist allerdings der Gedanke, es könnte bedeuten, daß unser Berufsethos, eingefleischte Moralvorstellungen und liebgewordene Werte ans Licht kommen, in Frage gestellt werden und sich ebenfalls ändern. Meines Erachtens trägt das zur Freisetzung unserer Kreativität bei und ist Teil der treibenden Kraft, die lebenslanges Lernen und Reifung der Persönlichkeit bewirkt. Wir können dabei vorausschauend tätig sein, wenn wir Forschen und Lernen als Teil unserer täglichen Praxis ansehen.

Forschen und Lernen als tägliche Praxis

Als ideologiekritische und damit philosophische oder weltanschauliche Haltung erfordert und ermöglicht es die postmoderne Grundeinstellung, mir das, was ich weiß oder zu wissen glaube, stets aufs neue bewußt zu machen, in Frage zu stellen und darüber zu reflektieren. Diese Kombination von Bewußtheit, Offenheit und Reflexion setzt einen Prozeß des Erkundens und Lernens als tägliche Praxis in Gang und verändert dadurch meine Person beruflich und privat. Wie und was ich lerne, ist ein fließender, interaktiver und sozial konstruierter Prozeß, zu dem viele aus gemeinsamem Reflektieren bestehende Gespräche mit mir selbst, Klienten, Kollegen, Ausbildungsteilnehmern und anderen gehören. Diese Reflexionen münden in einen schöpferischen Lernprozeß, der über das einfache Kennenlernen der Geschichte eines Klienten hinausgeht und auch allgemeiner ist als das Therapieerlebnis selbst. Therapeut zu sein, sich als solcher zu definieren und zu entwickeln, ist ein Prozeß. Interessanterweise schließt sich hier der Kreis zum „Selbst-als-Prozeß".

Schöns (1983) Ansichten über professionelles Wissen und Forschen bei der täglichen Praxisausübung scheinen mir von besonders hohem Wert. Er verwahrt sich nämlich gegen Fachleute, die ihre Vorgehensweise nicht reflektieren – ihr Denken und Handeln nicht reflektieren.

> Viele Praktiker, Gefangene ihres Selbstbildes als behandlungstechnische Experten, vermögen keinerlei Anlaß zu Reflexionen im Praxisbereich zu erkennen. Zu gut beherrschen sie die Techniken der selektiven Unaufmerksamkeit, der Pauschalkategorisierung und der situativen Steuerung – Techniken, die ihnen den Bestand ihres Wissens und Könnens in der Praxisausübung garantieren. Für sie bedeutet Unsicherheit eine Bedrohung; sie zuzugeben wäre ein Zeichen der Schwäche. (S. 69)

Unter diesen Umständen wird die Technik über den Menschen gestellt.

Mit Schön bin ich der Meinung, daß die institutionelle und professionelle Bürokratie rein technisches Können und Wissen ebenso verlangt und verstärkt wie die Überzeugung, ein Fachmann sei ein autonomes und nur für sich stehendes Wesen (S. 326–338). Auf diese Weise werden die Chancen für Neuerung, Zusammenarbeit und Anpassung an ein sich wandelndes Umfeld vergeben. Schön appelliert eindringlich an die Fachkollegen, sich statt dessen klarzumachen, daß ihr fachliches Können in einen Bedeutungszusammenhang eingebettet ist und ihre Aktionen für verschiedene Leute unterschiedliche Bedeutungen haben könnten (S. 295). Um ein Überhandnehmen von Technik und isoliertes Praktizieren – was ich als „Autopilot"-Können bezeichne – zu vermeiden, empfiehlt er „Erkennen-in-Aktion" (S. 49) oder „Reflektieren-in-Aktion" (S. 126), was nicht nur heißt, während des Handelns zu reflektieren, sondern auch über unser Reflektieren beim Handeln nachzudenken. Reflexionen und das Reflektieren der Reflexionen beim therapeutischen Handeln haben mit dem Herstellen von Beziehungen, Zusammenarbeit und Konstruktion zu tun und stellen meiner Ansicht nach eine postmoderne Form der Erkenntnis dar. Es ist diese andauernde Erfahrung des Sich-selbst-Weiterbildens, durch die die therapeutische Arbeit, in den Worten von Schön (1983, S. 299), auch für den Therapeuten selbst eine „Quelle der Erneuerung" ist. Diese Quelle (neben einer Haltung des Nicht-Wissens) markiert einen entscheidenden Unterschied zwischen den professionell Arbeitenden – in diesem Fall Therapeuten –, die sich von ihrer Arbeit gelangweilt oder ausgelaugt fühlen, und denjenigen, bei denen das nicht der Fall ist.

An dieser Stelle muß Tom Andersens Arbeit (1995a, 1996) Erwähnung finden, in der er sein Verfahren des reflektierenden Teams auf die Beurteilung klinischer Arbeit ausweitet; darin ist der Gedanke vom Forschen als Teil der täglichen Praxisausübung wunderbar illustriert. Mit Andersens Unterstützung und Beratung haben mehrere Therapeutenteams und behandelnde Ärzte ihre Klienten und Kollegen aus der Umgebung dazu eingeladen, ihnen nicht nur bei der Bewertung ihrer täglichen Arbeit behilflich zu sein, sondern sich auch als Ko-Forscher zu betätigen. Klienten und Kollegen waren am Entwurf der Auswertungsbögen beteiligt, einschließlich der Formulierung von Fragen. Beispielsweise wird gefragt: „Welche Fragen sollten wir Ihnen nach Ihrer (des Klienten oder Kollegen) Meinung stellen?" und „Welche Art Information wäre für Sie sinnvoll?" (Kjellberg, Edwardsson, Niemela & Oberg, 1995; Kjellberg et al., 1996).

Man stellte fest, daß dieser kollaborative und einbeziehende Zugang zur Forschungsarbeit das Verhältnis der Fachleute untereinander sowie zwischen Klient und Fachmann verbessert. Von besonderer Bedeutsamkeit und Tragweite ist dieses kollaborative Verfahren, weil sich dadurch die praktisch Arbeitenden an die Spitze der Forschung setzen und eine Herausforderung für die von „Außenstehenden" durchgeführte, akademische Forschung darstellen. Von „Insidern" geleistete Bewertungen und Untersuchungen werden zum Lernangebot für Praktiker und helfen ihnen bei ihrer künftigen Arbeit. Es ist ein prospektiver Prozeß, der laut Gergen „den Dialog vorantreibt", und zusätzlich ein kollaborativer, der laut Shotter „Gespräche [entstehen läßt], in denen sich die Menschen am richtigen Platz fühlen."

In aller Öffentlichkeit

Eine dem Reflektieren (sowie dem Zugänglich-Machen der eigenen Arbeit im allgemeinen) verwandte Vorstellung ist es, sich öffentlich zu verhalten – also noch bereitwilliger meine inneren Privatdialoge und -monologe offenzulegen und laut mitzuteilen: meine Gedanken, Vorurteile, Überlegungen, Spekulationen, Fragen, Ansichten und Befürchtungen – und dabei dem zu erwartenden Feedback, der Bewertung und Kritik gegenüber aufgeschlossen zu sein. Die Folge ist natürlich, daß ich mich all denen, mit denen ich arbeite, als Person ungeschützter zeige. Bewußt habe ich den Ausdruck *öffentlich* statt *transparent* – ein in der Feminismuskritik beliebtes Wort – gewählt, weil ich nicht glaube, ein anderer könne uns, oder wir ihn, je durchschauen. Vielmehr kann ein jeder vom anderen nur das sehen, was dieser ihm zeigen will.

Diese öffentliche Haltung steht in krassem Gegensatz zu der gewohnten privaten oder geheimen Seite der Expertenrolle. Laut Schön (1983) wird von dem, der „ansonsten erwartungsgemäß die Rolle des Experten spielt", nun erwartet, von Zeit zu Zeit seine Unsicherheiten offenzulegen. Normalerweise rechnet man damit, daß er sein fachliches Können unter Verschluß hält und als Geheimnis betrachtet, doch nun soll er öffentlich über seine praktischen Kenntnisse sowie über sich selbst reflektieren ... und sein Spezialistenwissen dem prüfenden Blick der Öffentlichkeit aussetzen. (S. 297–299)

Das Reflektieren kann dafür sorgen, daß die vielerlei Stimmen oder Blickwinkel eines Therapeuten zum Vorschein kommen. Auch Therapeuten haben nicht anders als Klienten alle möglichen Gedanken, die mal stimmig, mal widersprüchlich sind. Der holländische Psychologe Hermans (1995), der sich mit der dialogischen Natur des Selbst befaßt, sieht darin Ähnlichkeiten zu den polyphonen Stimmen in den Romanen von Dostojewski.[5] Der Autor ist selbst nur einer von mehreren Protagonisten: „Weit entfernt, nur ‚willenlose Sklaven' im Dienste der Dostojewskischen Intentionen zu sein, sind die verschiedenen Figuren imstande, sich ihrem Schöpfer zur Seite zu stellen, dem Autor zu widersprechen, ja sich sogar gegen ihn aufzulehnen." (S. 377)

Indem ich reflektiere und mich dem anderen offenbare, verhelfe ich mir selbst und dem anderen zu mehr Flexibilität beim Umgang mit den nur natürlichen, vielfältigen und manchmal widersprüchlichen Meinungen bezüglich der komplexen Notlage des jeweiligen Klienten. Es gestattet mir, eine feste Überzeugung zu haben oder zu vertreten, ohne in kontroversen Situationen polarisieren oder starr an Positionen festhalten zu müssen. Alles, was gesagt wird, wird erst einmal als Material zur Verwertung gesammelt.

Aus dem postmodernen Blickwinkel

> tritt der Fachmann [hier also ein Therapeut] für seine eigene Sicht der Wirklichkeit ein und handelt danach, doch stellt er zugleich Reflexionen darüber an; er vertritt eine dem Standpunkt seines Gegenspielers [hier ein Klient] widersprechende Einstellung, doch bemüht er sich gleichzeitig darum, ihn zu verstehen. (Schön, 1983, S. 350)

Sich öffentlich zu verhalten ist nicht auf fachbezogene Mitteilungen beschränkt, sondern umfaßt auch Persönliches. Damit meine ich jedoch keine sogenannten Selbstoffenbarungen oder Grenzüberschreitungen im Sinne von vertraulichen und intimen Bekenntnissen, auch wenn ich im Vergleich zu manch anderen Therapeuten weniger Bedenken oder nichts dagegen habe, anderen über mich Auskunft zu geben. Natürlich sind unsere Klienten neugierig, was uns betrifft; warum auch nicht? Erinnern Sie sich an Sabrinas „Ich weiß gar nichts von Ihnen"? Und wie sie später überlegte [mit Blick auf ihre Therapeutin]: „Ob sie wohl verheiratet ist? In welcher Art von Beziehung lebt sie?" Am Ende der Sitzung fragte sie dann danach.

Eine Klientin, die ich über ihre Erfahrungen mit drei verschiedenen Therapeuten befragte, äußerte: „Ist es nicht komisch, daß man seinem Therapeuten vertrauen soll, ohne irgend etwas über ihn selbst zu wissen? Es ist so, als stünde man die ganze Zeit nackt vor jemandem, der selbst vollständig bekleidet ist. Es wäre einfach gut, ein bißchen darüber zu wissen, was der Therapeut für ein Mensch ist."

Dessen eingedenk gebe ich am Ende einer Sitzung dem Klienten und sonstigen Anwesenden Gelegenheit, mir Fragen zu stellen. In einem – nicht untypischen – Fall sagte ich zu einem Klienten: „Ich habe Ihnen eine Menge Fragen gestellt, also wüßte ich gern, ob Sie vielleicht Fragen an mich haben?"

„Ich wüßte schon gerne, was Sie in Texas so machen", antwortete er.

Ich erzählte ihm ein wenig, womit ich mich beschäftige und daß ich daran interessiert sei, mehr über Menschen wie ihn und die Art von Schwierigkeiten, mit denen sie sich herumschlagen, zu erfahren.

Er meinte: „Das ist sehr interessant."

„Wollen Sie sonst noch etwas wissen?" fragte ich.

Er gab nur zurück: „Ich glaube, das genügt mir schon. Ich betrachte das als eine Möglichkeit, mehr über mich selbst zu erfahren und zu merken, was um mich herum passiert."

Was nötig ist, um den Klienten offener und reflektierender gegenüberzutreten, läßt sich wieder in Schöns (1983) Worten ausdrücken: „Um seine Fähigkeit zum Reflektieren-in-Aktion zu verbessern und zu vertiefen, muß sich der professionell Arbeitende aller Annahmen über zwischenmenschliches Handeln, die ihn bei seiner Berufsausübung begleiten, bewußt werden und sie gegebenenfalls umstrukturieren" (S. 353). „Und die sein Privatleben begleiten", möchte ich hinzufügen. Manche Theorien lassen diese Art des Reflektierens nicht zu; es wäre ein innerer Widerspruch. Freimütige, öffentliche Reflexionen könnten zum Beispiel für unempirisch gehalten werden und den Eindruck erwecken, es würden dadurch das Prinzip der Vertraulichkeit und das Berufsethos verletzt oder Grenzen überschritten; oder sie könnten als zu relativistisch empfunden werden. Noch wichtiger ist, daß dadurch die beruhigende Gewißheit, die Fachwissen und Expertentum verleihen, gefährdet ist und damit die Rechtmäßigkeit der Theorie selbst.

Geteilte Verantwortlichkeit

Verantwortungsbewußtsein und Verantwortlichkeit sind in der Kultur verankerte Ideale und Werte. Die Menschen sollen Verantwortung für sich und andere übernehmen und sich und anderen Rechenschaft ablegen. Doch lassen die von uns geschaffenen Bedingungen und Beziehungen das nicht immer zu oder fördern es nicht, unterbinden es oft sogar. Wir werden dazu ausgebildet, an *nicht gleichberechtigten* Gesprächen mitzuwirken. Wir werden dazu ausgebildet, dem Klienten die Verantwortung abzunehmen. Wir werden zum Beispiel dazu ausgebildet, Experten dafür zu sein, wie andere Menschen leben sollen, was eine gute Erzählung ist oder welche Veränderung besonders heilsam wäre.

Wenn ein Therapeut den Klienten zur Zusammenarbeit einlädt und sie zuläßt, wird aus der Verantwortung etwas Gemeinsames. Man mißversteht kollaborativ arbeitende Therapeuten oft, weil man glaubt, sie würden törichterweise ihre Verantwortung als Therapeuten abgeben; das ist keineswegs der Fall. Wenn der Therapeut diese reflektierende philosophische Haltung einnimmt, lösen sich der sonst zwischen Klient und Therapeut bestehende Dualismus und die Hierarchie auf, und Verantwortung und Verantwortlichkeit werden geteilt. Ich habe sogar festgestellt, daß sich ein Therapeut im Falle der geteilten Verantwortung gegenüber seinem Klienten noch verantwortlicher und verpflichteter fühlt.

Einige Anhänger des sozialen Konstruktionismus schneiden das Thema der moralischen Verantwortung an. Shotter (1974, 1975, 1990, 1995a) tritt für vermehrte und geteilte Verantwortlichkeit ein. Er möchte die Psychologie von einer naturwissenschaftlichen Verhaltensdisziplin (mit mechanistischer Auffassung) in eine moralwissenschaftliche Disziplin des Handelns (und Wirkungsvermögens) umformen (1995a).[6] Sein Fazit lautet, daß der Anspruch auf die eigenen, individuellen und besonderen „inneren Erlebnisse" [was wir zu wissen glauben] beim Rest der Welt nicht ankommt, wenn man sie nicht auf irgendeine Weise begreiflich machen kann. Entsprechend weist der analytische Philosoph Alasdair MacIntyre auf die moralische Verpflichtung des sozialen Konstruktionismus hin, das Leben der Menschen der Kontrolle der Experten zu entziehen und

> den miteinander in Beziehung stehenden Menschen die Verantwortung für ihre eigene Lebensgestaltung zurückzugeben – wo es nun darum geht, jene Momente und Situationen zu erkennen, in denen sie einander als verantwortungsbewußte Wesen begegnen könnten. (zitiert bei Shotter, 1995a, S. 387)

Auch andere erheben diesen Anspruch. Der Psychologe Mark Freeman (1995) behauptet: „Es gibt kaum Psychologen, denen sich die Frage nach Freiheit und Verantwortung überhaupt stellt; generell lassen das die in dieser Disziplin geltenden Annahmen nicht zu" (S. 357). Er unterscheidet innerhalb des moralischen Verantwortungsbewußtseins zwischen „Verantwortung *für* unser eigenes Tun" und „Verantwortung gegenüber anderen, besonders den Menschen, denen ihre Rechte vorenthalten werden oder die unnötig leiden" (S. 358). Auch einige feministische Philosophinnen und Psychologinnen sowie Wissenschaftlerinnen aus der Frauenforschung (Code, 1988; M. Gergen, 1995; Hughes, 1988), die das Subjekt als beziehungsgebunden (relational) verstehen, rücken den Verantwortungsbegriff in den Vordergrund. Mary Gergen (1995) macht darauf aufmerksam, daß „diese Hinwendung zum in Beziehung stehenden Ich die Sprache moralischer Entscheidungen und Handlungen ja nicht auslöscht, ... [sondern] darauf hinweist, wie notwendig es ist, durch die Brille des Pluralismus zu überprüfen, was moralisches Handeln ausmacht" (S 366). Lorraine Code fordert ein verantwortliches Wissen; Judith Jordan (1991) tritt für gegenseitige Verantwortlichkeit ein.

Kenneth Gergen und die Kommunikationswissenschaftlerin Sheila McNamee (1994) erklären, das Ziel beim Explorieren relationaler Verantwortung sei weder, die eine oder andere gestörte Person zu ändern, noch Konflikte zu lösen; vielmehr wird eine größere Bandbreite der ins Gespräch einbezogenen relevanten Stimmen („relationale Wirklichkeiten") angestrebt. Je mehr sich ein Therapeut sich selbst und anderen gegenüber verantwortlich fühlt, desto öffentlicher, freimütiger und mitteilsamer kann er sich verhalten.

„Aber Sie sind doch der Experte"

Häufig befürchten Therapeuten, die Klienten wollten auf jeden Fall Gewißheit, bezahlten einen Fachmann für Antworten und würden einen Therapeuten mit dieser philosophischen Haltung, der zur Zusammenarbeit auffordert, nicht akzeptieren. Meiner Erfahrung nach brauchen sie sich darum keine Sorgen zu machen; die Klienten finden ohne Schwierigkeiten in diesen kollaborativen Stil hinein. Wie Shotters „Zugehörigkeitsgefühl" andeutet, begrüßen es die Klienten und wollen es so haben. Wie es die ausdauernden Appelle der schwedischen Mutter zweier anorektischer Töchter nahelegen, bitten die Klienten oft inständig darum:

„Aber wir kennen unsere Töchter besser als irgend jemand sonst. Wir kennen ihre Reaktionen und ihre Gefühle ... wir wissen besser, wann man ihnen vertrauen kann, als jede(r) [voreingenommene] Krankenschwester oder Arzt."

Es ist sehr bedauerlich, wenn es in der Therapie so weit kommt, daß Klienten – wie die Mitglieder dieser Familie – den Eindruck haben, die Fachleute glaubten sie besser zu kennen, als sie sich selbst und einander kennen, und wenn das Fachwissen der Experten mißtrauische Beschreibungen und abwertende Behandlungsformen zeitigt. Die Fachleute wirken dann daran mit, das erst zu erzeugen, was sie beobachten. Tritt man zum Beispiel jemandem voller Mißtrauen entgegen, wird man wahrscheinlich in der Folge sein gesamtes Verhalten in dieser Weise beurteilen, oder er wird sich sogar tatsächlich so verhalten, daß Mißtrauen angebracht scheint. Es kann einen großen Unterschied in der Behandlung machen, ob ein Therapeut überzeugt ist, ein Vater habe seine Tochter unsittlich belästigt, und dies zu beweisen versucht, oder ob er mit dem Vater in einen Dialog eintreten will.

Es liegt eher an unseren eigenen Erwartungen und unserem eigenen Unbehagen, mit der Ungewißheit umzugehen, als am Klienten, wenn wir dessen Bereitschaft und Fähigkeit zur Zusammenarbeit skeptisch beurteilen. Allerdings weiß ich sehr wohl, daß Klienten manchmal äußern: „Sagen Sie mir, was ich tun soll." In diesen Fällen nehme ich ihren Wunsch ernst, maße mir aber nicht an zu glauben, ich wüßte, was sie wollen. Andererseits ignoriere ich ihre Bitte auch nicht und erwarte kein blindes Vertrauen von ihnen. Auf jede derartige Bitte gehe ich gesondert ein, und die Antwort hängt jedesmal vom Kontext des Gesprächs ab, in dem sie geäußert wurde.

Mit Absicht

Bedenken Sie, daß die philosophische Haltung Teil einer allgemeinen Denk- und Seinsweise ist, die sich bereits beim Erstkontakt zwischen Klient und Therapeut zeigt und die der Klient von Anfang an erlebt. Schon bei der ersten Kontaktaufnahme werden die Voraussetzungen für eine Zusammenarbeit geschaffen und müssen dann während der Gesamtdauer der Beziehung beachtet werden. Die Haltung besteht nicht in einer Technik oder Theorie. Sie ist weder manipulierend noch taktisch oder aufgesetzt, wie man bei rein kognitiver Betrachtung folgern könnte. Sie ist nicht vorsätzlich im Sinne von Vortäuschen, aber sie ist intentional. Mit voller Absicht möchte ich offen, authentisch, anerkennend, respektvoll, ermutigend und neugierig sein – alles wichtige Eigenschaften in einer therapeutischen Beziehung, die auf Gegenseitigkeit, Zusammenarbeit, Kooperationsbereitschaft und Gleichberechtigung beruht. Ich möchte ausdrücklich so sein, weil ich es für wertvoll erachte.

Dank einer solchen philosophischen Haltung bin ich in der Lage, mich mit dem Klienten auf eine kollaborative Beziehung und einen dialogischen Prozeß einzulassen. Da es sich um eine Denk- und Seinsweise handelt, habe ich die Freiheit, in einer Vielzahl von Settings (Lehre, Unternehmensberatung) und ohne Ansehen der betroffenen Personen (Studenten, Manager), der Zielsetzung (Lernen, Teamarbeit) oder Art der Krisensituation (festgefahrener Fall, Konflikt zwischen Supervisor und Supervidiertem) zu arbeiten.

Wie erkennt man die philosophische Haltung im Handeln? Auf welche Weise erfüllt sie den Zweck, einen kollaborativen therapeutischen Prozeß und ein kollaboratives therapeutisches System entstehen zu lassen? Was genau tut ein Therapeut in seiner Funktion als Prozeßexperte? Zunächst beschäftige ich mich mit diesen praktischen Fragen im Hinblick auf den therapeutischen Prozeß; anschließend möchte ich die Stimmen und Äußerungen von Klienten und Romanfiguren zur Illustration heranziehen und um Rat fragen.

Kapitel 5

Therapie als dialogisches Gespräch

Der Dialog ... ist genau das, was uns von den autoritären Behauptungen der „Eingeweihten" befreit.
G. B. Madison

Der dialogische Geist kann leicht einen Zusammenbruch erleiden, wenn er mit der monologischen Vernunft ein dialogisches Tänzchen wagt.
Stein Braten

Die transformierende Natur dialogischer Gespräche

Mein Interesse am Verstehen und Erstellen eines Hintergrundes, vor dem man Form und Substanz therapeutischer und therapiebezogener Gespräche unter meiner Mitwirkung darstellen könnte, besteht schon sehr lange. Ich bin davon überzeugt, daß Gespräche das allerwichtigste Medium für die Konstruktion von Bedeutung darstellen; doch habe ich die Erfahrung gemacht, daß beileibe nicht aus jedem Gespräch neue Bedeutung entsteht. Also habe ich mich gefragt: Was ist das Besondere an einem Gespräch, das potentiell die Keimzelle neuer Bedeutung ist? Meine Studenten fordere ich auf, sich an Augenblicke in ihrem Leben zu erinnern, als das Reden mit einem anderen einen Sachverhalt in neuem Licht erscheinen, eine neue Idee keimen oder ein Gefühl von Freiheit und Hoffnung aufkommen ließ; worin lag der Unterschied zu den anderen Gelegenheiten, als es nicht hilfreich war?

Aus einem postmodernen Blickwinkel sind alle menschlichen Verhaltensweisen intentional und in einer soziohistorischen Wirklichkeit angesiedelt, die von der Sprache – durch die wir diese Realität erst zu erkennen vermögen – erzeugt, wiedergegeben und verändert wird. Wir nehmen nicht einfach passiv die internen Signale unserer physiologischen oder psychologischen Struktur in Empfang, noch sind wir lediglich das Produkt äußerer, durch Kontext oder Feedback bestimmter Zwänge. Menschliche Systeme, als Einzelwesen oder als Verbund, sind keine verdinglichten, mechanischen Gebilde, sondern wir sind zielgerichtet Handelnde, die in fortwährendem kommunikativem Austausch mit anderen sich selbst und ihr Umfeld erschaffen. Diese ständige Fortentwicklung von Bedeutung und Wirklichkeit geschieht auf der Grundlage von Dialog und symbolhaltiger Interaktion. Alles soziale Handeln kann als daraus resultierend betrachtet werden, daß die handelnden Individuen eines Systems ihre Verhaltensweisen durch Interpretationsprozesse und erzählerische Konstruktionen mit sich selbst und miteinander koordinieren – also anpassen und verknüpfen. Wir führen ein in Geschichten gefaßtes, erzähltes Leben miteinander.

Das Gespräch ist aus dieser postmodernen, interpretierenden und narrativen Perspektive ein Phänomen der Sprachlichkeit: ein bedeutungserzeugender Prozeß. Seine transformierende Kraft[1] liegt in der dialogischen Natur des Gesprächs und der ihm innewohnenden Möglichkeit, sich auf die Ereignisse in unserem Leben in einem neuen und anderen Bedeutungszusammenhang auch in einer etwas anderen Weise zu beziehen. Durch das Gespräch ergibt sich ein spezifischer, für genau diese Situation und die betreffenden Menschen angemessener Sinngehalt. Das bedeutet, daß sich der Wandel in den und durch die Neubeschreibungen vollzieht, die aus dem Erzählen und Nacherzählen vertrauter Geschichten entstehen. Dabei nehmen nicht nur neue Geschichten Gestalt an, sondern auch die Person wandelt sich in Beziehung zu diesen; das erzählende Selbst verändert sich.

Kennzeichnend für eine Therapie sind das (hörbare) Gespräch/der Dialog zwischen Klient und Therapeut sowie deren innerer (stummer) Dialog. Daher bezeichne ich den therapeutischen Prozeß als ein *dialogisches Gespräch*; es stellt einen generativen Prozeß dar, in dem neue Bedeutungszusammenhänge – eine andere Art, die eigenen Erlebnisse zu verstehen, sinnvoll erscheinen zu lassen oder zu akzentuieren (interpunktieren) – hervortreten und wechselseitig konstruiert werden. Das therapeutische Gespräch wiederum (in Verbindung mit und beeinflußt durch Gespräche außerhalb der Behandlung, und umgekehrt) führt zusammen mit der sich daraus ergebenden Neuartigkeit zu Handlungsfähigkeit und zur Auflösung des Problems.

Therapeutische Gespräche und Wandel

In einer Therapie müssen neue Wege gefunden werden, jene Teile der von den Klienten erzählten Geschichten – das heißt ihres Lebens – zu dialogisieren, die ihnen am Herzen liegen oder sie beunruhigen. Dabei geht es nicht darum, Erkenntnisse oder Informationen zu gewinnen, sondern gemeinsam neue Bedeutungen und neues Verständnis hervorzubringen. Therapie ist für mich dann erfolgreich, wenn sich durch das gemeinsame Explorieren vertrauter, bereits erzählter Geschichten und durch das gemeinsame Verfertigen (co-creation) neuer, noch zu erzählender Geschichten konstruierte Lebensgeschichte und Autobiographie entfalten (Anderson & Goolishian, 1988b, 1990a; Goolishian & Anderson, 1987a). Diese sich entfaltenden, gemeinsam erzeugten Erzählungen über die eigene Identität machen eine Neuorientierung hinsichtlich Bedeutung, Lebensgeschichte und Dialog, also eine andere Zukunft möglich. Um das zu erreichen, muß das Gespräch eine *Transformation des erzählenden Ichs* des Klienten zulassen. Shotter (1994) drückt es so aus:

> Therapie besteht darin, Zugang zu einer Sprache zu gewinnen, in der wir uns Rechenschaft über uns selbst ablegen können ... „Therapie" in diesem Sinne ist nie zu Ende; es gibt immer noch mehr „Verbindungen" zwischen Komponenten unserer Vergangenheit, die sich bei späteren Vorhaben als uns noch nicht bekannt herausstellen. Doch daß Menschen sich an ihre Vergangenheit aufgrund ihres Bedürfnisses erinnern, auf ein später aufgetauchtes Interesse „ein"zugehen und damit das, was bereits vorbei ist, „umzugestalten", – und nicht, daß sie aus einer feststehenden Vergangenheit „heraus" handeln müssen – das ist das Entscheidende. Das gilt nicht nur für die individuelle Psychotherapie, sondern auch für die Heilung dessen, was Wittgenstein als Krankheit unserer Zeit ansah. Wobei in seinen Augen eine Seite dieser Krankheit die Unfähigkeit ist, zu staunen, ... unsere Unfähigkeit, zu erkennen, daß das Merkwürdige, das Einzigartige, das Neue, das Unbekannte und das Außergewöhnliche in unseren alltäglichen banalen Beschäftigungen verborgen liegt. (S. 11–12)

Bei dieser Art von therapeutischem Gespräch, in einem solchen deutenden Prozeß, der unwillkürlich und spontan verändernd wirkt, riskieren sowohl Klient als auch Therapeut einen Wandel; beide riskieren eine Transformation des Selbst. Mit anderen Worten, es ist dem Therapeuten nicht möglich, sich nicht zu verändern, worauf auch Lorraine Code (1988) hinwies: „Im echten Gespräch, das sich sowohl von der höflichen Konversation als auch von feindlicher Konfrontation unterscheidet, werden beide Beteiligten verändert." (S. 188)

Was genau ist nun ein dialogisches Gespräch? Worin liegt seine transformierende Kraft? Wie unterscheidet sich diese Art von therapeutischem Gespräch von einem, bei dem sich nichts Neues entwickelt? Wie verändert sich ein Mensch, ein erzählendes Ich, in bezug auf eine Geschichte? Wie sieht es aus oder wie fühlt es sich an, wenn man ein dialogisches Gespräch mit einem anderen oder mit sich selbst führt? Worin besteht der Unterschied, wenn es denn einen geben sollte, zwischen dem Gespräch mit einem Freund und dem mit einem Therapeuten? Was war an Sabrinas Gesprächen mit Jane so hilfreich? Lassen Sie uns zunächst das Konzept des Gesprächs im allgemeinen aufgreifen: Was ist ein Gespräch?

Das Gespräch

Gespräch bedeutet mehr, als nur zu reden. Im umfassendsten Sinne könnte man es als den eigentlichen Kern unserer Existenz betrachten. Für Rom Harré ist „die ursprüngliche menschliche Realitätserfahrung der Mensch im Gespräch" (1983, S. 58). Shotter (1993a) sieht es ähnlich:

> Das Leben ist seiner wahren Natur nach dialogisch. Leben heißt, im Dialog zu sein: Fragen zu stellen, aufmerksam zuzuhören, zu antworten, zuzustimmen usw. ... Wird einem diese Möglichkeit vorenthalten, muß man, milde ausgedrückt, mit Gefühlen der Demütigung und Wut rechnen. (S. 62)

Es ist unmöglich, eine einzige Definition von Gespräch zu geben, weil es nicht als Ding an sich existiert (Searle, 1992). Jedes Gespräch ereignet und entwickelt sich von Minute zu Minute und stellt nach Inhalt, Beteiligten und Umständen einen Einzelfall dar. Doch kann ich einige für alle Gespräche geltenden Merkmale anführen:

1. Alle am Gespräch Beteiligten verfügen über einen Bezugsrahmen, zu dem alles gehört, was sie aus ihrem Alltagsleben mitbringen, beispielsweise Ich-Identität.
2. Jedes Gespräch findet in einem bestimmten Kontext statt, der lokal begrenzt (unmittelbar zwischenmenschlich) oder allgemein sein kann (kulturell, sozial, historisch).
3. Jedes Gespräch ist in eine Unzahl anderer Gespräche aus Vergangenheit und Zukunft eingebettet und wird Teil davon; es wird von ihnen beeinflußt und beeinflußt sie seinerseits – kein Gespräch ist ein isoliertes Geschehen.

4. In jedem Gespräch gibt es einen Zweck, Erwartungen und Absichten, die alle Beteiligten beisteuern.
5. Zu jedem äußeren, artikulierten Gespräch gehören stumme innere Gespräche der Beteiligten.

Diese Merkmale gelten zwar für vielerlei Gespräche, doch um das transformierende Potential von Gesprächen im allgemeinen und von therapeutischen Gesprächen im besonderen besser zu verstehen, möchte ich nur zwei Gesprächsklassen unterscheiden: Gespräche, in denen neue Bedeutung entsteht, und solche, in denen dies nicht geschieht. Ich bezeichne sie als dialogisch bzw. monologisch. Was verstehe ich unter einem dialogischen Gespräch? Was ist ihm wesentlich?

Das dialogische Gespräch: gemeinsames Erkunden

Das *dialogische Gespräch* – in der Therapie wie in anderen Zusammenhängen – zeichnet sich durch *gemeinsames Erkunden* aus: der koordinierte Vorgang ständigen Aufeinander-Reagierens und -Einwirkens; das Austauschen und Erörtern von Ideen, Meinungen, Vorlieben und Abneigungen, Erinnerungen, Beobachtungen, Empfindungen, Gefühlen usw. Gemeinsames Erkunden ist ein Prozeß, bei dem die Beteiligten sich „im Fluß", in Bewegung befinden; dafür ist eine von Geben und Nehmen geprägte Art des Austauschs kennzeichnend, die signalisiert: „Wir sitzen im selben Boot" (Anderson & Goolishian 1988b; Goolishian & Anderson, 1987a). Es ist typisch für Gespräche, bei denen man *miteinander* statt *aufeinander ein* redet. Bei dieser Gesprächsanordnung tun die Beteiligten nicht so, als wüßten sie bereits, was der andere sagt, meint oder will; vielmehr fühlt sich jeder verpflichtet und bemüht sich, etwas über den anderen zu erfahren und ihn zu verstehen, indem er mittels der Sprache Bedeutungen aushandelt. Wenn sich die Gesprächsteilnehmer zum besseren Verständnis der vorliegenden Themen und um miteinander und für sich selbst zu einer Art von Erfolg zu kommen, auf einen echten Austausch der jeweiligen Standpunkte einlassen, wird die Sprache lebendig (Gadamer, 1960). Verständnisbemühen und Bedeutungserzeugung mit Hilfe des gemeinsamen Erkundens sind der Wesenskern des dialogischen Prozesses wie auch des kollaborativen Ansatzes. Gemeinsames Erkunden zeichnet sich durch einige typische Merkmale aus: dialogischer Raum, wechselseitige Exploration und Entwicklung, Verstehen aus dem Gespräch selbst heraus, innerer Dialog,

Weiterentwicklung und Aussprechen des Ungesagten, Gesprächshintergrund, Gefühl der Zugehörigkeit zum Gespräch und gemeinsame Intentionalität.

Dialogischer Raum

Damit gemeinsames Erkunden möglich wird, braucht man *dialogischen Raum* – einen metaphorischen Raum zwischen und in den Gesprächsteilnehmern (Anderson & Goolishian, 1988b; Goolishian & Anderson, 1987a). Dialogischer Raum bezieht sich auf einen Bereich, in dem man vielfältige Ideen, Überzeugungen und Meinungen unterhält; im Gegensatz dazu bedeutet *monologischer Raum* (vgl. Braten, 1987, 1988), daß eine Idee oder Ansammlung von Ideen statisch ist und andere Ideen ausschließt. Der dialogische Raum oder Gesprächskontext ist entscheidend für die Entwicklung eines generativen Prozesses, der Denken und Handeln in Bewegung hält. Man kann ihn mit der „Fünften Provinz" in der irischen Mythologie vergleichen, die von den irischen Familientherapeuten McCarthy und Byrne (1988) herangezogen wird: ein Ort in der Phantasie, wo sich Angehörige der vier Provinzen, „verfangen in einem Netz von Konflikten und Rivalitäten, aus dem es kein Entrinnen zu geben schien", zur „Dis-Position" treffen konnten (McCarthy & Byrne, 1988, S. 189).[2] Mit *Disposition* ist hier ein Dialog oder Gespräch gemeint. Auch Searle (1992) – auf nicht ganz so poetische, aber dennoch bildhafte Weise – unterstreicht die Bedeutung von Raum in der Struktur von Gesprächen: „Jeder Sprechakt erzeugt einen ‚*Raum der Möglichkeiten*' [Hervorhebung von mir] für angemessene *Antwort*-Sprechakte" (S. 8). Das dialogische Gespräch/die dialogische Therapie gewährt einen Raum/Kontext, der im Alltagsraum/-kontext des Klienten wahrscheinlich nicht zu finden ist. Daher muß ein Therapeut die Fähigkeit besitzen, dialogischen Raum zu schaffen und zu erhalten, in dem der andere, wie Shotter (1995b) es ausdrückt, „die Freiheit besitzt, ein weites Feld von Möglichkeiten zu durchstreifen". Ohne dialogischen Raum kann eine bekannte Geschichte nicht so erzählt werden, daß die Veränderbarkeit der erzählten Geschichte und des erzählenden Ichs zutage tritt.

Mutuelles Explorieren und Entwickeln

Das therapeutische Gespräch ist ein auf Gegenseitigkeit angelegtes Unterfangen zur Entwicklung und zum Verständnis geteilter Bedeutungen, um sich dem Beweggrund widmen zu können, der Therapeut und Klient zusammengeführt hat und der den Klienten beschäftigt. Es ist der Mechanismus, der Klient und Therapeut am *gemeinsamen Erkunden* teilhaben läßt: das *beiderseitige Ergründenwollen*, zu dem das Explorieren des Bekannten (zum Beispiel, was der Klient dem Therapeuten klarmachen will: seine Geschichte, seine Sicht des Problems, Vorstellungen von Lösungen) ebenso gehört wie die Entwicklung von Neuem (zum Beispiel Bedeutungen, Wirklichkeiten und Erzählungen).

Das Lernen des Therapeuten führt zum gemeinsamen Erkunden. Der Erkundungsprozeß beginnt, gesteuert von den Bedeutungszusammenhängen des Gesprächs, wenn der Therapeut den in eine Geschichte gefaßten Erlebnissen des anderen authentisch, aufmerksam und aufgeschlossen zuhört. Was als Lernerfahrung des Therapeuten anfängt, erweckt bald auch die Neugier des Klienten und bringt ihn dazu, sich mit dem Therapeuten auf das gemeinsame Erforschen der anstehenden Themen einzulassen. Mit dem Vertrautwerden und Verstehen der Geschichte seines Klienten – seiner Ansichten, Erfahrungen, Wünsche – geht der Lernmodus des Therapeuten, ursprünglich eine Abfolge von Fragen-Erzählen-Zuhören, allmählich in einen von gemeinsamem Erkunden geprägten Gesprächsablauf über, in dessen Verlauf sich starre, eingefrorene oder monologische Konstruktionen langsam zu verändern beginnen. In diesem kreativen Explorationsprozeß bilden Klient und Therapeut eine *Gesprächspartnerschaft*, eine Beziehung auf Gegenseitigkeit, beim Erzählen, Untersuchen, Interpretieren und Gestalten der Erzählung; die Therapie wird kollaborativ. Shotter (1994) beschreibt den Prozeß so, daß der Klient zum Gespräch dazugehört und sich daran beteiligt, während er mit dem Therapeuten um Verständnis ringt und sich mit dem Interpretationsprozeß auseinandersetzt.

Gemeinsames Erkunden ist nötig, damit sich ein vom individuellen Verstehen der Ich-Erzählung der Klienten geprägtes, sie widerspiegelndes Verständnis entwickeln kann. Nicht so sehr meine theoretischen Beschreibungen und Erklärungen, sondern ihre erzählenden Schilderungen weisen den Weg. Was aus dem therapeutischen Gespräch entsteht, muß aus ihm selbst stammen, nicht von externen Theorien, sondern von allen Mitwirkenden gestaltet und mitbestimmt sein. Das ist Zusammenarbeit. Es ist meine Aufgabe als Therapeuten, mich an einer in der Ich-Form gehaltenen, sprachlichen Schilderung der wichtigen Ereignisse und Erlebnisse im Leben eines Klienten zu beteiligen. Shotter (1993a) beschreibt diese von Harry Goolishian und mir (Anderson, 1990; Anderson & Goolishian, 1988b, 1992) skizzierte Gesprächsform folgendermaßen:

> Sie [die Autoren] wollen „Raum" für eine Gesprächsform eröffnen, in der die Ich-Stimme der Klienten gehört werden kann, Raum, in dem es Klienten möglich ist, auszudrücken, „wer" sie *sind*, Raum, in dem sie auf irgendeine Weise kundtun können, wie es sich anfühlt, sie selbst *zu sein* und wie sie ihre auf eigene Weise quälende Welt erleben. (Shotter, 1993a, S. 118)

Entsprechend bezeichnet Braten (1984) einen Dialog, in dem alle Beteiligten einander Raum für Kreativität und den je individuellen Bewußtseinszustand lassen können, als intersubjektiv. Der Therapeut ist nur Teil eines zirkulären Interaktionssystems, nur Teil des hermeneutischen Zirkels (Gadamer, 1960), einem dialogischen Prozeß, durch den die Interpretation mit dem beim Therapeuten vorhandenen Vorverständnis beginnt (Heidegger, 1967).[3] Das heißt, Bedeutung entsteht unter dem Einfluß dessen, was Therapeut und Klient ins Gespräch einbringen sowie durch ihren Austausch darüber. Ob neue Bedeutung zustandekommt, steht und fällt mit der Neuartigkeit (Nicht-Wissen) dessen, was der Therapeut zu hören bekommen wird, sowie mit der Fähigkeit dieses Therapeuten, seine Aufmerksamkeit gleichzeitig auf das innere und das äußere Gespräch zu richten. Gadamer (1960) erklärte:

> Wer einen Text verstehen will, ist vielmehr bereit, sich von ihm etwas sagen zu lassen. Daher muß ein hermeneutisch geschultes Bewußtsein für die Andersheit des Textes von vornherein empfänglich sein. Solche Empfänglichkeit setzt aber weder sachliche ‚Neutralität' noch gar Selbstauslöschung voraus, sondern ... es gilt, der eigenen Voreingenommenheit innezusein, damit sich der Text selbst in seiner Andersheit darstellt und damit in die Möglichkeit kommt, seine Wahrheit gegen die eigene Vormeinung auszuspielen. (S. 253–254)[4]

Verstehen aus dem Gespräch heraus

Das Verständnis ist immer durch den Gesprächskontext begrenzt und zwangsläufig spezifisch für ihn (Garfinkel, 1967; Shotter, 1993a). Es muß sich aus der Gesprächsentwicklung selbst ergeben, und nur die daran Beteiligten können es sich aneignen, ein Beobachter nicht. So bemerkt David Hoy (1986) im Zusammenhang mit hermeneutischem Verstehen: „Es gibt keinen privilegierten Standpunkt für das Verstehen" (S. 399). Zum Beispiel sprechen Therapeuten (bzw. Supervisoren, Berater oder Teammitglieder) häufig von einer „Metaposition", womit sie eine solch privilegierte Position ober- oder außerhalb eines Ereignisses meinen (etwa hinter einem Einwegspiegel). Wir können aber in bezug auf ein Ereignis oder therapeutisches Gespräch nicht „meta" sein. Wir nehmen einfach daran teil; das heißt, aus unterschiedlichen Positionen, unterschiedlichen Blickwinkeln, mit unterschiedlichem Vorverständnis verfolgen wir es, hören wir es oder sprechen selbst mit. Jede Position ist nur eine von vielen möglichen Positionen. An einem Gespräch beteiligt sich jeder aus seiner speziellen Perspektive und Erfahrung heraus, die sich aus vielerlei Gründen von denen der anderen Gesprächsteilnehmer erheblich unterscheiden kann. Das ist einer der Gründe, warum der Therapeut im Behandlungszimmer und die Beobachter hinter dem Einwegspiegel oft ganz Unterschiedliches erleben. Es liefert eine Erklärung dafür, warum ein Sozialarbeiter, ein Elternteil und ein Therapeut ein und dieselbe Unterredung so verschieden wahrnehmen oder die Schilderung eines Abendessens mit dem Freund ihrer Tochter sich aus dem Munde der Mutter ganz anders anhört, als es Tochter oder Freund in Erinnerung haben.

Wir sind deutende Geschöpfe, aber nicht im klassischen Sinne der Psychotherapie. Vielmehr handelt es sich beim Verstehen um einen interpretierenden Prozeß, eine Erzählung, deren Zweck durch das deutsche Wort *Deutung* recht gut getroffen ist: die tiefere Bedeutung zu erfassen. In diesem Deutungsprozeß bekommt die Geschichte des Gegenübers einen zusätzlichen Sinn. Shotter (1984, 1993a) beschreibt die dialogische Natur des Gesprächs als „gemeinschaftliche Aktionen", durch die man sein Handeln mit dem Handeln anderer koordiniert und darauf ‚antwortet' mit dem, was man tut, was man als Individuum anstrebt und was das tatsächliche Ergebnis ist (1993a, S. 39). Zu den Implikationen von gemeinschaftlichem Handeln gehört, daß die Einflüsse, die auszusprechenden Wörtern ihre Form geben, nicht sämtlich im Sprecher selbst ihren Ursprung haben. Die tatsächlich ausgeführte sprachliche Äußerung ist eine gemeinschaftliche Aktion: sie ist im Moment ihrer Ausführung offen für die Einflüsse anderer aus Vergangenheit und Gegenwart, und deren Einflüsse sind vielleicht auch schon darin vorhanden. (Shotter, 1995b, S. 66–67)

Dem Erleben eines anderen können wir allenfalls nahekommen, aber nie ganz verstehen, was es für ihn bedeutet. Wir können das, was wir in seinen Worten zu erkennen glauben, nur annähernd verstehen. Verstehen heißt nicht, voll und ganz übereinzustimmen. Der eine (beispielsweise ein Klient) kann sich mit dem anderen (beispielsweise einem Therapeuten) nur so weit einig sein, daß er glaubt, dieser verstehe bis zu einem gewissen Grade. Wenn dieses annähernde Verstehen nicht eintritt, stellen wir vielleicht nicht die *richtigen* Fragen, geben vielleicht nicht die *richtigen* Antworten oder haben vielleicht nicht das *richtige* Hintergrundwissen, aus dem wir für diesen speziellen Gedankenaustausch schöpfen könnten. *Richtig* bezieht sich hier jedoch nicht auf Korrektheit, sondern auf Zusammenpassen oder Kohärenz. Vollkommenes Verstehen ist schon allein deshalb nie möglich, weil sich durch den interaktiven Prozeß, in dem das Erlebnis erzählt und mehrfach wiederholt wird, die Geschichte des Erzählenden (zum Beispiel eines Klienten) einschließlich seiner Erfahrungen und Verstehensansätze verändert, und mit der Geschichte des Zuhörenden (zum Beispiel eines Therapeuten) dasselbe passiert. Aus dem Bemühen um Verständnis entsteht etwas Neues.

Der Ethnologe Harold Garfinkel (1967) ist der festen Überzeugung, daß in jedem Gespräch die Beteiligten alles, was gesagt wird, nur in dem Sinne werden verstehen wollen, der im unmittelbaren Kontext des dialogischen Austauschs selbst vereinbart worden ist, oder aber gar nicht. Laut Garfinkel sind Verstehen und Bedeutung stets eine schwierige Verhandlungssache. Worüber eigentlich gesprochen wird, muß in jedem Gespräch so lange unklar bleiben, bis die Beteiligten die vielen einander während des Austauschs gebotenen Gelegenheiten nutzen und ein gemeinsames, am gegenwärtigen Kontext orientiertes Verständnis herstellen. So gesehen ist Verstehen etwas, das sich ständig entwickelt und immer vom jeweiligen dialogischen Geschehen abhängt. Das sich wandelnde Verstehen ist gleichbedeutend mit der Entstehung neuer Bedeutung.

Brice Wachterhauser, Professor für Philososophie (1986a) stellt fest, daß nach Gadamer im Verlauf eines *echten, offenen* Gesprächs, also eines Gesprächs, in dem die Beteiligten sich wirklich darum bemühen, das Angesprochene zu verstehen und nicht nur „Punkte sammeln" oder eine Position „verteidigen" wollen, sich zum Beispiel Einsichten, Metaphern und Bezugssysteme ergeben können, die einen neuen, anderen Blick auf das Thema gestatten; oder es wird vielleicht ein neuer begrifflicher Wortschatz geprägt, der die Diskussion auf eine andere Ebene zu heben vermag. [Hervorhebung ergänzt] (S. 33)

Da sich die Bedeutung erst im Laufe des Gesprächs ergibt, können wir sein Ergebnis nicht vorhersagen. Wir können darüber spekulieren, wo es uns letztendlich hinführen könnte, aber wir können nicht dafür garantieren. „In einem echten Dialog drängen die darin entstehenden Bedeutungen alle Beteiligten zu Verstehensweisen, die weder abzusehen noch beabsichtigt waren" (Wachterhauser, 1986b, S. 227). Die innere *Logik* des Dialogs enthält oft Bedeutungsmöglichkeiten, die nur in seinem Kontext sichtbar werden. Das ist das Wunderbare am Dialog.

Innerer Dialog

Gespräche finden in Sprache statt. Während wir uns unterhalten, bereiten wir gleichzeitig aktiv unsere Antworten vor und formen sie; wir fassen unsere Gedanken in Worte. Der russische Psychologe Lew Wygotski[5] (1977) diskutiert diesen Prozeß im Hinblick darauf, daß sich Denken und Sprechen gegenseitig beeinflussen. Wenn wir Gedanken erfassen, ihnen einen Sinn geben und sie laut aussprechen, läuft dieser Prozeß nicht linear ab, sondern es werden in dialogischer Form Einzelteile zueinander in Beziehung gesetzt. Wygotski nennt diesen intern ablaufenden Prozeß der sozialen Konstruktion „innere Sprache":

Die Beziehung des Gedankens zum Wort ist keine Sache, sondern ein Prozeß; diese Beziehung ist eine Bewegung vom Gedanken zum Wort und umgekehrt – vom Wort zum Gedanken. Diese Beziehung stellt sich in der psychologischen Analyse als ein Entwicklungsprozeß dar, der eine Reihe von Phasen und Stadien durchläuft. Selbstverständlich ist das keine altersmäßige, sondern eine funktionelle Entwicklung. ... Der Gedanke drückt sich nicht im Wort aus, sondern erfolgt im Wort. ... Jeder Gedanke ist darauf gerichtet, etwas mit etwas anderem zu verbinden, eine Beziehung zwischen dem einen und etwas anderem herzustellen. Jeder Gedanke entfaltet sich, er erfüllt eine bestimmte Funktion, leistet eine bestimmte Arbeit, löst eine bestimmte Aufgabe. (S. 301)

Wygotski weiter: „Die Beziehungen zwischen dem Gedanken und dem Wort sind nicht ursprünglich, ein für allemal gegeben. Sie entstehen in der Entwicklung und entwickeln sich selbst." (S. 358)

Die Neuartigkeit resultiert also nicht einfach daraus, daß man Teile der Erzählung durcheinandermischt und sie wieder neu zusammensetzt, um zum Beispiel ein anderes Verständnis des Vergangenen zu erzeugen, – auch wenn das durchaus vorkommen mag. Die im Austausch mit unseren Klienten entstehenden neuen Erzählungen sind eben nicht das Ergebnis genialer Improvisationskunst des Therapeuten, der (aufgrund einer Theorie oder eines anderen normativen Konzepts) neue Erzählungen verfaßt. Wie Wygotski nahelegt, entwickelt sich das Neue erst allmählich.

Das Ungesagte weiterentwickeln und aussprechen

Wir Therapeuten betrachten Lebensereignisse oft als etwas Dingliches. Unsere Theorien verleiten uns zu glauben, es gebe *die eine* Geschichte über das Ereignis, *den einen* Teil, der herauszufinden, zu erkennen und zu verstehen ist. Sobald wir zu wissen meinen, worauf die Geschichte sozusagen hinauswill, brechen wir ab und versperren damit den Zugang zum Unausgesprochenen. Dieses Sich-Verschließen wird in eindringlicher Weise bei Umberto Eco (1983) in *Der Name der Rose* illustriert: „Es gab keine Intrige [...] und ich habe sie aus Versehen aufgedeckt." (S. 624)

Der Philosoph Hans Lipps (1938) war der Auffassung, jede sprachliche Äußerung habe einen „Hof des Unausdrücklichen" um sich (S. 71); Gadamer sprach von der „Unendlichkeit des Ungesagten". Keine kommunikative Schilderung – kein Wort, keine Redewendung, kein Satz – ist vollständig, klar und eindeutig. Alle Mitteilungen haben unausgesprochene Bedeutungen und Möglichkeiten der Neuinterpretation. Alle kommunikativen Handlungen sind eine unerschöpfliche Quelle für neue Äußerungen und neue Bedeutung. Daher sind Thema und Inhalt jeglichen Diskurses, in unserem Fall der Therapie, einer sich entwickelnden Bedeutungsänderung zugänglich.

In der Therapie besteht diese Ressource des *Unausgesprochenen* und *Noch-zu-Sagenden* aus den geheimen Gedanken und inneren Gesprächen des Klienten. Wie bei Wygotskis (1977) Auffassung von innerer Sprache und dem Prozeß des In-Worte-Fassens von Gedanken handelt es sich dabei sowohl um noch unfertige als auch um nicht ausgesprochene Gedanken. Diese innere Ressource ist ausschließlich in den erfinderischen und kreativen Aspekten von Sprache und Erzählung zu finden, nicht in der psychischen Struktur (beispielsweise dem Unbewußten), nicht in der physiologischen Struktur (beispielsweise dem Gehirn), und auch nicht in der sozialen Struktur (beispielsweise der Familie). Vielmehr liegt diese Wandelbarkeit an der Fähigkeit der Menschen, miteinander „in Sprache" zu sein und durch den Sprachprozeß Wirklichkeiten zu schaffen und zu entwickeln, die Bedeutung für sie haben; dadurch gestalten sie ihr gemeinsames Leben ständig neu und entwickeln Selbstbeschreibungen, die „nicht behindernde, sondern neue und befähigende Schilderungen unserer selbst" enthalten (Shotter, 1991a).

Aus dieser Sicht ist die Psychotherapie (als gemeinsame Erkundung) ein Prozeß, in dem das Unausgesprochene und das Noch-zu-Sagende gestaltet, ausgesprochen und ausgebaut werden – sich also neue Bedeutungen, neue Themen, Erzählungen und Lebensgeschichten entwickeln – woraus wiederum neue Selbstbeschreibungen entstehen können. Im Aussprechen des Ungesagten und Noch-nicht-Gesagten, im Erzählen und Wiedererzählen sind jedoch noch unendlich viele Möglichkeiten verborgen, die nicht aufscheinen. Shotter (1993a) warnt:

> Geschichten mögen uns zwar verraten, was wir unter bestimmten Bedingungen tun *sollten,* um unsere Handlungen zu einem speziellen Muster zusammenzufügen, aber dabei laufen wir Gefahr – weil im Erzählen nur eine Auswahl der uns offenstehenden Möglichkeiten erkennbar wird –, daß uns entgeht, welche Spannweite dieses Spektrum von Möglichkeiten eigentlich hat. (S. 147)

Gesprächshintergrund

Ich sehe Shotters Konzepte von Gesprächshintergrund und Zugehörigkeitsgefühl als eine Möglichkeit, über generative oder dialogische Gespräche nachzudenken und sie von einengenden oder monologischen zu unterscheiden. Diese Begriffe sind beeinflußt von Bachtins (1986, 1990) Vorstellungen, daß die Menschen *durch Dialog und Aufeinandereingehen* miteinander und mit einem *unsichtbaren Dritten* verbunden sind: „Jeder Dialog findet gewissermaßen vor dem Hintergrund des reaktionsfähigen Verstehens eines unsichtbaren Dritten statt, der über allen am Dialog Beteiligten steht" (Bachtin, 1986, S. 126).

Shotter (1995b) schlägt den Begriff des *sozialen* Gesprächshintergrunds vor (S. 52), mit dem Hinweis, daß sich die Menschen beim Miteinander-Reden „nicht in Form von Vorstellungsbildern, sondern *reaktiv* oder *reagierend*" verständigen (S. 49). Das heißt, wir stehen irgendwie „*dialogisch* oder *reagierend* in Verbindung, sowohl mit früheren, bereits vollzogenen Handlungen als auch mit antizipierten, als nächstes vorstellbaren Handlungen" (S. 53). Nach Bachtin (1986) hat jede Äußerung zwar „stets einen Adressaten" (S. 126) (der man selbst oder ein anderer sein kann), richtet sich aber ebenso an die antizipierten Erwiderungen einer speziellen, unsichtbar anwesenden dritten Person oder an ein Anderssein. Es ist, als ob „eine andere, vom Dialog oder Gespräch selbst geschaffene Stimme sich aus dem zwischen den Dialogpartnern bestehenden Hintergrund erhebe" (Shotter, 1995b). Aus diesen drei „formgebenden Kräften" (S. 54) besteht der soziale Gesprächshintergrund, der unsere Handlungen „zuläßt oder gestattet" (S. 53). Shotter will damit sagen, daß „die unsere Handlungen strukturierenden Einflüsse nicht ausnahmslos aus uns selbst, aber auch nicht *nur* aus den anderen betroffenen Personen kommen, und auch nicht einfach aus dem Kontext selbst, ohne Berücksichtigung der darin einbezogenen Personen" (S. 53).

Außerdem erzeugt, wie Searle (1992) meint, „jeder Sprechakt in einem bestimmten Dialog oder Gespräch einen *Raum von Möglichkeiten* [Hervorhebung von mir] für passende *Antwort- S̲prechakte*" (S. 8). Was in diesem Raum entsteht, ergibt sich von Minute zu Minute und kann nicht vorhergesagt werden. Bedeutung ist laut Garfinkel (1967) „tendenziös" und kann nicht im voraus vereinbart werden. *Du* und *ich* finden erst *nach und nach* heraus, was es bedeutet – und, wie Garfinkel betont, können es auch nur so herausfinden.

Das wesentliche Moment dieses *allmählichen Verfertigens* im dialogischen Austausch nennt Shotter (1995b) *responsives Zuhören*: „Statt aus einem inneren Plan heraus zu handeln, re-agieren wir ‚in die Situation hinein', indem wir tun, was sie von uns verlangt" (S. 62). Damit spricht er ein eher aktives Bemühen um Verstehen an, das Bemühen, die Lücken zu füllen und die Barrieren zu überwinden, die sich im Gespräch ergeben, wenn eine Person das, was eine andere (oder auch sie selbst) sagt oder tut, irgendwie verantworten, nachvollziehen oder beantworten soll (Shotter, 1993a). Gerade dieses Sich-Auseinandersetzen mit dem anderen, das keiner für sich allein tun kann, läßt etwas Neues entstehen. In vergleichbarer Weise begreift Gergen (1994) den dialogischen Prozeß im Kern als eine *Ergänzung*.[6]

Zugehörigkeit zum Gespräch

Mit Shotter (1993a) bin ich der Meinung, daß wir uns auf eine für den Dialog entscheidende Weise zugehörig und verbunden fühlen, wenn man auf uns *eingeht:*

> Denn einzelne Mitglieder einer Volksgemeinschaft vermögen sich nur dann der „Realität" dieses Volkes zugehörig zu fühlen, wenn die anderen bereit sind, auf das, was sie sagen oder tun, *ernsthaft* einzugehen; das heißt, wenn man sie als maßgeblich an der Gestaltung („authoring") dieser Realität Beteiligte behandelt, und sie nicht in irgendeiner Form davon ausschließt. Nur dann haben sie nämlich das Gefühl, die Realität, in der sie leben, sei ebenso sehr die ihre wie die der anderen. (S. 39)

Auch Theresas Äußerungen über ihre Erlebnisse in früheren Therapien und ihre Erwartungen an die laufende Behandlung beziehen sich meiner Ansicht nach auf dieses Zugehörigkeitsgefühl. Sie spricht von ihrer neugewonnenen Einsicht, daß es viele Wege gibt, ein Problem anzugehen und an ihre eigene Klugheit und die ihrer Therapeutin zu appellieren. Im Rahmen eines therapeutischen Auswertungsinterviews antwortete sie auf die Frage: „Hatten Sie jemals den Eindruck, wir würden Ihnen unsere Vorstellungen aufdrängen?"

> Nein, im Gegenteil, Sie haben Ihre Erfahrungen mit mir geteilt, aber nie durchblicken lassen, so oder so müßte es sein. In den eher traditionellen Therapien [gemeint sind ihre anderen Therapieerfahrungen] hatte ich diesen Eindruck, als ob der Therapeut mir sagte, ich hätte unrecht und müßte es einsehen. Hier hatte ich das Gefühl, weiterzukommen und etwas Neues aufzubauen.
> In den herkömmlichen Therapien ist das nicht erwünscht, man geht in die Richtung, die der Therapeut vorschreibt. Es gibt nur den vom Therapeuten ausgewählten Weg. Hier wählt man ihn gemeinsam aus ....Bei Ihnen ist die Herausforderung ein tatkräftiges „Wir sind ein Team" und „Wir stecken da zu-

sammen drin" (als ob Sie sagen wollten, laß es *uns* anpacken) ... [sie bezieht sich weiterhin auf ihr neuentdecktes Gefühl der Handlungsfähigkeit] Ich glaubte, nach fünf Jahren des völligen Absorbiertseins (von meinem Problem) diese Fähigkeit verloren zu haben. Und nun merke ich, daß sie noch da ist, immer dagewesen ist. Ich kann mir diesen Bereich der Selbstbestätigung zurückerobern, und ich kann mich wieder um mich selbst kümmern und mit mir selbst Frieden schließen.

Thomas, ein Klient, dem wir in Kapitel 6 noch einmal begegnen werden, erzählte mir, wie er Therapeuten und Ärzte, die ihn nicht verstanden, erlebt hatte, und sprach davon, wie traurig und einsam er sich gefühlt hatte. So war er erleichtert, im Gegensatz dazu bei seinem derzeitigen Therapeutenteam auf Menschlichkeit und Hilfsbereitschaft zu treffen; er hatte wohl das Gefühl, im Prozeßablauf und in der Beziehung dazuzugehören. Er selbst drückte es so aus:

Ich hatte den Eindruck, daß mir mit diesen Leuten – von ein paar guten Freunden abgesehen – zum erstenmal jemand Glauben schenkte. Es kam nichts Negatives rüber, keinerlei Signale in Körpersprache oder Gesichtsausdruck, daß „das nicht stimmt". Sie ließen mich sagen, was ich sagen wollte, und sie hörten mir zu. Dieser Prozeß nahm viel Zeit in Anspruch.

Auch Ausbildungsteilnehmer erwähnen ein Gefühl des Dazugehörens oder Nicht-Dazugehörens:

Das gesamte Umfeld signalisierte mir, „Riskier' es. Geh' da raus."

Ich hatte nicht gewußt, daß ich fragen durfte und Antwort bekommen würde.

Ich kam in diesen Workshop mit der Erwartung, zuzuhören, „Mäuschen zu spielen", also aufzunehmen, was andere bereits wußten. Es stellte sich heraus, daß man hier unmöglich *nur* zuhören kann ... Ich melde mich sonst nie im Unterricht ... aber hier fühle ich mich dazu eingeladen ... ich wollte reden.

Shotter macht darauf aufmerksam, und auch ich bin davon überzeugt, daß diese Art von Gespräch zu führen „nicht heißt, sich bedenkenlos einem Gefühl vollständiger Harmonie mit den Leuten um uns herum hinzugeben" (1993a, S. 39).

Es muß keine Übereinstimmung herrschen, damit dialogische Gespräche möglich sind. Vielmehr erfordert es der Dialog, daß altbekannte Ansichten, verwirrende Mehrdeutigkeiten und nachdrücklich vertretene Einstellungen nebeneinander Platz haben. Und es muß genügend Raum für die Entstehung wechselnder Erfindungen und Meinungen vorhanden sein. Um das zu gewährleisten, „*müssen* wir einander Gelegenheit geben, zur einvernehmlich hergestellten Bedeutung beizutragen" (Shotter, 1993a, S. 27). Bekommen wir diese Gelegenheit, können wir uns auch ohne Einigung zugehörig fühlen.

Geteilte Intentionalität: mit Absicht ein Gespräch führen

Meines Erachtens hat menschliches Verhalten im weitesten Sinne – also auch das Gespräch – immer mit Zielgerichtetheit zu tun. Wir können gar nicht anders, als intentional zu handeln. Alle Verhaltensweisen sind auf etwas anderes gerichtet oder handeln von etwas anderem als von sich selbst (Shotter, 1995b): „Ich beabsichtige …", „Ich habe einen Grund für …", oder „Mein Ziel ist es, …". Doch stehen unsere Absichten nicht für sich allein. Aus sozialkonstruktionistischer Sicht sind Ziele und Absichten – ebenso wie Bedeutung und Vernunft – nicht neutral, sondern relational. Sie sind gesellschaftlich konstruiert und nicht losgelöst von ihrem Kontext zu betrachten. Dementsprechend ziehen manche den Begriff von der (miteinander) geteilten Intentionalität heran (Harré, 1983; Searle, 1992; Shotter, 1993a). Searle (1992) betrachtet alle Äußerungen unter dem Aspekt der Intentionalität.

> Was wir im Hinblick auf Gespräche unbedingt festhalten sollten, ist, daß es dabei um geteilte Intentionalität geht. Gespräche sind Musterbeispiele für kollektives Verhalten. … Das Phänomen geteilten kollektiven Verhaltens ist eigentlich ein soziales Phänomen und liegt einem Großteil des Sozialverhaltens zugrunde. Die traditionellen analytischen Instrumente machen uns dieser Tatsache gegenüber blind, weil sie jegliche Intentionalität ausschließlich als eine Angelegenheit des Individuums behandeln.

Shotter (1993a) nimmt an, daß gemeinschaftliches Handeln etwas *Intentionales* ist. In diesem Fall betrachtet er es als Abkehr von der individuellen, meist mit geistiger Aktivität verbundenen Absicht und als Hinwendung zu einer gemeinsamen Zielgerichtetheit, einem Reagieren oder auf die Situation „Eingehen", statt aus dem eigenen Innern heraus zu handeln; er nennt das „praktische Intentionalität" (Shotter, 1995b).

Worin besteht also der Zweck oder die Absicht eines therapeutischen Gesprächs? Wie kann sich gemeinsame Intentionalität entwickeln? Therapeuten, die sich an einem Dialog beteiligen wollen, müssen jeweils den Kernpunkt, die Intention der Handlungen, Aussagen oder Überlegungen des Klienten herausfinden und mittels des Gesprächsprozesses die intendierte Bedeutung gemeinsam auslegen. Keinesfalls dürfen sie annehmen, die Intention der betreffenden Handlung, Aussage oder Überlegung von vornherein zu kennen. Dabei ist es jedoch wichtig, daß die Intention des Therapeuten mit der Intention, dem Zweck des Gesprächs vereinbar und ihm dienlich ist. Dieser Zweck wiederum wird nicht schon vorher festgelegt, sondern fortlaufend miteinander vereinbart. Dadurch zeichnet sich der therapeutische Dialog, wie ich ihn verstehe, unter anderem aus – durch den hohen Stellenwert eines fortwährenden und gemeinsamen Aushandelns der Zielsetzung, also der geteilten Intentionalität.

Vom Dialog zum Monolog und wieder zurück

Im Monolog geben die Beteiligten einander keine Gelegenheit, im Gespräch *zu sein*. Sie sind dem anderen gegenüber nicht aufgeschlossen. „Eine einzige Sichtweise dominiert, und die Wirklichkeit nimmt eine geschlossene Form an" (Goolishian & Anderson, 1987a). Im Gegensatz zum Dialog bleibt kein Raum für gemeinsames Erkunden; der Spielraum in der Beziehung reicht nur für Einzelperspektiven; Neues ist nicht möglich (Anderson, 1986). An anderer Stelle habe ich den Monolog als einen *Zusammenbruch im Gespräch* bezeichnet und die Bedingungen (beispielsweise warum und wann) genannt, unter denen ein Dialog in einen Monolog umkippt (Anderson, 1986).

Wenn ich diese Unterscheidung treffe, beziehe ich mich hauptsächlich auf die diesbezüglichen Aussagen des norwegischen Soziologen Stein Braten[7] (1987):

> Denken und Kommunikation, die monologisch sind und in denen Kontrolle durch die Monopolstellung einer einzigen, ein Gebiet definierenden Sichtweise ausgeübt wird, unterscheiden sich von einem Denken und einer Kommunikation, die dialogisch sind und daher durch die einander ergänzenden, selbstbestimmten Blickwinkel der Beteiligten Kreativität und Bewußtheit einbeziehen. (S. 10)

Laut Braten (1988) liegt das teilweise an „unserem Hang zu psychologischer Widerspruchsfreiheit, Reduktion und Geschlossenheit" (S. 3). Er nimmt weiter an, daß wir durch unsere Sozialisation dazu neigen, uns [dem einen] zu unterwerfen, „der das Gebiet abgesteckt hat und auf dessen Terrain das Wissen entwickelt wurde, und der folglich als Quelle gültiger Antworten auf dem fraglichen Gebiet anerkannt ist" (Braten, 1988, S. 4).

Beeinflußt von Bachtins Ideen über den Monolog, spricht Shotter (1993a) von „Monologismus", der „im Extremfall abstreitet, außerhalb von ihm selbst könne noch ein anderes Bewußtsein mit den gleichen Rechten und Pflichten existieren, ein gleichberechtigtes anderes *Ich* (Du)" (S. 62).[8] Bachtin zitierend fährt er fort: „Der Monolog ist ein für allemal abgeschlossen und taub gegen die Erwiderung des anderen; er erwartet eine solche nicht und gesteht ihr keinerlei *entscheidenden* Einfluß zu" (S. 62).

Mit meiner Unterscheidung zwischen Monolog und Dialog möchte ich nicht den einen (Monolog) pathologisieren und den anderen (Dialog) für normal erklären. Zum Beispiel behaupte ich keineswegs, Uneinigkeit sei pathologisch. Ich behaupte auch nicht, ein Selbstgespräch müsse zwangsläufig monologisch sein. Diese Termini sollen lediglich zwischen verschiedenen Gesprächsformen im allgemeinen und zwischen verschiedenen Formen des therapeutischen Gesprächs unterscheiden – denen, die wenig Möglichkeiten für innere und äußere Dialoge lassen, und denen, die vermehrt Möglichkeiten zu inneren und äußeren Dialogen bieten.[9]

Zusammenbrüche

Man könnte sich den Zusammenbruch des Gesprächs in einer Familie beispielsweise so vorstellen, daß sich die einzelnen Mitglieder – wenn sie sich einem Problem gegenübersehen – normalerweise in verschiedenen, voneinander abweichenden Wirklichkeiten hinsichtlich *des* Problems und eines Auswegs daraus befinden, und sich einer „sachlichen" Sprache bedienen. Wenn ihre Ansichten – aus vielerlei Gründen, die für die jeweilige Problemlage, die Familienmitglieder und ihre Beziehungen untereinander spezifisch sind – nicht mehr harmonieren und sie die Unstimmigkeiten auch nicht aushandeln können, prallen diese Unterschiede in subtiler oder auch weniger subtiler Weise aufeinander. In diesem Fall ziehen nicht mehr alle am gleichen Strang, so daß es zu einer unlösbaren Situation kommen kann.

Unterschiedliche Wirklichkeiten entwickeln sich, setzen sich fort und eskalieren oft zu einander bekämpfenden, *sich duellierenden Wirklichkeiten* (Anderson, 1986, Anderson & Goolishian, 1986), weil Aufmerksamkeit und Energie der Mitglieder sich vorwiegend darauf richten, ihre eigene Sichtweise zu verteidigen, andere von der Richtigkeit dieser Sicht zu überzeugen und die Sichtweisen der anderen als unbegründet oder sogar verrückt zu empfinden. Im Laufe der Zeit können sich solche konkurrierenden Aktionen natürlich immer weiter voneinander entfernen und immer fester verankern. Diskussionen auf der Grundlage beiderseitigen Entgegenkommens werden eingestellt, es findet kein Gedankenaustausch mehr statt, man schließt keine Kompromisse bezüglich seiner Vorlieben/Abneigungen mehr, Ansichten stehen unverrückbar fest, in Gesprächen wird ständig das gleiche wiederholt, es gibt keine Verständigung mehr, und der Raum für eine friedliche Ko-Existenz vertrauter und abweichender Standpunkte, ohne Streit oder Vorurteile, wird immer enger. Obendrein kann diese Kollision unterschiedlicher Ansichten auf einmal ein größeres Problem als die ursprünglichen Schwierigkeiten darstellen.

Unter diesen Umständen und angesichts dieser Hindernisse verengt sich der Gesprächsspielraum, und Dialog schlägt um in Monolog. Plötzlich steht man wie vor einer Mauer. Es findet kein gegenseitig befruchtender Austausch von Ideen oder Perspektiven mehr statt, nichts bewegt sich, es ergeben sich keine neuen Sinngehalte mehr. Jeder redet nur noch mit sich selbst und wiederholt das immergleiche Gespräch. Das Ergebnis sind parallel laufende innere und äußere monologische Gespräche, in denen keiner das Gefühl hat, respektiert, gehört oder ernst genommen zu werden. Der Austausch nimmt die Form eines Gesprächs an, in dem sich niemand zugehörig fühlt oder mit anderen in Verbindung steht.

Auf ähnliche Weise können auch therapeutische Gespräche scheitern. Klient und Therapeut haben ebenfalls ihre Vorurteile, Ideen und Ansichten, die nicht immer unbedingt zusammenpassen. Tun sie es nicht, führen die Unterschiede potentiell zu Reibungen, zum Denken in eingefahrenen Gleisen oder zu Langeweile, wodurch das Gespräch gefährdet ist oder ganz versiegt. Doch will der Therapeut den Klienten ja nicht dazu bringen, ihm zuzustimmen oder der gleichen Meinung zu sein. Das ist gerade nicht das Ziel – was aber nicht heißen soll, daß ich Konsens oder Synthese nicht zu schätzen wüßte. Allerdings bleibt einem meiner Ansicht nach der Reichtum des anderen und des Unbekannten verschlossen, wenn man sich um Konsens oder Synthese bemüht. Die Bereitschaft des Therapeuten vorausgesetzt, können Unterschiede nutzbar gemacht werden und als

Sprungbrett für Neugier, Dazulernen und Aufgeschlossenheit gegenüber dem anderen dienen.

Wir Therapeuten neigen dazu, es für eine Sackgasse oder für *Widerstand* zu halten, wenn ein solcher Zusammenbruch im therapeutischen Gespräch stattfindet. Oft wird das dem Klienten gegenüber hervorgehoben und einem einzelnen oder einer Gruppe als inhärente Eigenschaft zugeschrieben. Einer Familie wird zum Beispiel Verleugnung vorgeworfen oder einem einzelnen, er sabotiere eine Veränderung. Mir ist es wichtig klarzumachen, daß der Zusammenbruch der Kommunikation im Gespräch ein dynamisches Phänomen eines interdependenten/interindividuellen Prozesses *zwischen* Einzelpersonen ist und nur *in* einer Beziehung auftritt.

Zwar handelt es sich bei jedem Zusammenbruch eines Gesprächs um einen interindividuellen/relationalen Prozeß, doch habe ich in einer früheren Arbeit Sackgassen und Widerstände aufzuzeigen versucht, die sich auf den Therapeuten zurückführen lassen:

(a) wenn er die in einer bestimmten Situation operativen Mehrfach-Realitäten (einschließlich seiner eigenen) nicht zu registrieren, zu verstehen und zu würdigen weiß
(b) wenn er nicht imstande ist, diese Realitäten so in seine Arbeit einzubeziehen, daß es den Kommunikationsfluß steigert und nicht eindämmt, und so, daß die Ideen möglichst fließen und nicht statisch sind. (Anderson, 1986, S. 13)

Nun möchte ich nicht den Therapeuten als kausalen Faktor hervorheben, sondern darauf hinweisen, daß er in der Lage und dazu verpflichtet ist, eine Sackgasse zu erkennen und *darin* tätig zu werden. Oder, wie Harry Goolishian zu sagen pflegte: „Der einzige Mensch, den ein Therapeut ändern kann, ist er selbst."

Struktur und Komponenten eines therapeutischen Gesprächs

Wie kann nun diese Art von Dialog gelingen, Dialog, der generativ, kollaborativ und gleichberechtigt ist, in dem der Klient der Experte ist? Wie schafft man dialogischen Raum? Wie findet man neue Wege, die Belange eines Klienten zu besprechen? Wie sollen wir von einer faktenbezogenen Sprache zu einer deutenden wechseln, die uns neue Sichtweisen der Problematik erschließt? Wie finden wir Zugang zum Unausgesprochenen, um es zu erschließen? Wenn ich mehrere aus dieser philosophischen Haltung heraus arbeitende Therapeuten beobachte und nach Ähnlichkeiten Ausschau halte, worin bestehen diese? Was sollte ich alles bedenken, wenn ich auf diese Weise arbeiten will?

Gesprächsstruktur

Das therapeutische Gespräch hat eine „spontane" Struktur, die sich nach dem im Augenblick entstehenden, kreuz und quer und im Zickzack verlaufenden Wortwechsel richtet. Es folgt keinem vorher festgelegten Skript, wie es eine im Kopf zu behaltende Fragenmatrix oder in bestimmter Reihenfolge durchzuführende Aktionen sind. Ich kenne meine Fragen nicht schon vorher, und ich kann keine bestimmte Wortwahl treffen, um ein bestimmtes Ergebnis zu erzielen. An dem von mir beschriebenen Prozeß möchte ich mich auf natürliche, nicht auf künstliche Weise beteiligen; schließlich befinde ich mich ja innerhalb und nicht außerhalb des Prozesses, den ich entstehen lassen will. Daher kann das Gespräch einem Außenstehenden oder jemandem mit einer vorgefaßten Meinung darüber, wie es aussehen sollte, leicht als völlig planlos erscheinen. Es mag so aussehen, als habe der Therapeut das Gespräch nicht in der Hand, was auch tatsächlich stimmt. Weder lenkt er die Unterhaltung in eine bestimmte Richtung hinsichtlich Inhalt oder Ergebnis, noch ist er verantwortlich für die Richtung, in der Veränderung sich anbahnt. Das Neue wird eben nicht vom Therapeuten von außen in das Gespräch hineingetragen oder entwickelt, sondern ergibt sich aus dem Dialog. Man kann das Ergebnis eines solchen Gesprächs nicht vorher festlegen oder vorhersagen und es auch nicht zu irgendwem „zurückverfolgen" (Shotter, 1993a). Im sich entfaltenden Gespräch wird es gemeinsam konstruiert. Sowohl Klient als auch Therapeut müssen sich mit dem Ergebnis anfreunden können.

Der Therapeut spricht jeweils nur mit einer Person. Doch muß das Gespräch deswegen nicht schleppend sein, und es muß auch nicht bedeuten, daß ein anderer nichts sagen darf. Vielmehr gestattet es dieser Ablauf dem Therapeuten, jedem Erzählen der Geschichte seine volle Aufmerksamkeit zu widmen, ohne natürlich die anderen Anwesenden unbeachtet zu lassen. Wie man mir gesagt hat, tendiere ich wohl dazu, mich der Person, mit der ich gerade spreche, zuzuneigen, so vertieft bin ich oft in das, was sie sagt.

Während wir uns unterhalten, nehmen die übrigen Anwesenden eine Haltung nachdenklichen Zuhörens ein, die einen inneren Dialog ermöglicht. Sie hören zu, ohne in eine Abwehrhaltung zu geraten, weil die zwischen dem Therapeuten und dem Betreffenden entstehende Geschichte anders aussieht und weil sie das Gefühl haben, daß der Therapeut auch das für wichtig hält, was sie selbst zu sagen haben, sie also ebenfalls zu Wort kommen werden; daher möchten sie die Geschichte lieber ergänzen und ausbauen, statt sie zu berichtigen und zu unterbrechen. Häufig wirft jemand ein: „Ach, das habe ich gar nicht gewußt" oder „Das habe ich dich noch nie sagen hören". Dabei werden keineswegs Geheimnisse oder bislang unbeachtete Einzelheiten enthüllt. Meistens ist der Inhalt gar nicht neu; irgendwie werden nur die einzelnen Teile neu geordnet, ähnlich dem, was Shotter „die Dinge herumschieben" nennt und Gadamer „die Diskussion auf eine neue Ebene heben".

Eine Therapeutin, die hinter einem Einwegspiegel mein Gespräch mit einer Mutter und ihrer Tochter beobachtete, die bei ihr in Behandlung waren, erfaßte in der anschließenden Darstellung ihres inneren Dialogs recht gut das Wesentliche an diesem reflektierenden Zuhören.[10] Ihr Tonfall ließ ein Aha-Erlebnis erkennen.

> Ich beugte mich vor und war schon mittendrin. Es ist fast wie die Familie zu beobachten und ihr zuzuhören; während man das tut, ordnen sich die Gedanken. Es ist vielleicht so, wie mitten im Buch zu lesen anzufangen [damit bezog sie sich auf ihr vorheriges Verhalten, mit dem ihr Verständnis versagt blieb]. Die Dinge werden in einer Reihenfolge vorgebracht. Es werden Sachen gesagt, die nicht neu sind. Ich habe das schon einmal gehört, aber auf diese Weise zuzusehen und zuzuhören ist ein großer Unterschied. ... Es geht nicht so sehr darum, wer sie sind; ich hatte das Gefühl, da Bescheid zu wissen ... aber die einzelnen Teile passen in einer Weise zusammen, die mehr einleuchtet. ... Dort hinten zuzuhören machte einen großen Unterschied – draußen, aber doch drinnen zu sein – man hört es nicht in der gleichen Weise.

Sie konnte nun die Familie „besser begreifen" und hatte das Gefühl, die Zwistigkeiten von Mutter und Tochter „in einer neuen Weise" zu verstehen. Hoffnung schien „aufzukeimen, wo Ausweglosigkeit geherrscht hatte, als ob eine Last von meinen Schultern genommen wäre". Sie bekam allmählich ein neues Gefühl der Handlungsfähigkeit.

In einem anderen Fall wunderte sich eine Frau darüber, wie anders die Gespräche mit ihrem Mann zu Hause verliefen als in der Therapiesituation. „Ich weiß nicht, woran es liegt. Wir reden hier über die gleichen Dinge wie zu Hause, aber irgendwie ist es hier drin anders. Hier reden wir anders über alles."

Beide Beispiele passen zu dem, was Tom Andersen (1991) als eines seiner Ziele in der Therapie bezeichnet: „Ich möchte mit den Leuten in einer Weise reden, wie sie weder mit sich selbst noch miteinander je geredet haben." Zum Anders-Reden gehört auch, anders zuzuhören.[11]

Vernetzte Komponenten

Für einen dialogischen Prozeß sind sechs miteinander verknüpfte Komponenten erforderlich, die ausnahmslos, ob gleichzeitig vorhanden, überlappend oder aufeinander folgend, von der philosophischen Haltung abhängig sind:

1. *Der Therapeut schafft für sich selbst inneren dialogischen Raum und behält ihn bei.* Vor allem muß ein Therapeut bei Aufnahme der therapeutischen Beziehung über inneren dialogischen Raum verfügen. Das bedeutet, daß er für den anderen Platz schafft, indem er nicht schon mit vorgefertigten Vorstellungen und Plänen hinsichtlich des Klienten und des Problems bzw. seiner Lösung antritt.
2. *Der Therapeut initiiert einen externen Dialog mit dem Klienten und erhält ihn aufrecht.* Der Therapeut schafft Raum für einen externen (mündlichen) dialogischen Prozeß, unterstützt und fördert ihn nach Kräften.
3. *Der Klient nimmt den inneren Dialog mit sich selbst auf.* Der äußere dialogische Prozeß steigert die Fähigkeit des Klienten, sich auf einen inneren Dialog statt eines Monologs einzulassen. Zum Beispiel könnten der Klient oder der Therapeut, nachdem man ein Teilstück der Geschichte gehört hat, eine Frage in ungewohnter Weise formulieren oder einen aus dem Rahmen fallenden Kommentar abgeben, die als Initialzündung für eigene Gedanken und Überlegungen wirken. Der artikulierte Vorgang des gemeinsamen Erkundens setzt einen ähnlichen inneren Prozeß in Gang.
4. *Die Klienten beteiligen sich untereinander an einem externen Dialog.* Wenn der einzelne anfängt, mit dem Therapeuten und sich selbst anders zu reden, spricht er auch mit anderen nicht mehr auf dieselbe Weise. Alle Anwesenden

beteiligen sich spontan am Erzählen der Geschichte und ergänzen und entwickeln sie weiter, statt die Version des anderen zu korrigieren.
5. *Der Klient führt innere und äußere Dialoge auch außerhalb der Therapie.* Ein Gespräch gibt das andere. Durch den inneren und äußeren Dialog in der Therapie werden die Leute dazu angeregt, auch ansonsten mit sich selbst und miteinander anders zu reden. Darin zeigt sich die dem Dialog und dem Erzählen innewohnende, transformierende Kraft. Es ist nicht statisch, eingeengt von Mauern oder der Zeit; vielmehr handelt es sich um einen fließenden, fortlaufenden Prozeß, bei dem jedes Gespräch sich in anderen Gesprächen fortsetzt und von ihnen beeinflußt wird.
6. *Der Therapeut führt einen inneren und äußeren Dialog außerhalb des Behandlungsraums.* Wie der Klient nimmt er das Gespräch und die in Gang gesetzten Gedanken aus dem Behandlungsraum mit nach draußen. Sie fließen in andere Gespräche ein und wirken sich auf sie aus, und mit diesen Gesprächen geschieht das gleiche.

Praktische Aspekte eines therapeutischen Gesprächs

In einem System und bei der Berufsausübung eines professionellen Therapeuten gibt es pragmatische und soziale Aspekte, die das Zustandekommen eines Dialogs fördern oder hemmen können. Die folgenden Überlegungen sind nicht entscheidend, sondern einfach Arbeitsmittel, die eine Haltung reflektieren, eine Grundeinstellung gegenüber den Menschen, sich selbst und der anstehenden Aufgabe. Zu diesen Mitteln gehören zum Beispiel die Raumaufteilung, das Anfertigen von Notizen, Terminvereinbarungen und allgemeine Systemfaktoren.

Raumaufteilung

Etwas so Einfaches wie die Einrichtung eines Zimmers kann für die Entstehung eines Dialogs in Therapie, Ausbildung und Beratung förderlich oder hinderlich sein. Die Aussicht auf ein dialogisches Gespräch verringert sich, wenn Leute nebeneinander auf einem Sofa Platz nehmen müssen, ein Lehrer sich frontal vor seine aufgereiht sitzenden Studenten stellt, ein Therapeut seinen Stuhl von den anderen Sitzgelegenheiten entfernt aufstellt oder ein Berater hinter einem Pult steht. In allen Fällen muß man damit rechnen, daß die Person auf der Stirnseite des Raumes oder die mit dem besseren Sessel als höherstehend auftritt oder so empfunden wird. Die Chancen zum Gespräch und zur Zusammenarbeit werden größer, wenn die Leute so sitzen, daß sie einander anschauen können und die Sitzanordnung Unvoreingenommenheit signalisiert. Gleichviel ob es um Therapie, Lehre oder Beratung geht, mir ist ein Raum am liebsten, in dem gleichartige Stühle mehr oder weniger kreisförmig angeordnet sind. Als Lehrkraft und als Beraterin bitte ich oft darum, Räume umgestalten zu dürfen; und ich gehe auch gern im Zimmer herum, um den Menschen, mit denen ich spreche, nahe zu sein.

Das Anfertigen von Notizen

Da ich mich in das Gespräch vertiefen will, mache ich mir während der Sitzungen keine Notizen. Wenn ich vom Schreiben in Anspruch genommen bin, kann ich meiner Erfahrung nach nur schwer Interesse zeigen, kann leicht überhören, was gesagt wird, und beim Klienten höchstens Befangenheit auslösen. Der Geschichte eines Klienten so, wie er sie erzählen möchte, meine ganze Aufmerksamkeit zu widmen, statt auf das zu achten, was ich hören will, hat mir zu einem guten Gedächtnis für Menschen und ihre Geschichten verholfen.

Terminvereinbarungen

Da ich der Ansicht bin, daß die Therapie oder Beratung bereits mit der ersten Kontaktaufnahme zwischen einem Therapeuten und einem Klienten beginnt, vereinbare ich meine Termine selbst. Mit dieser Maßnahme gehe ich der Gefahr aus dem Weg, die Interpretationen zu übernehmen, die sich aus dem Kontakt mit einer Mittelsperson – Telefonistin, Sekretärin, Geschäftsführer oder wer immer vor mir mit einem Klienten sprechen mag – ergeben haben.

Angenehmes Ambiente

Man vergißt leicht, wie stark sich die Atmosphäre eines Systems auf unsere Beziehung zu den Klienten und damit auf Therapie, Lehre und Beratung auswirkt. Ich ziehe ein klientenfreundliches Klima sowie ein ungezwungenes Ambiente einem förmlichen, zwischen mir und dem anderen Distanz schaffenden vor. Von den Mitarbeitern, die mit den Klienten und Studenten am Telefon sprechen oder sie in der Praxis empfangen, erwarte ich freundliches, höfliches und hilfsbereites Auftreten.

An diesen und anderen in unserem Beruf üblichen, sach- und personenbezogenen Praktiken läßt sich die Einstellung zu uns selbst und zu den Menschen ablesen, mit denen wir leben und arbeiten. Sie helfen uns, Brücken zu bauen zwischen Klient und Professionellem, Kollegen untereinander und Freunden untereinander. Sie können ein Angebot für kollaborative Beziehungen, transformierende Gespräche und Möglichkeiten überhaupt sein, also letztendlich bedeuten, daß man als Klient, als Fachmann und als Person erfolgreich ist. Im Sinne einer postmodernen Therapie können sie uns behilflich sein, als willkommene Gäste im Leben anderer Menschen ein- und auszugehen.

Eine Frage bleibt im Raum

Wie kann die Art von dialogischem therapeutischem Gespräch, wie ich es hier beschreibe, für die unzähligen, ganz unterschiedlichen Klienten überhaupt von Bedeutung sein? Was hat zum Beispiel die zornige, verzweifelte, afro-amerikanische alleinerziehende Mutter davon, deren Sohn vom Jugendgericht zur Therapie beordert wurde, weil er einen Mitschüler mit dem Revolver bedroht hat? Diese Frau hat weder den Status noch den Sachverstand (die ein Therapeut vielleicht hat), um mit dem Gericht oder der Schule wegen ihres Sohnes zu verhandeln, und wohnt zu ihrem Nachteil auch nicht in einer der besseren Gegenden. Sie erzählte mir von ihren Selbstgesprächen; ihre Gedanken, als sie mit sich kämpfte, ob sie zu dem Therapietermin überhaupt kommen sollte, weil sie bestimmte Vorstellungen hatte, was ein Therapeut hören wollte und was er ihr sagen konnte, verfehlen ihre Wirkung nicht:

Als man mir sagte, ich müßte heute hier erscheinen, hatte ich Angst, nicht das Richtige zu sagen; daß ich sagen sollte, was Sie hören wollen, andernfalls würden Sie denen sagen, ja, nehmen Sie ihr den Sohn weg. Ich wollte das Richtige sagen, für meinen Sohn .... Ich habe mich bemüht, ihm ein gutes Zuhause zu geben, ihn anständig zu erziehen, aber was soll ich machen, mit all dem Zeug, wohin man schaut – Drogen, Zuhälter, Schießereien, Banden. Reiche weiße Kids schickt man in die Klinik. Mein Sohn ist schwarz und wandert ins Gefängnis! Das können Sie nicht verstehen. Dabei können Sie mir nicht helfen!

Oder wie können solche Gespräche einen Unterschied für die fünfköpfige, aus zwei Generationen bestehende Flüchtlingsfamilie aus Bosnien machen, die in einem Flüchtlingslager in Kroatien in einem kleinen Zimmer ohne Küche lebt? Nach dem Verlust all ihrer persönlichen Habe, ihres Zuhauses und ihrer Heimat, und in dem Wissen, daß ihr Mann weder genügend Ausbildung noch die erforderlichen beruflichen Fertigkeiten besitzt, um irgendwo einzuwandern – nach dem Verlust ihres Lebenszusammenhangs also –, sagt die Frau: „Sie können sich nicht vorstellen, was es bedeutet, Tag für Tag, Monat für Monat nicht selber das Essen kochen zu können. Mein Mann kann nicht arbeiten. Wir haben kein Geld. Wir haben keine Zukunft."

Gemeinsam ist diesen Äußerungen das Gefühl des Nicht-Verstandenwerdens, des Nicht-Dazugehörens, der Hoffnungslosigkeit und das Bewußtsein, daß Verständnis, Zugehörigkeit und Zuversicht nicht einmal möglich sind. Können wir versuchen, mittels Dialog diese Leute und ihre jeweilige Lage zu verstehen? Kann der Dialog ihnen in irgendeiner Weise helfen? Können im Dialog Hoffnung und praktische Hilfe ihren Anfang nehmen? Zur weiteren Beschäftigung mit diesen Fragen möchte ich nun die Stimmen der Experten zu Wort kommen lassen: die Klienten.

Kapitel 6

Klientenstimmen: Praktische Ratschläge von den Experten, wie man dialogische Gespräche und kollaborative Beziehungen herstellt

Um das zu erreichen, was du nicht weißt, mußt du den Weg der Unwissenheit gehen
T. S. Eliot, „Vier Quartette"

Niemand schaut eine Blume wirklich an – sie ist so klein – wir haben keine Zeit, und zu schauen braucht Zeit, wie es Zeit braucht, einen Freund zu haben.
Georgia O'Keefe

Bei der Entwicklung meines kollaborativen Therapieansatzes kam die Stimme des Klienten immer an erster Stelle (Anderson, 1991b, 1995, 1996a, 1996b; Anderson & Goolishian, 1988b, 1992, Anderson, Goolishian & Winderman, 1986b; Goolishian & Anderson, 1990). Zum einen hat sie diese Bedeutung, weil die Erzählungen der Klienten über ihre Therapieerfahrungen und Therapeuten seit langem eine starke Faszination auf mich ausüben und meine Neugier erregen; zum andern, weil ich überzeugt bin, daß der Konsument unbedingt bei der Entwicklung und laufenden Weiterentwicklung eines Produkts mitreden sollte. Allerdings habe ich keineswegs von Anfang an eine vom Klienten mitgestaltete oder -entworfene Therapie im Sinn gehabt. Erst im Lauf der Zeit wurde mir klar, wieviel ich von Klienten gelernt hatte und welch großen Einfluß ihre Ansichten darauf ausübten, wie ich über Therapie dachte und in der Therapie handelte. In dieser Erkenntnis kommt zum Ausdruck, daß ich das Forschen als Teil meiner täglichen Behandlungspraxis verstehe. Bei jeder sich bietenden Gelegenheit habe ich Klienten in meiner Praxis sowie Beratungsklienten systematisch über ihre Erfahrungen mit psychotherapeutischer Behandlung – der erfolgreichen wie der nicht geglückten – befragt, die laufende Behandlung eingeschlossen.

Je mehr Aufmerksamkeit ich dem schenkte, was die Klienten zu sagen hatten, desto mehr begriff ich, daß sie über ihr Leben mehr wußten, als ich je wissen würde, und desto deutlicher erkannte ich, daß das Erzählen ihrer Geschichten und der Zugang zu ihren eigenen Ressourcen durch mein *Wissen* behindert wurden. So war es nur folgerichtig, die Stimme des Klienten in den Mittelpunkt zu rücken; und wieder sind, gleichsam in Umkehr der üblichen (wissenden) Therapeuten- und (nichtwissenden) Klientenrolle, Therapeuten die Lernenden und Klienten die Lehrenden.[1]

Ich möchte nun darlegen und diskutieren, was ich von Klienten aus erster Hand gelernt habe – ihre Reflexionen über Therapie und die Beziehung zu ihren Therapeuten.[2] Zu Wort kommen meine eigenen Klienten, Klienten anderer Therapeuten, mit denen ich nur einmal gesprochen habe, und Klienten, die ich ausdrücklich über ihre Therapieerfahrungen befragt habe. Unter Auswertung dieser *Expertenratschläge* setze ich meine Untersuchung darüber fort, wie das, was ich *dialogische Gespräche* und *kollaborative narrative Beziehungen* nenne, herzustellen ist, und liefere den Bezugsrahmen für einen Prozeß und eine Beziehung, die sich durch *Verbundenheit, Zusammenarbeit und Konstruieren* auszeichnen.

Einen Eckpfeiler von Gespräch und Beziehung stellt der Begriff *Nicht-Wissen* dar (Anderson, 1990; Anderson & Goolishian, 1988b, 1992; Goolishian & Anderson, 1987a, 1990). Nicht-Wissen ist das Erkennungsmerkmal, durch das sich mein kollaborativer Ansatz von anderen Therapien unterscheidet und das für Intention, Ausrichtung und Stil eines Therapeuten ausschlaggebend ist. Worum handelt es sich beim Nicht-Wissen? Was fängt ein Therapeut mit dem an, was er bereits weiß?

„Nicht-Wissen"

> *„Sie zeigen keinen Respekt. Sie sagen das, was im Text steht [was sie aus Büchern wissen]. Sie beschreiben das Problem in ihren eigenen Denkkategorien."*

Wissen – wenn man sich einbildet zu verstehen oder sich aufgrund seiner Methodik in Sicherheit wiegt – läßt uns weniger Chancen, wirklich etwas zu sehen und macht uns unempfänglich für das Unerwartete, Unausgesprochene und Noch-nicht-Gesagte (Anderson & Goolishian, 1988b). Wenn wir die Dinge stets so sehen und hören, wie wir es gewohnt sind, werden wir das Andere und Einzigartige übersehen und überhören. In der Position des Nicht-Wissens zeigt sich die Ablehnung einer Trennung zwischen Subjekt/Objekt oder Erkennendem/Erkanntem, wie zeitgenössische Hermeneutik und Sozialkonstruktionismus sie vertreten (Gergen, 1982; Shapiro & Sica, 1984; Shotter & Gergen, 1989; Wachterhauser, 1986a). Nicht-Wissen ist wesentlich für die fest verwurzelte Überzeugung, daß es sich bei der Herstellung von Bedeutung im Dialog immer um einen intersubjektiven Prozeß handelt. Dem Nichtwissenden stehen Möglichkeiten offen, die der Wissende nicht hat. *Eine dieser Möglichkeiten ist der Dialog.*

Nicht-Wissen bezeichnet den Standpunkt – die Einstellung und Überzeugung – eines Therapeuten, daß er keinen Zugang zu privilegierten Informationen hat, einen anderen niemals restlos zu verstehen vermag, sich immer im Zustand des vom anderen *Informiert-Werdens* befinden muß und immer noch mehr über das, was gesagt oder vielleicht nicht gesagt wurde, erfahren sollte. Indem er *nicht weiß*, nimmt der Therapeut eine interpretierende Haltung ein, in der das Erleben im aktuellen Kontext und das vom Klienten berichtete und erzählte Erleben fortlaufend analysiert werden. Interpretieren ist immer ein Dialog zwischen Therapeut und Klient, nicht das Ergebnis bereits feststehender theoretischer Narrative, die den Auffassungen, dem fachlichen Können, der Erfahrung oder dem Therapiemodell eines Therapeuten zugrunde liegen. Es gibt mehrere Aspekte des Nicht-Wissens, die den Therapeuten befähigen, sich fortlaufend von seinem Klienten informieren zu lassen sowie sein Verstehen ständig weiterzuentwickeln.

Ungewißheit

Bereit sein zu zweifeln. Nicht sicher zu sein verlangt von uns, unsere dominierenden beruflichen und privaten Diskurse – was wir wissen oder zu wissen glauben – buchstäblich zu suspendieren, uns vor Augen zu halten und in der Schwebe zu lassen; sich ständig ihrer bewußt zu sein, darüber Überlegungen anzustellen und sie der Überprüfung durch uns selbst und andere zugänglich zu halten. Dazu ist es erforderlich, daß wir nicht allzu schnell verstehen, also verfrühte Annahmen und klischeehafte Vorstellungen ablegen und voreiliges Verstehen vermeiden sowie das, was wir zu wissen meinen, in Frage stellen und unsere Kenntnisse nicht höher als die eines Klienten bewerten. Wir sollten statt dessen unvoreingenommen und offen sein können, offen für Herausforderungen und Veränderungen, offen für das Unerwartete. Das ist Teil der Voraussetzung dafür, daß wir in unserem Kopf Platz lassen können für den anderen, daß wir den Raum für Möglichkeiten haben, der ein so entscheidendes Merkmal des Dialogs darstellt.

Bereitschaft zum Risiko. In meinem Therapieraum ist ein Therapeut nicht *geschützt*, nicht sicher im *Wissen* geborgen. Die Position des Nicht-Wissens macht Therapeuten angreifbar: auch sie riskieren Veränderungen. Zu diesem Risiko gehört, den Klienten die Bühne zu überlassen, sie mit ihren Geschichten, wie immer sie sie erzählen wollen, den Ton angeben zu lassen, ohne sich danach richten zu müssen, was der Therapeut für wichtig hält und hören will. Durch dieses Risiko werden Pauschalannahmen, Kategorisierungen und Verallgemeinerungen in Frage gestellt. *Verallgemeinerung* steht hier für das, was dabei herauskommt, wenn ein bestimmter, bereits bekannter Text in einen neuen Kontext gepreßt wird (Becker, 1984, S. 435). In diesem Zusammenhang finde ich es sehr schade, daß früh entstandene diagnostische Eindrücke und Deutungen, sehr rasch formulierte Behandlungsstrategien und Ziele so verführerisch sind und hoch geschätzt werden (Gergen, Hoffman & Anderson, 1995). Solche verfrühten Einschätzungen können den Therapeuten zu Fragen veranlassen, die mehr darauf abzielen, die Wirklichkeit des Therapeuten zu verifizieren, als darauf, mehr über die Wirklichkeit des Klienten zu erfahren. Und gleichgültig, ob in Form einer DSM-IV-Diagnose, einer Verdachtsdiagnose oder einer Forschungshypothese, birgt Wissen stets die Gefahr, daß der Therapeut oder Forscher sich auf eine Weise verhält und handelt, die sein Wissen bestätigt (Jones, 1986; Scarr, 1985). Wenn wir aus einer wissenden Haltung heraus der Geschichte eines Klienten selektiv lauschen und auf sie reagieren, möchten wir – vorsätzlich oder nicht – unsere Überzeugungen, Vorlieben und Abneigungen, Erwartungen und für wahr gehaltene wissenschaftliche Tatsachen bestätigt sehen. Solch selektives Hören und Reagieren kann den Austausch im Dialog behindern, indem es die Bandbreite der Diskussion vorzeitig festlegt oder einschränkt und indem es den baldigen Abschluß der Geschichte des Klienten bewirkt, was wiederum die Optionen für ihn wie für den Therapeuten verringert. Wichtiger noch als die Frage, ob ein Therapeut vorgefaßte Meinungen hat, ist, was er mit diesen Vorstellungen *macht.* Ebenso ist zu bedenken, daß wir dann keinen Blick mehr für das Besondere des Klienten und die Einzigartigkeit seiner Lage haben, und folglich all das unter den Tisch fällt, wenn wir nur nach dem Vertrauten suchen. Gergen (1988b) gibt den Hinweis: „Hat man sich erst einmal auf eine bestimmte Deutung festgelegt, kann ihr auch eine noch so große Anzahl von entsprechenden Vorfällen keine zusätzliche Beweiskraft verleihen. Es beweist eigentlich nur, wie geschickt der Beobachter es versteht, den Anschein übereinstimmender Interpretationen herzustellen." (S. 36)

Die Hinwendung zum Nicht-Wissen führt zu einer Therapie und zu Fragen in der Therapie, die sich von der herkömmlichen diagnostischen Exploration unterscheidet. Wenn wir wirklich nicht Bescheid wissen, müssen wir lernen. Wenn wir lernen wollen, versuchen wir zu verstehen, was der Klient uns erzählt. Diese Art von Wissen und Verstehen ist immer *unterwegs*. Als Therapeut sollte man es wagen, mit jedem Klienten wieder zum Lernenden zu werden – eine äußerst befreiende und bescheiden machende Erfahrung.

Bescheidenheit

Nicht-Wissen bedeutet Bescheidenheit in bezug auf die eigenen Kenntnisse. Der Therapeut ist also mehr daran interessiert, zu erfahren, was der Klient zu sagen hat, als sein Wissen oder seine Schwerpunkte weiterzuverfolgen, darüber zu reden, sie zu bestätigen oder voranzubringen. Zum Beispiel würde es mir nicht einfallen, eine Mutter, die aus Angst ihren elfjährigen Sohn nicht allein zur Schule schicken oder bei einem Freund übernachten lassen will, als überfürsorglich zu klassifizieren. Ich würde sie in diesem Fall nicht anzuleiten versuchen, wie sie meiner Meinung nach handeln, fühlen und denken sollte. Vielmehr würde ich so mit ihr reden, daß wir gemeinsam und wechselseitig Möglichkeiten erkunden und entwickeln könnten, Vorgehensweisen, Gefühle und Gedanken anzusprechen, die für ihre – nicht meine – Sorgen, Überzeugungen und Lebensumstände spezifisch sind. Zu diesem Zweck müßte ich vielleicht mehr über ihre Ängste herausfinden, wovor sie am meisten Angst hat und woher ihre Vorstellungen stammen, wie man als Mutter handeln soll. Haben ihr andere Leute Ratschläge gegeben und wenn ja, welche? Spielten solche Themen in ihrer Kindheit eine Rolle in der Familie, und wenn ja, wie ging man damit um? Diese Fragen dienen dem Zweck, mehr zu erfahren, mich an ihrer Erzählung, so, wie sie ist und wie sie sein könnte, zu beteiligen. Keinesfalls sollten diese oder andere Fragen bei ihr den Eindruck erwecken, ich sei auf der Suche nach einer bestimmten Antwort oder es gebe eine richtige Antwort. Auch würde ich nicht unterstellen, daß meine Erfahrungen, Ansichten und Theorien in bezug auf Eltern und Kinder den ihren entsprechen. Sollte ich dann doch irgend etwas davon zur Sprache bringen, würde ich das in aller Bescheidenheit tun, was nicht heißt, devot, unsicher oder zaghaft aufzutreten; ich möchte nur nicht aufdringlich sein.

Durch eine nicht-wissende Einstellung läßt sich der artifizielle und verfrühte Abschluß verhindern, den ein vorausgeplantes Therapieergebnis häufig zur Folge hat. Wenn man aus einer Position des *Wissens* heraus behandelt, legt man von vornherein und eigenmächtig die Möglichkeiten fest und macht es somit unmöglich, durch die in der Therapie entstehenden Geschichten und Erzählungen gemeinsam neue Bedeutung zu schaffen. Das bedeutet zum Beispiel, daß in Therapien, in denen der Therapeut das Ziel vorgibt – ob es darin besteht, Störungsmuster zu durchbrechen, eine Lösung anzustreben, nach Ausnahmen zu suchen oder eine Ersatzerzählung zu entwerfen – und bereits vorhandene Erkenntnisse, Theorien oder Erfahrungen maßgeblich sind, dem therapeutischen Diskurs nur wenige Möglichkeiten bleiben, weil nur auf bereits Bekanntes geachtet und Wert gelegt wird.

Was für Nicht-Wissen erforderlich ist

Verlangt wird, daß der Therapeut darin versiert ist, keine Einsichten, Erklärungen und Interpretationen anzuführen, die sich auf Vorerfahrungen, fertige Wahrheiten und Wissen gründen. So gerüstet begleitet der Therapeut den Klienten bei der spontanen Entfaltung seiner Geschichte, indem er mit ihm spricht und seine Sorgen, Ansichten und Erwartungen kennenlernt und zu verstehen versucht. Der Therapeut möchte wirklich wissen, wie ein Klient die Dinge sieht; er möchte die aktuelle Geschichte begreifen, nicht ihre Ursache feststellen; er möchte herausfinden, welche Form sie aus der Sicht des Klienten annimmt. Der Therapeut weiß nicht prinzipiell, was hinter bestimmten Worten oder Handlungsweisen steckt, sondern muß sich auf die Erklärung des Klienten verlassen, und erfährt von ihm, was das, was der Klient sagt, bedeutet.[3] Der Therapeut muß herausfinden, in welcher Weise etwas scheinbar Unsinniges für einen Klienten durchaus plausibel sein kann.

Was Nicht-Wissen nicht heißt: erworbenes Fachwissen

Wie Jacques Derrida (1978) es einmal formulierte, bedeutet Nicht-Wissen nicht, daß wir nichts wissen, sondern daß wir uns jenseits absoluten Wissens befinden ... und uns dem nähern, aufgrund dessen sein Ende verkündet und beschlossen wird. Nicht-Wissen bedeutet nicht, etwas zu verschweigen, sich dumm zu stellen, etwas vorzutäuschen oder neutral zu bleiben.

Ich bezweifle nicht, daß Therapeuten sich Wissen erworben haben, daß sie über theoretische und praktische, fachliche und persönliche Kenntnisse verfügen. Sehr viel Zeit, Geld und Energie wurden aufgewendet, um zu lernen, wie man Diagnosen und Prognosen stellt und wie man behandelt. Ich behaupte auch nicht, all das Gelernte könnte oder sollte gelöscht werden. Ein Therapeut ist kein leeres Blatt, völlig frei von Vorstellungen, Meinungen und Vorurteilen; ein Therapeut kann nicht neutral sein. Das ist alles unmöglich. Ganz im Gegenteil nimmt jeder von uns das, was er ist, mit all seinen Konsequenzen – persönliche und berufliche Lebenserfahrung, Werte, Vorlieben und Abneigungen sowie Überzeugungen – mit in den Behandlungsraum. Wir müssen unsere Ansichten, Ideen und Gefühle haben, teilen und zur Diskussion stellen dürfen.

Mir geht es darum, was wir in uns aufnehmen. Wir müssen uns in Frage stellen lassen und uns selbst in Frage stellen. Wir sollten uns auf ein dialogisches Wechselspiel einlassen können, das eine gleichberechtigte und gemeinsame Suche nach Verstehen fördert. Innerhalb eines solchen kollaborativen Prozesses werden wir die als gegeben betrachtete Machtposition in der Therapeut-Klient-Beziehung wahrscheinlich nicht so leicht – wissentlich oder unwissentlich – dazu mißbrauchen, unsere eigenen Wissensgrundlagen oder die Grundlagen einschlägiger Institutionen und Diskurse zu konservieren.

Eine solche Haltung des Nicht-Wissens wird im folgenden veranschaulicht.

„Er hat mir geglaubt"

Ein kompetenter und kreativer, im Moment jedoch frustrierter Psychiater und Kollege bat um eine Beratung bei Harry Goolishian, um ihm einen schwierigen Patienten mit einem nach seiner Ansicht kaum zu bearbeitenden Problem vorzustellen, mit dem er nicht mehr weiterkam.[4] Lars, Matrose bei der norwegischen Handelsmarine, war überzeugt, an einer chronischen Krankheit zu leiden und andere damit anzustecken oder sogar zu töten. Obwohl Lars auch ein wenig über Eheprobleme und seine derzeitige Arbeitsunfähigkeit gesprochen hatte, beanspruchte vor allem die Krankheit seine Aufmerksamkeit. Er war verstört und hatte Angst.

Im Laufe des Gesprächs fragte Harry ihn: „Wie lange haben Sie diese Krankheit schon?" Lars schien überrascht, und nach einer längeren Pause erzählte er, wie alles angefangen hatte, einschließlich der zahlreichen Anstrengungen von Ärzten und Psychiatern, ihm die wachsende Angst und Gewißheit bezüglich seiner ansteckenden Krankheit zu nehmen. Als junger Matrose im fernen Osten hatte er sexuellen Kontakt zu einer Prostituierten. Später fielen ihm die an die Schiffsbesatzung gerichteten Vorträge über durch Geschlechtsverkehr übertragene Krankheiten wieder ein, und er bekam Angst, sich einer furchtbaren Geschlechtskrankheit ausgesetzt zu haben. Voller Panik suchte er eine Klinik auf, wo ihn die Krankenschwester aus dem Wartezimmer wies. Er sagte, die Schwester habe ihm nicht geglaubt und ihm ziemlich unverblümt mitgeteilt, man behandle hier keine „sexuell Abartigen" – er brauche „die Beichte und Gott, keine Medizin". Noch immer voller Angst, andere anzustecken, konsultierte er mehrere Ärzte, als er wieder zu Hause war. „Keiner schenkte mir Glauben", sagte er. Mehrmals überwies man ihn an psychiatrische Beratungsstellen, aber nirgends konnte man ihm seine wachsende Angst und innere Gewißheit nehmen, eine ansteckende Krankheit zu haben. Im Laufe der Zeit setzte sich die unverrückbare Überzeugung bei ihm fest, daß niemand erkennen konnte, wie gravierend er verseucht war.

Als Harry Interesse an Lars' Notlage bekundete und ihn seine Geschichte auf seine Weise erzählen ließ, merkte man deutlich, wie sich die Anspannung bei Lars legte, wie er sogar ein wenig lebhaft wurde und Harrys Wißbegier zu teilen begann. Harry hatte weder die Absicht, die Realität oder die Geschichte von Lars anzuzweifeln, noch wollte er ihm seinen Wahn ausreden oder ihn dahingehend manipulieren. Harry wollte etwas über die Wahnvorstellung erfahren, einfühlsam darauf reagieren und im (Erlebens)Zusammenhang bleiben.

Kollegen, die das Interview verfolgt hatten, übten Kritik an der Frage „Wie lang *haben* Sie diese Krankheit schon?" Sie äußerten den Verdacht, diese Frage könnte die „hypochondrische Wahnvorstellung" des Mannes verstärken. Ungefährlicher und neutraler wäre es ihrer Meinung nach gewesen, zu fragen: „Wie lang *glauben* Sie diese Krankheit schon zu haben?" Aber durch die Position des Nicht-Wissens war es ausgeschlossen, die Geschichte von Lars für wahnhaft zu halten. Lars sagte, er sei krank. Also wollte Harry mehr über seine Krankheit erfahren. Dazu waren nicht-wissende Fragen nötig.

Das Bemühen, Lars und seine vermeintliche „Spinnerei" oder „Psychose" zu verstehen, war ein grundlegender Schritt zur kontinuierlichen Herstellung und Weiterführung eines Dialogs. Es bedeutete, sich der narrativen Wahrheit im erzählten Erleben von Lars anzuschließen, statt sie anzuzweifeln und mit Bedeutungen wie *wahnhaft* zu versehen. Seiner Erzählung zu folgen beinhaltete einen wechselseitigen Prozeß und war daher nicht mit der Reifikation einer Wahnvorstellung gleichzusetzen. Durch sein Nicht-Wissen schuf Harry den nötigen Raum, um die Geschichte in einer Weise nacherzählen zu können, die neuen Sinn und eine neue Erzählung möglich machte; und er schuf damit die Voraussetzung für Dialog und offenes Gespräch.

Eine vorsichtigere Frage, etwa „Wie lang glauben Sie diese Krankheit schon zu haben?" hätte eine bereits feststehende Sicht des Wissenden vermittelt, daß die Krankheit nur ein Phantasieprodukt des Klienten sei, eine zu korrigierende Verzerrung der Realität. Bei seiner Antwort auf eine solche Frage wäre der Klient aus der Geschichte ausgeklammert geblieben und darauf zurückgeworfen, sich entsprechend seiner vorgefaßten Meinung über und Erwartungen an den Berater zu verhalten. Harry wäre nur der letzte in einer langen Reihe von Fachleuten gewesen, die Lars keinen Glauben schenkten, die es besser wußten und wissende Fragen stellten. Wieder einmal hätte sich Lars mißverstanden und entfremdet gefühlt. Draußen auf dem Flur fragte sein Psychiater Lars später, wie es für ihn gewesen sei, mit Harry zu reden. Lars meinte: „Stellen Sie sich vor, dieser Mistkerl hat mir geglaubt!"

Ich glaube nicht und möchte auch nicht den Anschein erwecken, daß eine nichtwissende Frage eine Wunderheilung bewirken kann, oder umgekehrt eine einzige wissende Frage in eine therapeutische Sackgasse führt. Keine Frage vermag für sich allein Anlaß zum Dialog oder Nicht-Dialog zu geben. Nicht die Frage an sich veranlaßt uns zur Bedeutungsverschiebung, zur Aufgabe einer Idee oder zu einem neuen Gedanken, sondern die Fragen im Gespräch sind – wie alle Bemerkungen, Äußerungen und Gesten – Teil eines Gesamtprozesses und illustrieren die aufrichtige, nicht nachlassende Haltung eines Therapeuten, nicht vorschnell zu verstehen, den Rahmen für den Dialog nicht festzulegen und sich nicht als Wissender zu gebärden. Jede Frage stellt einen wesentlichen Faktor des gesamten Gesprächsablaufs dar und steht für eine allgemeine Haltung des Therapeuten.

Sechs Monate später teilte uns der Psychiater ganz erfreut mit, welch nachhaltige Wirkung das Interview noch immer auf ihn und Lars habe. Er sagte: „Ich fühlte mich der Verpflichtung enthoben zu beweisen, daß seine Angst eine irrationale Einbildung war." Die Therapiesitzungen schienen nun weniger schwierig. Lars' Lebensumstände hatten sich zum Besseren gewendet, und es war kein Thema mehr, ob er nun infiziert war oder nicht. Er hatte eine geregelte Arbeit, setzte sich mit seiner Ehe auseinander und hatte seit kurzem eine kleine Tochter.

Zwei Jahre später erhielt ich einen Brief von dem Psychiater:

Heute habe ich Lars getroffen, und das hat mich veranlaßt, Ihnen einige Worte zu schreiben. Ich erzählte ihm, daß Harry vergangenen Herbst gestorben ist, und seine Reaktion war ziemlich heftig. Er sagte: „Er war ein wunderbarer Mensch." Auf meine Frage, was ihn am meisten beeindruckt habe, meinte er: „Er hat mir geglaubt, aber wissen Sie, er hat etwas gesagt, das alles verändert hat. Nachdem ich ihm von meinen Schwierigkeiten erzählt hatte und was ich getan hatte, sagte Harry nämlich: ‚Als Mann haben Sie getan, was ein Mann tun muß.' Dieser Satz machte einfach den Unterschied aus. Ab und zu sehe ich ihn vor mir, wie er das sagt."

Harrys Nicht-Wissen war der Ausgangspunkt für einen Austausch in Dialogform: für die inneren Dialoge von Lars, für die inneren Dialoge des Psychiaters und für ihre Gespräche miteinander und mit anderen. Lars' Gespräche mit dem konsultierten Therapeuten veranlaßten ihn zu anders gearteten Gesprächen mit sich selbst und zum Entwurf einer neuen narrativen Selbstdarstellung, durch die er nicht länger Gefangener einer chronischen Krankheit, sondern die Hauptperson in seinem Leben war.

Wie Harry mit Lars, möchte auch ich in meinen Gesprächen mit Klienten eine unentschiedene Stimme nicht dahingehend dekonstruieren oder instruieren, daß sie so klingt, wie sie nach meinem Wissen oder Dafürhalten klingen sollte. Vielmehr möchte ich ihr Raum geben und etwas über sie erfahren. Ich möchte in die Welt des Klienten eintauchen und hineingeleitet werden und dabei in Haltung und Vorgehen aufrichtiges Interesse und Respekt bekunden, so daß der Klient sich gehört und bestätigt fühlt. Indem man so für den anderen Raum schafft, tut man den ersten Schritt in Richtung *Miteinander*-Reden, hin zum Dialog, zum Wandel.

Als nächstes möchte ich anhand der Äußerungen und Erfahrungen von Klienten sechs miteinander verflochtene, das Nicht-Wissen betreffende Eigenschaften von Therapeuten herausstellen, die sich auf Gespräche in Dialogform und kollaborative Beziehungen einlassen. Sie sollen Richtschnur sein, damit Sie als Leser leichter lernen, wie solche Gespräche und Beziehungen herzustellen sind. Zu diesen Richtlinien gehört: (1) vertrauen und glauben, (2) gesprächsbezogene Fragen stellen, (3) zuhören und reagieren, (4) den (Erlebens)zusammenhang, die Kohärenz wahren, (5) mitschwingen (synchron bleiben) und (6) die Geschichte des Klienten würdigen.

Vertrauen und Glauben

„Er hat mir geglaubt."
„Diese Leute haben mir geglaubt."
„Ich hatte kein uneingeschränktes Vertrauen."

Die Klienten sagen, man sollte ihnen vertrauen und glauben. Eine Geschichte kann niemals historisch genau sein. Jedermanns Schilderung, das Erzählen und das Wiederholen wird immer einzig in seiner Art sein, und auch jeder Zuhörer wird die Geschichte anders hören und anders darauf reagieren. Auch jede Darstellung kann über die Zeit hinweg variieren, sich von Kontext zu Kontext und von Situation zu Situation ändern. Therapeuten sind dafür ausgebildet, zu *wissen*, gleichsam mit Radar ausgerüstet, um in der Geschichte eines Klienten Ungereimtheiten oder jene Stellen aufzuspüren, wo die Geschichte nicht dem entspricht, was sie ihrer Ansicht nach sein sollte. Aus der Enttäuschung über Klienten, deren Geschichten widersprüchlich klingen, reagiert man meiner Meinung nach häufig damit – aus dem eigenen Bedürfnis nach Klärung –, daß man die Unstimmigkeiten anspricht und versucht, die vermeintlich *richtige* Version herauszufinden oder zu verifizieren, oder in manchen Fällen dem Klienten einfach nicht glaubt.

Die Position des Nicht-Wissens – darin der „narrativen Haltung" bei Bruner (1990) ähnlich – legt dem Therapeuten eine andere Art von Einstellung oder Expertentum nahe, nämlich ein fachliches Können, das sich auf den therapeutischen Prozeß beschränkt statt sich mit dem Inhalt (Diagnose) und der Veränderung (Behandlung) pathologischer Strukturen zu befassen. Der therapeutische Impetus läge also nicht in der Suche nach der Wahrheit, sondern im Wunsch nach Verstehen. In den folgenden Beispielen sprechen Klienten über Vertrauen und Glauben.

„Hören Sie mir zu und glauben Sie mir, was ich sage"

Sämtliche Mitglieder der eingangs erwähnten Familie aus Schweden kamen irgendwann darauf zu sprechen, daß man sie nicht reden ließ, ihnen nicht zuhörte und ihnen nicht glaubte. Im folgenden kurzen Ausschnitt unterhalte ich mich mit der jüngeren Tochter darüber, daß die Ärzte und Therapeuten in den familientherapeutischen Sitzungen nicht mit ihr redeten. Ich bat sie: „Also hilf' mir mal. Als du gesagt hast, du und deine Mutter, ihr wärt euch einig gewesen, daß die Ärzte auch mit dir reden sollten, haben sie denn über dich gesprochen, als ob du gar nicht da wärst?"

„Ja. Aber ich glaube nicht, daß sie es so aufgefaßt haben."

Im nächsten Beispiel spricht die ältere Tochter darüber, daß die Krankenschwestern auf der Station als Vermittler zwischen ihr und dem Arzt auftraten.

„Dein Wunsch, mehr reden zu dürfen, beschäftigt mich sehr. Wenn man dir Gelegenheit dazu gäbe, worüber würdest du dann eigentlich sprechen wollen? Was sollten die Ärzte deiner Meinung nach zu hören bekommen?"

„Ich will, daß sie mir zuhören und mir glauben, was ich sage. Und daß ich nicht dauernd versuche, zu manipulieren. Also, es ist irgendwie, als ob man aus zwei Personen bestünde, und die eine bemüht sich, gesund zu werden, und sie sollten auf diesen Teil hören und ihn unterstützen. Ich bin schließlich diejenige, die mich am besten kennt und weiß, was am besten für mich ist."

Ich nehme an, die Therapeuten und Ärzte haben ihre eigenen, ebenfalls begründeten Versionen.

„Erst als sie sie gesehen hatten, glaubten sie mir"

Bei einem Konflikt zwischen einem Paar und ihrem Therapeutenteam in der Klinik wurde ich zu Rate gezogen, weil sie sich nicht einigen konnten, ob die Ehefrau entlassen und in eine ambulante Therapie überwiesen werden sollte. Seit drei Wochen war sie wegen schwerer Depressionen stationär behandelt worden. Der Mann wollte der Entlassung seiner Frau aus der Klinik nur zustimmen, wenn einigermaßen sichergestellt war, daß man sie wieder aufnehmen würde, sobald sie erneut so schwer depressiv wurde. Da ich mir seinen Widerstand nicht erklären konnte, fragte ich danach. Äußerst erregt sprach er davon, wie schwierig und quälend es sei, eine Klinik für seine Frau zu finden. Er sagte, sie habe tagelang nicht aufstehen oder essen wollen und damit gedroht, sich umzubringen. Aus Angst um ihr Leben sei er nicht zur Arbeit gegangen; er habe bei mehreren Stellen angerufen, um für seine Frau Hilfe zu holen. Aber er konnte niemanden davon überzeugen, wie schlecht es ihr ging. Äußerst plastisch beschrieb er, wie er dann ihren erschlafften Körper aus dem Bett gehoben, ins Auto getragen und auf seinen Armen in die Notaufnahme der Klinik getragen hatte. „Erst als sie sie sahen, *glaubten* sie mir", sagte er.

„Diese Leute vertrauen mir wirklich"

Ich war dankbar für die Gelegenheit, mit Thomas und seinem derzeitigen Therapeuten namens Hugo über Thomas' fünf Jahre während Quälerei sprechen zu dürfen, als er sich hilfesuchend an einen Therapeuten und an einen Arzt nach dem anderen wandte. Kurz zusammengefaßt: Der als paranoid-schizophren diagnostizierte Thomas war wegen Schwierigkeiten mit seinem Chef und den Kollegen in Krankenurlaub geschickt worden. Aus mehreren Gründen gestaltete sich die Situation inzwischen ziemlich kompliziert. Thomas' spezifische, seine Beschäftigung betreffenden Schwierigkeiten wurden als recht heikles arbeitspolitisches Problem betrachet: Er wollte unbedingt seine Karriere weiterverfolgen; der für die Erwerbsunfähigkeitsrente zuständige Versicherungsbeauftragte hatte ihm dagegen dringend den endgültigen Ruhestand empfohlen, was er aber ablehnte. Während der vergangenen zehn Jahre hatte es auch noch einige andere tragische Vorfälle in seinem Leben gegeben. Er verfolgte sein Anliegen geradezu leidenschaftlich, und wegen dieser Vehemenz ließen sich Leute in maßgeblicher Position häufig gar nicht erst auf ein Gespräch mit ihm ein, und sein Chef fühlte sich von ihm bedroht und hatte Angst vor ihm. Thomas gewann nicht nur den Eindruck, daß ihn während seiner Suche nach Beistand niemand verstand oder ihm half, sondern auch, daß ihm keiner vertraute oder glaubte. Er sprach von seinem daraus resultierenden Mangel an „uneingeschränktem Vertrauen" in die Ärzte sowie von seiner Beobachtung der Körpersprache der Therapeuten, die zeigte, daß „sie mir nicht *glaubten*". Mir fiel ein, daß er gesagt hatte, sein gegenwärtiges Therapeutenteam habe ihm geholfen, und ich bemerkte: „Sie haben gesagt, Sie hätten sehr viel Vertrauen zu ihnen." Er antwortete:

Ich habe mir gesagt, diese Leute trauen mir tatsächlich. Sie haben volles Vertrauen zu mir .... Ich hatte zum ersten Mal das Gefühl, abgesehen vielleicht von ein paar engen Freunden, daß mir diese Leute *geglaubt* haben. Ich habe keine „bad vibrations" gespürt. Es gab bei ihnen keine Anzeichen in Körpersprache oder Gesichtsausdruck, die mir sagten: „Das ist nicht wahr."

„Ich will es doch hoffen!"

Die Therapeutin Susan Levin (1992) hat über ihre Interviews mit mißhandelten Frauen geschrieben; in ihren Kommentaren wird deutlich, wie gefährlich es ist, einem Klienten keinen Glauben zu schenken. Eine der Frauen, Nan, berichtete von sieben von ihr konsultierten Therapeuten, die entweder sie selbst für das Gewalttätigwerden ihres Mannes verantwortlich machten, für ihn Partei ergriffen oder ihr rieten, ihn zu verlassen. Nach sechs Jahren fand Nan endlich eine Therapeutin, die ihr zuhörte und sie wirklich hörte. Levin merkt dazu an:

> Ich hätte Nans wiederholte Unzufriedenheit mit ihren früheren Therapeuten womöglich auf ein Problem (oder etwas Pathologisches) zurückgeführt, wenn ich ihr mit einer abwehrenden Haltung zugehört oder die Neigung gehabt hätte, ihre Wahrnehmung der Realität zu analysieren oder anzuzweifeln. (S. 72)

Nans eigene Worte bekräftigen Levins Warnung, Mißtrauen oder Enttäuschung erkennen zu lassen:

> Die ganzen neun Monate, bevor ich ihn [ihren Mann] verließ, und noch drei Monate danach war ich soweit, beim kleinsten Verdacht, daß einer mich kritisierte oder der Meinung war, jemand mit meinem Verstand und meiner Vorgeschichte sollte doch einfach weggehen können – jeder Verdacht in dieser Richtung ließ mich die Flucht ergreifen. (S. 73)

Levin führt mehrere Beispiele an, welche Sachverhalte ein Therapeut anzweifeln könnte oder welche psychischen Störungen an Nans Unzufriedenheit festgemacht werden könnten. Sie erörtert die möglichen Folgen, wenn sie bei Nan etwas davon nachgegangen wäre.

> Ich hätte nach Fragen gesucht, die Nan geholfen hätten, ganz genau zu erklären, wie sie diese Therapeuten gefunden hatte, was sie im einzelnen gesagt hatten, was davor passiert war, usw. Mittels Fragen nach „Fakten" hätte ich sie unter Druck gesetzt und dazu gedrängt, zuzugeben, daß sie die Tatsachen verdrehte, oder zumindest hätte ich mich dadurch selbst von den Tatsachen überzeugt. Wahrscheinlich ist es das, was Nan immer und immer wieder in den Therapien widerfahren ist... Wenn ich hätte erkennen lassen, daß ich ihr oder

ihrer Geschichte mißtraute, wäre es eine ganz andere Art von Interaktion geworden, die sich anders angefühlt hätte. Ich wäre zum Inquisitor und Experten geworden, der bestimmt, worüber sie vordringlich sprechen sollte, und hätte die Haltung eingenommen, daß ich besser als sie wüßte, worin wahrscheinlich ihre „wirkliche" [die zutreffende] Erfahrung in der Therapie bestand. Vielleicht wäre sie dann aus dem Interview geflüchtet. Ich will es doch hoffen! (S. 73)

Levin berichtet, wie verwirrt sie nach Gesprächen mit Jean war, weil deren Darstellungen ihrer Beziehung zu ihrem Mann und ihrer Ehe im Erstinterview wie auch in den nachfolgenden Gesprächen nicht miteinander vereinbar waren. Außerdem entsprachen sie dem Katamnese-Bericht des überweisenden Therapeuten nicht. Wie bei Nans Geschichte hätte Levin aus diesen Ungereimtheiten verschiedene Schlüsse ziehen und auf der Suche nach der richtigen Version endlose Fragen stellen können. Sie tat jedoch nichts dergleichen, sie akzeptierte sämtliche Versionen. Levin reflektierte ihre eigene Verwirrung und erinnert uns daran, wie leicht man vergißt, „daß die Menschen Lebensumstände und Denkweisen haben, die sich ändern, oft ohne daß wir daran beteiligt sind, und daß sie keine statischen Gefäße voller Informationen – Fakten zum ‚Sammeln' – sind" (S. 84). Unter Hinweis auf die Arbeiten des holländischen Psychologen Sybe J. S. Terwee (1988) macht uns Levin darauf aufmerksam, daß „die Beschäftigung mit Mehrfachdarstellungen ‚desselben' Ereignisses endloses Interpretieren nach sich ziehen kann, wenn man herauszufinden versucht, was *wirklich* geschah" (S. 84).

Es unterliegt vielfältigen Einflüssen, wie eine Geschichte erzählt und wie sie gehört, beschrieben und interpretiert wird, darunter der Erzähler, der Hörer, der Kontext und die Umstände. Norman Denzin (1989) gibt zu bedenken: „Die erzählte Geschichte ist nie die gleiche wie die, die man hört. Jeder Erzählende spricht aus einer lebensgeschichtlichen Position heraus, die einzigartig ist und in gewissem Sinne auch nicht mit anderen zu teilen" (S. 72). Auch Gergen (1982) führt ein faszinierendes Beispiel an: „Wenn ich bei einem geselligen Beisammensein sehe, wie meine Freunde Laura und Ross aufeinander zugehen und Ross ganz kurz Lauras Haar berührt, was genau habe ich da beobachtet?" (S. 60) Er veranschaulicht damit, wie viele Möglichkeiten es zur Beurteilung von Verhalten gibt und wie viele Versionen einer Geschichte man daher bezüglich eines bestimmten Verhaltens produzieren kann. Jedesmal wenn eine Geschichte über Ross und Laura erzählt wird, kommt eine andere Version zum Vorschein, je nachdem, wer der Erzähler ist, aber auch in Abhängigkeit von zahlreichen anderen Faktoren. Unter diesen Voraussetzungen ist eine Darstellung oder Revision der Geschichte so wahr wie die andere.

Gesprächsbezogene Fragen

„Sie stellen schwere, komplizierte Fragen, aber Sie tun es auf nette Art."
„Sie stellt gute Fragen."

Die Klienten berichten, daß mit zum Hilfreichsten bei einer positiven Therapieerfahrung die Fragen des Therapeuten gehören. Fragen sind das Herzstück jedes Interviews oder therapeutischen Gesprächs. Sie können die Geschichte, die der Klient erzählen will, fördern oder behindern. An den Äußerungen über Therapeutenfragen fiel besonders auf, wie häufig Klienten den Eindruck hatten, diese Fragen – in ihren eigenen Worten – seien „wohl nicht relevant", deuteten darauf hin, daß der Therapeut „überhaupt nichts von dem, was ich gesagt habe, mitbekommen hat", „vermittelten mir ein Gefühl der Bedeutungslosigkeit," „beleidigten meine Integrität", oder daß sie ihnen das Gefühl gaben, „die Schuldigen zu sein" – oder es waren einfach Fragen, die es ihnen unmöglich machten, ihre Geschichte zu erzählen.

Antworten vor dem Fragen

Aus einer postmodernen Perspektive liegt ja der Schwerpunkt auf der Aufgeschlossenheit gegenüber neuen Erzählungen, und es ist klar, daß man von der Erzählung in der Therapiesituation außerhalb des aktuellen Dialogs keine Kenntnis haben kann; daher werden Fragen stets aus einer Haltung des Nicht-Wissens gestellt. Mit anderen Worten, da es diese Einstellung dem Therapeuten ermöglicht, gegenüber dem Klienten Interesse und Neugier zu zeigen, ergeben sich diese Fragen wahrscheinlich eher aus dem jeweiligen Gespräch und stammen nicht von außen. Fragen aus dieser Haltung heraus helfen dem Klienten, eine Geschichte zu erzählen, zu erläutern und weiterzuentwickeln, neue Wege aufzuzeigen und Bekanntes und Nichtbekanntes zu erkunden. Dem Therapeuten helfen sie, etwas über das *Gesagte* und das *Noch-nicht-Gesagte* zu erfahren und fehlgeleitete Auffassungen darüber zu vermeiden. Jede Frage wiederum führt ihrerseits zu einer weiteren Verfeinerung von Darstellungen und Erklärungen; jede Frage führt zur nächsten – ein Prozeß fortlaufenden Fragens, der als Sprungbrett für einen dialogischen Prozeß dient.

Solche Fragen bezeichne ich als *gesprächsbezogen* (Anderson & Goolishian, 1988b; Goolishian, 1989; Goolishian & Anderson, 1990). Der Klient wird durch sie aufgefordert, *mit* dem Therapeuten zu reden; er wird zum gemeinschaftlichen Erkunden eingeladen. Meiner Erfahrung nach erleichtern Fragen aus einer nichtwissenden Haltung heraus das Eintreten in die subjektive Welt des Klienten.[5] Der norwegische Psychiater Ivar Hartviksen (persönliche Mitteilung, 1990) bringt es folgendermaßen auf den Punkt: „Die Frage ist das einzige Werkzeug, das mir für meine Arbeit zur Verfügung steht. Es ist meine einzige Möglichkeit des *Wissen-Wollens*, der *Teilnahme* am Leben des Patienten."

Allerdings sind unsere Fragen bis zu einem gewissen Grad immer auch Einflüssen von außerhalb des unmittelbaren Gesprächszusammenhangs ausgesetzt. Wenn das Außenwissen oder der Außendiskurs an erster Stelle steht, kann das den Gesichtskreis einengen und unser Interesse und unsere Fragebereitschaft stark einschränken. Dann erlauben wir uns Fragen, mit denen wir die Geschichten eines Klienten dem anpassen wollen, was wir aufgrund unserer früheren Erfahrungen mit Klienten bereits wissen, und mit denen wir die Erzählung entsprechend zurechtbiegen. Außerdem werden solche Fragen angeregt, die Sinnhaftigkeit und Verständnis, wie sie aus dem im Hier und Jetzt stattfindenden Gespräch entstehen könnten, eher reduzieren. Je mehr Fragen auf Vorwissen, auf der Suche nach Antworten oder auf der Bestätigung von Vermutungen des Therapeuten basieren, desto mehr verliert der Therapeut den Kontakt zum Erleben seines Klienten wie auch zu seinem eigenen. Darauf beziehen sich meines Erachtens die Klienten in ihren Kommentaren.

Das Konzept gesprächsbezogener Fragen entfernt sich von der herkömmlichen statischen Vorgehensweise, methodologisch oder behandlungstechnisch begründete Fragen – oder auch vorab formulierte Fragen zum Zwecke der Faktensammlung oder Bestätigung von Hypothesen – zu stellen, auf die wir die Antwort zu kennen glauben, noch bevor wir die Frage formulieren. Es macht den therapeutischen Prozeß dynamischer, weil die sich darin entfaltende Erzählung des Klienten auch den Verständnishorizont des Therapeuten ins Spiel bringt.

Es ist immer Aufgabe des Therapeuten, die Frage und das Werkzeug zu finden, mit dem sich die unmittelbare Wiedergabe von Erlebtem besser erfassen läßt. Das heißt, daß das, was man uns gerade erzählt hat, die in Partnerschaft entstandene Erzählung, die Antwort darstellt, auf die wir die nächste Frage finden müssen; es gibt dem Therapeuten die nächste Frage vor. Fragen ergeben sich also aus dem unmittelbaren Dialogverlauf; die jeweils nächste Frage erhält ihren Impuls von der sich entfaltenden Erzählung, und die Erzählung wird ihrerseits durch gezielte Fragen neu konstituiert. In diesem fortlaufenden, im Hier und Jetzt stattfindenden Prozeß von Frage und Antwort, der eingehenden Darstellung und Nacherzählung eröffnen sich unendliche Möglichkeiten für Verständnis, Sinngebung und Veränderung.[6]

Auch Bruner (1990) unterschied zwischen solchen Fragen in Interviews, die das Gesagte in ein externes Verständnismuster einordnen, und solchen, die sich auf den gerade stattfindenden Austausch beziehen. Die erste Kategorie gleicht meinen „Antworten vor den Fragen": rhetorischen oder belehrenden Fragen. Rhetorische Fragen geben sich selbst die Antwort, pädagogische deuten die Tendenz der Antwort an. In der traditionellen Therapie sind die Fragen häufig von dieser Art; das heißt, sie geben eine Richtung vor (zum Beispiel tatsächliche Realität), lassen dem Klienten aber noch Spielraum, um zu dieser Antwort zu kommen.

„Sie müssen die richtige Frage stellen"

Bei einem Workshop in Nordnorwegen unterhielt ich mich beim Mittagessen mit einer Teilnehmerin, die mir am Tisch gegenübersaß. Sie lächelte freundlich und wirkte sehr selbstsicher. Sie muß wohl gemerkt haben, daß ich sie nicht erkannt hatte, denn sie stellte sich mir vor[7]: „Ich sehe, Sie erinnern sich nicht an mich, aber ich bin Anna. Sie haben mich einmal interviewt, und das erste, was ich zu Ihnen gesagt habe, war: ‚Sie müssen die richtigen Fragen stellen'." Zum Teil hatte sie recht. Zunächst hatte ich sie nicht wiedererkannt, aber als sie das sagte, erinnerte ich mich sofort wieder an sie, obwohl sie ganz anders aussah als die Frau, mit der ich einige Jahre zuvor ein Beratungsgespräch geführt hatte. Anna war Krankenschwester, und ihr Therapeut, der sich wegen ihrer anhaltenden Selbstmordabsichten Sorgen machte, hielt eine zusätzliche Stellungnahme für potentiell hilfreich.

Anna erzählte mir dann, wie sie das Interview erlebt hatte und welche drastischen Veränderungen sich seither in ihrem Leben ereignet hatten. Sie sagte, sie habe zunächst gar nicht mit mir sprechen wollen, und mir fiel ein, wie teilnahmslos sie gewirkt hatte, als wir einander vorgestellt wurden. Ich erinnerte mich auch, daß ich die Hoffnung des Therapeuten teilte, unser Gespräch möge für sie und ihre gemeinsame Arbeit nützlich sein, aber daß ich nicht sicher war, die richtigen Fragen stellen zu können. Ich sagte irgend etwas wie: „Wären Sie einverstanden, wenn ich damit anfange, daß Sie mir ein wenig von sich erzählen, vielleicht, wo Sie leben und wie Sie Dr. X kennengelernt haben?" Sie erwähnte ihre Arbeit, ihre Scheidung und ihre Tochter. Ich wollte daraufhin mehr über ihre Tochter wissen und über ihren Kummer, daß diese weggezogen war. Sie machte sich Sorgen, ob beide jeweils die Verantwortung für ihr eigenes Leben übernehmen könnten. Ich erinnerte mich an ihre Verzweiflung, an ihre Überzeugung, daß ihr Leben keinen Sinn mehr hatte; ich erinnerte mich daran, daß Essen und ein gepflegtes Äußeres ihr völlig gleichgültig waren. Gemeinsam rätselten wir über ihren Kummer, ihre Befürchtungen und ihre Fragen. Ich erinnerte mich, daß ich laut überlegt hatte: „Wieso?" „Was wäre, wenn?" „Wie wäre es, wenn ich mich mit Ihrer Tochter treffen würde?" Ich bedankte mich bei Anna, daß sie sich mir zu erkennen gegeben und mich an ihren Erlebnissen hatte teilhaben lassen, und sagte zu ihr, daß ich gerne noch mehr hören würde, wenn sie je Lust dazu hätte.

Einige Monate nach unserem zufälligen Zusammentreffen erhielt ich einen Brief von Anna, in dem stand, unser Gespräch neulich habe „weitere Gedanken erweckt". Im Rückblick sei sie „froh, am Leben zu sein". Der folgende Abschnitt ist wörtlich aus ihrem Brief zitiert. Daß Englisch nicht Annas Muttersprache ist, erklärt, glaube ich, das Poetische ihrer Worte.

> Ich war wie eine Person ohne Mimik und Körpersprache – in einer tiefen Traurigkeit. Ich wollte nicht am Leben sein. Aber ich habe versucht, ein neues Leben für mich möglich zu machen, unabhängig zu sein. Für mich allein zu essen und spazierenzugehen. Farben und Blumen zu sehen. Sonne und Sommer. Aber innendrin war es dunkel. Jahre- und monatelang sehnte ich mich nach dem Tod. Ich saß da wie ein Clown mit einem Lächeln an der Oberfläche, und in mir war es dunkel. Ich wollte den Tod.
> Sie mußten die richtigen Fragen stellen, weil ich ein Geheimnis zu verbergen hatte. Ich konnte mit Ihnen nicht über alle meine Probleme reden. Ich mußte mich verstecken. Sie haben gefragt, und ich habe Ihnen von meiner Unabhängigkeit und meinem neuen Leben ohne meine Tochter erzählt. Ich machte mir Sorgen um sie, und wir sprachen viel über diesen Teil des Problems.
> Als Sie mit mir sprachen, wurde mir klar, daß ich im Leben sein und versuchen wollte, gegen den Tod anzukämpfen. Sie ließen mich erkennen, daß ich um meinetwillen essen, einen Spaziergang machen mußte.

Im Hinblick auf die fortgesetzte Arbeit mit ihrem Therapeuten schrieb sie mir: „Am wichtigsten war das Reden. Er half mir aus der Traurigkeit, indem er redete und redete, und er übergab mir die Verantwortung für mein eigenes Leben."

Außerdem sprach sie meine Art des Redens mit ihr an, wie tiefgreifend sich unsere Unterhaltung auf ihren eigenen professionellen Umgang mit Patienten ausgewirkt hatte:

> Ich habe nach hinten geschaut und bin froh, im Leben zu sein, und jetzt kann ich sehen, alle meine Begegnungen mit Menschen [ihre Patienten] werden davon bestimmt, daß jeder die Verantwortung für sein Leben trägt. Der Respekt für die Ansichten und Empfindungen der Leute! Heute kann ich in meinen Gefühlen stehen, und ich bemühe mich, Held über sie zu sein. Aber die starken Gefühle – sie haben mich beherrscht. Versuche, ehrlich zu sein! Bleibe in der Situation ohne zum Tod zu rennen. Stelle Fragen, dir selbst, den anderen. Ich weiß nicht, was in Zukunft ist, aber in der Gegenwart fühle ich mich gut. Ich male ein bißchen und versuche, mit der Strickmaschine Kleidung anzufertigen.

Sie schloß den Brief mit „Stelle Fragen!"
Annas Geschichte illustriert die transformierende Kraft von Erzählungen. Unser Gespräch war Teil zahlreicher, miteinander verflochtener, laufender Dialoge: zwischen ihr und ihrem Therapeuten, zwischen ihr und anderen, den Dialogen mit sich selbst sowie denen, die ihr Therapeut mit sich und anderen führte. Unser Gespräch brachte Anna dazu, mit sich selbst und mit ihrem Therapeuten Gespräche neuer Art zu führen. Durch die Abfassung einer neuen Ich-Erzählung befreite sich Anna aus ihrem suizidalen Gefängnis und wurde zur Heldin ihrer eigenen Geschichte – nicht einer von mir oder ihrem Therapeuten geschriebenen, redigierten oder angeleiteten Geschichte. Dank ihrer heroischen Empfindungen begannen sich Möglichkeiten (für ihr Leben und ihre Zukunft) abzuzeichnen, das zuvor vermißte Gefühl, selbst handlungsfähig zu sein. Sie war in der Lage, die Hoffnung und Freiheit zu verwirklichen, von der viele Klienten sprechen.

Zwei Jahre später erhielt ich aus heiterem Himmel eine kurze, auf eine Papierserviette gekritzelte Nachricht von Anna.[8] „Ich bin jetzt aus allen Problemen heraus... Keiner weiß, was das für Probleme waren, aber jetzt kann ich mein Leben leben... Ich habe sehr viel von [aus] meinen Problemen gelernt." Sie berichtete dann noch Neuigkeiten von ihrer Tochter und ihren beiden Enkelkindern, wie gut es allen ging.

Wie lautete die richtige Frage? mögen Sie rätseln. Ich weiß es nicht, Anna hat es nie erwähnt. Die richtige Frage kann nicht im voraus feststehen; sie ist nicht das Ergebnis von Klugheit, Schläue oder Weisheit. Es gibt für Fragen keine Schablonen. Jede Frage ergibt sich aus dem Bemühen, das gerade Gesagte und das Ungesagte zu verstehen; jede ist ein wesentlicher Faktor des gesamten Gesprächsprozesses. Als richtig sind solche Fragen anzusehen, die sich einstellen, wenn man sich in die Welt des Klienten vertieft. Meine Vermutung oder, wenn ich ehrlich bin, was ich gerne glauben möchte, ist, daß das, was Anna als die richtige Frage bezeichnete, gar nicht die Frage an sich war. Vielmehr waren damit wohl die sorgfältige Aufmerksamkeit und das Interesse gemeint, genauer zu erfahren, was sie bedrückte und beunruhigte, die anstelle vorgefaßter Meinungen über Depression, Suizid, Verlassenheitsthemen oder festgefahrene Therapien standen. Ich würde gern glauben, daß sie damit meinte, ich habe mein Wissenwollen in einer Weise gestaltet, die ihr das Gefühl gaben, zum Gespräch eingeladen zu sein und dazuzugehören.

„Eine Menge Leute sind berechenbar"

Bei Annas Aufforderung „Sie müssen die richtige Frage stellen" fällt mir Thomas wieder ein, der fünf Jahre lang auf der Suche nach dem richtigen Arzt, dem richtigen Therapeuten war. Mit Blick auf seine Odyssee stellte ich die vorsichtige Vermutung an: „Wenn Sie sich schon seit fünf Jahren damit herumschlagen, dürften Sie das alles ziemlich satt haben, oder sehr frustriert oder verärgert sein. Ich weiß nicht genau, wie man es nennen sollte."

In scharfem Ton antwortete er: „Eine Menge Leute sind berechenbar, wenn man darüber redet."

„Berechenbar? In welcher Weise?"

„Ich weiß, was sie mich fragen werden."

„Ah, tatsächlich –"

„Und welche Art von Antworten sie wollen. Das ist ziemlich langweilig. Man fühlt sich irgendwie verletzt. Man fühlt sich innen drin ganz schwer. Es ist ziemlich traurig, daß die Leute nicht mehr Phantasie haben und nicht kritischer darüber nachdenken, was los ist. ... Sie meinen, sie wüßten, was das Problem ist und bleiben dabei."

Im Verlauf seiner Erzählung unterschied Thomas zwischen zwei Sorten von

Menschen, die nicht an seiner Geschichte, so wie er sie erzählen wollte, interessiert waren, sondern nur an der Version, die sie entweder bereits kannten oder die sie hören wollten. Um möglichst nicht die gleichen Fehler wie die anderen zu machen, schlug ich vor: „Also warum setzen wir nicht gleich an dem Punkt an? Was ist Ihrer Meinung nach das Wichtigste, was ich über Sie wissen sollte, und was, glauben Sie, entgeht den Leuten oder beachten sie nicht genügend?"

Ein wenig später sprach er davon, daß er auf zwei Kategorien von Therapeuten und Ärzten getroffen war, wenn er seine Geschichte zu erzählen versuchte – die einen, die es als „eine Art Entertainment" auffaßten und die anderen, die „sämtliche Details erfahren" wollten. Weder die einen noch die anderen „hörten" seine Geschichte, und folglich entging ihnen, was ihm wichtig war.

Ich fragte: „Was ist es, was den meisten entgeht oder was sogar mir entgehen könnte? Was ist es, was die Leute nicht überhören sollten?"

„Was es heißt, in einer Situation allein dazustehen, weil man nämlich wirklich allein ist."

Er sprach davon, daß die Ärzte unmöglich wissen konnten, was wirklich sein Problem war, wie es sich für ihn persönlich anfühlte. Daher sollte seiner Ansicht nach kein Arzt seine Situation für andere Fachleute zusammenfassen, sondern es ihn selbst erzählen lassen. Ärzte, sagte er, „stellen oft falsche Diagnosen, wenn sie sich auf die Darstellung anderer verlassen, besonders dann, wenn diese anderen dich nur aus dem Bericht von wieder einem anderen kennen." Und er sprach darüber, welche Spannungen entstanden, sobald der Patient anderer Meinung war als der Arzt. Thomas sagte, die Ärzte teilten ihm ihre Ansichten nicht mit und seien „nicht kollegial", worauf ich fragte: „Im Sinne gleichberechtigter Partner?"

„Ich glaube, Sie verstehen es."

„Ich glaube auch, aber vielleicht auch nicht."

Er fuhr mit seiner Geschichte fort, die sehr treffend die Fallstricke illustriert, in denen sich ein Therapeut verfangen kann, wenn er die Geschichte des Klienten bereits „kennt" und Fragen stellt, die nur diese Geschichte zutage fördern soll; oder wenn ein Therapeut sich nur für die Einzelheiten der Geschichte, die er hören will, interessiert und eigentlich nie die Geschichte des Klienten selbst hört.

„Mit den Fragen gestalten Sie die Erklärung"

Unsere Fragen verraten etwas über uns und darüber, was wir denken; sie wirken an der Konstruktion der Antworten eines Klienten mit. Ich möchte Fragen stellen, die es ihm überlassen, die Antwort zu konstruieren. In dem folgenden eindrucksvollen Wortwechsel aus *The Witching Hour* von Anne Rice (1990) kommt deutlich zum Ausdruck, wie die Fragen, die wir auswählen, uns manchmal nicht nur daran hindern, zu hören, was wir nach dem Wunsch des Klienten hören sollten – worauf Thomas hinwies –, sondern sich auch darauf auswirken, was für eine Person wir für die Begegnung in der Therapie auswählen und konstruieren und welche Geschichte sie erzählen wird.[9]

„Aber es gibt viele mögliche Erklärungen [wer ich bin]. Du gestaltest die Erklärung durch die Fragen, die du stellst. Ich kann mit dir aus eigenem Entschluß sprechen, aber was ich dir sage wird davon geprägt sein, was ich im Laufe der Jahrhunderte aus den Fragen der anderen gelernt habe. Es ist ein Konstrukt. Wenn du ein neues Konstrukt willst, so frage ..."
„Wenn du mich drängst, in vollständigen und ausgefeilten Sätzen zu dir zu sprechen und deinen hartnäckigen Fehlvorstellungen, Irrtümern und deinem grobschlächtigem Unterscheidungsvermögen Rechnung zu tragen, kann ich das tun. Aber was ich sage, kommt vielleicht der Wahrheit nicht so nahe, wie du es gern hättest."
„Aber wie willst du es tun?"
„Natürlich in Anwendung dessen, was ich von anderen Menschen über das menschliche Denken gelernt habe. Was ich meine, ist: Entscheide dich – fang' ganz am Anfang mit mir an, wenn du die reine Wahrheit willst. Du wirst rätselhafte und schwer verständliche Antworten erhalten. Und sie könnten wertlos sein. Aber sie sind wahr. Oder fang' in der Mitte an, und du wirst gebildete und ausgeklügelte Antworten bekommen. In jedem Fall wirst du das von mir wissen, was ich von dir über mich erfahre." (S. 926 f.)

Man kann jede Frage stellen, jede Bemerkung machen, über alles reden. Wesentlich dabei ist die Haltung, der es entspringt – das Auftreten, der Ton und das Timing. Alle Fragen wie auch alle Bemerkungen, persönlichen Überlegungen oder Ansichten sollten am besten versuchsweise vorgebracht werden. Sich vorzutasten heißt nicht, vage zu bleiben, sondern dem anderen gegenüber aufgeschlossen zu sein und ihm Raum zur Mitwirkung zu geben. Werden Fragen in dieser Weise gestellt, bleibt es dem Klienten überlassen, ob er auf sie eingehen, sie umformulieren oder ignorieren will.

„Konditionale" Fragen

Dabei fallen mir die Äußerungen von Bill ein, einem als untherapierbar eingestuften „Drehtür"-Fall. Der Dreißigjährige war mehrmals wegen einer Psychose stationär behandelt worden und jahrelang nicht arbeitsfähig.[10] Im Laufe seiner derzeitigen Therapie hatte er Fortschritte gemacht und konnte seinen Beruf als Programmierer wieder ausüben. Er sagte, er fühle sich nun eher gerüstet, sein Leben selbst in die Hand zu nehmen (Handlungsfähigkeit). Außerdem empfand er seinen jetzigen Therapeuten, verglichen mit den bisherigen, als anders. Dieser Gesprächskontext veranlaßte seinen Therapeuten zu fragen: „Was, wenn überhaupt, hätten Ihre früheren Therapeuten anders machen sollen, womit Sie mehr hätten anfangen können?" Möglicherweise verweist Bills Antwort auf Nicht-Wissen.

> Das ist eine interessante und komplizierte Frage. Wenn jemand wie Sie einen Weg gefunden hätte, mit mir zu reden, als ich zu Anfang allmählich verrückt wurde ... die ganzen Male, als ich den Wahn hatte, eine bedeutende Militärpersönlichkeit zu sein ... ich wußte, daß ich mir damit selbst zu vermitteln versuchte, ich könne meine Panik und Furcht überwinden ... Statt mit mir darüber zu reden, stellten meine Ärzte dauernd von mir so genannte „konditionale Fragen".

Der Therapeut fragte: „Was sind konditionale Fragen?"

> Sie [die Fachleute] haben mir immer auf den Zahn gefühlt ... mich überprüft, ob ich wußte, was sie selbst wußten, statt eine Möglichkeit zu suchen, mit mir zu sprechen. Sie haben zum Beispiel gefragt, „Ist das ein Aschenbecher?", um herauszufinden, ob ich ihn erkannte. Es war so, als ob sie Bescheid wüßten und schauen wollten, ob ich es auch könnte ... Das hat mir nur noch mehr Angst gemacht. Wenn Sie mit dem Selbst hätten reden können, das wußte, wie ich mich fürchtete ... wir wären mit diesem verrückten General schon fertiggeworden.

Laut Shotter (1994) war Bill an einem Gespräch beteiligt, das ihn „berührte", das „seinem Wesen entsprach" (S. 6). Für ihn steht diese Art des einbeziehenden Redens im Gegensatz zu den früheren Gesprächsmustern, bei denen Bill aus dem „als Mittel zum Zweck dienenden, problemlösungsorientierten Gesprächsstil von Fachleuten ausgeschlossen blieb, die nur darauf bedacht waren, ihre ‚*Theorien*' anzuwenden, und sich aufgrund ihrer ‚*Beobachtungen*' ein zutreffendes ‚*Bild*' von Bills vermeintlicher ‚*seelischer Verfassung*' machen wollten [Hervorhebung von mir]" (S. 9). Eine Haltung des Nicht-Wissens bietet weniger Möglichkeiten für die von Bill als „konditional" bezeichneten Fragen und erlaubt dem Therapeuten, gesprächsbezogene Fragen zu stellen.

Zuhören und reagieren

„Sie haben mir zugehört."
„Sie haben genau gehört, was ich gesagt habe."
„Ich wollte eigentlich nichts weiter, als daß mich jemand hört."

Die Klienten sagen, sie wollen, daß man ihnen zuhört und sie wirklich hört. In der Mehrzahl meiner Gespräche mit Klienten über ihre Therapieerfahrungen und deren Nutzen war der meistgenannte, für gescheiterte Therapien verantwortliche Faktor, daß man ihnen nicht zugehört oder sie nicht gehört habe. Aber was heißt Zuhören? Was heißt Hören?

Zuhören ist so sehr ein für selbstverständlich gehaltener Aspekt der Psychotherapie, daß darüber zu schreiben naiv anmuten mag. Zum erstenmal erwähnt von Freud, war das Zuhören kaum ein Gesprächsthema, bis man in den fünfziger Jahren den Zusammenhang mit der Empathie erkannte (Jackson, 1992, S. 1626f.). Die Funktion des Zuhörens, an Bedeutung nur noch vom Beobachten übertroffen, bestand vor allem darin, sich eine besondere Art des Wissens anzueignen, sich klinische Informationen zu beschaffen. In den meisten Fällen war das Zuhören eine passive Haltung oder ein passiver Vorgang. Der aktive Teil findet sozusagen im Kopf des Zuhörers statt, wenn das Gehörte stillschweigend mit Bedeutung versehen und eingeordnet wird. Man glaubte fest daran, daß der Therapeut nur ein guter – empathischer, aufmerksamer – Zuhörer sein oder, wie Reik (1951) vorschlug, ein „drittes Ohr" haben müßte, um das Aufdecken von Gefühlen, Gedanken und Bedeutungen – sowie den Zugang zu ihnen – zu ermöglichen, die jenseits oder hinter dem liegen, was der Klient tatsächlich gesagt hat (deren er sich zum Beispiel nicht bewußt ist oder die er verschweigt). Dieser Erkenntnisprozeß durch eine besondere Art des Zuhörens mit dem Ohr eines Therapeuten steuert die Interventionen. Es ist beinahe so, als seien die *Redekur* und das *heilende Zuhören* getrennte, abgestufte Vorgänge.

Im Gegensatz dazu halte ich das Zuhören und das Hören für miteinander verknüpfte, aktive, wechselseitige Prozesse. Zuhören bedeutet für mich, der Geschichte eines Klienten und ihrer wahrgenommenen Bedeutung Aufmerksamkeit zu schenken, mich auf sie zu beziehen, auf sie zu reagieren, und mich zu bemühen, mehr darüber zu erfahren. Zwar sind am Vorgang des Geschichtenerzählens ein Erzähler und ein Zuhörer beteiligt, doch ist es ein weitaus komplizierterer Prozeß, als nur das Erzählen seitens des einen und das Zuhören seitens des anderen. Er beinhaltet das echte *Hören*, das Levin (1992) so definiert: „Ein Prozeß, der das Aushandeln von Übereinkünften beinhaltet" (S. 48), „ein interaktives Ringen um einen gemeinsamen Sinn, das dann erfolgt, wenn zwei (oder mehr) Menschen sich bemühen, sich über irgendeine Sache zu verständigen" (S. 50). Zuhören und Hören gehen Hand in Hand und können nicht auseinanderdividiert werden.

Responsiv-aktives Zuhören-Hören
Meiner Erfahrung nach geht das Aushandeln, das Sich-Verständigen mittels Dialog (dessen einer Teil Zuhören ist) auf charakteristische Weise vor sich, und es gehören spezielle Haltungen und Handlungsweisen des Therapeuten dazu, die ich *responsiv-aktives Zuhören-Hören* nennen möchte. Es lädt die Klienten dazu ein, uns mitzuteilen, wie es für sie ist, was es ist, das sie innerlich beschäftigt. Shotter (1995b) erklärte mit Blick auf diese Art des Zuhörens und Reagierens, daß wir dabei nicht aus einem inneren Plan handeln, sondern auf die Situation „eingehen" und das tun, was sie erfordert (S. 62).

Jeder Klient hat einen ideologischen Standpunkt (mit vorgefaßten Meinungen, Vorurteilen, Erfahrungen und Erwartungen), der einzigartig ist und sich auf die Konstruktion seiner Sicht des Problems und der diesbezüglichen Geschichte auswirkt. Damit sie eine Geschichte miteinander teilen können, muß der Therapeut in die Welt des Klienten eintauchen und Interesse daran zeigen, wie dieser das Problem, dessen Ursache, Sitz und Lösung sieht. Ebenso wichtig ist es für den Therapeuten, zu erfahren, was der Klient von der Therapie und vom Therapeuten erwartet.

Diese Art des Zuhörens und Hörens erfordert, daß ein Therapeut in seinen Tätigkeitsbereich mit einer authentischen Haltung und dem entsprechenden Auftreten hineingeht, gekennzeichnet von Offenheit gegenüber dem ideologischen

Unterbau des anderen – seiner Wirklichkeit, seinen Überzeugungen und Erfahrungen. Diese Art von Haltung und Auftreten beim Zuhören bedeutet auch, vor dem, was der Klient zu sagen hat, Respekt zu haben, sich bescheiden zu zeigen, und zu glauben, daß es hörenswert ist. Dazu gehört auch, rücksichtsvoll und aufmerksam zu sein und den Klienten spüren zu lassen, daß wir seinem Wissen über sein Leiden, sein Unglücklichsein oder seine Notlage Wert beimessen. Und es gehört dazu, erkennen zu lassen, daß wir mehr über das erfahren wollen, was der Klient gerade gesagt oder vielleicht noch nicht gesagt hat; das ist am besten zu erreichen, indem man sich aktiv auf das, was der Klient gesagt hat, bezieht und darauf eingeht, in Form von Fragen, Kommentaren, Weiterentwicklung von Ideen, Überlegungen und dem Mitteilen der eigenen Gedanken. In dieser Weise Interesse zu zeigen hilft dem Therapeuten, das *Gesagte* zu klären und Mißverständnisse zu vermeiden sowie über das *nicht Gesagte* mehr zu erfahren. Die Linguistin Deborah Tannen (1990) meint: „Wir alle möchten – mehr als alles andere – gehört werden, aber nicht nur gehört. Wir möchten verstanden werden – gehört werden für das, was wir zu sagen glauben, für das, von dem *wir [Hervorhebung von mir]* wissen, daß *wir* es gemeint haben." (S. 47)

Um zu vermeiden, daß er Verstehen schon voraussetzt oder die Lücken zu schnell ergänzt, und um sicherzustellen, daß er hört, was der Klient meint, könnte ein Therapeut fragen: „Damit ich Sie nicht mißverstehe, wollen Sie sagen ...?" „Hat das Ähnlichkeit mit ...?" „Bedeutet das ...?" oder „Vor einer Minute haben Sie gesagt, ... haben Sie das so gemeint?" Solche Fragen und Bemerkungen, mit denen Mißverständnisse vermieden werden sollen, müssen vorsichtig und neugierig vorgebracht werden, damit das echte Interesse am Richtig-Verstehen zum Ausdruck kommt.

Responsiv-aktives Zuhören-Hören heißt nicht, sich einfach zurückzulehnen und nichts zu tun. Es heißt nicht, daß ein Therapeut nichts sagen, keine Ideen einbringen oder Meinungen äußern darf. Und es heißt auch nicht, daß es sich nur um eine Technik handelt. Es ist eine dem Therapeuten eigene Einstellung und Verhaltensweise, die aufrichtiges Interesse, Achtung und Neugier signalisiert und unter Beweis stellt. Der Klient soll so viel Raum und Zeit für seine Geschichte haben wie nötig und – ja, doch – manchmal ohne unterbrochen zu werden. Ich meine damit, daß es mich nicht stört und ich auch keine Schlüsse daraus ziehe, wenn ein Klient sehr lange reden will.

Wie fördert diese Art von Zuhören-Hören den Dialog? Wie fördert es Beziehungen? Wenden wir uns erneut den Stimmen moderner Romanfiguren zu, wenn sie über Zuhören, echtes Hören und Dialog sprechen.

Stimmen aus der Literatur

Manchmal sind es Gestalten aus der Literatur, die genau erfassen, welche Art des Zuhörens den Sprecher zum Dialog einlädt. Lauschen wir der Hauptfigur aus *Gespräch mit einem Vampir* von Anne Rice (1989).

> Plötzlich wußte ich nicht mehr weiter, war mir jedoch die ganze Zeit bewußt, wie Armand zuhörte – so, wie wir uns den idealen Zuhörer erträumen, mit einem Gesicht, das alles, was ich sagte, widerzuspiegeln schien. Wenn ich stockte, fiel er mir nicht sofort ins Wort, um sein Verständnis zu beteuern, bevor ich den Gedanken zu Ende geführt hatte, oder um aus einer plötzlichen, nicht zu widerstehenden Eingebung heraus Argumente anzuführen – all die Dinge, die einen Dialog so häufig unmöglich machen. (S. 283–284)*

Auch Smilla, die Grönländerin in Peter Høgs (1993; dt. 1995) *Fräulein Smillas Gespür für Schnee*, die den Schnee so spürt wie ihre eigene Haut, bringt das Wesentliche des Zuhörens zum Ausdruck, wenn sie sich in Gedanken mit dem Kriminalbeamten, der sie verhört, und mit ihren eigenen Reflexionen über die Erfahrung des Verhörtwerdens beschäftigt.

> Ich sage nichts. Ich lasse die Stille ein wenig auf den Ermittler einwirken. Sie hat keinen sichtbaren Effekt. Seine gelbbraunen Augen ruhen auf mir, ohne unstet und peinlich zu wirken. Er kann hier unbegrenzt stehenbleiben. Schon das macht ihn zu einem ungewöhnlichen Mann. (S. 44)

Sie fährt fort:

> Nur wenige Menschen können zuhören. Ihre gehetzte Eile zieht sie aus dem Gespräch heraus, oder sie versuchen innerlich, die Situation zu verbessern, oder sie überlegen sich ihren Auftritt für den Moment, wo man selbst die Klappe hält und sie sich ihrerseits in Szene setzen können.
> Mit dem Mann vor mir ist das anders. Wenn ich rede, hört er unzerstreut zu, was ich sage, und nichts sonst. (S. 44)

---

* Übers. Von G.H.

Während Smilla versucht, mit Worten und Gesten Spuren im Schnee und wie sie entstehen, zu beschreiben, nimmt sie ständig die Bewertung seitens des Beamten vorweg und sucht Anzeichen dafür zu finden, daß er sie für unglaubwürdig hält.

> Ich höre selber, wie unzulänglich das klingen muß. Ich erwarte eine höhnische Bemerkung. Doch sie bleibt aus.
> Er schaut auf das Dach. Er hat keine Tics, keine Angewohnheit, sich an den Hut zu fassen oder seine Pfeife anzuzünden oder von einem Fuß auf den anderen zu treten. Er zieht keinen Notizblock heraus. Er ist nur ein sehr kleiner Mann, der zuhört und gründlich nachdenkt. (S. 45)

Einer mehr, vor dem man flüchten muß

Wenn ein Therapeut es versäumt, aktiv zuzuhören und verständnisvoll eingehend zu hören, läuft er Gefahr, allzu schnell nachzufragen, Bemerkungen anzubringen, Vermutungen zu äußern und Vorschläge zu machen, die den Klienten frustrieren und ihm das Gefühl geben, kritisiert und nicht gehört zu werden. Solches Verhalten blockiert den Dialog und verhindert die Wechselseitigkeit. Je stärker die Geschichte mit Emotionen, Werten und Soziokulturellem befrachtet ist, zum Beispiel bei Gewalt in der Familie, desto schwerer ist es für einen Therapeuten, zuzuhören und zu verstehen. Nan, eine von Susan Levin (1992) interviewte Frau, ist dafür ein überzeugendes Beispiel: Levin stellt die gescheiterten Therapien und Mißerfolgsituationen dar, in denen Nan das Gefühl hatte, nicht gehört zu werden.

> „Sie haben gesagt, daß Sie nach mehreren Menschen die Hand ausstrecken: Familie, Freunde, frühere Therapeuten, die Kirchengemeinde; hatten Sie je das Gefühl, irgendwer verstünde Sie?"
> „Eigentlich nie," antwortete Nan.
> „Eigentlich nie."
> „Habe nie jemanden getroffen, der das durchgemacht hatte. Therapeuten waren die Schlimmsten, weil ich, äh, jedesmal, wenn wir einen neuen ausgesucht haben, habe ich mir Hoffnungen gemacht. Und wir sind dann reingegangen und alles ist noch schlimmer geworden, meistens. Es ist meistens viel schlimmer geworden, weil mein Mann nicht fähig war, mit Problemen umzugehen. Er konnte es einfach nicht, ich meine, der Mann war sehr krank. Wir

gingen also zu Therapeuten, die mit einer Art Modell arbeiteten. Sie wissen schon, wo man hergehen soll und das, was den Streit verursacht hat – was immer es ist – in Ordnung bringen soll. Und Tatsache ist, der Streit war da, bevor was immer ihn verursacht hat, da war. Es ist so, was ich nun verstehe, daß wenn seine Anspannung zunahm, daß er dann Ausschau hielt nach irgend etwas, das er als Anlaß für den Streit nehmen konnte. Und die Dynamik, äh, hat sich nicht aus Gründen ergeben, die man schwarz auf weiß niederschreiben oder in einem Sprechzimmer bearbeiten kann ... Unsere Therapeuten waren fast immer Männer, und die meisten gaben mir die Schuld." (S. 71–72)

Sue hätte nun Nans Tatsachenbehauptungen und ihre Einschätzung dieser Therapeuten bezweifeln können; sie hätte von Nan fordern können, einzusehen, daß sie die *Wahrheit* verdrehte. Hätte Sue diesen Kurs eingeschlagen, wäre sie am Ende sehr wahrscheinlich nur wieder eine von denen gewesen, die Nan mißtrauten, eine mehr, die von ihrer Geschichte frustriert war, und eine mehr, vor der man davonlaufen mußte.

Kohärenz wahren

„Oh, nur noch ein letztes, bevor ich gehe."

Die Klienten sagen, sie wollen Gelegenheit haben, ihre Geschichte zu erzählen. Zu diesem Zweck muß der Therapeut einen geschützten Raum für die in Ich-Form erzählte Geschichte des Klienten schaffen. Entscheidend dafür ist, daß der Therapeut sich wahrhaft verpflichtet fühlt, der Geschichte des anderen aufgeschlossen gegenüberzustehen und auf das, worüber der andere sprechen will, neugierig zu sein. Dazu gehört, bei der Arbeit an dem Problem und seinen vermeintlichen Lösungen innerhalb der diesbezüglichen Realität des Klienten – seines Wortschatzes, seiner Metaphernbildung und Ausdrucksweise – zu bleiben. Solcherart für die Geschichte eines Klienten Raum zu schaffen, sich hineinzuversenken und sich davon leiten zu lassen bedeutet für mich, die Kohärenz zu wahren. Mit anderen Worten, wenn man nicht weiß, sondern herauszufinden versucht, bleibt man im Erlebenszusammenhang, wahrt also die Kohärenz.

Die Wirklichkeit des Klienten in dieser Weise zu respektieren wird häufig damit verwechselt, gewollt oder ungewollt, explizit oder insgeheim das Problem zu reifizieren, von der Geschichte des Klienten überflutet, oder an der Nase herumgeführt zu werden. Mit einem, der seine Frau mißhandelt oder von Suchtmitteln abhängig ist, im Rahmen seiner Geschichte zu reden, ist nämlich nicht dasselbe wie an Verleugnung mitzuwirken, kulturabhängig definierter Unmenschlichkeit gegenüber Nachsicht zu üben, oder sich sozialer und ethischer Verantwortung zu entziehen. Es wird dadurch auch keineswegs das Problem perpetuiert, ganz im Gegenteil: Meiner Erfahrung nach ist die Wahrung der Kohärenz ein wichtiger Schritt, um starre Standpunkte aufzuweichen und so den Dialog zu fördern. Die Menschen reden, worüber sie reden wollen und müssen, wenn wir ihnen nur Gelegenheit dazu geben. Wenn wir zum Beispiel glauben, ein Süchtiger oder Mißhandelnder müsse ein Geständnis ablegen, und wir irgendwelche Schritte unternehmen, um dieses Geständnis aus ihm herauszulocken, behindern wir die Geschichte. Folglich beteiligen wir uns ohne es zu wollen an der Entstehung paralleler Monologe zwischen Klient und Therapeut. Die Kohärenz zu wahren läßt Platz für vertraute Erfahrungen und Schilderungen des anderen. Folgt man z. B. der Diskussion um Batesons Verständnis von Information, wird deutlich, daß man Platz für das Vertraute braucht, um sich mit neuen und neuartigen Ideen tragen zu können (Deissler, 1997). Auf diese Weise erhält der Klient Bewegungsfreiheit und muß keine Energie darauf verwenden, für seinen Standpunkt zu werben, ihn zu verteidigen oder den Therapeuten davon zu überzeugen.

Durch die Wahrung des Zusammenhangs läßt es sich auch besser vermeiden, daß die Stimme des Therapeuten dominiert und die zu erzählende Geschichte prägt, wodurch wiederum die Version des Klienten und noch zu entwickelnde Versionen mit hilfreichen kleinen Unterschieden verhindert würden. Unser Klient Thomas beschäftigt sich mit diesem Punkt, wenn er von seinen erfolglosen Bemühungen berichtet, sich mit seinem Problem von Therapeuten helfen zu lassen, die die Geschichte schon vorher kannten und deren Wiedergabe so zu modellieren versuchten, daß es zu ihrer Version paßte. In Shotters (1994) Worten hatte man Thomas aus der „Gesprächssphäre" ausgeschlossen. Shotter erwähnt drei Klienten, die sich von ihren Therapeuten verstanden fühlten:

> Wenn sie auf das Gesprächsterrain zurückgebracht werden, in dem sie schon immer heimisch waren, empfinden sie alle die darin benutzte Redeweise als ihrem Wesen gemäß ... und worin nun neue Möglichkeiten für seine Formulierung, eine neue Art, darüber zu reden, gefunden werden können. (S. 9)

Wird der Klient nicht in das sprachliche Aktionsfeld miteinbezogen, redet oder verhält er sich womöglich in einer Weise, die wir zuweilen als unkooperativ, als im Widerstand befindlich, als verleugnend oder sogar als paranoid empfinden und bezeichnen. Oder aber der Klient läßt – wenn der Zuhörer das, was diesem Klienten wichtig ist, überhört oder ihn daran hindert, es zu sagen – eine Bombe platzen wie „Oh, nur noch ein letztes, bevor ich gehe"; oder er schneidet ein völlig neues Gesprächsthema an, für das keine Zeit mehr bleibt: „Worüber ich eigentlich mit Ihnen sprechen wollte ...".

Bei einer kollaborativen Herangehensweise steuert der Therapeut das Interview nicht, indem er das Gespräch in eine bestimmte inhaltliche oder ergebnisorientierte Richtung lenkt, noch ist er dafür verantwortlich, in welcher Richtung sich eine Veränderung anbahnt. Braten (1984) beschreibt den Prozeß als intersubjektiv, als einen Dialog, in dem sämtliche Beteiligten der Kreativität und dem Bewußtsein der anderen Raum geben. So kann etwas *Neues* entstehen, das im Rahmen des Dialogs zwischen Klient und Therapeut von beiden erzeugt, und nicht vom Therapeuten entwickelt, eingeführt oder angeboten wird.

Der Therapeut ist dann einfach nur Teil eines interaktiven zirkulären Systems, nur Teil des „hermeneutischen Zirkels" (Gadamer, 1960), eines Dialogprozesses, mittels dessen die Auslegung beim Vorverständnis des Therapeuten beginnt. Das heißt, wenn sich Therapeut und Klient auf das therapeutische Spielfeld begeben, dann stets mit auf ihren Vorerfahrungen beruhenden Erwartungen hinsichtlich des Diskussionsgegenstandes. Die entstehende Bedeutung ist aus der Wechselwirkung zwischen dem, was jeder mitbringt, und dem, was sich ergibt, zu verstehen. Damit es zu neuer Sinnbildung kommt, muß das, was der Therapeut zu hören bekommt, für ihn neuartig sein (er darf nicht schon wissen), und der Therapeut muß fähig sein, gleichzeitig auf die inneren und äußeren Gespräche jedes Systemmitgliedes zu achten.

Ich möchte betonen, daß die Wahrung der Kohärenz kein müßiges, oberflächliches, planloses Geschwätz ist, das zu nichts führt oder die Vormeinungen von Klient und/oder Therapeut nur noch fester werden läßt. Sie ist Teil eines absichtsvollen Gesprächs mit dem Ziel, den Dialog wiederherzustellen. Diese Seite des In-Kohärenz-Bleibens sowie die Gewichtigkeit von lokaler Bedeutung und Sprache sind es wert, daß man sich mit ihnen beschäftigt.

Lokale Bedeutung und Sprache

Die in der Therapie entwickelten Geschichten müssen angemessen spezifische, lokale Schilderungen eigener Erlebnisse sein, um ein – wenn auch nur vorübergehendes – Verstehen im Hinblick auf die Natur des Konflikts zu gewährleisten und letztlich in eine neue Erzählung zu münden. Lokale Bedeutung und Sprache sind deshalb so wichtig, weil das Erlebnisspektrum groß ist und man diese Erlebnisse auf vielerlei Arten kennenlernen kann, die von Person zu Person und von Therapie zu Therapie verschieden sind. Im Sprachzusammenhang eines Klienten, eines anderen Therapeuten oder eines Ausbildungsteilnehmers zu bleiben bringt uns der Entwicklung eines im Hier und Jetzt geteilten (im Dialog selbst stattfindenden) Verständnisses und eines lokalen (dialogischen) Vokabulars näher; es bildet sich zwischen den im Dialog befindlichen Personen heraus und stammt nicht aus in dieser Gesellschaft allgemein üblichen Gefühls-und Bewußtseinszuständen (auch wenn diese einen gewissen Einfluß ausüben). Sich im Dialog auf die Ausdrucksweise einzulassen, die die Klienten bei ihren Problemschilderungen und -interpretationen im Alltag verwenden, ist für ein gemeinsames lokales Verständnis entscheidend. Dazu ist es erforderlich, den therapeutischen Diskurs aus der Welt und der Sprache externer Schlagwörter und Metaphern herauszuhalten, wozu psychologische Theorien und familientherapeutische Modelle (z. B. psychodynamische oder strukturelle) nun einmal gehören (Gergen, 1988a; Smedslund, 1988). Diese Fachsprache stellt eine Art konzeptuelle Brille dar, plausibel für uns, aber für die Klienten meistens nicht. Es ist eine eher hierarchische Sprache, die dominieren, Ausdrucksmöglichkeiten einengen und folglich ungewollt zum Schweigen bringen kann. Durch unsere Fachsprache kommen wir leicht zu einem auf theoretische Konzepte reduzierten Verständnis und verlieren damit den Kontakt zum Erleben des Klienten. Ebensogut können wir dadurch aber auch den Kontakt zum Erleben eines Therapeuten verlieren; unsere Fachsprache lädt manchmal nicht gerade zur Zusammenarbeit ein.

Aus diesem Grunde bemühe ich mich um eine kooperative und kollektive Ausdrucksweise: Worte, Ausdrücke und Sätze, die den anderen tendenziell in das Gespräch hineinziehen und alle Beteiligten einbeziehen und ansprechen; dazu gehören zum Beispiel ich selbst und alle anderen Anwesenden, wie Kollegen, Studenten und Seminarteilnehmer. Das signalisiert, daß man *mit*, nicht *zu* jemandem oder *über* jemanden spricht.

Wenn ich mich zum Beispiel mit einem Therapeuten und seinem Klienten treffe, frage ich vielleicht: „Worüber haben *Sie beide* gesprochen?" oder „Worüber haben *Sie vier* gesprochen?", wenn das Therapiesystem aus vier Mitgliedern besteht. Ich könnte fragen: „Seit wann treffen *Sie beide* sich schon?" Gibt es Beobachter bei unserem Gespräch, frage ich vielleicht: „Was sollten *wir Ihrer* Meinung nach wissen?" Wenn ein Berater in einer Fachberatungsgruppe einen Fall vorstellt, frage ich etwa: „Was glauben *Sie*, wie *wir* Ihnen helfen können?" Ein weiteres Beispiel ist Harrys Frage an Lars: „Wie lang *haben* Sie diese Krankheit schon?" Ich habe festgestellt, daß man mit einer solchen Ausdrucksweise Verschiedenes erreichen kann: Alle werden als ebenbürtig in das Gesprächssystem einbezogen, und es herrscht ein kollaborativer Ton, weil ich weder mich noch den Therapeuten in eine abgehobene, hierarchische oder dualistische Position bringe. Außerdem werden weder Therapie noch Problem angesprochen, so daß ich Gelegenheit habe, die Sprache des Klienten kennenzulernen, und keine Fachsprache einsetzen muß. Das heißt freilich nicht, daß ich Wörter wie *Therapie* und *Problem* überhören oder mich gegen ihre Verwendung sträuben würde, wenn ein Klient sie von sich aus gebraucht.

Inhalt und Prozeß

Therapeuten fragen mich oft: „Aber wie wählen Sie aus, worauf Sie tatsächlich hören sollten?" „Woher wissen Sie, worauf Sie eingehen sollten?" Und „Wenn der Klient nun aber nicht über das spricht, worüber er eigentlich sprechen müßte?" Diese Fragen richten sich auf den Inhalt. Wie bei allen Erzählungen gehören zu einer Geschichte natürlich sowohl Inhalt als auch Prozeß – die darin enthaltenen Fakten, das Erzählen selbst, das Zuhören und das Interagieren damit. Obwohl Inhalt und Prozeß wesentlich sind, hat der Inhalt aufgrund kulturabhängiger Erwartungen und der fachlichen Sozialisierung von Therapeuten leider oft viel mehr Gewicht als der Beziehungsprozeß, durch den der für den Klienten bedeutsame Inhalt erst entwickelt wird.

Die Ehefrau, die zuvor überlegt hatte, warum die Therapie hilfreich gewesen war, äußerte sich später so: „Ich weiß nicht, was passiert ist. Wir haben hier über dieselben Dinge geredet, die wir auch zu Hause immer und immer wieder durchkauen. Aber irgendwie war es hier drin anders, darüber zu reden. Nachdem wir hier darüber gesprochen haben, hat sich etwas verändert."

Worauf ich hinauswill ist nicht der Inhalt oder Themenbereich, sondern die *Art und Weise,* wie ein Therapeut seine Erkundungen anstellt. Es ist ein Unterschied, ob man Dinge im Zuge gemeinsamen Erkundens bespricht oder ob man eine Liste führt bzw. wie ein Detektiv herauszufinden versucht, wer was gesagt oder getan hat. Ich bin nicht auf eine bestimmte Art von Information aus; mein Ziel ist es vielmehr, nahe am augenblicklichen Verständnis zu bleiben, innerhalb und ganz allmählich auch außerhalb dieses Parameters zu arbeiten und nur winzige Verschiebungen im Gespräch vorzunehmen. Sich eines Dialogprozesses zu bedienen setzt mehr Bewegung und potentielle Energie frei, als wenn man den Inhalt zum Mittelpunkt macht und daran hängenbleibt. Ausbildungsteilnehmer wollen oft den Unterschied zwischen einer Inhalts- und einer Prozeßfrage wissen. Der Unterschied liegt in der Frageintention: Eine inhaltliche Frage zielt auf Daten und Informationen ab; eine prozeßbezogene Frage fördert den Dialog.

Wenn man dem Inhalt größere Bedeutung beimißt, bekommen auch die Fachkenntnisse und Behandlungsmethoden sowie die mechanistische, unpersönliche Seite mancher Therapien größeres Gewicht. In diesem Fall wird leicht vergessen, daß zwischen dem, wie der Therapeut einen Klienten „objektiv" erlebt und dem, wie der Klient sich selbst „subjektiv" erlebt, ein Unterschied besteht (Toombs, 1990, S. 237). Was also für einen Therapeuten tägliche Praxis ist, muß für einen Klienten keineswegs alltäglich sein. Werden die Inhalte betont, besteht die ernsthafte Gefahr, stets nah am Verständnis des Therapeuten zu bleiben und das des Klienten zu übersehen, was wiederum einen Dialogprozeß verhindert.

Synchronizität

„Es braucht Zeit."
„Sie haben mich nicht gedrängt."

Die Klienten sprechen davon, daß Therapeuten oft keine Geduld haben. Sie erwähnen Therapeuten, die zu viel von ihnen verlangten, und solche, die ihr Mißfallen äußerten, wenn ihren Wünschen nicht entsprochen wurde, zum Beispiel bei Hausaufgaben oder Ratschlägen. Meiner Ansicht nach hat all das zum Teil mit Timing zu tun. Manchmal passiert es uns, daß wir nach unserem eigenen Tempo vorgehen und das des Klienten ignorieren, wodurch wir nicht mehr synchron, nicht auf ihn eingestimmt sind, das heißt, seinem Rhythmus nicht entsprechen. Ich für meinen Teil glaube ja, daß das *Bereits-Wissen* oft dafür verantwortlich ist, wenn wir Tempo zulegen oder in eine Richtung steuern, die sich von der unserer Klienten allzusehr unterscheidet.

Es erinnert mich an Sabrinas Bemerkung: „Als ob Sie Seite an Seite mit Ihrem Klienten laufen, statt zu sagen ‚Komm' schon, du kannst es' [mit einer Geste des Heranwinkens] oder ‚Nur zu' [einen Schubs andeutend]." Auch Thomas sprach darüber, warum Therapeuten sich Zeit nehmen sollten: „Wenn man es dabei [beim Gespräch] eilig hat, könnte man leicht die falschen Schlüsse ziehen." Eine andere Klientin hatte dagegen den Eindruck, ihr Therapeut begleite sie „auf einem Spaziergang, direkt an meiner Seite".

Ich habe die Erfahrung gemacht, daß ich, wie die Schildkröte, schneller ankomme, wenn ich langsamer vorgehe.[11] Und ich komme dorthin, wo *wir* hinwollen, und nicht dorthin, wo ich den Klienten hinführen oder ihn zwingen will, mir zu folgen – Seite an Seite mit dem Klienten geht es schneller, als wenn man von hinten schiebt oder von vorne zieht.

Leute, die mir bei der Arbeit zuschauen, erwähnen häufig meine Geduld. Mit Blick auf einen Klienten mit einer komplizierten Geschichte voller Details sagte ein Kollege zu mir: „Welche Geduld Sie haben müssen, dazusitzen und sich all das anzuhören!" Oder wie ein beobachtender Kybernetiker einmal bemerkte: „Diese Frau ist eine Langeweile produzierende Maschine." In solchen Äußerungen kommen Vorstellungen zum Ausdruck, wie ein Gespräch auszusehen hat. Auf den Klienten eingestimmt zu sein oder seinen Rhythmus aufzugreifen ist für mich nicht mit Geduld gleichzusetzen. Geduld bedeutet normalerweise, tolerant zu sein, abzuwarten, bis der andere fertig ist, um endlich das sagen zu können, was man eigentlich sagen will oder für wahr hält. Was meine Geduld zu sein scheint, erlebe ich ganz anders. Mit den Klienten mitzuschwingen, sie ihre Geschichte in ihrer eigenen Gangart erzählen zu lassen ist überhaupt nicht langweilig. Wenn ein Therapeut sich rückhaltlos in das, was ein anderer für bedeutsam hält, vertieft und daran teilnimmt, wird er unwillkürlich mit dem Klienten synchron sein. Ich teile Tom Andersens (1995a; 1995b) Einstellung „Das Leben ist nichts, was man zwingen könnte, es muß von allein kommen."

Die Geschichte des Klienten würdigen

„Nehmen Sie mich ernst."
„Geben Sie mir recht."

Die Klienten sagen, sie wollen ernst genommen und bestätigt werden. Ich denke da an den 43jährigen Hans und seine ältlichen Onkel und Tante, die ihn großgezogen hatten.[12] Sie kamen zur Beratung aufgrund einer Überweisung des Rehabilitationszentrums, aus dem Hans nach ihrer Darstellung „vorzeitig entlassen werden mußte". Onkel und Tante machten sich keine Gedanken darüber, wo Hans im Moment unterkommen sollte, waren aber schrecklich besorgt, wie es ihm nach ihrem Tod ergehen würde, wenn diese Schübe – wie schon seit über zwanzig Jahren – weiterhin aufträten. Die Eigendiagnose von Hans, der offiziell als chronisch schizophren diagnostiziert war, lautete: „Ich weiß nicht genau, wer ich bin", und seine Problemdefinition: „Sie haben mich rausgeschmissen, weil sie böse auf mich waren, daß ich verschlafen habe und zu spät zur Arbeit gekommen bin."

Während er von diesem jüngsten Ereignis berichtete, sagte Hans: „Die verstehen mich nicht," worauf der Therapeut zurückfragte: „Versteht Sie denn irgendwer?" „Meine Tante", meinte Hans. Zur Tante gewandt erkundigte sich der Therapeut: „Was tun Sie, daß er das Gefühl bekommt, Sie verstehen ihn?" „Ich nehme das, was er sagt, ernst", antwortete sie, und Hans nickte zustimmend. Shotter (1995a) betont, wie wichtig es ist, „daß die Menschen ihre eigene ‚Position' in bezug auf die anderen um sie herum zum Ausdruck bringen können und daß das, was sie sagen – wie die Tante von Hans so wirkungsvoll zeigt – *ernst genommen wird* [Hervorhebung von mir], indem man aktiv auf sie eingeht." (S. 387)

Die Gefahr bei vom Fachmann gesteuerten Geschichten

Der Geschichte des Fachmanns Vorrang gegenüber dem Verständnis des Klienten zu geben ist nichts Neues. Umfängliche, mit dem Thema Verhaltensbestätigung befaßte Studien haben bezüglich des Einflusses von Vormeinungen und Erwartungen des Beobachters auf das, was er sieht, gezeigt, daß der Beobachter häufig das, was er erwartet, nicht nur findet, sondern sogar daran mitwirkt, es zu erzeugen (Jones, 1986, 1993; Rosenhan, 1973; Snyder, 1984). Wenn wir zum Beispiel in Familienkategorien denken und nach Familienmustern Ausschau halten, sehen wir sie auch; wenn wir in diagnostischen Kategorien denken, werden wir Diagnosen stellen; wenn ein Klient einen schlaffen Händedruck hat und wir so etwas generell als Zeichen von Passivität werten, werden wir höchstwahrscheinlich noch mehr Anzeichen von Passivität entdecken. Wenn wir glauben, daß Sabrina mit ihrem Kommentar

> „Sie wissen nicht besonders viel über mich. Sie sitzen hier und hören zu. Was geht in Ihrem Kopf vor? Wie arbeiten Sie? Hören Sie genau hin, was ich sage? Was fällt Ihnen auf? Was wollen Sie? In welche Richtung möchten Sie diese Sitzung lenken? ... Was versuchen Sie eigentlich zu meistern? Was wollen Sie all diesen Leuten demonstrieren?"

Kontrolle auszuüben versucht, werden wir Kontrolle wahrnehmen. Snyder und Thomsen (1988) stellten einen umfassenden Überblick von Untersuchungen zusammen, die darauf hinweisen, wie schnell Therapeuten das Problem eines Klienten „kennen", sei es in Form einer Hypothese oder als offizielle Diagnose. Bezeichnend sind dabei Befunde, daß Therapeuten sich innerhalb der ersten drei Minuten der Begegnung mit dem Klienten ein klinisches Urteil bilden, nicht selten unter dem Einfluß der Überweisungsmitteilungen oder der Klientenunterlagen; und diese Beurteilungen wirken sich wiederum auf die Behandlungsmethode und den Behandlungserfolg aus (Gauron & Dickinson, 1969; Sandifer, Hordern & Green, 1970).

Andere vom Fachmann gesteuerte Geschichten

Daß die Geschichten vom Fachmann statt vom Klienten gesteuert werden, ist nicht auf den Therapiebereich beschränkt. In einem Bericht von Beckman und Frankel (1984) finden sich bedenkenswerte Ergebnisse einer Diskursanalyse der Interaktion von Ärzten mit ihren Patienten, wenn sie nach den Hauptbeschwerden fragten. Die Studie erbrachte den erdrückenden Nachweis, daß die Ärzte selbst daran mitwirken, die Beschaffung wesentlicher Informationen zu vereiteln, indem sie – unter anderem – unterbrechen, voreilige Vermutungen anstellen, an den Beschwerden kein Interesse zeigen oder keine Gelegenheit zu genaueren Erläuterungen lassen und überwiegend selber reden. Im einzelnen war den Daten zu entnehmen, daß nach einer kurzen Zeitspanne (18 Sekunden im Mittel) und meistens nachdem eine einzige Beschwerde ausdrücklich geäußert worden war, die an unserer Studie beteiligten Ärzte die Gesprächssituation in die Hand nahmen, indem sie immer häufiger spezifische, geschlossene Fragen stellten und damit den spontanen Informationsfluß des Patienten zum Stillstand brachten. (S. 694)

Den Vergleich mit einem anderen Metier können wir bei der Rechtswissenschaftlerin Peggy Davis (1992) anstellen, die das Rechtswesen als „interaktiven, kulturell verankerten Prozeß" bezeichnete und sich mit den Prozessen beschäftigte, die eine übergeordnete Rolle des Experten fördern oder verhindern. Bei der Untersuchung der Ausdrucksweise in simulierten Interaktionen zwischen Anwälten und ihren Klienten fand sie heraus, daß im allgemeinen

Leute in der Rolle des Anwalts sich in der Interaktion mit ihren Klienten ausgesprochen dominierend gaben. Sie bestimmten die Themenfolge und redeten auch mehr als die Klienten, nachdem diese ihre Geschichte vorgebracht hatten. Leute in der Rolle von Klienten zeigten ein Verhalten, das im Einklang mit der Annahme der Anwaltsüberlegenheit stand. Sie sprachen zögerlicher, machten mehr Ausflüchte und verwendeten insgesamt häufiger auch andere sprachliche Ausdrucksformen, die mit Unsicherheit in Verbindung gebracht werden. (S. 187)

Davis fand „Interaktionsmuster, die entweder als relativ gebundene oder als relativ offene Gesprächsstile zu erkennen waren und bereits in den ersten Augenblicken des Interviews auftraten" (S. 187). Beim gebundenen oder anwalt-zentrierten Stil stellten die Anwälte viele Fragen, äußerten viele Wünsche und bestimmten Auswahl und Abfolge der Themen. Klienten zeigten sich unschlüssig und unsicher, verwendeten ungenaue Bezeichnungen und neigten dazu, das Problem in der Sprache des Anwalts auszudrücken. Im Gegensatz dazu war der offene oder klientenzentrierte Stil gekennzeichnet von gemeinsamer Themenauswahl, wechselseitiger Gesprächsleitung, weniger Unsicherheit auf seiten der Klienten und weniger Einmischung der Anwälte, wenn der Klient das Problem auf seine Weise zum Ausdruck brachte.

Ganz ähnlich schilderte der Juradozent Richard Sherwin (1993), der sich mit der Interaktion von Fachleuten und Klienten im Hinblick auf Macht beschäftigt, wie Menschen in einer Machtposition die Geschichte eines anderen steuern oder erzählen – wie sie die Themenfolge bestimmen und das Tempo vorgeben, wodurch eher ihr eigener Eindruck von der Wirklichkeit als der des Klienten wiedergegeben wird. Sowohl Davis als auch Sherwin plädieren für eine Beziehung zwischen Klient und Experte, die Platz dafür läßt, das Expertentum des Klienten mit dem des Professionellen zu kombinieren.

Verbindung herstellen, zusammenarbeiten und konstruieren

Diese praktischen Ratschläge von den Experten deuten an, wie man Klienten zu *dialogischen Gesprächen* und *kollaborativen erzählerischen Beziehungen* anregen kann; im folgenden Auszug aus dem Gespräch einer Therapeutin, Sylvia, mit ihrer Klientin Theresa, wird dies anschaulich gezeigt. Es geht um Theresas Auseinandersetzung mit einem chronischen Magen-Darm-Problem, Schlaflosigkeit und ihrer damit verbundenen Angst.[13] In Theresas Worten ist das Wesen eines Beziehungsprozesses erfaßt, mit dem Therapeuten und Klienten, Ärzte und Patienten, oder Anwälte und Klienten einander zu Gesprächspartnern machen beim Erzählen, Erkunden, Interpretieren und Gestalten von Narrativen. Mir fällt auf, wie sehr ihre Worte denen von Anna gleichen, daß nämlich das Reden sie offen sein ließ und sie sich nicht verstecken mußte. Theresa bezieht sich auf die Art von Interaktion im Gespräch, die Kathy Weingarten (1991) *Intimität* und Judith Jordan (1991) *Wechselseitigkeit* nennt.

> *Theresa:* Als ich anfing, war ich körperlich krank, und das schränkte mich ein und machte mir Angst. Die Angst reduzierte meine Fähigkeit, mich selbst zu betrachten, und machte mich schwach und anfällig. Der erste Schritt bestand darin, wieder gesund zu werden.
> *Sylvia:* Wie haben *wir* [Hervorhebung von mir] es gemacht? Wo haben wir das Sprungbrett für den Absprung hingebaut?
> *Theresa:* Mir war das Gefühl für mich selbst verlorengegangen, ich war am Boden. Ich hatte nichts zu verlieren. Dies [metaphorische Therapie] verhalf mir zu einem Ort des Vertrauens. Ein Ort, um mit dem Dialog zu beginnen. Die Möglichkeit, nichts zu verbergen, und das Gefühl, auf Problemlösungen hinzuarbeiten.

Es ist schwierig, die Feinheiten, den Reichtum und die bedeutsamen Momente dieser Art von Beziehungsprozeß zu vermitteln. Um es dennoch zu erreichen, habe ich versucht, der Stimme des Klienten einen herausragenden Platz einzuräumen und nach bestem Wissen und Gewissen wiederzugeben, was die Klienten gemeint haben. Diese Erzählungen der Klienten, die einst lebendiger, lebensnaher Dialog waren – gemeinschaftlich in Erzählform gebrachte Erlebnisse, an denen sich der Klient, ich selbst und andere beteiligten, – bestehen nun nur noch aus Erinnerungen an unsere Erlebnisse und aus meinen Interpretationen auf Papier. Alle Klientenstimmen sprechen einen Prozeß und eine Beziehung an, die sich durch Verbundenheit, Zusammenarbeit und Konstruieren auszeichnen.[14]

Auch im nächsten Kapitel möchte ich diesen Beziehungsprozeß anhand eines kommentierten Teiltranskripts aus einem Beratungsgespräch in den Mittelpunkt stellen.

Kapitel 7

Ein kleiner Einblick in eine Geschichte von der guten und der schlechten Mutter

Überall fand ich Aussagen dazu, nach welchen Kriterien eine Mutter gut und nach welchen sie schlecht ist.
Kathy Weingarten

Gesprächskontext

Ich nahm die Gelegenheit wahr, als *Gast-Therapeutin* mit meiner Kollegin Sue Levin und ihrer Klientin – sie sei hier Natalie* genannt – zu arbeiten. Die folgende Schilderung ist das Teiltranskript eines unserer Gespräche. Für mich illustriert es den Kern meines therapeutischen Ansatzes: den Prozeß, die philosophische Haltung und die Veränderung, die eine natürliche Folge des Prozesses ist.

Die Idee zu dieser Beratung entwickelte sich aus einer Diskussion, die nur wenige Minuten vor Natalies vereinbartem Termin zwischen Sue und mir stattfand. Als Natalie eintraf, fragte Sue sie, ob ich bei der Sitzung anwesend sein dürfe. Sie sagte ihr, ich wolle unsere Unterhaltung auf Video aufnehmen und hoffe, wir drei könnten vielleicht gemeinsam ein paar neue Ideen bezüglich Natalies Lebenssituation entwickeln. Natalie war einverstanden, vorausgesetzt, sie dürfe gegebenenfalls verlangen, das Band zu löschen.

Ich sehe mich nicht als „Meister"beraterin oder -therapeutin, die aus einer Metaposition heraus teilnimmt, privilegierte Kenntnisse oder bessere Ideen hat. Ich betrachte mich als Gast, der bei einem laufenden Gespräch kurz hereinschaut.

---

* Ich danke Master's Work Productions für die Herstellung eines Videobandes von diesem Interview. Bei Britta Lödgö und Gunilla Ström möchte ich mich für ihre hilfreichen Betrachtungen dazu bedanken.

Stets betone ich, bei dem Gespräch nur mitwirken, es nicht unterbrechen oder seine Richtung ändern zu wollen.

Vor unserer Begegnung wußte ich weder etwas über Natalie noch über ihre gemeinsame Arbeit mit Sue, außer, wie sie hieß und daß sie in einer Stunde wieder zur Arbeit mußte. Ich wollte in ihrer Gegenwart etwas über sie erfahren, und vor allem von ihr selbst. Hätte Sue mir schon vorher über Natalie berichten wollen, hätte ich natürlich zugehört; beim Zusammentreffen mit Natalie hätte ich ihr dann mitgeteilt, was ich erfahren hatte. In diesem Fall war es Sue lieber, Natalie und mich miteinander sprechen zu lassen und sich einzuschalten, wenn sie das wollte.

Unser Gespräch begann damit, daß Sue mir Natalie vorstellte. Diese beteiligte sich ganz selbstverständlich und fing an, ihre Geschichte zu erzählen. Sie werden Natalie zwar im Verlauf ihrer Geschichte mit mir zusammen kennenlernen, doch möchte ich eine kurze Vorschau auf das Interview geben. Natalie hatte mit den Folgen ihrer Scheidung für das Verhältnis zu ihrer Tochter zu kämpfen, vor allem daß diese entschlossen war, zu ihrem Vater zu ziehen. Natalie und Sue hatten bereits fünf Sitzungen hinter sich, in denen es um Natalies Tochter ging. Die Mitwirkenden hier sind Natalie, ihr zweiter Mann, der gemeinsame zehnjährige Sohn, ihre 14jährige Tochter und der 15jährige Sohn, der derzeit bei seinem Vater, Natalies Exmann, lebt. Im Gespräch tauchen außerdem Natalies Mutter, die Stiefmutter der Tochter und des älteren Sohnes sowie Tanten auf. Unser Gespräch dauerte siebenundvierzig Minuten.

Bei den hier aufgeführten Transkripten handelt es sich um vier Ausschnitte aus diesem Gespräch in chronologischer Reihenfolge, einen Ausschnitt aus einem späteren Gespräch zwischen Natalie und Sue und ein Follow-up-Telefongespräch nach sechs Monaten. Für die Exzerpte vermerke ich jeweils deren Dauer, um das Tempo unserer Gespräche spürbar zu machen.

Doch zunächst möchte ich einige Fragen in den Raum stellen, während Sie das Transkript lesen: Mit welchen vorgefaßten Ansichten und welcher theoretischen Brille über Therapie und über Natalie gehen Sie an dieses Interview heran? Welche dieser Vorstellungen könnte sich zwischen Sie und Natalies Geschichte drängen, und sie veranlassen, die Geschichte zu erzählen, die Sie gerne hören würden oder die sie Ihrer Meinung nach erzählen sollte?

Von Anfang an: ein prekäres Dilemma

Sue, Natalie und ich sitzen im Halbkreis nebeneinander, mit Natalie in der Mitte. Sie trägt ein dezentes Kostüm, ist äußerst attraktiv und hat ein bezauberndes Lächeln. Mit ineinander verschränkten Händen, die Füße gekreuzt und den Kopf leicht zur Seite geneigt, sitzt sie sehr gerade auf ihrem Stuhl. Sie macht einen ziemlich konzentrierten, wenn auch etwas angespannten oder nervösen Eindruck. Aufmerksam hört sie zu, hält Blickkontakt und spricht recht schnell, wobei sie häufig reagiert, als wüßte sie bereits, was ich fragen will. Gelegentlich gestikuliert sie mit den Händen, wirkt aber nicht übertrieben lebhaft. Wir sprechen unter Tränen und Gelächter. Nachdem sie mich daran erinnert hat, daß wir nur begrenzt Zeit haben, macht Sue den Anfang.

> *Sue:* Es hing mit einer aktuellen Auseinandersetzung mit ihrer Tochter zusammen, und mit Sorgen, die ihre Tochter betreffen, und wie sie sich um sie kümmern soll und sich weiterhin um sie kümmern kann – das sind wohl so ungefähr die aktuellen Fragen, über die Natalie und ich gesprochen haben. Sie hat zwei Kinder aus erster Ehe und eins mit ihrem jetzigen Mann, und die beiden jüngeren leben bei ihr, und das mittlere ist die Tochter, über die [lacht] – ich verwirre dich [lacht] – über die wir hier sprechen.
> *Harlene:* Okay. Und sie heißt ...
> *Natalie:* Alicia.
> *Harlene:* Alicia. Und sie ist wie alt?
> *Natalie:* Vierzehn.
> *Harlene:* Vierzehn.
> *Natalie:* Sie hat immer bei mir gelebt, und ich habe wieder geheiratet, als sie zwei war, und jetzt will sie auf einmal bei ihrem Vater leben. Aber es ist ... was mich so mitnimmt, ist mein Verhältnis zu ihr und wie es mir gefühlsmäßig geht. Ich habe das Gefühl, sie ist wie ein Feind in meinem Haus; sie findet, wir machen alles falsch, und es ist kein gutes Haus und man ist dort nicht gut aufgehoben, und sie erzählt das überall herum. Ich glaube, das ist es, es ist eher mein Ego ... Ich wollte es schon immer allen Leuten recht machen, und ich will in ihren Augen gut dastehen [lacht], und tief drinnen habe ich das Gefühl, „Also, mit einem jungen Mädchen, das seine Mutter verlassen will, da stimmt etwas nicht."
> *Harlene:* Sie ruiniert also vielleicht nicht nur Ihren guten Ruf in der Nachbar-

schaft, sondern Sie sind ganz, ganz stark damit beschäftigt „Mache ich etwas falsch?"

Natalie: Na ja, ich bin sehr stark damit beschäftigt, wie es mir mit mir selbst geht und wie es mir mit ihr geht, und ihr Benehmen wird manchmal, ich meine, die schrecklichen Sachen, die sie zu mir sagt, und ich habe mich immer bemüht, daß alles perfekt ist für sie, müssen Sie wissen. Wir sind hierher gezogen, ihr hat die Schule nicht gefallen, hab' sie in eine Privatschule geschickt. Renne rum ... sie kann sich nicht anpassen, also renne ich rum und versuche alles in Ordnung zu bringen, und ehrlich gesagt, ich, mir ist so als ob ich – nicht gewürdigt werde [lacht], aber nun haben wir beschlossen, sie muß, sie wird wahrscheinlich einfach gehen müssen. Sie wird also unbedingt ihren Kopf durchsetzen, und ...

Harlene: Also ist es inzwischen ganz ganz schlimm geworden.

Natalie: [pflichtet ihr bei, indem sie – hier wie an anderen Stellen – ein zustimmendes Nicken andeutet]

Harlene: Als Sie gerade sagten, sie erzählt überall herum, daß „wir alles falsch machen", meint sie damit Sie und ... ?

Natalie: .. meinen Mann.

Harlene: ... und Ihren Mann.

Natalie: Sie und mein Mann haben im Moment keine gute Beziehung. Und warum das ... ich bin ... ich bin auch auf ihn richtig böse wegen ein paar Sachen in dem Zusammenhang, und im Moment würde ich am liebsten einfach alle zusammen von einem hohen Felsen stürzen [lacht].

Harlene: Sie sind also äußerst bekümmert und wütend auf alle.

Kommentar: Hier versuche ich nicht, zu reflektieren, was sie gerade gesagt hat, oder ihre Wut aufzuzeigen, sondern möchte mit ihr klären, ob ich sicher sein kann, sie nicht mißverstanden zu haben.

Natalie: Ich bin, ich bin bekümmert und ich bin wütend, und ich bin ... es beeinträchtigt meine sonstige Leistungsfähigkeit im Leben, und ich hab' es satt, es innerlich auf mich zu nehmen, daß ich nur diese böse Person bin, und ich weiß verstandesmäßig, daß ich es nicht bin. Eigentlich bin ich das *Gegenteil.* Ich versuche alles *zu* richtig zu machen.

Harlene: Und wie haben Sie beide nun darüber gesprochen? Sie haben gesagt, das ist sozusagen das aktuelle Anliegen, und Sie sind auch ursprünglich deswegen hergekommen, oder ... ?

Kommentar: Dies ist ein Beispiel dafür, wie ich kollektive und kooperative Sprache verwende: indem ich *ihrer beider Treffen* (Natalie und Sue) und *aktuelle Anliegen* anspreche.

Natalie: Am Anfang habe ich Alicia zu Sue gebracht.
Harlene: Alicia zu Sue gebracht, damit ...
Natalie: Und sie kommt auch manchmal her, wissen Sie, ohne mich.
Harlene: [nickt zustimmend]: Also Sie beide treffen sich nun schon wie lange? Gibt es verschiedene Kombinationen?
Sue: Ja, verschiedene Kombinationen.
Natalie: Ja klar.
Sue: Alles in allem waren es vielleicht ... sechs Monate?
Natalie: Ich würde auch sagen, sechs Monate. Zunächst Alicia alle zwei Wochen, und noch gar nicht so lang her, da fing ich auch an herzukommen. Manchmal habe ich mich nämlich mit Alicia hier getroffen. Aber ihrem Dad kann man nicht trauen und er sagt einfach ... was sie diesen letzten Sommer tun wollte, und da habe ich ihn angerufen, wir waren uns einig, daß er sagen sollte, sie dürfe nicht, sie müsse bei mir bleiben und sie ... er wollte mich unterstützen und sie zum Bleiben veranlassen. Aber dann erzählt er ihr Sachen, wissen Sie, läßt sie glauben, daß er dorthin kommt, was er auch tun wird, er *wird es tun*, und er ist ... es kommt mir hinterhältig vor. Er hat es nicht so gemacht wie vereinbart, und daher haben wir ihr zwei verschiedene Dinge erzählt.
Harlene: Und ist das etwas, das immer wieder passiert ist? Ist es das, was Sie damit meinen oder ...?
Natalie: Neulich ... also, er ist immer irgendwie ... ich tue mich sehr schwer im Umgang mit ihm, und deshalb, ich meine, ich glaube, Alicia hat einfach eine Menge Probleme und sie bringt die Realität durcheinander, und sie ... aber jetzt mache ich mir eigentlich wegen *mir* Sorgen, und wie ich in Zukunft ... wissen Sie, ich hatte mir Sorgen gemacht, wie ich noch einmal vier Jahre mit ihr zusammenleben soll, und nun mache ich mir Gedanken, wie es mir gehen wird, wenn sie weg ist.
Harlene: Wie Sie es bloß überstehen sollen, ja.
Natalie: [bestätigt]
Harlene: Also, was unsere weitere Unterhaltung heute angeht, möchten Sie noch weiter über sich selbst im Zusammenhang mit ihrem Auszug reden? Das klingt, als seien Sie überzeugt, daß sie auch wirklich geht?

Kommentar: An dieser Stelle möchte ich durch Rückfrage sicherstellen, daß ich ungefähr weiß, wo sie hinmöchte.

Natalie: Ja, das bin ich.
Harlene: Okay.
Natalie: Ich weiß nicht, was *normal* ist. Ich weiß nicht, was sein ... weil nämlich alle sagen, daß Teenager ... vielleicht bin ich einfach, ich bin zu empfindlich. Ich weiß nicht, was ich *normalerweise* empfinden sollte. Ich weiß, daß ich zu weit gehe ... ich ... obwohl ich in der Vergangenheit ... zu weit zu gehen und zu ... wissen Sie, alles und jedes ist gleich das Ende der Welt, aber es fängt an, sich darauf auszuwirken, wie ich sie behandle und wie ich innerhalb der Familie bin und, weil ich so *wütend* bin.
Harlene: Sie wissen also nicht, ob ...
Natalie: Ich empfinde sie einfach als Feindin, ich gebe meinem Mann die Schuld, ich ... ach, ich *weiß* es nicht. Ich bin ein seelisches Wrack [lacht].
Harlene: Mannomann. Sie ist also vierzehn und der ältere ... ?
Natalie: Mein Sohn ist fünfzehn.
Harlene: Fünfzehn.
Natalie: Er lebt bei seinem Vater. Er ist gegangen, als er ungefähr zwölf war.
Harlene: Als er ungefähr zwölf war.
Natalie: [nickt]
Harlene: Und dann das jüngste Kind von ... ?
Natalie: ... ist von mir und meinem Mann, und er ist zehn.
Harlene: Er ist zehn. Also ist sie das Mädchen und die mittlere. Aha. Und glauben Sie denn, daß Sie mehr als die meisten Mütter in Ihrer Situation um Ihre Tochter besorgt sind oder heftiger reagieren?
Natalie: Ich weiß nicht. Ich weiß es nicht, aber ich sehe andere Kinder in ihrem Alter, wenn sie zu uns nach Hause kommen, und die verhalten sich nicht ... ich meine, sie ist einfach sehr *gefühlsbetont* und sie, von dieser Warte aus ... die sorgen nicht die ganze Zeit für Chaos und machen Terror daheim. Ich glaube nicht, daß das sein muß. Aber mein Sohn, der erst *zehn* ist, fängt jetzt nämlich auch schon so an zu reden. Das scheint der letzte Schrei zu sein. So ...
Harlene: Ich meine, denken Sie, er lernt es von *ihr* oder daß es nur ... ?
Natalie: Ja, das glaube ich.
Harlene: Okay. Es geht nicht darum, daß die Kinder heutzutage einfach so sind.

Natalie: Und dann stellt Alicia es so hin, daß wir streiten, daß sie nicht hier wohnen kann, weil wir zu viel streiten. In erster Linie ist sie die ... wenn sie nicht da ist, ist es friedlich [lacht].

Harlene: Donnerwetter!

Natalie: Also, nicht so ganz ... ich weiß, es ist nicht *alles* sie, aber ... ich würde einfach gerne davonsegeln [lacht]...

Harlene: ... eine Mutter und Ehefrau sein, die sich aus dem Staub macht, so wie es klingt.

Natalie: ... wissen Sie, ich bin einfach ganz ganz wütend. Ich möchte nur noch, daß sie *jetzt gleich* geht, wenn sie schon gehen muß, ... weil wir beschlossen haben, daß sie bis zum *Jahresende* bleiben muß, und wegen der Schule. Und, ich weiß nicht. Ich hasse es, ihrem Vater Rede und Antwort zu stehen.

Sue: Eine andere komplizierte Sache, über die ich gerade nachgedacht habe, während ich Ihnen zuhörte, ist wohl, daß, wie Natalie gesagt hat, Alicia sehr gefühlsbetont ist und Natalie sich immer nach Kräften bemüht hat, Alicias Verzweiflung zu verstehen, und vieles davon ergibt oft gar keinen Sinn, weil in Alicias Augen, wie Natalie schon gesagt hat, die Familie einfach *fürchterlich* ist, und sie immer streiten und nie etwas klappt, und damit hat Natalie ziemlich zu kämpfen. Und ich vermute, es kommt noch etwas anderes dazu, daß Sie nämlich bei Alicia auf einmal nicht mehr so um Verständnis bemüht waren oder so mitfühlend wie früher und wie schwer das für *Sie* ist. Ich nehme an, ich glaube, ich höre Sie sagen, daß Sie noch einige Monate *mit* ihr zusammen haben, und da mag die Frage vielleicht lauten: „Wie kann ich in den nächsten Monaten weiterhin mit ihr zusammenarbeiten oder sie liebhaben und mich um sie kümmern und eine gute Mutter sein?"

Natalie: Ja, ich sehe mich selbst wie meine Mutter, als sehr kontrollierend und sehr „kann nicht loslassen", sogar als Erwachsene ... „Ach, ich Arme, schau, was du mir antust", und solche Sachen. Nun, ich habe so ein bißchen das Gefühl, ich mache das mit ihr. Sie wissen schon, so in der Art: „Du *verläßt* mich."

Harlene: [nickt]

Natalie: Wenn sie *wirklich* bei ihrem Vater leben will ... sie hat ja noch nie mit ihm zusammengelebt, wissen Sie, wenn es *das* ist, wovon sie *jetzt* redet, daß das der Grund ist, nicht daß sie von *mir* wegwill, sondern daß sie bloß, Sie wissen schon ...

Harlene: Das erzählt sie Ihnen jetzt tatsächlich?

Natalie: Ja klar.

Harlene: Also?

Natalie: Also dann ... warum kann ich nicht einfach sagen „Ja gut"? Es ist bloß so, daß ich nicht weiß, ob der Grund ist, daß ich ... Zum Teil ist es so, daß ich sie vermissen werde, aber zum Teil ist es so, daß ich nicht schlecht dastehen will, und ...

Harlene: Klar. Oder sich wie eine Versagerin fühlen? Daß Sie versagt haben?

Natalie: Wie eine Versagerin, ja.

Harlene: Gut, und dann haben Sie noch gesagt, daß Sie sehr empfindlich auf Ihren Ex-Mann reagieren hinsichtlich ...?

Kommentar: Ich versuche weiterhin, mehr darüber zu erfahren, was sie beschäftigt, was im Augenblick das Wichtigste für sie ist.

Natalie: Es ist sehr schwierig ... ich meine, er widerspricht sich einfach immer selber. Er, na ja, und am Ende sieht es dann so aus, als ob *ich* spinne [lacht]. Ich meine, wissen Sie, es ... einfach ... und ich will eigentlich nicht, ... es gab so viele gerichtliche Auseinandersetzungen und solche Dinge, so daß ich, na ja, mich lieber nicht abgebe ... wir ... sie möchte auf eine Privat ... ich meine, ich würde mich lieber nicht mit ihm abgeben. Er möchte auf eine ... sie möchte auf eine Privatschule gehen, wenn sie dorthin kommt, und ich war immer diejenige, die alles bezahlt hat. *Im Moment* zahlt keiner Alimente, weil er sich um den Sohn kümmert und ich um die Tochter. Nun, wenn sie dorthin geht, werde ich *zahlen*, aber was ich beschlossen habe, damit ich nicht in die Entscheidungen und die Kämpfe und das, was geschehen soll, hineingezogen werde, ist, ich werde nur einen bestimmten *Betrag* zahlen, und dann geht es nur sie und ihren Vater was an, welche Schule sie besucht und was sie mit dem Geld macht, so kann ich mich da raushalten.

Harlene [nickt]: Also haben wir da *zwei* Dinge. Einmal sind Sie damit beschäftigt, was Sie im Laufe der nächsten Monate tun sollen und wie es Ihnen dabei gehen wird, und zum anderen, was passiert und wie es Ihnen geht, wenn sie dann weg ist.

Kommentar: Ich höre respektvoll, aktiv und auf sie eingehend zu, während ich versuche, etwas darüber in Erfahrung zu bringen, was ich aus Natalies Sicht wissen sollte, und zu hören, was ich hören soll. Bei allen meinen Fragen und Kommentaren, bei der Mitteilung von Gedanken, Statements zum Zwecke der Abklärung und dem Angebot von oft in der Schwebe gelassenen, unvollendeten Gedanken gehe ich behutsam und tastend vor. Häufig fasse ich zusammen, um sicherzugehen, daß ich im Rahmen meiner Möglichkeiten auch gehört habe, was sie gesagt hat, was ich hören sollte. Zum Beispiel, ist es das, was sie beschäftigt und worüber sie reden will? Meine Äußerungen sind also nicht gedacht als Fragen zur Beantwortung, als Kommentare, die Natalie in eine bestimmte Richtung steuern, oder Ideen, die sich festsetzen sollen, und auch nicht als Zusammenfassungen mit Wahrheitsanspruch. Vielmehr sind es Instrumente, mit denen ich mehr über Natalies Geschichte erfahren kann, durch die sie die Möglichkeit hat, eventuelle Mißverständnisse meinerseits zu korrigieren und ihre eigenen Äußerungen zu erläutern oder auszubauen. Mein Ziel ist es, einen Prozeß zu fördern.

Ich „scanne", taste mich schrittweise in einer Art Suchbewegung vor und kehre häufig zu Dingen zurück, die Natalie vorher erwähnt hat. Dieses Vorgehen hilft mir, sämtliche Richtungen, Wege und Möglichkeiten offenzuhalten. Dadurch ist es weniger wahrscheinlich, daß ich die zu erzählende Geschichte dominiere, indem ich zum Beispiel eine Richtung verfolge, durch die eine für Natalie wichtige blockiert wird. Wenn wir unerbittlich einem bestimmten Gedankengang nachgehen, signalisieren wir damit dem Klienten unfreiwillig, manchmal auch absichtlich, daß gerade das von besonderer Bedeutung ist.

Lassen Sie mich zu meiner Bemerkung von vorhin zurückkehren: Also haben wir da *zwei* Dinge. Einmal sind Sie damit beschäftigt, was Sie im Laufe der nächsten Monate tun sollen und wie es Ihnen dabei gehen wird, und zum anderen, was passiert und wie es Ihnen geht, wenn sie dann weg ist.

> *Natalie:* Ja.
> *Harlene:* Und was ... Sie haben etwas vom Ende des Schuljahrs gesagt. Ist das ... was hat es mit dem Zwei-Monats-Einschnitt auf sich, daß sie in zwei Monaten weggehen wird?
> *Natalie:* Na ja, das ist halt bis die Schule zu Ende ist, bis Ende Mai, wo sie noch in der Schule ist, und dann *geht* sie.
> *Sue:* Es sind drei Monate.
> *Harlene:* Aha. Also gut. Also das Ende des Schuljahres, und dann will sie den Sommer dort verbringen und dort auch mit der Schule anfangen.
> *Natalie:* [nickt]
> *Harlene:* Gut. Und Sie werden sie also vermissen, Sie denken, die Leute den-

ken dann *schlecht* von Ihnen? Und außerdem werden Sie sich wie eine schlechte *Mutter* vorkommen?

Natalie: [nickt]

Harlene: Von alldem oder auch noch von anderem, was wir vielleicht noch hinzufügen wollen, was quält Sie denn da am *meisten*, oder wird Sie am meisten quälen?

Natalie: ... ich weiß nicht. Ich habe so viele Empfindungen, ich weiß nicht einmal, was ... [lacht].

Harlene: Wo anfangen?

Natalie: Ja, genau ... Ich habe das Gefühl, ich brauche ein bißchen Rückendeckung von ... ich will ja nicht einmal Leuten in der Arbeit erzählen, daß meine Tochter gegangen ist. Es soll eben einfach keiner *wissen* ... weil ich ihnen nämlich gesagt habe, ich würde mich nach einer Schule umsehen, und sie, na ja ...

Harlene: Wieder war es also nicht nur das *öffentliche* Versagen, sondern irgendwie in Ihrem eigenen Innern; intuitiv bestätigt es sich wohl für Sie, daß Sie tatsächlich eine Enttäuschung für sie sind? Ist es das, worüber wir eigentlich reden? Das Gefühl, als Mutter oder wohl auch als Mensch versagt zu haben?

Natalie: Ja, das ist das Rollenvorbild meiner Mutter ... das war das einzig Wichtige. Sie wissen schon, wenn man eine gute Mutter ist, geraten die Kinder perfekt, und sie hatte nur passive Kinder [lacht], das war einfach die Folge davon, und deshalb ist das meine Vorstellung von etwas *wert* sein.

Harlene: Und daher machen Sie sich dauernd selbst Vorwürfe, und haben ...
[Noch ein Beispiel für einen *offen gelassenen* Kommentar]

Natalie: Ja, *sogar* in meinem Job. Ich habe nochmal die Schulbank gedrückt und die amtliche Zulassung als Wirtschaftsprüferin erworben, jetzt arbeite ich bei einer Firma für Finanzierungsberatung, das ist *so* interessant, und ich denke immer noch: „Nun ja, wenn ich nun doch ausschließlich zu *Hause* wäre", und das hier ist das einzige, was ich habe, wobei ich mich überhaupt *wohl* fühle.

Harlene: Ah, daß dann alles in Ordnung wäre ...

Natalie: Wenn ich aufhören würde, zu *arbeiten*.

Harlene: ...und daß sie ...

Natalie: Und das ist das einzige in meinem Leben, wofür es sich lohnt [lacht]. Drum weiß ich gar nicht, warum ich nur daran *denke*.

Harlene [nickt]: Also versuchen Sie weiter zu ergründen: „Was habe ich getan oder nicht getan, wodurch dieses furchtbare Problem mit meiner Tochter entstanden ist?" Was haben andere zu Ihnen gesagt, wie sie das bewerten, die Situation, oder was sie meinen, was da los ist? Was ... ich meine, hat Sue Ihnen irgendetwas gesagt, was da mit Ihrer Tochter abläuft, oder glaubt sie, daß Sie etwas falsch gemacht haben ...

Sue: Habe ich gesagt ...?

Harlene: ... oder Freunde oder Familienmitglieder oder ...

Natalie: Daß ich etwas falsch gemacht habe? Nein. Nein, das haben Sie nicht. Ich weiß es nicht. Ich verstehe Alicia nicht recht, oder auch die Reaktionen ihr gegenüber ... es *kommt mir so vor,* als ob ich mich wie meine Mutter aufführe, nämlich „Oh, du hast mir wehgetan", statt einfach zu sagen ... weil ich gehört habe, daß manche das sagen: „Also wenn du bei deinem Vater leben willst, solange du damit glücklich wirst, *machen* wir es doch einfach so." Ich habe das Leute *sagen* hören. Warum macht es mich dann so *fertig*?

Harlene: Das ist also die große Frage ...

Natalie: Es ist ein *Versagen,* wie bei meinem Mann, meinem Ex-Mann, der einfach nicht arbeiten wollte, keinen Unterhalt zahlen wollte, die Kinder einfach auseinanderriß ... sie mitnahm und ihnen Sachen erzählte, die sie mir immer noch an den Kopf wirft, bis wir fast eine gerichtliche Verfügung gegen ihn beschaffen mußten, daß er die Kinder nicht sehen darf, und dann gingen wir vor Gericht, wir hatten das gemeinsame Sorgerecht, wir waren so ... der Richter gab *mir* das Sorgerecht, weil er ein solcher Spinner war.

Harlene: Weil es so schlimm geworden war.

Natalie: Ja, genau. Und nun hat er *gewonnen*. Er kommt rüber wie das perfekte *Zuhause*. Weil sie *dort* nie streiten, und das ist einfach das perfekte Zuhause. Und schau'n Sie mal, was ich alles getan habe, nicht wahr, Blut Schweiß und Tränen, und er erscheint als der ... wie ein Unschuldsengel [lacht]. Ich vermute, das ist es, was mich ärgert.

Harlene: Das ist also ein Großteil davon. Sie haben zwei- oder dreimal erwähnt, daß Sie wie ihre Mom seien.

Kommentar: Ich beziehe mich auf eine frühere Äußerung von ihr.

Natalie: Ja stimmt.

Harlene: Sagen Sie noch etwas dazu ... oder ob Sie glauben, wie Ihre Mutter zu sein, oder daß sie es befürchten.

Natalie: Ja, ich möchte nicht so sein, so kontrollierend, mit diesem „Du tust mir das an." Wissen Sie, ich möchte mich um mich *selber* kümmern. Aber warum sollte ich Alicia nicht wissen lassen, daß ich sie *vermissen*... daß ich nicht will, daß sie weggeht? Also, ich weiß es nicht. Ich ... na ja, aber ich hab' ihr nämlich gesagt, es sei okay, weil ich ja letztes Mal so tun mußte, als ob, das hat mich *auch* fertiggemacht, und ungefähr zwei Jahre lang war ich sehr deprimiert.

Harlene: Okay, mir fehlt hier grade der Zusammenhang; Sie sagen also, „Warum sollte ich ihr nicht sagen können, daß ich sie vermisse?" Und das ist ... meinen Sie, Sie *dürften* das nicht, oder .... ?

Natalie: Ich habe das Gefühl, vielleicht, also wenn sie mich weinen sähe, wissen Sie, neulich nachts, vor ein paar Tagen nämlich, ... ich weiß auch nicht. Ich möchte ihr keine Schuldgefühle machen. Ich weiß es einfach nicht. Ich habe nur wirklich kein ... manchmal kommt es mir so vor, als ob ich sie hasse.

Kommentar: Natalies Tränen sind nicht zu übersehen, während sie versucht, Worte für ihre Gefühle zu finden. Es ist fast wie ein Zustand von Alexithymie, bei dem man unfähig ist, seine Gefühle zu äußern oder Verstand und Gefühl in Verbindung zu bringen.

Harlene: [nickt]
Natalie: ... daß sie meine Feindin ist. Wissen Sie, ich will sie einfach weghaben.
Harlene: Also drehen Sie sich praktisch dauernd im Kreis herum. O Gott.
Natalie [nickt]: Und es ist sehr schwer für mich, dort zu leben, mit all den Sachen, die da passieren.
Harlene: Was ist mit Ihrem Mann? Wie sieht der das alles?
Natalie [lacht]: Nun ...
Harlene: Was hat er für eine Theorie, worum es bei all dem eigentlich geht, im Hinblick auf Ihre Tochter und auf Sie und auf Sie beide?

Kommentar: Natalie hatte ihren Ehemann (Alicias Stiefvater) am Anfang der Unterredung erwähnt. Daher komme ich, neugierig geworden, auf ihn zurück. Mancher Leser hätte vielleicht gleich bei seiner ersten Erwähnung gern mehr über ihre Beziehung erfahren. Ich fand es vorher jedoch nicht nötig, der Beziehung zu ihrem Mann nachzugehen; stattdessen behalte ich ihre Bemerkung im Gedächtnis, um darauf zurückgreifen zu könen, sobald oder falls das Thema erneut auftauchen sollte. Diese Entscheidung wurde von mir getroffen, als ich mir den

Grund für unser Gespräch vergegenwärtigte, und es nur ein sehr nebensächlicher Teil davon zu sein schien. Allenfalls hätte ich zu diesem Zeitpunkt fragen können, ob das etwas war, worüber sie und Sue gesprochen haben.

Natalie teilt uns mit, daß ihr Mann – der in Alicias Leben eine Rolle spielt, seit sie elf Monate alt war – Alicias Vater die Schuld gibt. Sie spricht zunächst ein wenig über letzteren und teilt uns dann ihre Vermutung mit, daß Alicia schon immer der Liebling ihres Mannes war. Und sie meint, daß die Art und Weise, wie er seine Bevorzugung zum Ausdruck bringt, Teil des Problems sein könnte. Als sie in diesem Teil ihrer Geschichte eine kurze Pause macht, bemerke ich: „Das ist noch so ein großes Fragezeichen."

> *Natalie:* Ach, wissen Sie, er wirft meinem Ex-Mann vor, daß er gesagt ... na ja, ihr gesagt hat, sie kann kommen, und er hat *immer*... mein Ex-Mann hat ihnen immer erzählt, daß ... Also, er hat versucht, Unruhe zu stiften. Aber er [Alicias Stiefvater] will keine Verantwortung übernehmen für einige der ... er ist ein guter Stiefvater gewesen, ich meine, er hat für sie gesorgt und er war da, und er hat sie auch mitgenommen, also, ganz als ob sie sein Kind, ich meine, seine Kinder, alle beide. Ist zu allen Schuldingern gegangen, hat sie zu allen ihren wichtigen (Ball)Spielen begleitet, wissen Sie, hat einfach alles wie ein richtiger Vater gemacht. Aber er hat so ein Problem mit Alicia, daß er immer gerne gestichelt und sie aufgezogen und geärgert hat.
>
> *Harlene:* Ihr jetziger Mann?
>
> *Natalie:* Ja.

Kommentar: Ich fasse noch einmal kurz zusammen, was Natalie mir erzählt. Sie ärgert sich über ihren Mann, Alicias Stiefvater, weil er Alicia dauernd „piesackt" und sie „aufzieht", was weder ihr noch Alicia gefällt. Eigentlich mache es sie sogar sehr wütend, sagt Natalie. Sie haben darüber in der Therapie gesprochen, aber „er scheint nicht anders zu können." Ich erfahre, daß er mit Alicia seinen Spott treibt, weil sie sein Liebling ist und man in seiner Familie auf diese Art „zeigt, daß man jemanden gern hat." Ich frage mich, warum der Stiefvater nicht „kapiert", was sie und Alicia ihm zu vermitteln versuchten. Natalie weiß es nicht; ich bemerke: „Das ist noch so ein großes Fragezeichen."

Wenn wir nun wieder in das Transkript einsteigen, hat Natalie gerade davon gesprochen, wie durcheinander sie ist, und wie viele Fragen es gibt. (Das Gespräch läuft seit achtzehn Minuten.)

Von etwas Falschem zu Fragezeichen

Natalie: Ja, einige, also ich meine ... ach, ich weiß nicht. Ich bin einfach ziemlich durcheinander.
Harlene: Ja, hört sich so an. Ich meine, es hört sich so an, als ob es einfach so viele ...
Natalie: So viele offene Fragen.
Harlene: So viele offene Fragen und so viele Bruchstücke. Also welches ... wie kann man überhaupt eins davon weiterverfolgen, wo sie doch alle so zusammenhängen. Gehen wir mal von der Annahme aus, daß Sie tatsächlich etwas falsch gemacht haben. Was haben Sie falsch gemacht? Nehmen wir mal an, Sie haben das alles verschuldet. Was haben Sie getan? Was haben Sie verschuldet?

Kommentar: In der Folge beschäftigt sich Natalie wieder mit ihrer Vorstellung, das Problem mit ihrer Tochter sei entstanden, weil sie etwas falsch gemacht habe. Ich schlage vor: „Gehen wir mal davon aus, daß Sie etwas falsch gemacht haben." Diese Bemerkung ist nicht als Paradox oder Provokation gedacht, sondern als Entsprechung zu Natalies Angst, etwas falsch gemacht zu haben.

Natalie: Nun, das erste, was mir einfällt, ich habe mich scheiden lassen.
Harlene: Okay, Sie haben sich von ihrem Vater scheiden lassen.
Natalie: Ich hab' ihr gesagt, ich hatte keine Wahl, aber das stimmt nicht. Ich wußte es schon, als ich ihn *geheiratet habe*. Wahrscheinlich ist das meine schwerste Sünde.
Harlene: Also gut, Sie glauben also ...
Natalie: [lacht]
Harlene [nickt]: ... daß Sie sich von ihrem Vater haben scheiden lassen, teilweise ist es das.
Natalie: [nickt]
Harlene: Okay, was noch?
Natalie: Nun ja, da ist das ... da ist das lange ... es ist ein sehr sittenstrenges, religiöses Milieu, meine Familie, und Alicia hat das mitgekriegt. Wir haben schon mal darüber gesprochen, daß sie eigentlich mehr die Tochter meiner Mutter ist, als ich es bin.
Harlene: Ah, sie vertritt eher deren ...

Natalie: [nickt]

Harlene: ... Art von Ansichten als Ihre ...

Natalie: Wie mein Bruder. Sie machen alle Kirchenmusik und so, und deswegen mag sie das. Sie ist sehr scheinheilig. Und dann kommt sie heim und sagt zu mir, ich soll mich zum Teufel scheren [lacht], wissen Sie, aber singt im Kirchenchor [lacht], also, es ist wie, aber ... so ...

Harlene: Also eins, was Sie falsch gemacht haben, ist Ihre Scheidung, aber glauben Sie das selber? Oder sagen Sie, eigentlich ist das eher die Meinung Ihrer Familie?

Natalie: Ach, schau'n Sie, ich *weiß* nicht, ob ... was ich im tiefsten Innern glaube. Rein verstandesmäßig weiß ich, ich hatte keine Wahl und es war ein Fehler, und Menschen können sich irren und den Falschen heiraten.

Harlene: Stimmt.

Natalie: Aber *gefühlsmäßig* merke ich, daß *sie* mich bestrafen will, weil sie ... darüber ist sie wütend.

Harlene: Wegen der Scheidung ist sie wütend?

Natalie: Genau. Sie hat nämlich ein Bild von mir mit Zwanzig in so einem kleinen Rahmen auf ihrem Schrank ... auf ihrem Schreibtisch stehen, mit ihrem Vater auf der anderen Seite. Und das alles geht nur darauf zurück. So in der Art, „ach, du verstehst das einfach nicht," und „du hättest dich einfach nicht scheiden lassen sollen."

Harlene: Aha, also *sie* gibt Ihnen die Schuld.

Natalie: Ja.

Harlene: Okay.

Natalie: Und damit haben überhaupt *alle* Probleme angefangen. Sie kann nicht einfach ihr Leben leben, weil „sie einfach so ein *furchtbares* Schicksal hatte, weil sich ihre Eltern haben scheiden lassen."

Harlene: Nun gut, also schau'n wir mal, bis jetzt haben Sie zwei Sachen falsch gemacht. Sie haben ihren Dad geheiratet und ...

Natalie: Sich von ihm scheiden lassen.

Harlene: Von ihm scheiden lassen. Gut, was noch? Was haben Sie noch falsch gemacht, damit dieser Alptraum entstehen konnte?

Natalie: Dann habe ich den Stiefvater geheiratet [lacht].

Harlene: Den Stiefvater geheiratet, alles klar. Was noch?

Natalie: Dann habe ich noch ein Kind gekriegt, der ... das ist die große Sache ... sein ... die Mutter meines Mannes lebt in Houston, hier, bei uns. Ich meine, sie wohnt nicht bei uns, aber in dieser ... und das ist das erste Mal, daß wir in derselben Stadt wie sie leben.

Harlene: Okay.

Natalie: Und das ist ihr Enkelkind, mein Sohn. Also, sie legt großen Wert auf ... na ja, sie tut nach außen so, als würde sie Alicia so behandeln, als ob sie *ebenfalls* Teil der Familie ist, aber sie geht her und kauft Alicia ... und sie bringt ihr Schokolade mit oder so was. Sie kauft Alicia irgendeine Kleinigkeit, und Joe kauft sie sechs oder sieben Sachen. Wissen sie, sie macht einen ... man *merkt* es richtig.

Harlene: Obwohl sie sich also bemüht, keinen vorzuziehen, glauben Sie, daß sie eindeutig ...

Natalie: Also, ich glaube nicht ... ich glaube, sie weiß *ganz genau,* was sie tut, und daß sie einfach so *ist.*

Harlene: Ah. Verstehe. Sie zieht also eindeutig ihren eigenen ...

Natalie: Genau, und das tut Alicia ziemlich weh ...

Harlene: ... leiblichen Enkel vor und das tut Alicia weh.

Natalie: Ja genau, das sagt sie jedenfalls. „Ich habe nicht das Gefühl, zu dieser Familie zu gehören", und das ist nur eins von den Dingen, die sie zur Sprache bringt.

Harlene: Mhm.

Natalie: Und es ist ja nicht so, daß sie mehr Sachen will, es ist nur, es ist so offensichtlich.

Harlene: [nickt]

Natalie: Und deshalb ist das der eine Fehler. Ein weiterer Fehler ...

Harlene: Das ist also ein weiterer Fehler. Sie bekamen noch ein Kind ...

Natalie: [lacht]

Harlene: ... und ich vermute mal, Sie ...

Natalie: Er wird eben vorgezogen ... er wird als zur Familie gehörig behandelt, und sie nicht.

Harlene: Also gut, und Sie sind nach Houston umgezogen, wo sie wohnt, klar, also haben wir jetzt ungefähr sechs. Was noch [lacht]?

Sue: Genau, nach Houston zu ziehen mag vielleicht nicht wie etwas so Wichtiges erscheinen, aber verglichen mit, na ja, zum Beispiel wieder nach Baton Rouge zu ziehen ...

Natalie: Oh ja, das wäre ...

Sue: ... wäre das schon ein großer Fehler, die Wahl des Wohnortes. Mhm.

Natalie: Statt nach Baton Rouge sind wir nach Houston gezogen.
Harlene: Ach, also Sie meinen, wir sollten das auch noch auf die Liste setzen.
Natalie: Ja klar, *sie* sagt: „Wenn du nur nach Baton Rouge gezogen wärst ... damit, du weißt schon, so lebe ich jetzt ständig bei *dir,* und dann könnte ich meinen Dad sehen, und wann ich Lust dazu habe." Aber wir m*ußten* von dort weg, weil es einfach ... mit ihrem Dad zu tun zu haben war furchtbar.
Harlene: Was haben Sie noch falsch gemacht?
Natalie: Oh, lassen Sie mich mal überlegen, ich bin *arbeiten* gegangen [lacht].
Harlene: Ja.
Natalie: Habe meine Kinder verlassen. Bin arbeiten gegangen. Ich habe das erst vor ungefähr drei, vier Jahren gemacht.
Harlene: Da war sie etwa elf, oder so, mhm.
Natalie: [nickt]
Harlene: Gut. Was haben Sie noch falsch gemacht?
Natalie: Manchmal sage ich schreckliche Sachen zu ihr, wenn ich mich, wissen Sie ...

Kommentar: In der Folge verlagert sich Natalies Erzählung allmählich von den Dingen, die sie falsch gemacht hat, und ihrem Versagen als Mutter hin zum Mißerfolgserlebnis in der Beziehung zu ihrer Tochter. Irgend etwas ist nicht so, wie sie es gern hätte.

Erinnern Sie sich an den Anfang des Gesprächs, als Natalie sagte: „Es macht mir zu schaffen, wie die Dinge in meiner Beziehung zu ihr laufen und wie es mir damit geht"? Zuvor hatte sie sich darauf konzentriert, das Problem *verschuldet* zu haben; hier nun spricht sie immer noch über dieselben Vorgänge. Die Geschehnisse selbst haben sich nicht verändert, aber sie versteht sie allmählich anders und schreibt ihnen eine andere Bedeutung, einen neuen Sinn zu.

Sie steigt von einem unlösbar erscheinenden Problem auf ein lösbares um. Das heißt, die Chance, die von ihr gewünschte Art der Beziehung zu ihrer Tochter herzustellen und zu haben, ist ungleich größer, als ihr früheres Versagen als Mutter wiedergutzumachen. Diese Verlagerung habe ich nicht intendiert, sie hat sich durch den Dialog ergeben.

Harlene: Es hört sich so an, als würden Sie sich manchmal am liebsten die Haare ausraufen, und sind total verärgert und enttäuscht, wenn es nicht gut läuft, und ganz besonders, denke ich mir, wenn ich mir vorstelle, wie sehr Sie sich bemühen ...

Natalie: [nickt]

Harlene: ... damit alles stimmt ...

Natalie: Genau.

Harlene: Und wie hart Sie mit sich selbst ins Gericht gehen, was Ihre Rolle als Mutter betrifft.

Natalie: Ja.

Harlene: Also sagen Sie Dinge, die Sie dann gern wieder zurücknehmen würden.

Natalie: Ja, also ich denke mir: „Warum lasse ich sie nicht einfach reden und sage dann einfach nichts?"... Sie wissen schon, mache einfach so ... schließlich ist sie das Kind, ich bin die Erwachsene, wieso sollte ich mich in ihr Ding reinziehen lassen, also, wenn ich das tue? Warum sage ich dann nicht einfach: „Ach, so sind Kinder nun mal, und das verletzt meine Gefühle keineswegs." So in der Art, „ich höre einfach gar nicht hin". Aber ich höre eben doch hin.

Harlene [nickt]: Und nehmen es sehr ernst, weil Sie, wie ich schon sagte, sehr empfindlich darauf reagieren, wie Sie ... was Sie gesagt haben, wie Sie als Mutter dastehen, und Sie bewerten sich nicht nur selbst, sondern andere Leute bewerten Sie Ihrer Ansicht nach ebenfalls und ... außerdem machen Sie sich Gedanken wegen Ihrer *Tochter*, ich meine, du lieber Himmel, das *tun* Sie, ja klar.

Natalie: Im Augenblick scheint sie mich nicht zu brauchen, aber ich glaube ... wissen Sie, es fällt mir schwer, zu glauben, daß nicht irgendwann ... wenn sie geht und vier Jahre dortbleibt, daß dann nicht ein Zeitpunkt kommt, wo ich nicht da sein werde und da sein müßte.

Harlene: Also geht es nicht nur darum, was Sie bisher getan haben, sondern Sie fangen jetzt schon an, sich Sorgen darum zu machen, was Sie eventuell nicht tun werden ...

Kommentar: Natalie macht sich wegen früherem Versagen und möglichem Versagen in der Zukunft Sorgen.

Natalie: Ja, und das andere ist, daß ich eifersüchtig bin auf ihre Stiefmutter und auf meine Schwägerin, die dort lebt, und die sie einfach *anbetet*, die *alles* richtig macht und ein *perfektes* Leben führt, und die wird die Mutter sein. Meine Schwägerin wird mehr die Rolle der Mutter spielen als ...

Harlene: Als die Stiefmutter. Gut.

Natalie: Als die Stiefmutter. Aber die werden die Mütter sein, ich meine, ich

werde gar nicht da sein; *die* werden die Mütter sein. Also ich möchte nicht, daß man meinen *Platz* einnimmt ...
Harlene: Also was denken Sie, Sue? Sieht so aus, als ob Sie ...

Kommentar: Obwohl Sue hauptsächlich zuhören möchte, betrachte ich sie als aktive Gesprächsteilnehmerin. Während Natalie und ich uns unterhalten, schaue ich Sue immer wieder kurz an, damit sie sich einbezogen fühlt. Wie jeder Zuhörer führt Sue ihren eigenen inneren Dialog, und ich bin darauf neugierig. (Das Gespräch dauert jetzt 25 Minuten.)

Möglichkeiten zur Rettung einer Beziehung werden sichtbar

Ich erfahre, was Sue sich gedacht hat. Ich erfahre, daß Natalie schon einmal zwei Jahre lang in Therapie war, um sich mit ihrem Gefühl der „Wertlosigkeit" und „Depression" auseinanderzusetzen und sechs Monate Antidepressiva einnahm. Natalie meldete sich zu Wort: „Ich habe mich irgendwie von meinen inneren Gefühlen abgeschnitten." Zusätzlich hatte sie zahlreiche Kurse „in Selbstakzeptanz" besucht. Trotz alledem sagte Natalie: „Ich fühle mich schrecklich."

Sue widerspricht Natalie nicht darin, daß diese zurückliegenden Erfahrungen vielleicht nichts für ihre Selbstachtung getan haben; aber möglicherweise haben sie ihr geholfen, sich selbst gegenüber offen zu sein, was ihre Empfindungen und Gedanken betrifft. Sue äußerte, wie ehrlich zu sich selbst Natalie doch sei. Wir sprechen darüber, daß es doch um einiges leichter gewesen wäre, nicht so ehrlich zu sein und nicht zuzugeben und zu analysieren, was sie getan oder nicht getan hat.

Natalie sagte zu mir, ihre größte Angst sei es, daß mit Alicia in Zukunft alles in Ordnung ist, daß Alicia sie dann nie anrufen oder brauchen wird, und daß ihre Befürchtung, eine schlechte Mutter gewesen zu sein, sich dann bestätigt. Sue bemerkte, sie habe versucht, sich vorzustellen, wie Alicia diesem Gespräch zuhören würde. Im weiteren Verlauf des Gesprächs erfuhr ich von der ebenso großen Angst Natalies, wieder in den alten Zustand des Deprimiert- und Unglücklichseins zu verfallen. Wie wir gleich sehen werden, begann Natalie mehr über sich selbst und weniger über die Beziehung zu ihrer Tochter zu sprechen.

Harlene: Also, das klingt, als seien Sie wirklich *sehr* unglücklich.
Natalie: Oh ja, ich weiß, was es war ... mein Selbstwert. Es ist nur, es kommt mir

so vor, als sei ich nichts wert, und wenn wir ... bevor wir hierher gezogen sind, war ich ... ich war wirklich niedergeschlagen, nicht so wie jetzt. Ich war so deprimiert [lacht], ich konnte mich nicht einmal mehr rühren, so ungefähr. Nun ja, es ging mir ziemlich lange so, bevor ich merkte, daß da etwas ganz und gar nicht stimmte, und so ging ich schließlich ... ich hielt es für richtig, zu einem Arzt zu gehen. Irgend etwas ganz Schlimmes war wohl mit mir los. Also, ich ging zu einem Psychologen, und dann ging ich zu einem Psychiater, und ungefähr sechs Monate lang habe ich Medikamente geschluckt, aber jede Woche bin ich zu dem Psychologen hingegangen ... und ich *war* auch depr[essiv] ... und das war nachdem ich nur herumlag ... es kam einfach alles zusammen, wissen Sie, nachdem mein Sohn weg war, und ich einfach das Gefühl hatte ... da habe ich dauernd gedacht, „ich komme mir so wertlos vor", und ein bißchen komme ich mir jetzt auch so vor. So wie damals fühle ich mich aber nicht.

Harlene: Nicht ganz so wertlos, aber immer noch ein wenig ...

Natalie: Aber ich habe Angst; ich möchte nicht noch einmal in einer solchen Verfassung sein.

Harlene: Was hat Ihnen der Psychologe gesagt? Ich meine, was war seiner Meinung nach los?

Natalie: Ich glaube, er ist nicht weit genug gegangen. Ich glaube, es war so etwas wie eine Klemme ... wegen einer Menge Dinge, mein Mann war beruflich viel auf Reisen, und wir hatten finanzielle Probleme, und dann noch, also ich glaube ... ich weiß nicht, ich weiß es im Grunde nicht. Wir arbeiteten mit meinem Mann und mir ein wenig, und manches ließ sich bereinigen, aber ich glaube, hauptsächlich war es einfach mehr die Zeit, die die Wunden heilen ließ, und ich ... ich weiß nicht ...

Harlene: Das ist nun wie lange her?

Natalie: Etwa zwei Jahre.

Harlene: Also eine Ihrer größten Ängste im Moment ist, daß es Ihnen wieder so schlecht gehen könnte, daß Sie wieder so deprimiert, so unglücklich werden könnten.

Natalie [nickt]: Genau, und dann möchte ich irgendwie kämpfen, so in der Art, „Schmeiß' sie alle raus, und ich bin wieder okay." Wissen Sie, wenn man ein ... ich habe doch noch ein bißchen Entschlossenheit in mir ...

Harlene: Entschlossenheit, ja.

Natalie: ... daß es mir gut gehen soll, statt mich einfach hinzulegen und zu sagen: „Bin ich eben deprimiert."

Harlene: Und Sie meinen also, wenn Sie alle einfach irgendwie rausschmeißen ...

Natalie [lacht]: In den Abgrund stoßen und einfach ...

Harlene: ... aus Ihrem Leben oder Ihrem Haus, daß Sie sich auf diese Weise irgendwie schützen und durchhalten könnten?

Natalie: ... und sie einfach machen und weggehen lassen, und mich dann einfach in meine Arbeit stürzen und tun, was *mir* gefällt, und es wäre ja wirklich kein schlechter Tausch, weil sie so viel Unheil anrichtet, und es ist kein schlechter Tausch. Ich ... die Belastung bei uns zu Hause wäre um einiges geringer. Ich hätte mehr Zeit, alles mögliche zu tun, was ich tun will [lacht] ... es ist wirklich überhaupt kein schlechter Tausch [lacht]. Wenn ich es von dieser Seite sehen kann.

Harlene: Aber Sie können es nicht, wie es scheint.

Natalie: Manchmal kann ich es nicht, nein.

Harlene: Als Sie also vorhin sagten, daß Sie irgendwie an einem Punkt sind, wo Sie sich Sorgen machen, wie *Sie* damit fertigwürden, wenn sie weggingen ... davon sprechen Sie eigentlich.

Natalie: [nickt]

Harlene: Wären Sie denn dann wirklich total depressiv und fast nicht mehr funktionsfähig, so wie Sie es dargestellt haben?

Natalie: [nickt] [lange Pause]

Sue: Oder wo Sie andererseits auf einmal merken: „Oh, ich habe so viel Zeit und weniger Druck." Und ich meine, es klingt, als sei Ihnen beides eingefallen, aber mehr Sorgen bereitet Ihnen die Depression, offensichtlich. Mhm. [nickt]

Natalie: Also müssen wir vermutlich einfach abwarten, was passiert.

Harlene: Aber was passiert im Moment hinsichtlich niedergeschlagen und todunglücklich sein? Ich meine, Sie ...

Natalie: Nun ja, nachts weine ich ziemlich viel ...

Harlene: [nickt]

Natalie: ... und in den letzten Tagen war sie viel netter und so, ja, das macht mich *auch* wieder traurig [lacht]. Gestern hatte sie keine Schule wegen dem Eisregen, und alle anderen schon, und wir ... sie blieb zu Hause, und sie ging raus ... das Eis bog die Zweige von diesen Bäumen runter und sie ging raus und holte heißes Wasser und schüttete es drüber, versuchte den Bäumen zu helfen, und es gab keinen Strom im Haus. Sie ging rein und legte ihre Hände in heißes Wasser, und sie hatte saubergemacht, und sie hat alles mögliche getan, und letzte Nacht, da hat sie noch bis spät mit mir geredet, richtig nett, wissen Sie, wir hatten dieses richtig *gute* Gespräch, und *auch das* macht mich traurig. Ich ... also, ich kann nicht ... was soll ich denn ... und ich saß einfach so in meinem Bett und habe gedacht: „Was soll ich nur tun ... [fängt an zu weinen] ... wenn sie nicht mehr da ist?" [lange Pause]

Kommentar: Natalie weinte. Schon seit Beginn unseres Gesprächs war die Stimmung im Raum sehr emotionsgeladen. Stimmungen und Gefühle sind ein fester Bestandteil dieser Art des Arbeitens, aber ebensowenig wie die Spannung, die in der Luft liegt, die Traurigkeit, den Schmerz, das Gefühl der Verzweiflung, den Humor und das Leid will ich sie nicht aufspüren oder hervorheben. Sie sind einfach da. Sie stellen sich ein. Sie sind selbstverständlicher Bestandteil des Gesprächs.
Nun rückt die Beziehung zu ihrer Tochter wieder mehr in den Mittelpunkt.

Harlene: Und dann ging es Ihnen also sogar noch schlechter mit sich selbst, vermute ich mal, wenn Sie in solchen Momenten ...
Natalie: Ich *weiß* es nicht. Ist das, ist das nicht normal oder so, an etwas festzuhalten ... ich weiß nicht, ob ich so wenig loslassen kann, weil ich mit ihr zusammensein will, oder was es ist.
Harlene: Haben wir ein ... ?
Sue: Ja.
Harlene: Und es gibt keinen, es gab nie eine Möglichkeit für Sie und ihre Tochter, über irgendeins dieser Dinge, Anliegen, Herzensangelegenheiten, Probleme zu sprechen, daß es einfach ... oder zumindest klingt es für mich so.
Natalie: Am Ende flehe ich sie dann noch an, zu bleiben oder so, und dann hat sie uns in der Hand, Sie wissen schon, so in der Art, „Wenn ihr nicht tut, was ich sage, gehe ich zu meinem Vater." Also es ist einfach ...
Harlene: Es ist also immer eine Art Tauziehen ...
Natalie: Ja, genau.
Harlene: ... oder eine Art von ...
Natalie: „Ich gehe einfach zu meinem Dad", wenn es ihr nicht paßt, was wir sagen, und so kann man doch nicht seinen *Elternpflichten* genügen.
Sue: Ich glaube, es gibt schon Zeiten, wo Sie miteinander reden konnten, wenn ich Ihre Frage richtig verstanden habe, und ich weiß auch nicht.
Harlene: Ich denke grade, es klingt, als schlügen sie sich mit einer ganzen Menge Dinge herum, und ich höre eine Unmenge Spannungen heraus, eine Menge Reibereien, eine Menge ... Erpressung und den Versuch, zu beschämen.

Natalie: Ja.

Harlene: Ich habe mich gerade gefragt, ob es je eine Zeit oder irgendeine Möglichkeit gegeben hat, wo Sie auf irgendwie produktive Weise über diese Sachen reden könnten, oder geht es eigentlich nur noch *bergab*?

Natalie: Ich weiß nicht ... ich möchte gern ... also vielleicht wenn wir unsere Sitzungen gemeinsam machen oder so, ja, dann könnte ich es ihr sagen. Ich glaube, wir haben ... und das *Seltsame* daran ist, sie hat immer zu mir gesagt, sie würde mich nie verlassen, daß wenn ... naja, „Ich werde dich nie verlassen, sogar wenn ich aufs College gehe, möchte ich hierbleiben ...," und solche Sachen, und neulich nachts hab' ich das erwähnt, und sie sagte, „Ich, ja, ich erinnere mich, daß ich das gesagt habe" [lacht].

Kommentar: Im weiteren stelle ich einen Gedanken zur Diskussion und überlege laut.

Harlene: Also ich denke ja, daß, zumindest geht es mir gerade so durch den Kopf, daß es nicht so sehr um die Frage geht „Ist sie bei Ihnen oder ist sie bei ihrem Dad?" Obwohl das eine *wichtige* Frage für mich ist, ein wichtiges Thema, scheint doch die *brennendste* Frage zu sein: „Gibt es irgendeinen Weg, eine Hoffnung, eine Möglichkeit, daß Sie beide in Ihrer Beziehung etwas retten können und eher die Art von Beziehung miteinander haben, die Sie beide, denke ich mir, gerne hätten?" Ich meine, sie ist *da,* sie ist noch nicht weggegangen, sie ist zu diesem Zeitpunkt noch nicht zu ihrem Dad gezogen, und da gibt es so viel von, von so einer Art sprunghaftem, unberechenbarem Verhalten ... es gibt Zeiten wie gestern nacht, wo Sie einander nahe sind und miteinander reden, und es gibt andere Zeiten, wo sie, wo Sie das Gefühl haben, sie hat sie, wie Sie sagten, in der Hand. Also, ich schätze, das denke ich, daß ...

Natalie: Das die eigentliche Frage ist, nicht so sehr, wo sie lebt ...

Harlene: Nun, das überlege ich gerade ...

Natalie: Wahrscheinlich ist es das ...ja ...

Harlene: ... wenn das tatsächlich, ich meine, es hört sich so an, als ob Sie wirklich unbedingt eine Beziehung zu ihrer Tochter haben wollen, Sie hätten es gerne *reibungsloser,* und natürlich akzentuieren Sie dabei die „gute Mutter/schlechte Mutter", was meiner Meinung nach wahrscheinlich die meisten Mütter machen, so daß das in meinen Augen gar nicht so ungewöhnlich ist. Was ich mich also frage, ich meine, was wäre Ihrer Ansicht nach nötig, damit Sie und Ihre Tochter überhaupt miteinander reden können oder versuchen, zu ...

Natalie: Also, was ich will ... ich sehe einfach nicht ...

Harlene: ... nichts, was festzuhalten oder wiedergutzumachen wäre.

Natalie: Nun, ich denke mir, was es *unmöglich* machen wird, ist, wenn ich sie *im Zorn* wegschicke, wissen Sie, so in der Art, „Ach, mach schon und geh', und ruf' mich ja nicht an" und solche Sachen, und das wäre, ich meine, es wäre im Grunde *gemein,* ich meine, ich ...

Harlene: Nun, es ist ja auch Ihre größte Sorge, daß sie dort hingeht und alles ist in Butter, und dadurch endgültig jede Möglichkeit verbaut ist, und mit fünfunddreißig kommt sie vielleicht zurück; also ich weiß nicht, aber es klingt so, als ob Sie ... daß es das ist, was Sie zu fassen kriegen wollen.

Natalie: Daß ich eine normale Beziehung zu ihr habe, ja genau.

Harlene: Vielleicht liege ich ja völlig falsch, aber ...

Natalie: Ja, das ist wahrscheinlich ...

Harlene: Also, ich weiß es nicht. Was denken Sie? Ich meine, Sie kennen ihre Tochter. Glauben Sie, das ist etwas, worüber auch Alicia unglücklich ist, daß sie und ihre Mutter nicht die Art von Beziehung haben, die sie vielleicht gern hätte?

Sue: Ja, ich denke daran, wie Sie so betonen, daß das ja an die Gute-Mutter/schlechte-Mutter-Sache geknüpft ist ... ich habe mir auch gedacht, daß ein besonderes Gewicht darauf zu liegen scheint: Wenn die Beziehung gut wäre, würde sie bei mir leben wollen, oder daß bei mir zu leben ein Hinweis auf die gute Mutter/schlechte Mutter ist.

Natalie: Ja.

Sue: Daß es, daß es damit in gewisser Weise verknüpft ist, auch wenn ich weiß, daß Sie gesagt haben, „Also, es sieht so aus, als umfaßte das Problem viel mehr als nur, wo sie lebt", also ...

Harlene: Also ich glaube, daß das irgendwie, sozusagen in dieses Drama fest eingebaut ist. Ich meine, es gibt viele, so viele komplexe Teilstücke und es gibt so viele Teile, die man anschauen könnte und sagen, „Nun, angesichts dieser Aufzählung all der Dinge, die Sie *in Ihren eigenen Augen* falsch gemacht haben, könnten Sie und Ihre Tochter *nie mehr* eine Beziehung aufbauen oder Sie selbst eine Kehrtwendung machen und auf einmal eine gute Mutter sein", und ich denke dabei, „Reden wir denn wirklich *darüber?"* Ich meine, das sind *alles Dinge,* glaube ich, die als Minuspunkte zählen. Natürlich kann eine Scheidung sehr schwierig für Kinder sein. Viel von dem

Drumherum, der Kampf ums Sorgerecht, kann äußerst belastend für Kinder sein. Wie haben Sie das noch genannt, ein Kind dem anderen vorzuziehen, alles was in dieser Richtung passiert, kann sehr schwierig sein und sehr *anstrengend*, sollte aber nicht im Wege stehen, und ich weiß nicht, vielleicht ... und ich nehme an, das andere, was ich eventuell als Anhaltspunkt sehe, sind die Hinweise auf Ihre eigene Mutter und Ihre Beziehung zu ihr, und ich weiß ja nicht, wieviel Sie alle schon darüber geredet haben und wo es reinpaßt, aber im Hinblick darauf, daß Sie versuchen, das nicht zu wiederholen, oder was Sie vielleicht gern mit Ihrer Mutter hätten und nicht ...

Kommentar: Um es kurz zu machen, das Gespräch ging nun zu Natalies Sohn über, der schon vor einiger Zeit zu seinem Vater gezogen war. Ich fragte: „Wie ist die Beziehung zu Ihrem Sohn, in welcher Hinsicht ist sie ähnlich oder anders als die zu Ihrer Tochter?" Durch meine Neugier erfuhr ich von ihr, wie sie ihre Beziehung zu ihm „gerettet" hatte. Außerdem erfuhr ich ein bißchen mehr über die Tanten, von denen Natalie befürchtet, sie würden von jetzt an wie richtige Mütter sein, die „Guten", und sie selbst wie die „Böse" aussehen lassen.

Ich erfuhr, daß Sue sich mit Mutter und Tochter gemeinsam und getrennt getroffen hat. Und ich erfuhr auch noch, daß die Krankenversicherungsgesellschaft Regeln aufzustellen versuchte, welche Personen Sue in ihre Sitzungen einbeziehen darf und welche nicht.

Natalie hat sich merklich entspannt, und sie hat gelacht. Eingedenk der fortgeschrittenen Zeit und meiner Zusicherung, bis zum Mittag fertig zu sein, damit Natalie wieder an ihren Arbeitsplatz zurückkehren kann, teile ich noch einmal den anderen meine Gedanken mit.

Harlene: Ich vermute, wenn ich zu diesem Zeitpunkt überhaupt irgendeine Idee hätte, wie ... daß das etwas wäre, was ich besonders gern wissen wollte, wenn ich so mit Ihnen beiden zusammensitze und über solche Mutter-Tochter-Angelegenheiten spreche, vielleicht auch, was ... hatte sie irgendwelche Träume, die sich nicht erfüllt haben, oder ... was will sie? Was braucht sie? Wenn sie die Mutter einer 14jährigen wäre, wie ...

Natalie: Das habe ich versucht zu ... weil sie gesagt hat, ich könne es nicht nachvollziehen, und ich habe gesagt, „das stimmt, kann ich nicht", aber ich versuche schon, mich in sie hineinzuversetzen, weil das ihr Ding ist ... „Ich möchte ein Kind, und ich will eine eigene Familie haben und all das" ...

davon träumt sie. „Also stell' dir vor, du hättest eine Tochter, die vierzehn ist", und sie versuchte es nachzuempfinden, aber es hat nicht funktioniert. Sie ist irgendwo weit weg ...

Sue: Sie wird sich nicht scheiden lassen.

Natalie: Ah ja, das stimmt ... *niemals.*

Harlene: Ja klar.

Natalie: Es ist mir egal, was passiert. Aber natürlich wird gar nichts passieren, wenn sie sich den richtigen Mann aussucht. Ihr Leben ist dann, na ja, in einem ...

Harlene: Sagt sie, ja. Sie hat also jede Menge feste Überzeugungen und jede Menge heftige Gefühle ...

Natalie: Sehr, sehr, sehr sehr.

Harlene: ... was die Scheidung anbelangt, und wenn ...

Natalie: Andere Leute glauben, sie ist ein *Bilderbuchkind.* Die Mütter ihrer Freundinnen ... sie ist bei einer zu Besuch, und die Mutter ruft mich an und sagt: „Sie haben das so ... (erst diese Woche ist das gewesen), Sie haben das *wunderbar* gemacht mit Ihrer Tochter, sie ist so selbstsicher, sie hat ihre eigene Meinung. ..."

Harlene: Tut sie nur so, wenn sie mit anderen Leuten zusammen ist? Damit Sie gut dastehen oder wie?

Natalie: Sie ist wirklich selbstsicher. Sie *hat* ihre eigene Meinung ...

Harlene: Tatsächlich? Hmmm.

Natalie: ... und sie ist ... ich weiß nicht mehr, was sie sonst noch erwähnt hat, aber daß sie ... sie ist so *gescheit* und sie weiß genau, was sie tut, sie macht alles so gut, vielen Dank auch [lacht].

Harlene: Nun, ich habe gerade gedacht, das muß Ihnen sehr gut und sehr weh getan haben, beides gleichzeitig, ja ... [lacht]

Natalie: Und sie schreibt *Briefe* an einige der ... ein Paar ... eine mit uns befreundete Familie, mit denen wir schon lange befreundet sind, „Oh, ihr seid wie, ich liebe euch, ihr seid praktisch ein Teil meiner Familie" an die ... an die ganze Familie, an die Mutter und den Dad, und ...

Harlene: Also wenn Sie so eine *schlechte* Mutter waren ...

Natalie: ... warum ist sie so nett? Ja genau.

Harlene: Wo hat sie das her, wo kommt das alles her? Ja. Vielleicht noch eine Frage, die wir in der Schwebe lassen.

Natalie [lacht]: Zeit zu gehen?

Kommentar: Es folgte ein kurzer Wortwechsel die Uhrzeit betreffend, und ich ließ Natalie wissen, wie sehr ich es zu schätzen wußte, daß sie uns erlaubt hatte, eine Videoaufzeichnung zu machen.

Harlene: Haben Sie irgendwelche Fragen, die Sie gern an *mich* richten würden?
Natalie: Was passiert denn nun mit diesem Band?

Kommentar: Ich beantwortete ihre Frage und bedankte mich bei ihr. Ich danke den Leuten jedesmal, daß ich vorübergehend an ihrem Leben teilnehmen durfte, daß sie es mit mir geteilt haben. Und ich mache kein Hehl daraus, daß sie mir etwas gegeben haben.

Damit war unsere gemeinsame Unterhaltung beendet. Es waren noch Fragen offen geblieben. Ein Gespräch ist nie fertig. Jedes Gespräch, so auch dieses, wird zum Sprungbrett für spätere.

Ein Gespräch ergibt das andere und führt zu einem wiedergewonnenen Gefühl der eigenen Handlungsfähigkeit

Man fragt mich oft, inwieweit Gespräche wie dieses nach draußen übertragbar sind, auf das normale Alltagsleben eines Klienten und in diesem Fall auf die gemeinsame Arbeit von Sue und Natalie.

So, wie wir alle unsere vertrauten Erzählungen in den Behandlungsraum mitbringen, nehmen wir auch wieder neue mit hinaus. Jedes therapeutische Gespräch wird zu einer Einladung, einem Sprungbrett für neue Gespräche. Es wird Teil der außerhalb des Behandlungszimmers stattfindenden Dialoge, an denen sich Klient und Therapeut beteiligen und die wir ihrerseits in das nächste therapeutische Gespräch einbringen. Jedes Gespräch ist Bestandteil anderer Gespräche, wird von ihnen beeinflußt und wirkt sich auf sie aus.

Unsere neuen Erzählungen bekommen neuen Sinn durch einen anderen Bezug zum größeren narrativen Kontext. Wenn wir neue Versionen des Erlebten mit älteren in Einklang bringen, erzielen wir damit eine neue Einheitlichkeit, eine neue Bedeutung und ein neues Verständnis, die in der befreienden Erfahrung bestehen, sich auf einmal als *handlungsfähig zu erleben*.

Was geschah als nächstes?

In den folgenden drei Monaten fanden drei Sitzungen statt. Zunächst trafen sich Sue, Natalie und Alicia und sprachen darüber, welche Art von Beziehung jede wollte und wie sie sie erreichen könnten. Inzwischen hatte Natalie angefangen, mehr mit Alicias Vater zu reden – was dazu führte, daß die beiden sich mit Sue zusammensetzten und ihre elterlichen Aufgaben und die Umzugsplanung besprachen. Nach dieser Sitzung sprachen Mutter und Vater gemeinsam mit Alicia, um alles zu planen und die Schule auszusuchen.

Anschließend traf sich Sue mit Natalie zur Begutachtung des Videos, wonach sie entscheiden sollte, ob wir es verwenden durften. In dieser Sitzung zeigte sich Natalie um einiges entspannter und selbstsicherer, als sie noch einmal Revue passieren ließ, was sich in den beiden vergangenen Monaten ereignet hatte. Hier ein kurzer Ausschnitt vom Anfang der Sitzung:

Natalie berichtete, sie habe es bei einer Schulveranstaltung zum ersten Mal Freunden gegenüber ansprechen können, daß ihre Tochter nach Baton Rouge ziehen, dort zur Schule gehen und bei ihrem Vater leben werde. Sie meinte, sie habe sich nicht mehr so viele Sorgen gemacht wie bisher. Sue bat sie, das näher auszuführen und Genaueres über die zwei Monate seit dem Gespräch mit mir zu berichten.

Mit Nachdruck antwortete Natalie, sie habe beschlossen: „Wir können so nicht mehr in unserem Haus leben, dauernde Kämpfe, eine Art Terrorismus."

Sue bat sie, doch noch etwas zu sagen über „den Anfang, den Sie damit Ihrer Ansicht nach gemacht haben. Was hat sich denn nun bezüglich der von Ihnen empfundenen Kontrolle geändert?"

> *Natalie:* Irgend etwas ist jetzt anders, bei ihr vor allem und bei mir auch. Ich habe keine Angst mehr, heimzukommen, wie das früher der Fall war.
> *Sue:* Wollen Sie noch irgend etwas dazu sagen, wo Sie jetzt stehen?
> *Natalie:* Selbstwertgefühl, wie ich mein Leben gestalten will, wie ich von anderen beurteilt werde.

Kommentar: Natalie sprach darüber, daß sie daran arbeite, nicht so empfindlich auf die Beurteilung durch andere zu reagieren. Sie teilte uns ihre Selbsteinschätzung im Hinblick auf ihre Arbeit mit, und erklärte, sie habe entschieden: „Ich muß denen sagen, wieviel ich tatsächlich leisten kann."

Sue erwähnte Natalies Entscheidung, uns die Erlaubnis zur Nutzung dieses Videobandes zu geben: „Es ist ja ein wichtiger Schritt für Sie, andere an Ihrer Person teilhaben zu lassen." Worauf Natalie mit Blick auf ihre selbstkritische Art erwiderte: „Ich muß mich selbst überrumpeln." Sue fragte zurück, „Und wie ‚überrumpeln' Sie sich selbst?" Und das Gespräch wurde mit einem Themenwechsel fortgeführt.

Mit dieser Sitzung war die Therapie beendet. Natalie hatte es nicht mehr nötig, Sue weiterhin an ihren fortlaufenden Gesprächen zu beteiligen.

Das Problem löst sich auf

In einem telefonischen Follow-up-Gespräch erzählte Natalie sechs Monate später Sue, daß Alicia Anfang des Sommers zu ihrem Vater gezogen war. Allerdings hatte dieser Umzug eine andere Bedeutung bekommen. Nach zwei Monaten bat sie darum, heimkommen zu dürfen. Mutter, Tochter und Stiefvater handelten neue Regeln aus, und einige Monate später geht es Mutter und Tochter noch immer gut.

In dieser anderen Art und Weise, sich aufeinander zu beziehen, in dieser Art des Miteinanderredens, die nicht nur das, worüber man spricht, sondern auch, wie man darüber spricht, in nichts auflöst, besteht der Kern meines kollaborativen Ansatzes. Die Therapeuten Britta Lödgö und Gunilla Ström aus Schweden formulierten es so, als sie sich dieses Video anschauten: „Wenn man die Trolle der Sonne aussetzt, verschwinden sie."

Es ist schwierig, das Wesen eines Gesprächs zu vermitteln. Was ich geschildert und kommentiert habe, beruht auf meinem Erleben, meiner Position in dem Gespräch, und den Auswirkungen von Gesprächen mit anderen über dieses Gespräch. Letzteres könnte auch anders dargestellt und erklärt werden, und hätte alle möglichen Formen annehmen können. Dies ist nur eine davon. Und das Gespräch selbst ist nur eins der vielen Gespräche, die wir drei hätten führen können.

In Teil III stelle ich zwei „schwimmende Inseln" vor: die postmodernen Begriffe Erkenntnis/Wissen und Sprache sowie das *Selbst/Ich*. Ich möchte ihnen gebührende Aufmerksamkeit widmen, weil sie sich, historisch gesehen, als Schlüsselbegriffe erwiesen haben und weil sie weiterhin im Zentrum meiner Auffassungen über therapeutische Gespräche und Beziehungen stehen.

Teil III

Die Suche nach Bedeutung in der Bedeutung

„Wenn meine Geschichte von Nutzen sein kann ..." Fortsetzung

Nachdem ich den Text der schwedischen Mutter vorgelesen hatte, war eine lange Pause entstanden, doch danach wollte ich unbedingt – freilich behutsam – mehr über sie erfahren, ihre Erfahrungen verstehen und mir ein genaueres Bild davon machen, was sie mit ihren Worten skizziert hatte. Ich bat die Töchter, die beide übereinstimmend geäußert hatten, daß die Ärzte und Therapeuten auch mit ihnen sprechen sollten: „Also helft mir. Als ihr gesagt habt, ihr wärt euch mit eurer Mutter einig, daß die Ärzte auch mit euch sprechen sollten – haben sie denn über euch geredet, als ob ihr nicht da wärt?"

Leise erwiderte die Jüngere: „Ja, ich glaube aber nicht, daß sie es so aufgefaßt haben."

Ich sagte: „Aber ihr habt es so empfunden, und darauf kommt es an. Und daher hattet ihr die Art von Gefühlen, die eure Mutter angesprochen hat. Ihr habt euch herabgesetzt und nicht respektiert gefühlt?"

Beide Mädchen bestätigten ihren Eindruck, daß Ärzte und Therapeuten ihnen nicht „trauten", ihnen nicht „zuhörten" und sie nicht „reden" ließen; daß sie die Schwestern für „manipulativ" hielten. Ich suchte nach Erklärungen: „Warum haben sie euch keine Gelegenheit gegeben, etwas zu sagen? Hatten sie den Verdacht, ihr wolltet nur manipulieren und eigentlich gar nicht gesund werden? Dachten sie, ihr seid gern krank?"

Sie erzählten von den Ärzten, die „versuchten, unsere Eltern dazu zu bringen, uns mit Gewalt zu kurieren." Allerdings waren sie der Ansicht, daß die Ärzte im Grunde helfen wollten und es gut meinten. Ich wollte wissen, ob irgendwer in der Familie jemals gegenüber den Ärzten oder Therapeuten seine Meinung geäußert habe.

„Ja, das haben wir", antworteten die Töchter einstimmig.

„Und, was ist passiert?"

„Sie sagten, sie hätten trotzdem recht", erwiderte die Ältere leise.

„War es deswegen, weil das, was sie taten, anderen Mädchen und jungen Frauen geholfen hatte, und sie dachten, wenn ihr besser mitarbeiten wolltet, würdet ihr gesund?"

„Ja."

Wenn ich mit mehr als einer Person auf einmal spreche, beobachte ich immer auch die Gesichter der anderen. Es hilft mir, die Verbindung zu ihnen aufrechtzuerhalten und zu merken, wenn sie etwas sagen wollen. Und außerdem bekommen sie nur so das Gefühl, daß ich jeden einzelnen – und was er zu der Geschichte beisteuert – für wichtig halte. Der Vater schien über das, was seine Töchter sagten, nachzudenken. Ich war neugierig, was er sich dachte, und wandte mich an ihn.

„Wie ist es mit Ihnen, Dad? Möchten Sie dem etwas hinzufügen oder etwas anderes sagen?"

„Die haben gesagt, wir seien eine unkooperative Familie, und sie hatten nicht ganz unrecht."

„Also, eine Art und Weise ... glauben Sie, Sie haben noch andere Dinge getan? Sind Sie generell eine kritische Familie, oder ...?"

„Am Anfang denkt man, alle Ärzte haben recht. Sie stellen Vermutungen an und haben Glück damit."

„Sie haben sich also erst beschwert, als nichts geholfen hat?"

Die Mutter fiel ein: „Ich war einverstanden und dachte, die Ärzte hätten recht. Als sie von Unterstützung sprachen, meinten sie damit, wir sollten sie zwingen [die Töchter zum Essen]. Es war nur natürlich, daß sie rebellierten."

Ich erfuhr Genaueres über die Erfahrungen der Familie mit den Ärzten und Therapeuten. Ich erfuhr, an wie vielen Therapieprogrammen die Mädchen bereits teilgenommen und welche Einzel-, bzw. Familientherapien stattgefunden hatten. Ich erfuhr, wie gespannt die Beziehung zwischen den Schwestern war und daß sich die Eltern bei einer Verschlechterung der Eßstörung bei der einen bemühten, sich mehr um sie zu kümmern, ohne die andere zu vernachlässigen. Ich erfuhr, daß gelegentlich eine Besserung eintrat, aber anscheinend nie auf Dauer. Ich erfuhr, daß die jüngere Tochter nach einer achtmonatigen Behandlung in einer Privatklinik nun seit vier Monaten wieder zu Hause war.

Die Schwestern sprachen noch weiter darüber, daß sie sich beschämt und nicht respektiert fühlten, waren aber dennoch der Meinung, die Ärzte versuchten, ihnen zu helfen, auch wenn sie weder ihnen noch ihren Eltern zuhörten. Ich fragte: „Falls jemand zuhören würde, was würdet ihr ihnen gerne sagen? Was sollten sie eurer Meinung nach wissen? Was entgeht ihnen?"

Beide sprachen wieder davon, daß sie zum Essen gezwungen wurden, daß die Ärzte sie für manipulativ hielten und daß sie Ermutigung brauchten. Die Ältere erzählte, sie habe zunächst nicht verstanden, was „mit meinem Körper los war"; inzwischen sei es ihr zwar klar, aber sie habe immer noch die Psyche betreffende Fragen. Dad meinte, obwohl die Privatklinik, in die sie die jüngere Tochter brachten, „einen guten Ruf" habe, „wollte doch keiner mit uns reden", als sie dort waren. Das Gespräch kreiste um die Behandlung der „physischen" unter Vernachlässigung der „psychischen" Aspekte des Problems. Ich wollte wissen, ob sie andere Mädchen mit den gleichen Schwierigkeiten getroffen hatten, ob denen geholfen wurde und was den Unterschied ausmachte; wurden auch die anderen Mädchen zum Essen gezwungen? Ihrer Meinung nach wurde denen mehr Hilfe zuteil, die „sich zu fragen *trauten*".

Während ich mit der Familie sprach, behielt ich die beratenden Therapeuten, Gustaf und Kerstin, immer im Auge, stellte manchmal auch Blickkontakt her, um ihre Nähe zu spüren und ihnen das Gefühl zu geben, in das Gespräch einbezogen zu sein. Sie wirkten beide völlig in die Diskussion vertieft und schauten ein wenig erstaunt drein, als ich mich umdrehte, um sie nach ihrer Meinung zu fragen. Nach einer Pause begann Gustaf: „Ich denke gerade, wie wichtig es ist, zur richtigen Zeit die richtige Hilfe anzubieten, und wie schwierig es ist, in einem Fall wie diesem zu helfen." Kerstin sagte zögernd und verlegen: „Dieser Brief ist mir unter die Haut gegangen – allein das Gefühl, nicht gehört zu werden, ist sehr bedrückend. Es gibt nie genug, entweder zu viel oder zu spät."

Ich drückte meine Verwunderung aus, daß sie „angesichts all der Kämpfe und Enttäuschungen" zu dem Treffen mit mir gekommen waren. Darauf erwiderte die Mutter: „Ich kann immer noch hoffen, daß es ein paar Leuten helfen wird, sich Gedanken zu machen … es gibt nicht nur einen einzigen Ausweg aus diesem Krankheitszustand." Erneut erteilte sie ihren Rat, daß den Fachleuten „mehr Bescheidenheit [anstünde] …, andere Verfahren auszuprobieren, wenn die bisher angewandten keine Besserung bringen … sie sollten sich bemühen, zuzuhören."

Ich kam auf etwas zurück, das die Mutter zuvor gesagt hatte, nämlich, daß die jüngere Tochter in der Klinik, in der sie zuletzt war, Fortschritte gemacht hatte und befürchtete, sie [die Fachleute] würden die Besserung wieder zunichte machen.

Ich wollte wissen: „Was tust du, um die Fortschritte nicht zu gefährden? Es hört sich an, als ob es erst rückwärts und dann wieder vorwärts geht. Was hast du getan, damit es dir dauerhaft besser ging? Könntest du mir ein paar Beispiele geben?"

Im weiteren Gesprächsverlauf waren die Stimmen der Töchter immer deutlicher zu hören. Ohne direkt redselig zu sein, teilten sie freimütig ihre Erfahrungen und Ansichten mit. Beide sagten, am meisten habe es geholfen, daß die Eltern jetzt mehr mit ihnen redeten; „nicht nur als Eltern, sondern zugleich als Freunde", äußerte die Jüngere.

Ich teilte ihr meinen Eindruck mit, daß das doch ein wenig nach Hoffnung klinge, und sie bestätigte es. Ich wollte wissen: „Gibt es etwas, was du von ihnen erwartest, zusätzlich zu dem, was sie ohnehin tun? Irgend etwas, wovon sie mehr tun sollten?" Ich fragte ihre Schwester: „Was soll nun geschehen?"

Die ältere Schwester sagte, sie würde gern öfter heimgehen oder zumindest aus dem Krankenhaus herauskommen und das tun, was andere Mädchen in ihrem Alter machen. Sie erzählte uns, daß sie heute zum ersten Mal seit langem „auf diese Art" ausgewesen war. Sie und ihre Mutter erzählten mir dann, sie hätten den Nachmittag zusammen verbracht, in einem Einkaufszentrum und bei McDonald's.

Das Gespräch wandte sich wieder der schon einmal von ihr erwähnten Manipulation zu. Ich sagte: „Ich möchte dir eine schwere Frage stellen, darf ich? Wenn man zu dir sagt, du würdest ja bloß zu manipulieren versuchen, was sagst du dann?" Außerdem wollte ich wissen: „Glaubst du, es gibt irgendeine Möglichkeit, sie zu veranlassen, dir Glauben zu schenken?" Sie sprach davon, wie schwer und bedrückend es sei. Und erwähnte das Dilemma, daß die Ärzte einerseits sagten, es müsse ihr erst „besser gehen", wenn sie mehr Zeit außerhalb des Krankenhauses verbringen wolle, aber andererseits meinten, sie manipuliere nur, wenn es ihr besser ging, und ihr trotzdem keinen Passierschein zum Verlassen der Klinik ausstellen. Ich stimmte ihr zu. „Ein echtes Dilemma: Wenn es dir besser geht, denken sie, du manipulierst."

Wir redeten darüber, was die Ärzte ihrer Ansicht nach meinen, wenn sie sagen, sie müsse gesund werden, und was sie als Maßstab dafür nehmen. Erneut erwähnte sie, daß sie den Blick nur auf körperliche Symptome richteten und nur diese, nicht aber psychische Symptome beurteilten. „Wenn ich zehn Pfund zunähme, aber immer noch deprimiert wäre, dürfte ich nach Hause", sagte sie.

Nun fragte ich den Vater: „Was denken Sie inzwischen?" Er meinte: „Ich glaube, am Anfang gingen sie nicht methodisch vor; später wendeten sie zwar eine Methode an, nur wußte ich nicht, welche."

„Kennen Sie die derzeitige Methode oder ihre Pläne?"

Darauf erwiderte er, die Fachleute redeten ja nicht mit ihm, und verwies noch einmal auf das magische Alter von 18, von dem die Mutter in ihrem Brief gesprochen hatte.

Die Mutter fügte hinzu: „Sie betrachten uns nicht als Ressourcen."

Die ältere Tochter fiel ein: „Sie sagen zu mir, meine Eltern sollten da nicht hineingezogen werden."

„Sagen sie auch, warum?"

„Sie befürchten, wir könnten sie manipulieren."

Die Mutter berichtete, daß sich die Mädchen zwar früher, als beide noch zu Hause waren, manipulativ verhalten hatten, aber daß die Ärzte im Irrtum waren, weil „es jetzt nicht mehr zutrifft".

Die Unterhaltung wandte sich der Beziehung der Schwestern untereinander und zu den Eltern zu. Ich erfuhr, daß die Schwestern sich früher viel gestritten hatten, inzwischen aber ihre kurzen wöchentlichen Besuche schätzten, wenn die Mutter die jüngere Tochter zu Besuch ins Krankenhaus brachte.

Ich fragte: „Was macht ihr bei diesen Besuchen?"

„Wir reden", sagte die Jüngere.

„Ich freue mich auf diese Besuche", sagte die Ältere.

Sie sprachen davon, daß sie wieder lernten, wie Schwestern miteinander zu sprechen und Freundinnen zu sein. Wir erkundeten Möglichkeiten, diese neuartige Beziehung zu hegen und zu pflegen. Ich fragte mich, ob jemals einer mit den beiden Schwestern gemeinsam geredet hatte. „Nein", sagten sie, so daß ich weiter überlegte und alle vier ansprach: „Könnte es Ihrer Ansicht nach hilfreich sein?"

An dieser Stelle konzentrierte sich unser Gespräch auf den Umstand, daß die Familienmitglieder mehr miteinander redeten; doch bald führte uns dieses Thema unwillkürlich wieder zu ihrer Frustration mit den Ärzten und Therapeuten zurück. Ich stellte die Frage: „Was müssen die Ärzte unbedingt wissen? Wie können wir den Ärzten helfen, zu erkennen, was sie wissen müssen, da sie Ihre Gedanken nicht lesen können?"

Gespannt, was Gustaf und Kerstin dachten, wandte ich mich an sie. Hatten sie irgendwelche Vorschläge? Waren sie immer noch so „bedrückt" und „verwundert" wie vorhin? Kerstin meinte: „Ich bin jetzt nicht mehr so belastet; die Atmosphäre im Zimmer ist weniger drückend." Gustaf äußerte: „Mir geht es auch ein bißchen anders, das Reden über Möglichkeiten."

Nun teilte ich meine Gedanken mit. „Ich habe darüber nachgedacht, daß diese vier Menschen sich schon lange mit dieser Sache beschäftigen. Es hat eine Menge Kummer, Enttäuschungen, Hoffnungen und Rückfälle gegeben." Ich fragte: „Wie können wir ihre Vorstellungen darüber und ihre Erfahrungen damit, was den Mädchen hilft, aufgreifen und mit den Experten teilen?" Freimütig merkte ich an: „Natürlich bin ich sehr voreingenommen in Richtung einer Verbindung des Expertentums von Fachkräften und Familie ... indem man das Beste aus beiden nimmt ... und eine Vorgehensweise entwickelt, die genau auf diesen Fall paßt." Ich räumte ein, daß „Experten gute Ideen haben können, aber der Zeitpunkt muß stimmen ... man muß sich zu fragen trauen." Ich faßte noch einmal zusammen, was besser geworden war, und stellte die Frage, wie wir diese Dinge bewahren und kultivieren könnten.

Beim Blick auf die Uhr merkte ich, daß es spät geworden war und brachte den morgigen Workshop zur Sprache. War die Familie noch immer damit einverstanden, das Videoband dort zu verwenden? Sie bejahten es. Dann bat ich Gustaf – der sich auch einverstanden erklärte –, bei der morgigen Diskussion ein paar Notizen zu machen, damit wir etwaige Ideen oder Fragen der Teilnehmer an die Familie weitergeben konnten.

Ich bedankte mich überschwenglich bei ihnen, daß sie bei uns gewesen waren, uns ihre Kämpfe anvertraut hatten und den Seminarteilnehmern erlaubten, das Videoband anzuschauen. Die Familie brachte die ältere Tochter ins Krankenhaus zurück, und Gustaf, Kerstin und ich sahen uns das Band an.

Als wir uns auf den Heimweg machten, fühlte ich mich energiegeladen, obwohl es mir vorkam, als hätte ich seit Tagen nicht mehr geschlafen. Die mißliche Lage dieser Familie fesselte weiterhin meine Aufmerksamkeit. Einige offengebliebene Fragen beschäftigten mich: „Ich würde nur zu gern noch weiter mit den Schwestern sprechen; wie eigenartig, daß sich noch nie jemand mit allen beiden zusammengesetzt hat und daß die nächsten Kapitel der Familiengeschichte ungewiß scheinen." Ich fragte Kerstin und Gustaf, was sie davon hielten, wenn ich die Mädchen für morgen noch einmal zu einem Treffen einladen würde. Sie wirkten verblüfft, aber interessiert. Aus organisatorischen Gründen beschlossen wir allerdings, nur die ältere Tochter zu fragen. Doch eingedenk der Enttäuschung der Eltern, daß die Fachleute sie nicht länger einbezogen, beschlossen wir, sie anzurufen und unseren Plan mit ihnen zu besprechen. Sie waren angenehm überrascht, schon so bald wieder von uns zu hören, und sicher, ihre Tochter würde uns ehrlich sagen, ob sie sich nochmals mit uns treffen wollte. Also riefen wir die Tochter an, und sie sagte ohne Zögern zu.

Wir trafen uns am nächsten Tag in der Mittagspause; wieder waren Gustaf und

Kerstin mit dabei. Die Seminarteilnehmer, die bereits Ausschnitte aus dem Videoband der Familiensitzung gesehen hatten, schauten auf einem internen Fernsehkanal zu. Einige waren von der Geschichte der Familie geradezu überwältigt, manche verwirrt und andere eher ungläubig; aber alle wollten unbedingt noch mehr erfahren.

Bei der Begrüßung schien sich die Tochter wohler zu fühlen als am Tag zuvor, und ihre Stimme klang kräftiger. Ich sagte ihr, wie sehr ich es zu schätzen wußte, daß sie hergekommen war, um mit uns zu reden. Dann fuhr ich fort: „Dein Wunsch nach mehr Gelegenheit zum Reden beschäftigt mich sehr. Wenn du diese Chance hättest, worüber würdest du eigentlich sprechen wollen? Was sollten die Ärzte deiner Ansicht nach hören?"

„Ich möchte, daß sie mir zuhören und glauben, was ich sage. Und daß ich nicht dauernd versuche, zu manipulieren."

„Nun, es ist ein wenig so, als ob du zwei Personen wärst, und die eine bemüht sich, gesund zu werden, und dieser Seite sollten sie Gehör schenken und sie zu ermutigen versuchen."

„Ich bin diejenige, die mich am besten kennt und weiß, was für mich am besten ist."

„Zwei Personen – eine davon wirklich aufrichtig – du möchtest, daß sie das wissen und glauben. Meinst du, du sagst einiges, was sie gar nicht hören?"

In der Folge teilte sie noch Näheres über ihre Enttäuschung mit, daß man ihr nicht traute oder zuhörte. Sie sagte, sie wolle direkt mit ihrem Arzt reden können, statt auf dem Umweg über die Krankenschwester. Wir versuchten Möglichkeiten ausfindig zu machen, wie sie mit den Leuten reden konnte, mit denen sie reden wollte, und wie Gustaf und Kerstin ihr dabei helfen könnten. Zum Schluß wiederholte sie noch einmal: „Ich möchte normal sein."

Ich konnte nicht umhin, ihre Geschichte zu erzählen

Auf dem Heimflug von Schweden hatte ich das Gefühl, es ließe sich gar nicht vermeiden, die Geschichte dieser Familie zu erzählen. Sechs Monate später waren mir unser Treffen und ihre Stimmen noch immer lebhaft in Erinnerung. Als ich merkte, ich wollte ihre Geschichte und ihr Verständnis unbedingt mit anderen teilen, bat ich schriftlich um Erlaubnis dafür. Hier ein Auszug aus dem Brief, mit dem die Mutter antwortete.

Es macht mich glücklich und stolz, wenn unsere Geschichte für andere Menschen in einer ähnlichen Lage von Nutzen sein kann. Ich bin mir im klaren, daß jeder Mensch und jede Familie seine/ihre eigene Geschichte hat, aber irgendwie und irgendwo kann man ein Muster entdecken, in dem möglicherweise Ähnlichkeiten und Parallelen zu finden sind. ... Es ist natürlich nicht leicht, unsere Erlebnisse aus drei Jahren, die beinahe die Hölle waren, in einem kurzen Brief zu schildern, und manche Feinheiten sind dabei vielleicht unter den Tisch gefallen, aber im großen und ganzen ist es die wahre Geschichte von der Warte unserer Töchter aus gesehen. Natürlich haben wir nicht die ganze Zeit unter Qualen verbracht; es gab manch wunderbaren Augenblick, und wir sind uns inzwischen sehr nahe gekommen; aber selbst wenn alles besser wird (was von Zeit zu Zeit passiert), kann man nie sicher sein, daß die Schlacht gewonnen ist – das Erreichte ist oft sehr unsicher und zerbrechlich, und Rückschläge sind nie weit ... Ich würde Ihnen gern sagen, daß alles wunderbar ist, aber ich fürchte, dem ist nicht so.

Sie berichtete, mit ihrer jüngeren Tochter laufe es „immer noch ziemlich gut". Sie gehe wieder zur Schule und sei dort sehr erfolgreich.

Wenn sie eine gute Freundin fände, würde sie sich wahrscheinlich in kürzester Zeit wieder vollständig erholen. Es ist ziemlich schwer für mich, ihr Leiden mitansehen zu müssen, ohne ihr in dieser Sache echte Hilfe anbieten zu können.

Die ältere Tochter befand sich in einer Lage, die „mühseliger" war, wie sie sich ausdrückte.

Im Krankenhaus verschlechterte sich die Situation. Sie wurde auf die gleiche Weise wie vorher behandelt, wenn nicht gar schlimmer, ohne Rücksicht auf ihre Unversehrtheit und menschliche Würde. In den fünf Monaten ihres Aufenthalts dort fand nicht gerade sehr viel an Behandlung statt; die meiste Zeit war sie auf sich allein gestellt und wurde immer unruhiger und depressiver. Niemand schien sich darum zu kümmern oder Sorgen zu machen. Wir versuchten auf jede erdenkliche Art und Weise, diese Leute von ihren Methoden abzubringen, vom Bestrafen und von den Beschränkungen auch noch des winzigen Stückchens Freiheit, das ihr geblieben war, und zur Ermutigung und Zusammenarbeit mit dem gesunden Teil von ihr zu bewegen – aber das war vergebliche Liebesmüh'. ... In qualvollen Kämpfen rangen wir uns schließlich dazu durch wegzulaufen und waren äußerst erleichtert, daß niemand uns zwang, ins Krankenhaus zurückzukehren. Nun lebt sie zu Hause und ist überglücklich darüber. Aber gleichzeitig müssen wir uns jetzt ganz allein damit auseinandersetzen, und das bedeutet natürlich unaufhörliche Arbeit sowie eine äußerst schwere Verantwortung. ... Wie dem auch sei, man lernt aus Erfahrung (und aus einem elementaren Selbsterhaltungstrieb), stets weiterzukämpfen und nie aufzugeben. Ich bin noch immer davon überzeugt, daß wir eines Tages unser Ziel erreichen, meine aber, es wäre um vieles leichter gewesen, wenn wir auf mehr Verständnis bei unvoreingenommenen Ärzten und Therapeuten gestoßen wären und man sich mehr Mühe gegeben hätte, das Vertrauen unserer Tochter zu gewinnen. Wenn meine Geschichte für Therapeuten von Nutzen sein könnte, wäre das ein großer Trost für mich und könnte mich beinahe hoffen lassen, daß unsere Mühen und Qualen nicht ganz umsonst gewesen sind.

Wie in den Worten der Mutter zum Ausdruck kommt, übernahmen die Mitglieder dieser Familie wieder die Verantwortung für ihre eigene Behandlung, als sie zu *Partnern im Dialog* wurden; und allmählich erlangten sie Handlungsfähigkeit in eigener Sache und eine Ahnung von Freiheit und Hoffnung. Ich wünsche jedem einzelnen das Allerbeste. Und ich bin überzeugt, daß sie ihr Ziel erreichen werden.

Kapitel 8

Wissen und Sprache

Die Sprachgrenzen bedeuten die Grenzen meiner Welt.
Ludwig Wittgenstein

Die Postmoderne unterstreicht die *relationale Natur von Wissen und Erkenntnis* und die *generative Natur der Sprache* – und bezieht sich damit auf eine besondere Art von Begrifflichkeit und Darstellung sowie auf die sich wandelnden Merkmale dessen, was wir wissen oder zu wissen glauben. Mittels Sprache erzeugen wir miteinander Wissen. Die Sprache – gesprochene und nicht ausgesprochene Worte, Laute, Äußerungen, Gebärden, Zeichen und andere Formen des kommunikativen Sprechens und Handelns – ist das hauptsächliche Medium, durch das und in dem wir unsere Welt konstruieren, unserem Leben Ordnung und Sinn geben und miteinander in Beziehung treten.

Die relationale Natur von Wissen und Erkenntnis

Um es zu wiederholen: Das postmoderne Denken wendet sich gegen die repräsentationale und dualistische Auffassung von Wissen und Erkenntnis – gegen die Vorstellung von einem individuellen erkennenden Geist, der in seinem Innern das Wissen um eine „dort draußen" real existierende, erkennbare Welt herausbildet. Im Gegensatz dazu ist Wissen im postmodernen Sinn ein kultur-, sprach- und kommunikationsbedingtes soziales Phänomen. Wissen wird von der Gesellschaft konstruiert; es entsteht aus der Interaktion und Kommunikation zwischen den Menschen. Es ist die Hervorbringung sozialer Wesen, nicht die Darstellung oder Spiegelung (ob fehlerhaft oder nicht) der Natur oder Realität (Rorty, 1979). Wissen ist „eine Sache des Gesprächs und praktischen sozialen Handelns ... und nicht der Versuch, die Natur widerzuspiegeln" (S. 171). Was wir wissen oder zu wissen glauben (Wissensinhalte, Empfindungen, Emotionen, Gedanken sowie sinnliche und geistige Wahrnehmungen) wird mittels unserer Konstruktionen erkannt und in Sprache mitgeteilt. Erkennender und Erkanntes sind nicht voneinander unabhängig; der Erkennende trägt seinen Teil dazu bei. Wo aber hat das Wissen seinen Sitz? Wie wird es übermittelt? Wie beherrschen wir es?

Wissen ist Gemeinschaftsbesitz

Gergen (1994), ein leidenschaftlicher Verfechter gemeinschaftlichen Wissens, meint: *„Die Begriffe und Formen, mittels derer wir unsere Welt und uns selbst verstehen* [erkennen] *lernen, sind soziale Artefakte, hervorgegangen aus dem historisch und kulturell verankerten Austausch zwischen Menschen ... und werden nicht vom ... Objekt* [der Darstellung] *vorgeschrieben"* (S. 49). Die Wirklichkeit, wozu auch unser Erleben, unsere Schilderungen und unsere Erklärungen dieser Wirklichkeit gehören, ist das Produkt eines gesellschaftlichen Dialogs – Austausch und Interaktion – und stellt eine Übereinkunft zwischen Menschen dar. Als Realität betrachtete Darstellungen werden als gültig anerkannt, weil sie übereinstimmend ausgehandelt und als nützlich erachtet werden – nicht, weil sie wahr sind. *Die anerkannte objektive Validität* einer Darstellung entscheidet darüber, ob sie über die Zeit hinweg beibehalten wird (Gergen, 1994, S. 44–49). Oder, wie Rorty (1979) erklärte, Wissen ist die „gesellschaftliche Rechtfertigung von Glauben" (S. 170). Psychologische Erkenntnisse und psychische Realität sind zum Beispiel „großenteils durch die Art und Weise, wie wir die Welt konstruieren, gesteuert" (Semin, 1990, S. 170). Dadurch wird das gesamte Wissen, einschließlich der aus Forschungsergebnissen gewonnenen psychologischen Erkenntnisse, schlicht und einfach zur *„Übereinkunft-im-Dialog"* (Groeben, 1990, S. 38).

Wissen ist kulturgebunden

Bruner (1990) verwendete den Terminus *enkulturiertes Wissen* (S. 21), um den „kulturellen Charakter des Wissenserwerbs" sowie den „kulturellen Charakter des Wissens selbst" (S. 106) hervorzuheben. Wenn also Wissen kulturgebunden ist, worin besteht diese Kultur, die ihm Grenzen setzt? Ist sie nicht auch selbst eine „Übereinkunft-im-Dialog"? Der Anthropologe Clifford Geertz (1973) definierte Kultur als „ein historisch überliefertes Muster von in Symbolen verkörperten Bedeutungen, ein System von in symbolischer Form ausgedrückten, überkommenen Vorstellungen, mit deren Hilfe Menschen ihr Wissen über das Leben und ihre Einstellung dazu mitteilen, sichern und weiterentwickeln" (S. 89). Wissen und Erkenntnis, ob lokal oder universell, sind in einen Kontext von Kontexten eingebettet, in einen lokalen Kontext innerhalb größerer Zusammenhänge (zum Beispiel Dyaden in der Familie, Familien in der Gemeinde, Gemeinden in der Landeskultur).

Wissen als fließender, fortlaufender Prozeß

Wissen ändert sich ständig, es ist nie endgültig. Daher ist es diskontinuierlich, nicht kumulativ. Das soll nicht heißen, daß *neue* Erkenntnisse nicht ihre Wurzeln in *älterem* Wissen haben, es nicht enthalten können. Aber es gibt kein Wissensfundament, auf dem neue Erkenntnisse pyramidenförmig aufgebaut werden oder aus dem Schlüsse zu ziehen sind. In der Therapie zum Beispiel ist es nicht so, daß der Therapeut Bruchstücke findet, die sich schließlich zu einem sinnvollen Ganzen fügen, indem er die fehlenden Teile mit Wissen auffüllt. Das therapeutische Engagement ist kein passiver Prozeß mit dem Ziel, die Wahrheit herauszufinden oder zu begreifen, noch sollen andere vom Kenntnisreichtum des Therapeuten überzeugt werden. Der Therapeut beteiligt sich mit dem Klienten aktiv an einem sprachlichen Vorgang, und in diesem partnerschaftlichen Prozeß erzeugt er etwas, das man als neues Wissen betrachten könnte, nämlich neue Möglichkeiten, über Probleme nachzudenken, neue Bedeutungen für Lebensereignisse und neue Handlungsmöglichkeiten.

Diese Herangehensweise steht im Kontrast zu der gewohnten Art, wie wir in der Psychologie an Wissen herangehen, nämlich hauptsächlich auf der Basis von Beobachtung. Unsere Beobachtungen sagen uns, was ist; und häufig schenken wir unseren Beobachtungen des Betreffenden mehr Aufmerksamkeit und mehr Glauben als dem, was er uns erzählt. Der Postmodernismus gibt zu bedenken, daß wir das Innenleben, die geheimen Gedanken eines anderen nicht beobachten können. Psychologische Kenntnisse, Begriffe und Beschreibungen – einschließlich Diagnosen, Persönlichkeitsmerkmalen und Familienmustern – sind „im Medium der Sprache konfiguriert" und „nicht mehr und nicht weniger als idealtypische Abstraktionen, die aus dem Zusammenhang gerissene semantische Relationen erfassen" (Semin, 1990, S. 161). Anders ausgedrückt, „die Sprache, die man verwendet, um beobachtbare Aktivitäten zu kategorisieren, ist selbst von Menschen gemacht" (Shapiro & Sica, 1984, S. 17). Die Beschränkungen und Gefahren von Wissen als etwas Privatem, Objektivierbarem, Universellem und Generalisierbarem sind auch von postmodern denkenden, feministischen Wissenschaftlerinnen hinterfragt worden; sie warnen vor Metaerzählungen – die eigenen feministischen dabei nicht ausschließend –, die Unterschiede zwischen Frauen ignorieren oder verwischen: unter anderem kulturelle, historische, ethnische, Alters- und Rassenunterschiede (Belenky et al., 1986; Code, 1988; Fraser & Nicholson, 1990; M. Gergen, 1988; Kitzinger, 1987).

Der generative Charakter der Sprache

Wir werden in die Sprache hineingeboren und bekommen sozusagen alles vererbt, was dazugehört: Geschichte, Kultur, Tradition usw. Sprache ist das Medium, durch das wir miteinander und mit uns selbst leben und einander teilhaben lassen. Mit ihr als erstem und wichtigstem Mittel konstruieren wir durch gemeinsames Handeln unsere Wirklichkeit, unsere Welt, unsere Beobachtungen und unser Verständnis. Durch das Medium Sprache schreiben wir Bedeutung zu, finden einen Sinn in unserem Leben, ordnen unsere Welt und berichten unsere Geschichte(n). Wir agieren und reagieren mittels Sprache, bedienen uns ihrer, um in Kontakt zu treten, zu beeinflussen und zu verändern. Weder Liebe, Zusammenarbeit, Macht und Neid noch solch komplexe soziale Aktivitäten wie die Ehe oder die Psychotherapie wären für uns denkbar ohne die geeignete Sprache und Terminologie, ohne die geeignete Erzählung.

Einer der scharfsinnigsten Einwände gegen die modernistische Auffassung von Sprache und ihrer Funktion – sie repräsentiere empirische Fakten, die Wirklichkeit und unser Erleben derselben – stammt von Ludwig Wittgenstein. Die Philosophen van der Merwe und Voestermans (1995) geben folgende Zusammenfassung von Wittgensteins These, daß Sprache als symbolische Repräsentation sinnlicher Wahrnehmung sich selbst widerlegt:

> Wenn die Sprachlogik es erforderlich macht, daß der propositionale Inhalt unserer Äußerungen aus logischen Bildern möglicher sensorischer Tatsachen bestehen muß und aus nichts sonst, damit unsere Äußerungen sinnvoll sind, dann ist die gesamte Formulierung und Rechtfertigung dieses Sprachverständnisses vollends frei von jeglichem Sinn und kognitivem Gehalt, da sie ja ihrerseits kaum mit dem Hinweis auf denkbare sensorische Tatsachen zu bestätigen

ist. Die Annahme einer isomorphen Ähnlichkeit zwischen den Strukturen der Sprache und des Erlebens sowie die Definition von Bedeutung als symbolische Repräsentation ist Ausdruck eines philosophischen (Miß)verstehens der Beziehung zwischen Sprache und Erleben, und keine nachprüfbare Einsicht in irgendwelche Erfahrungstatsachen. Also erfüllt bereits die Vorstellung selbst, Sprache sei die symbolische Repräsentation sinnlicher Erfahrung, die eigenen Kriterien nicht, die sie bezüglich des Bedeutungsgehalts aufstellt. (S. 31–32)

Sprache und Erleben gehen Hand in Hand

Wittgenstein wies statt dessen auf den *aktiven* und *kreativen* Aspekt von Sprache hin. Er interessierte sich hauptsächlich für die Beziehung zwischen Sprache und Erleben, die Art und Weise, wie Menschen die Erfahrungen in ihrem Alltag konstruieren und begreifen, wie sie sprachlich miteinander in Beziehung treten. Van der Merwe und Voestermans (1995) vermitteln Wittgensteins Standpunkt, wenn sie erklären, daß Sprache und „Sinngebung (übrigens auch Sinnentnahme) eine Sache des Erlebens ist … [und] zu der Art und Weise gehört, wie Menschen in ihrer Lebenswelt die Dinge anpacken" (S. 37). Aus dieser Sicht „ist Sprache folglich nicht länger etwas, was innere Zustände extern zum Ausdruck bringt, sondern in Herkunft, Gebrauch und Auswirkung etwas Soziales" (Gergen & Semin, 1990, S. 14). Und Sprache existiert nicht unabhängig von ihren Anwendern.

Auch Ricoeur sprach – neben anderen – von der Beziehung „zwischen Sprache und Erleben" (zitiert in Madison, 1988, S. 86), und er gibt zu verstehen, daß „Handeln und Reden untrennbar miteinander verbunden sind" (Madison, 1988, S. 98). Madison meinte:

> Sprache ist die Art und Weise, wie wir Menschen das *erleben*, was wir Realität nennen. … Zum Ausdruck gebrachtes Erleben ist ein Erleben, das zur Ruhe gekommen und zu etwas „Substantiellem" geworden ist. Ein Erlebnis ist nicht wirklich bedeutungsvoll, solange es keine Heimat in der Sprache hat; und ohne daß gelebte Erfahrung sie ausfüllt, bleibt Sprache eine leere, leblose Hülle. (S. 165)

Sprache ist aktiv

Die Sprache wandelt sich und wird im Lauf der Zeit verändert. Der hermeneutisch orientierte Geisteswissenschaftler Brice Wachterhauser (1986a) reflektierte über Heideggers Standpunkt:

„Veränderungen in der Welt erfordern Veränderungen in der Sprache, und diese wirken sich darauf aus, was wir von der Welt zu begreifen imstande sind. ... Die Sprache entwickelt sich weiter, wenn nach neuen Wegen gesucht wird, wie über neue Sachverhalte und Erfahrungen gesprochen werden kann" (S. 29). Zum Beispiel wandeln sich unsere übergreifenden gesellschaftlichen, kulturellen und historischen Erzählungen über die Zeit hinweg. Historische Abschnitte sind erzählerische Epochen, in denen sich ein deskriptiver Wortschatz entwickelt; umgekehrt wird die Sprache von unseren Geschichten, unserer Geschichte, Kultur und Tradition beeinflußt.

Shotter (1993b) bezeichnete Wittgensteins Gedanken zur Sprache als *„formativ...* [dazu dienend], die Situationen, in denen wir uns befinden, als Situationen zu formulieren." Shotter selbst sprach vom *konstitutiven* und *formativen* Charakter der Sprache (S. 72), und nannte sie „unsere wichtigste ‚Prothese'" (S. 27). Alle diese Autoren weisen auf den aktiven, generativen Charakter der Sprache hin.

Sprache schafft gesellschaftliche Realität

Was wir wissen ([Er]Kenntnisse, Empfindungen, Emotionen, Gedanken, Vorstellungen und Wahrnehmungen), wird durch Sprache erkannt, gestaltet und mitgeteilt. Sprache ist Realität. Ich behaupte nicht, daß es keine *wirklichen* Ereignisse gibt, oder daß man den Blarney Stone* nicht küssen könnte. Kinder fallen von ihren Dreirädern, Drogen richten manchen Menschen zugrunde, Angestellte werden gefeuert und Paare reichen die Scheidung ein. Ereignisse treten einfach ein, aber die Bedeutung, die wir ihnen zuschreiben, ist in der Sprache konstruiert. Madison hob hervor, daß die Realität nicht Produkt oder Bezugsgröße der Sprache, sondern der sie erzeugende Ursprung sei. Zum Beispiel sei das, was wir für

---

* Stein nahe Cork Castle im Süden Irlands, der die Gabe der Beredsamkeit verleihen soll, wenn man ihn küßt (was wegen dazu erforderlicher Verrenkungen gar nicht so einfach ist). Anm. d. Übers.

die reine Wahrheit halten, nur „eine metaphorische Wahrheit, die wörtlich genommen, zum Beispiel geglaubt wird" (S. 87).

Bedeutung

Wir weisen unseren Erfahrungen Bedeutung und Sinn zu – interpretieren und verstehen sie – mittels der Sprache.

Was wir denken und glauben, was wir annehmen, ist nur real in der Sprache, wird in ihr geformt, begründet und bestätigt. Bedeutung (unsere Interpretationen und unser Verständnis) wird gemeinschaftlich mittels gesprochener und nicht gesprochener Sprache konstruiert. Sie geht über eine bloße Stellvertreterfunktion hinaus, ist weit mehr, als was draußen in der Welt der Materie definiert und vermutet wird. Ob man etwas anfassen kann oder nicht, ob es etwas Materielles ist oder nicht, die damit verbundene Bedeutung existiert nur in der Sprache; das heißt, man kann zwar einen Gegenstand, etwa ein Ei oder einen Tisch, sehen und berühren, nicht aber ein Gebilde oder eine Institution, wie z. B. Bildungspläne oder Museen, oder auch Begriffe wie Neutralität. Es gibt keine Bedeutung außerhalb der von uns geschaffenen und den Dingen zugeteilten Bedeutungen. Zudem sind diese Bedeutungen kontextabhängig und können sich von Person zu Person unterscheiden.

Die Bedeutung, die wir den Menschen, Dingen und Ereignissen verleihen – also die Art, wie wir über sie reden – entscheidet, ob wir mit anderen verbunden oder von ihnen getrennt sind. Sinn und Bedeutung wirken sich darauf aus, auf welche Weise wir mit dem anderen in Beziehung stehen; laut Bateson (1972) entstehen Bedeutungen nicht aus dem Wesenskern, der Dinghaftigkeit, sondern paradoxerweise aus der Unterscheidung. Sie ergeben sich aus der Nicht-Präsenz – was nicht vorhanden, nicht da ist, also aus dem Zwischenraum, der Leerstelle. „*Neue* Bedeutungen sind einfach nur neue Weisen, sich auf Dinge mittels eines neuen oder ungewöhnlichen Gebrauchs von *Wörtern* zu beziehen [Hervorhebung von mir] (oder deren semiotischer Entsprechung in anderen Ausdrucksmedien)" (Madison, 1988, S. 188).

Wörter

Wir verwenden Wörter zur Entwicklung und Mitteilung von Bedeutung. Wörter haben keine Bedeutung an sich; ihr Gebrauch ist „stets individueller und kontextueller Natur" (Bachtin, 1986, S. 88). Was sie bedeuten, leitet sich aus der Sprache ab, nicht nur in den Äußerungen selbst, sondern auch aus der Art, wie wir sie miteinander verwenden.

Obwohl ein Wort „Ausdruck einer gewissen bewertenden Position einer Einzelperson" ist (S. 88), kann dieser einzelne nicht bestimmen, wie dieses Wort einen anderen berührt, was es für diese Person ausdrückt. Wir beide, Sprecher und Hörer, residieren im Wort.

Gergen (1988a) formuliert dieses Konzept folgendermaßen:

> Die Bedeutung eines Wortes ist nicht in der ihm zugrundeliegenden Intention zu finden oder tief im Unbewußten verankert. Vielmehr wird die Bedeutung von Worten wie von Taten in den sich entwickelnden Beziehungsmustern erkannt. Die Aufgabe besteht somit darin, die Bedeutung eines *Wortes* oder einer *Handlung* [Hervorhebung von mir] nicht drinnen, in einem Innenbereich zu suchen, sondern draußen, am sich ständig erweiternden Horizont der Beziehung. (S. 46)

Wie Gergen (1988a) nahelegt, macht erst der andere es möglich, daß Wörter einen Sinn ergeben. Das Wort und sein Gebrauch gehören nicht dem einen oder anderen, sondern allen, die es verwenden. Bachtin (1986) nennt Wörter „interindividuell" (S. 121): So etwas wie eine Privatsprache existiert nicht; Sprache ist öffentlich und relational. Ein Wort in einem Satz und der Satz selbst beziehen ihre Bedeutung aus dem Verhältnis zueinander und zum Kontext. Ich finde es hochinteressant, wie unterschiedlich der Wortcharakter sein kann, und daß manche Wörter sich nicht in eine andere Sprache übersetzen lassen. Es ist sogar so, daß der Begriff *Wort* in jedem Sprachsystem wieder neu definiert werden muß, so daß das Wort als Sprachelement sprachspezifisch ist, nicht für Sprache generell gilt (McArthur, 1992, S. 1120). Wenngleich Wörter in diesem Sinne keine festen Bedeutungen haben, stecken doch bestimmte Vorannahmen darin. Wörter, warnte Heidegger, enthielten immer eine vorgeformte Sehweise. Dementsprechend wies Foucault darauf hin, daß sie „versteckte Zwangsmechanismen und eine Vordefinition von Machtverhältnissen, Sexualität, dem Körper, Verfehlungen und Genüssen" enthalten (zitiert in Palmer, 1985, S. 20).

Sprache bestimmt und erzeugt Verstehen

Sozialkonstruktionisten wie Shotter (1993a) sind der Meinung, daß gemeinsames Verständnis selten ist. Ihm selbst geht es eher darum, „wie Gespräch und Dialog dennoch weitergehen können, *bevor* gemeinsames Verständnis" zustande kommt (S. 120), also um den Prozeß, in dem Menschen sich um Verständigung bemühen. Auch Gergen (1994) interessiert sich dafür, wie wir verstehen bzw. mißverstehen. Beide wenden sich gegen die Vorstellung, man könne ins Innere eines anderen Menschen gelangen und ihn wahrhaft verstehen. Besonders Gergen bezweifelt, daß ein solcher Zustand der „intersubjektiven Transparenz" erreicht werden kann (S. 256). Dem hermeneutischen Schwerpunkt Individuum steht er kritisch gegenüber und schlägt daher vor,

> statt an der Subjektivität des Individuums anzusetzen und sich deduktiv zu einer Darstellung menschlicher Verständigung mittels Sprache vorzuarbeiten, sollten wir unsere Analyse lieber auf der Ebene der *menschlichen Beziehung* beginnen, da sie sowohl die Sprache als auch das Verstehen generiert; das heißt, daß es die Beziehungskonventionen sind, die ein Verstehen überhaupt erst möglich machen (S. 263).

Sprache und Koordination

Wie wir die Sprache auffassen, hat Einfluß darauf, welche Position oder welchen Platz wir in einem Diskurs oder einer Beziehung einnehmen und wie wir einander *Raum* geben. Die Sprache ist ein Produkt der Gemeinschaft, nicht des einzelnen, und wird wegen ihrer Bedeutung innerhalb der Gemeinschaft verwendet (Gergen, 1991a). Sprache dient „hauptsächlich der Koordinierung vielfältiger sozialer Vorgänge und Funktionen, wobei ihre repräsentationale Funktion *aus* einer Anzahl sprachlich konstituierter sozialer Beziehungen *heraus* wirksam wird (Shotter, 1993b, S. 20). Unsere Konstruktionen, Schilderungen und Erklärungen resultieren daraus, daß Menschen ihr Handeln mittels Sprache koordinieren (Shotter, 1991b).

Zu den wichtigsten Formulierungen oder Erkenntnissen, die wir mit uns selbst und anderen mittels Sprache erzeugen und koordinieren, gehören die Vorstellungen vom *Selbst/Ich*. Ich möchte mich nun der Frage widmen: Was ist das Selbst?

Wie sieht ein postmodernes *Selbst*konzept aus, einschließlich Ich-Erzählung, Ichidentität und dem Glauben an die eigene Handlungsfähigkeit? Wo ist die Vorstellung geblieben, der Mensch sei ein unveränderliches, erfaßbares Selbst? Wer sind all die möglichen „Ichs"? Wie kommt es, daß die einen Ichs zu Helden und Heldinnen werden und die anderen zu Opfern? Wie können wir uns als Therapeuten daran beteiligen, daß unsere Klienten ihre eigenen Helden werden? Ist es möglich, unsere Ichidentität umzuwandeln, und wenn ja, wie? Welche Herausforderungen birgt ein postmodernes Selbstkonzept für die Therapie – für Theorie, Praxis, Forschung und Ausbildung?

Kapitel 9

Selbst : Erzählung, Identität und Handlungsfähigkeit

Das denkende, vorstellende Subjekt gibt es nicht.
Wittgenstein

Die Frage: Was ist das *Selbst?* läßt uns in den Sumpf der abendländischen Tradition fundamentalistischer und reduktionistischer Objektivität geraten: der Idee des Selbst als autonom, gegeben und auffindbar. Aus einem postmodernen Blickwinkel verschwindet die objektive Wirklichkeit als strukturierendes Konzept, und somit wird die Frage nach der Entdeckung des *Selbst* und seines Wesenskerns zur Un-Frage. Der Postmodernismus greift die Vorstellung von einem einzelnen, festgelegten Kernselbst an, das zum Vorschein kommt, wenn wir die Schichten abtragen. Er fordert vielmehr zum Richtungswechsel auf: von einer modernistisch-logischen Auffassung (verifizierbare Realität) des Selbst zu einer narrativ-sozialen (konstruierte Realität) – nicht mehr unbezweifelbare Universalien wie Selbst und Ichidentität als Dinge an sich sollen im Mittelpunkt stehen, sondern das Begreifenwollen, wie diese Gegebenheiten, diese Bedeutungen, aus der Verständigung zwischen Menschen erwachsen. Aus dieser sprachbezogenen Sicht wird aus dem Selbst ein *narratives Selbst*, und Identitäten bestehen in bezug auf eine Perspektive, einen Standpunkt, der mit unseren Zwecken und Zielen zu tun hat. Der Postmodernismus empfiehlt nun nicht, den Versuch, das Selbst zu verstehen, aufzugeben, sondern eher das Selbst in seiner unendlichen Variationsvielfalt beschreiben und verstehen zu lernen.

Bevor ich mich nun dem Wunderwerk „postmodernes narratives Selbst" zuwende, möchte ich auf zwei Fragen eingehen: Was bedeutet narrativ? Und wie wird es im Kontext dieses Buches verwendet?

Das Narrativ: mehr als eine Erzählmetapher

Die Erzählung oder das Narrativ ist eine Metapher des Geschichtenerzählens, die in den zeitgenössischen psychotherapeutischen Schriften und Diskursen häufig auftaucht, nicht im literarischen Sinn, sondern im Sinne einer Alltagserzählung, der Art und Weise, wie wir unser Leben verfassen (W. J. Anderson, 1989; Bruner, 1986, 1990; Labov, 1972; Mair, 1988; Sarbin, 1986; Schafer, 1981; Spence, 1984; White, 1980; White & Epston, 1990). „Erzählung" bezieht sich auf eine Diskursform, die diskursive Art und Weise, wie wir die Umstände und Ereignisse in unserem Leben, die Bruchstücke unserer Erfahrung und unsere Ichidentität für und mit uns selbst und andere(n) organisieren, erklären, mit Bedeutung versehen und verstehen, das heißt, ihnen Struktur und Kohärenz verleihen. Das Erzählerische ist ein dynamischer Prozeß, der sowohl unsere Art der Lebens- und Erfahrungsorganisation zum besseren Verständnis darstellt als auch die Art, wie wir an der Erschaffung der zu verstehenden Dinge, uns selbst eingeschlossen, beteiligt sind. Aus einer narrativen Sicht besteht unser Verständnis der menschlichen Natur und Verhaltensweisen aus unseren Schilderungen, unserem Wortschatz und unseren Geschichten. Unsere Sicht der menschlichen Natur und Verhaltensweisen ist schlicht eine Frage des Wortschatzes, der Gespräche und der Geschichten und Erzählungen. Durch unsere Geschichten werden die Quellen unseres Wissens, unser Blick auf die Wirklichkeit geformt, geprägt und wieder umgeformt. Daher verwende ich die Erzählmetapher nicht im Sinne einer zusätzlichen Schablone oder Landkarte, mit deren Hilfe menschliches Verhalten zu verstehen, zu interpretieren oder vorherzusagen sei, sondern als Metapher unseres gesamten Tuns und Miteinanders.

Für mich bedeutet das Narrative freilich noch mehr als nur eine Erzählmetapher[1]; es ist ein reflexiver, diskursiver Prozeß, der in beide Richtungen wirksam wird: Es gibt unseren Erfahrungen eine Form und dient umgekehrt dazu, unsere Erfahrungen zu verstehen. Die Sprache ist der Träger dieses Prozesses: Wir bedienen uns ihrer, um unsere Geschichten zu konstruieren, zu strukturieren und ihnen Bedeutung zu verleihen. Was wir erzeugen, ist Ausdruck unseres Sprachgebrauchs; unser Wortschatz wie unsere Handlungen erlangen Bedeutung durch unsere „Semantik". Bedeutung und Handlung können nicht voneinander getrennt werden; sie sind rückbezüglich und nicht kausal zu verstehen. Die Beschränkungen unserer Sprache setzen dem, was ausgedrückt werden kann, Grenzen – unseren narrativen Gebilden und Geschichten, und damit unserer Zukunft.

Als diskursive Praktiken sind unsere Erzählungen ständiger Entwicklung und Veränderung unterworfen. Geschichten sind daher keine vollendeten Tatsachen, sondern im Entstehen begriffene Gebilde. Wenn wir uns Alternativen vorstellen und Möglichkeiten erschließen, geschieht das in Form von Erzählungen, ebenso wie gegebenenfalls die Umsetzung dieser Optionen.[2] Die Erzählung ist der Ursprung von Wandel und Veränderung.

Erzählungen werden von einzelnen, miteinander und mit sich selbst im Gespräch und im Tun verbundenen Menschen erzeugt, erfahren und mitgeteilt. Sie sind die Art und Weise, wie wir Sprache anwenden und dadurch mit anderen und uns selbst in Beziehung treten. Bruner (1990) macht übereinstimmend mit anderen (Dunn, 1988; Nelson, 1989) geltend, daß Kinder durch die Geschichten, die sie erzählt bekommen und selber zu erzählen lernen, bereits sehr früh in der Lage sind, ihre Erlebnisse narrativ zu strukturieren. Durch Erzählen konstruieren wir in unserem Alltag Sinn, finden Erklärungen dafür, wie und warum unsere Welt besteht und wie und warum sie sein sollte. Erzählungen sind „Geschichten, [die] als für alle verfügbaren Ressourcen von den Menschen in ihren laufenden Beziehungen genutzt werden" (Gergen, 1994, S. 189). Ähnlich äußert sich Lyotard (1984), wenn er Erzählungen als unsere „sozialen Bande" bezeichnet. (Allerdings wendet er sich leidenschaftlich gegen die Idee der Metaerzählung als privilegierend und unterdrückend, vor allem die großen sozialtheoretischen Narrative.) Das heißt, um mit dem Schriftsteller Anthony Giddens (1984) zu sprechen, sowohl Individuum als auch Gesellschaft sind *„in und durch sich wiederholende, gewohnheitsmäßige Handlungsweisen konstituiert"* (S. 222).

Die Erzählung als diskursives Schema

Die Erzählung ist ein Diskursschema, das innerhalb enger individueller sowie allgemeinerer Zusammenhänge und innerhalb kulturell bestimmter Regeln und Konventionen angesiedelt ist. Sowohl die individuellen als auch die allgemeineren kulturellen Narrative sind ineinander verschachtelt und beeinflussen sich gegenseitig. Laut Bruner (1990) „vermittelt [die menschliche Erzählung] zwischen der kanonischen Welt der Kultur und der eher idiosynkratischen Welt der Überzeugungen, Hoffnungen und Wünsche" (S. 52). Geschichten werden vor dem Hintergrund dieses kontextuellen und kulturellen Schemas ersonnen, erzählt und gehört. Was als wohlgeordnet, was als planlos gilt, unterliegt kulturellen Einflüssen, ist von der Gemeinschaft vereinbart und wird von allen geteilt. In diesem Sinne, und um diese Funktionen zu erfüllen, müssen Erzählungen verständlich und logisch zusammenhängend sein. In unserer abendländischen Kultur geben wir unseren Geschichten zu diesem Zweck eine Zeitstruktur mit Anfang, Mitte und Ende; sie beziehen sich auf Vergangenheit, Gegenwart und Zukunft, und sie weisen sowohl Zeitsequenzen als auch zeitliche Verflechtungen auf.

Erzählungen sind immer in einer (Entwicklungs)Geschichte aufgehoben, weil unser Leben ohne eine sich im Lauf der Zeit verändernde Geschichte unverständlich bliebe. Wir teilen uns und unser Leben mit anderen, indem wir die einzelnen Teile unserer Erzählungen zu tragfähigen Erzählversionen zusammenfügen, die von der Erinnerung, vom Kontext und von der jeweiligen Intention beinflußt sind. Wenn wir zum Beispiel die Bedeutung eines Traums herauszufinden versuchen, einem Freund ein Urlaubserlebnis berichten oder ein Ereignis aus der Kindheit wiedergeben, tun wir dies in Erzählform. Bruner (1986), der seit langem daran interessiert ist, wie sich Erzählung und Bedeutung zueinander verhalten, meint: „Erzählungen befassen sich mit den Wechselfällen der menschlichen Intention" (S. 16). Er bezeichnet diese Art, mittels der Sprache unserem Erleben wie auch den Erinnerungen an unsere Erlebnisse einen „Rahmen" zu geben, als „narrative Denkweise" und „narrative Struktur".[3]

Er kennzeichnet die für das Erzählerische erforderlichen Merkmale als (a) sequentiell: „zusammengestellt aus einer einzigartigen Ereignisfolge, inneren Zuständen, ... die für sich allein ... nicht bestehen können oder keine Bedeutung haben" (S. 43), sondern nur innerhalb einer Erzählstruktur; (b) nicht an Fakten gebunden: „Eine Erzählung kann ‚real' oder ‚imaginär' sein .. ihre Struktur ist diskursinhärent ... den Gesamtentwurf oder Plot bestimmt die Satzfolge, nicht, ob die einzelnen Sätze wahr oder falsch sind" (S. 44); und (c) auf ganz eigene Weise mit einer Abkehr vom Kanonischen umgehend: Indem es das Außer- und Ungewöhnliche in einer Art und Weise darstellt und verknüpft, die ein Abweichen von der kulturellen Norm erträglich, möglich oder zumindest verständlich macht (S. 47).

Gergen (1994) legt den Schwerpunkt auf narrative Verständlichkeit: „Erzählungen sind Erscheinungsformen von Verstehbarkeit, die von Ereignissen über die Zeit hinweg berichten. Individuelle Handlungen ... erhalten ihre Bedeutung durch die Art und Weise, wie sie in die Erzählung eingebettet sind" (S. 224). Laut Gergen genügt eine gut gemachte oder verständliche Erzählung im allgemeinen gewissen Kriterien: (a) sie hat einen festgelegten Endpunkt mit Wertgehalt; (b) die berichteten Ereignisse sind für dieses Ziel von Belang und ihm dienlich; (c) die Ereignisse sind zeitlich geordnet; (d) die darin vorkommenden Personen haben eine über die Zeit beständige und kohärente Identität; (e) die Ereignisse sind kausal verknüpft und dienen als Erklärung für den Ausgang, und (f) sie hat einen Anfang und ein Ende. Außerdem mahnt er uns, nicht zu vergessen, daß Erzählungen in hohem Maße sowohl von den partikulären als auch von den allgemeinen kulturellen, sozialen, politischen und historischen Erzählungen abhängen, in die sie eingebettet sind.

In dieser narrativen Sichtweise gilt ein *postmodernes Selbst* als Ausdruck dieses Sprach- und Erzählvermögens; das erzählende Ich wird durch den Erzählprozeß geformt, geprägt und umgestaltet. Die Beziehung von uns menschlichen Wesen untereinander war schon immer dadurch gekennzeichnet, daß wir Geschichten über uns selbst und andere erzählt und gehört haben. Seit jeher haben wir aus den einander erzählten Geschichten entnommen, wer und was wir sind oder sein könnten: „Das Verstehen ... mittels Sprache ist eine elementare Form des In-der-Welt-Seins. ... Dieser Prozeß der Selbst-Gestaltung und des Selbst-Verständnisses kann niemals abgeschlossen oder vollendet werden" (Woolfolk, Sass & Messer, 1988, S. 17).

Diese fortlaufenden Erzählungen sind eingebettet in andere Erzählungen und mit ihnen verwoben. Die Geschichten über das eigene Leben wie über das von anderen bestimmen, wer wir sind. Sogar im besten Fall sind wir nicht mehr als einer der vielen Autoren der sich ständig verändernden Erzählung, die zu unserem Ich wird; und wir sind immer verankert in den partikulären und allgemeinen vielfachen historischen Vergangenheiten sowie in den kulturellen, sozialen und politischen Zusammenhängen, die wir erzählend herstellen.

Wechselnde Identitäten und Kontinuität durch Wandel

Aus dieser postmodernen, erzählerischen Perspektive ist das Selbst kein stabiles und dauerhaftes Gebilde, unverrückbar beschränkt auf den geographischen Raum oder in der Zeit; es besteht auch nicht einfach aus der Anhäufung von Erfahrung, noch ist es Ausdruck neurophysiologischer Merkmale. Somit ist Identität nicht in einer Art psychologischer Kontinuität oder Diskontinuität der Eigenpersönlichkeit begründet, sondern in einer verläßlich fortlaufenden Erzählung. Rorty (1979) zufolge sind die Menschen kontinuierlich neue Beschreibungen und Erzählungen erzeugende Wesen, nicht solche, die man auf verbindlich festgelegte Weise präzise beschreiben könnte. Das Selbst ist eine fortlaufende Autobiographie oder genauer gesagt, eine facettenreiche Biographie über uns selbst und andere, die wir ständig verfassen und umschreiben. Das Selbst ist ein sich unaufhörlich verändernder Ausdruck unserer Erzählungen, ein Sein-und-Werden durch Sprache und Geschichten-Erzählen, mittels dessen wir ständig versuchen, aus der Welt und uns selbst klug zu werden. Folglich ist das Selbst immer damit beschäftigt, sich im Gespräch herauszubilden; es wird durch permanente Interaktion, durch Beziehungen, konstruiert und wieder umgebaut (Anderson & Goolishian, 1988a; Goolishian & Anderson, 1994). Wir leben unsere Erzählungen, und unsere Erzählungen werden zu unserem Leben; unsere Wirklichkeit wird zu unseren Geschichten, und unsere Geschichten werden unsere Wirklichkeit. Wie bei Vergangenheit, Gegenwart und Zukunft handelt es sich dabei um reflexive Prozesse, die sich nicht voneinander trennen lassen. Durch diese Rückbezüglichkeit ist die Kontinuität im fortlaufenden Prozeß immer neuer Lebensentwürfe und Lebensgestaltungen gewährleistet.

Paul Ricoeur ist der Meinung:

> Im Unterschied zur abstrakten Identität des Selben kann die für die Ipseität konstitutive narrative Identität auch die Veränderung und Bewegtheit im Zusammenhang eines einzelnen Lebens einbegreifen. (1991b, S. 396)

Ein weiteres Beispiel für diese Haltung des ständigen Revidierens finden wir bei der kanadischen Psychologin Morny Joy (1993) und ihrem Vorschlag, das Leben eines Menschen nicht als statische Erzählung mit einem einzigen Plot zu betrachten, sondern als Prozeß, als ein „dynamisches Mosaik":

> Wir können über das Leben eines Menschen als etwas aus vielen verschiedenen Erzählhandlungen Zusammengesetztes sprechen. Jeder Plot „bindet" die mannigfachen Einflüsse, die uns unablässig zu überfluten drohen, und bringt sie in einen Zusammenhang. So kommt es, daß ein spezifischer Plot von einer Person als Reaktion auf eine bestimmte Situation oder Erfahrung konstruiert wird, die der Klärung bedarf. Das hilft ihr dabei, einen Brückenkopf zu installieren, von dem aus sie eine Reihe von ansonsten möglicherweise zu chaotischen oder zu beängstigenden Geschehnissen thematisieren kann. Der Plot kann auch dabei behilflich sein, geplante Handlungen politischer oder ethischer Art als Reaktion auf denselben Sachverhalt zum Ausdruck zu bringen (S. 296–297).

Wenn wir uns der Prämisse anschließen, daß eine Erzählung etwas Dynamisches und Fortlaufendes ist, wie können wir dann eine Ichidentität entwickeln? Ist Ichidentität dasselbe wie Kontinuität des Selbst? Mit anderen Worten, wenn wir ständig gesprächsweise im Werden sind, wie können wir Kontinuität besitzen und zugleich im Wandel begriffen sein?

Aus postmoderner Sicht werden *Identität* und *Kontinuität* oder was wir für unsere *Individualität* [selfhood] halten, zu einer Frage der Zusammenhangs- und Kontinuitätswahrung in den Geschichten über uns: indem wir Erzählungen entwerfen, die in unserer mangelnden Selbstkohärenz und dem Chaos des Lebens einen Sinn erkennbar werden lassen. In unseren Identitäts-Erzählungen geht es dann also darum, jenes *Ich* zu formen und darzustellen, von dem wir uns selbst und den anderen stets erzählt haben, es zu sein, es gewesen zu sein und es in Zukunft sein zu wollen. Meiner Meinung nach wird das Selbst zu der Person oder den Personen, die für unsere Geschichten erforderlich sind (Gergen, 1994), seien es Helden oder Opfer. Wir sind immer genauso viele potentielle Ichs, wie in unseren Gesprächen enthalten sind und erzeugt werden. Dementsprechend beschreibt der Psychoanalytiker Roy Schafer das Selbst als „Erlebensphänomen, eine Anzahl mehr oder minder stabiler und affektiv empfundener Weisen, sich selbst vom eigenen Sein und der eigenen Kontinuität zu erzählen" (zitiert in Madison, 1988, S. 160).

Die narrative Theorie in diesem diskursiven Sinn war einer der frühen Wege, auf dem die modernistische Auffassung vom Selbst angegriffen wurde und auf dem man die Implikationen untersuchte, die sich aus der Definition des Ich als Geschichtenerzähler ergaben – ein Ergebnis des spezifisch menschlichen Vorgangs, durch sprachliche Betätigung Sinn zu erzeugen. Um besser zu verstehen, wie erstaunlich das postmoderne, sozial erzeugte und relationale *erzählerische Selbst* ist, halte ich es für angebracht, kurz innezuhalten und die ganz anders gearteten modernistischen Auffassungen von Ich und Identität zu betrachten.

Das moderne erkennbare Selbst

Im 20. Jahrhundert hat die abendländische Philosophie Terminologien und Erzählungen entwickelt, worin sich der Mensch als ein Wesen zeigt, das konsistent und beobachtbar, sowie von sich selbst und anderen zu erkennen ist. Diese Idee des Selbst und die Vorstellung vom Menschen als einem abgeschlossenen, einzigartigen, motivational und kognitiv integrierten System, als dem Sitz von Gefühl, Bewußtsein und Urteilskraft haben Theorie und Praxis der modernen Psychologie nachhaltig beeinflußt. Sie sind durchdrungen vom kartesianischen Dualismus, in dem der Geist ein geschlossener, sich selbst genügender Raum ist, und Körper und Geist voneinander getrennt sind. Auf der metaphysischen Ebene bedeutet diese Auffassung, daß es etwas dem Menschen Eigentliches gibt, einen Wesenskern, der nur dem Menschsein zu eigen ist. Erkenntnistheoretisch bedeutet sie, daß das Selbst ein Gebilde ist, das existiert, über die Zeit hinweg Bestand hat und erkannt werden kann – zu beobachten, zu messen und quantitativ zu bestimmen ist. Das Selbst ist qualitativ und quantitativ faßbar.

Was ist *Selbst*? ist seit geraumer Zeit eine zentrale Frage der Psychologie und der Psychotherapie. Die Sprache der Psychotherapie – sowohl bei den Analytikern, die den Menschen ein biologisch fundiertes, triebhaftes Unbewußtes zuschreiben, als auch bei den Familientherapeuten, die die Familie als Wiege unserer Identität ersonnen haben – ist in modernistischen Erzählungen verankert. In allen Fällen enthält sie das Element der erkennbaren (Lebens)Geschichte des Menschen – ein Selbst, das von anderen oder von einem selbst entdeckt, identifiziert und beschrieben werden kann. So wird das Selbst zum übergreifenden Gebilde, das irgendwie allem, woran ein Selbst beteiligt ist, zugrunde liegt und es unterstützt – Gefühle, Empfindungen, Denken und Handeln. Die für das Selbst verantwortliche Person, das *eigentliche* Selbst des Selbst, wird als Eigner ihres Handelns und ihrer Fähigkeiten betrachtet.

Aus dieser modernistischen Perspektive erweist sich das Selbst als ein für selbstverständlich (sic!) gehaltenes abstraktes Gebilde, unterscheidbar und abgetrennt von anderen psychologischen Konstrukten. Jeder Mensch ist ein unabhängiges Geschehen im Universum, ein autonomes, selbstbestimmtes Individuum und ein abgeschlossenes, einzigartiges, motivational und kognitiv integriertes System, Zentrum von Bewußtsein, Gefühl und Urteilsvermögen – ein abgekapseltes Selbst (Anderson & Goolishian, 1988a; Goolishian, 1989; Goolishian & Anderson, 1992, 1994). Ich und Nicht-Ich sowie Selbst und Anderer sind deutlich voneinander abgegrenzt. Als psychologischer Untersuchungsgegenstand ist das Individuum oder die Familie ausersehen – oder genauer gesagt, das Innere des Individuums oder der Familie. Fast alle psychologischen Phänomene lassen sich solchermaßen zu einer kausalen, essentialistischen und fundamentalistischen Erklärung zurückverfolgen. Historisch gesehen fußen die Verhaltensklassifikationen in der Psychologie auf solchen modernistischen Auffassungen vom Selbst und der Ichidentität.

Die aktuelle Kognitionspsychologie zum Beispiel erklärt die Phänomene des menschlichen Geistes, einschließlich des Selbst und des Bewußtseins, als interne Operationen des zentralen Nervensystems. Wie bei einem Computer werden bei den mentalen Operationen von Geist und Ich Informationen im Hinblick auf irgendein ins System eingebautes Merkmal oder eine Systemsyntax verarbeitet. So gesehen verbindet das Selbst das innere Erleben mit der Außenwelt. Zu dieser Kategorie der Kognitionspsychologie rechne ich auch die Kybernetik mit ihrer auf menschliche Systeme und die Familientherapie angewandten mechanistischen Metaphorik und sogar einige Ausprägungen des radikalen Konstruktivismus sowie die Psychologie der persönlichen Konstrukte. In diesen Theorien werden Sinngebung und Verstehen des Menschen oft auf die biologische Struktur oder die Funktionen physiologischer Systeme reduziert, oder aber auf Systemkomponenten, die kybernetisch Daten verarbeiten und auf diese Weise einen als *Selbst* bezeichneten psychischen Prozeß auslösen – oder einen *Familie* genannten Interaktionsprozeß.

Was geschieht mit dem Selbst und der Ichidentität, wenn wir der Auffassung folgen, daß Sprache das Selbst nicht repräsentiert, sondern integraler Teil davon ist und sich durch all die Ichs und Dus hindurchschlängelt?

Das Selbst als Konzept

Sprachliches und gesellschaftlich erzeugtes Selbst: viele Ichs

Unsere Sprache ist nicht eindeutig. Nehmen wir zum Beispiel das Wort *Selbst*. Es wirkt so, als bezeichne es einen Gegenstand. Der Linguist Emile Benveniste hat als einer der ersten die traditionelle Auffassung des Selbst in der abendländischen Philosophie in Frage gestellt. In seiner klassischen Schrift „Subjectivity in language" (1971) behauptete er, das Selbst werde in der Sprache geformt und verstanden. Nach Benveniste ist die Vorstellung vom Selbst durch die Sprache bedingt, und Sprache ohne Pronomina ist undenkbar. „*Ich* bezieht sich auf den individuellen Sprechakt, in dessen Verlauf es ausgesprochen wird, und hierbei den Sprecher benennt" (zit. in Madison, 1988, S. 161). Madison interpretiert Benveniste so: „Das Ich existiert in und durch das ‚Ich'-Sagen; das Ich ist kein Subjekt ... keine bereits bestehende Wesenssubstanz, die spricht; das Subjekthafte daran ist das Sprechende" (S. 161). Das Ich existiert also nicht außerhalb der Sprache, außerhalb des Gesprächs; mit anderen Worten, nur mittels der Sprache und in ihr konstruiert der Mensch eine individuelle Darstellung des Selbst: Wer wir zu sein glauben, ist eine sprachliche Konstruktion. Das *Ich* ist kein präexistierendes Subjekt oder etwas Wesenhaftes im erkenntnistheoretischen oder metaphysischen Sinn; es ist etwas Sprechendes. Dazu Benveniste:

> Bewußtheit des Selbst ist nur durch die Erfahrung des Gegensatzes möglich. Ich verwende *ich* nur dann, wenn ich zu jemandem spreche, der das *Du* meiner Anrede darstellt. Unter diesen dialogischen Umständen konstituiert sich die *Einzelperson*, denn dabei versteht es sich von selbst, daß *ich* in der Umkehrung zum *du* wird, in der Anrede dessen, der sich nun seinerseits als *ich* bezeichnet. (zit. in Madison, 1988, S. 162)

Im Postmodernismus wird die Ansicht vertreten, daß das Selbst keine Entität und auch kein Einzelwesen ist. Es gibt kein innerstes *Ich*, kein festeingebautes, faßbares Ding im Innersten, an das man herankommt, wenn man die Schichten abträgt. Wenn man auch als Argument anführen könnte, daß das Selbst aus vielen Komponenten besteht, zum Beispiel vielen Erzählungen, vielen Erfahrungen, vielen Beziehungen, so ergeben sie zusammen doch kein einzelnes Selbst oder Kernselbst. Vielmehr ist Selbst (und Anderer) ein erdachter Begriff, eine herausgebildete Erzählung, mittels Sprache konstruiert und nur im Dialog und in der Beziehung existent (Benveniste, 1971; Bruner, 1986, 1990; Gadamer, 1960; Gergen, 1989, 1991b, 1994; Harré, 1995; Rorty, 1979; Shotter, 1989). Aus diesem Blickwinkel *ist das Selbst ein dialogisch- erzählerisches, und auch die Identität ist dialogisch–erzählerisch.* Selbsterkenntnis, das *Wer bin ich?* im postmodernen Sinne ist laut Gergen (1989) „nicht, wie gemeinhin angenommen, das Ergebnis einer eingehenden, gründlichen Erforschung der hintersten Seelenwinkel, ... sondern das Beherrschen des Diskurses – ein ‚Gewußt wie' statt eines ‚Gewußt was'" (S. 75). Ähnlich äußert sich Shotter (1995a):

> Wir [soziale Konstruktionisten] sind inzwischen besonders daran interessiert, wie wir zunächst bestimmte Weisen des Sich-aufeinander-Beziehens im Gespräch entwickeln und in Gang halten, und in der Folge, aus solchen gesprächsgestützten Beziehungen heraus, dahin kommen, daß wir aus unserem Umfeld einen Sinn herauslesen. (S. 385)

Alles in allem hat die Identität nun Bezug zu einer Perspektive, einem Standpunkt, der relativ zu unseren Absichten ist. Das Selbst kann daher auf unendlich vielfältige Weise beschrieben werden. Und das schließt mit ein, daß kein Selbst, kein einzelner Geist einem anderen aufs Haar gleicht (Harré, 1995, S. 372).

In dieser narrativen Sichtweise besteht das Selbst, der Erzähler, aus vielen *Ichs*, nimmt vielerlei Haltungen ein und spricht mit vielen Stimmen. Hermans und seine Mitarbeiter drücken es so aus:

> Die Stimmen funktionieren wie die interagierenden Charaktere in einer Geschichte. Wenn eine Figur darin einmal auf den Weg gebracht ist, macht sie sich selbständig und bekommt dadurch eine gewisse erzählerische Notwendigkeit. Jede Figur hat eine Geschichte über ihre Erlebnisse aus eigener Sicht zu erzählen. Als unterschiedliche Stimmen tauschen diese Figuren untereinander Informationen über ihre jeweiligen *Ichs* und Erlebenswelten aus, wodurch ein komplexes, narrativ strukturiertes Selbst entsteht. (Hermans, Kempen und Van Loon, 1992, S. 28–29)

Kritiker des postmodernen Ansatzes, insbesondere des sozialen Konstruktionismus, befürchten oft, in diesen Ansichten gehe das Individuum verloren: Der Mensch verliere seine Rechte als Einzelwesen, werde zur Marionette einer Gesellschaft, in der die Menschenrechte gefährdet oder aufgehoben sind, und sei nicht mehr persönlich verantwortlich. Meiner Meinung nach ist das Gegenteil der Fall; das Individuum und die persönliche Verantwortung besitzen einen extrem hohen Stellenwert. Der Unterschied besteht darin, wie Individuum und Verantwortung aufgefaßt werden. Als von und in anderen absorbierte Individuen, als nicht-vereinzelte Ichs, als relationale Geschöpfe sehen wir uns doch sogar in größerem, nicht in geringerem Maße Fragen der Verantwortlichkeit gegenüber. Doch wird die Verantwortung, wie in Kapitel 4 erörtert, nun gemeinsam getragen.

Auf einen weiteren Kritikpunkt, nämlich daß ein fragmentiertes Ich die Folge sei, wenn man gesellschaftlich konstruierte, multiple Ichs postuliert, antworten Hermans et al.:

> Aus der Vielfalt des Selbst entsteht keine Fragmentierung, weil es *dasselbe Ich* ist, das sich zwischen verschiedenen Positionen *hin- und herbewegt* [Hervorhebung von mir]. Dank dieser Identität ... bestehen im funktionierenden Selbst Veränderlichkeit und Unveränderlichkeit nebeneinander. (S. 28–29)

Das Erstaunliche ist also, daß Wandel und Kontinuität gleichzeitig vorhanden sind. In der Figur von König George III., aus *The madness of King George* (Evans & Hyther, 1994), ist dies treffend veranschaulicht. Als der verrückte König George einige Zeilen aus Shakespeares *König Lear* rezitiert, kommentiert der Lord Chancellor den Vortrag mit der Bemerkung: „Ihro Gnaden scheinen mehr Ihr selbst zu sein." Worauf der König antwortet: „Tu' ich das? Ja, das stimmt. Jeh, ich bin immer ich selbst gewesen, auch als ich krank war. Bloß jetzt *scheine* [Hervorhebung von mir] ich ich selbst zu sein und das ist das Wichtige. Ich weiß wieder, wie man *scheint*." Als die Bevölkerung später seine Rückkehr feiert mit „Unser alter König ist wieder da", gibt König George zurück: „Glaubt ja nicht, ich sei der Mensch, der ich war. Der König ist wieder er selbst." Mit anderen Worten, was die anderen als zwei verschiedene Könige erlebten, war derselbe König George, der *sich hin- und herbewegte*.

An dieser Stelle scheint es mir angebracht, zum Begriff des Erzählerischen/Narrativen zurückzukehren, seinem Auftauchen in der Psychotherapie, und wo es im Wandel vom modernen zum postmodernen *Selbst* seinen Platz hat.

Erzählerische Darstellungen und Auffassungen von Identität in der Psychotherapie

Das Ich als Geschichtenerzähler

Vor ungefähr zwanzig Jahren begannen sich einige Therapeuten und klinische Theoretiker von den Zwängen der modernistischen Kognitionspsychologie und ihrer Auffassung vom Selbst als einem Computer zu befreien und die Interpretation zur Grundlage ihrer Betrachtungsweise zu machen.[4] Gemeinsames Merkmal dieser neuen Richtung ist die Auffassung vom Individuum oder Ich als Erzähler. Diese Hinwendung zum Interpretativen entwickelte sich auf zwei getrennten, aber sich überschneidenden Wegen. Der eine repräsentiert das Narrative als das Erzählen von Geschichten und rankt sich um die Auffassung vom Ich als Erzähler und der Geschichte als im Inneren des Ich erschaffen; aus dieser Sicht ist Psychotherapie ein Geschehen in Erzählform. Auf dem anderen Weg tritt ein Interesse an Sprache und Dialog zutage, und im Mittelpunkt steht das Selbst als sozialer, dialogischer Prozeß. Hier herrscht die Auffassung, die Erzählung entstehe „außerhalb" des Selbst, und Psychotherapie wird als dialogisches Geschehen verstanden.

Der wahrscheinlich früheste Versuch, die Rolle der Erzählung in der Psychotherapie zu skizzieren, ging aus der psychoanalytischen Bewegung hervor; interessanterweise geht er auf Freud zurück – im Zusammenhang mit der Vorrangstellung, die dieser der Aufdeckung der eigenen Vergangenheit oder des *Warum* einräumte. In seiner Schrift „Konstruktionen in der Analyse" (1937) machte Freud geltend, der Analytiker dürfe, wenn die erforderlichen ödipalen Erinnerungen aus der Kindheit durch freie Assoziation und Analyse der Abwehrmechanismen nicht wiederzufinden sind, eine Geschichte „konstruieren", die der zu erinnernden möglichst nahe kommt.[5]

> Der Weg, der von der Konstruktion des Analytikers ausgeht, sollte in der Erinnerung des Analysierten enden; ... Oft genug gelingt es nicht, den Patienten zur Erinnerung des Verdrängten zu bringen. Anstatt dessen erreicht man bei ihm durch korrekte Ausführung der Analyse eine sichere Überzeugung von der Wahrheit der Konstruktion, die therapeutisch dasselbe leistet wie eine wiedergewonnene Erinnerung. ...und wie es möglich wird, daß ein scheinbar unvollkommener Ersatz doch die volle Wirkung tut ... (S. 52–53)

Im allgemeinen wird jedoch den psychoanalytischen Schriften von Roy Schafer (1981) und Donald Spence (1984) in der psychoanalytischen, sowie Donald Polkinghorne (1988) und Jerome Bruner (1986, 1990) in der psychologischen Literatur das Verdienst zugeschrieben, als erste das Interesse der Psychotherapeuten am Narrativen geweckt zu haben, indem sie die Vorstellung vom Ich als Erzähler einführten und die Rolle des Narrativen in der Psychotherapie genau beschrieben. Laut Spence, und in Erweiterung des Freudschen Gedankens, kann der Analytiker – wenn sich beim Patienten keine Erinnerungen einstellen – nichts weiter tun, als eine Geschichte zu konstruieren, die den mit dem Problem verbundenen Kindheitsgeschehnissen möglichst ähnlich ist, so daß die neu konstruierte Erzählung dem nahe kommt, wie es gewesen sein *könnte*. Für Spence war es nicht Aufgabe des Therapeuten, eine verborgene und nicht wiederzufindende Realität wie ein Archäologe ans Licht zu bringen, sondern es ging ihm um die erzählerische Entwicklung, um die Konstruktion einer Lebensgeschichte, die zu den derzeitigen Lebensumständen des Patienten paßte, ohne auf die „archäologische Wahrheit" der Konstruktion Rücksicht zu nehmen. Zur Bezeichnung der vom Analytiker beeinflußten, in der Analyse neu konstruierten Erzählung führte er den Begriff *erzählerische Wahrheit* ein. Ob diese Erzählung wahr ist, ist weniger wichtig, als daß sie zu der realen Geschichte des Patienten paßt. Das heißt, die erfundene Geschichte sollte äußerlich und innerlich kohärent, annehmbar und angemessen sein und sich trotzdem irgendwie mit den realen, nicht mehr erreichbaren Kindheitserinnerungen decken. Dies könnte zumindest teilweise eine Erklärung dafür sein, warum manche Therapeuten bei erwachsenen Patienten versuchen, deren momentane Schwierigkeiten im Leben verstehbar zu machen, indem sie sie mit der verdrängten Erinnerung an sexuellen Mißbrauch in der Kindheit in Verbindung bringen (Crews, 1995).

Roy Schafer hingegen nimmt in seinem Buch *Language and Insight* (1978) eine mehr an Wittgenstein und am sozialen Konstruktionismus orientierte Haltung ein. Für ihn ist das Selbst eine Manifestation menschlichen Handelns, der Handlung des Über-sich-selbst-Sprechens. Seiner Ansicht nach erzählen wir alle uns selbst und anderen ständig Geschichten darüber, wer wir sind, fügen ständig eine Geschichte in die andere. Das Selbst wird so zu mehr oder minder beständigen Weisen, sich selbst und anderen von seinem Wesen und seiner Kontinuität angesichts fortwährender und zufälliger Veränderung zu erzählen (erörtert in Madison, 1988, S. 160). Wie Spence war Schafer am Inhalt der konstruierten Erzählung interessiert, aber zusätzlich beschäftigte ihn der Erzählprozeß selbst, die Konstruktionsmethode, das Sprechen als Erzählen. Für ihn birgt der Erzählvorgang an sich die Möglichkeit zur Veränderung. Seiner Ansicht nach ist es Aufgabe des Therapeuten, den Patienten dabei zu helfen, ihre Lebensgeschichte so wiederzugeben, daß Veränderung narrativ erfaßbar, glaubwürdig und erreichbar wird. In einer solchen Beziehung ist der Therapeut mit einem hilfreichen Redakteur zu vergleichen. Bei den in diesen psychoanalytischen Settings verwendeten Narrativen stehen der Erzählinhalt und seine Nützlichkeit im Vordergrund, nicht der Erzählprozeß. Der Autor Kevin Murray (1995) akzentuierte folgenden Unterschied zwischen dem inhalts- und dem prozeßbezogenen Zugang: „Der eine betrachtet das Erzählerische als einen geistigen Raum, der dem Vorankommen eines Individuums in der Welt dient, wohingegen der andere das Erzählerische zum Bestandteil eben dieser Welt macht." (S. 187)

Auf diesem letzteren Weg, in den die Hinwendung zur Interpretation in der Psychotherapie mündete, entstand ein Interesse an Sprache und Dialog, in dessen Folge das Selbst als dialogisches Selbst, und Psychotherapie als dialogisches Geschehen zu Schlüsselbegriffen wurden. Beschäftigen wir uns nun mit dieser interpretativen Wende. Wie werden die Bedeutungen, die wir uns selbst und den Ereignissen in unserem Leben zuschreiben, im Dialog hergestellt, erhalten und im

Lauf der Zeit verändert? Und wie beteiligt sich in einer Therapiesituation der Therapeut an diesem Prozeß?

Eine relationale Sicht des Selbst und der erzählerischen Identität

Den Mittelpunkt der vielen sprachlich und gesellschaftlich hergeleiteten Erzählungen, die bei der Verhaltensorganisation entstehen, bilden jene, die als *eigene Geschichten, Selbstbeschreibungen* oder *Ich- Erzählungen* zum Ausdruck kommen. Diese Geschichten über das eigene Leben wirken sich auf unsere Ichidentität aus: sie nimmt eine erzählerische Gestalt an. Über diesen sprachlichen, narrativen Bereich sagt der Philosoph Anthony Kerby (1991):

> Vom narrativen Standpunkt aus darf das Selbst nicht als etwas vorsprachlich Gegebenes aufgefaßt werden, das Sprache lediglich einsetzt, so wie wir ein Werkzeug einsetzen würden, sondern als Produkt der Sprache – man könnte es das *implizierte Selbst* der selbstbezogenen Äußerungen nennen. Das Selbst oder Subjekt zeigt sich dann als Ergebnis gewohnheitsmäßiger Diskurshandlungen, und ist weder etwas Wesenhaftes, das ontologisch Vorrang gegenüber der Handlungspraxis hat, noch ein Selbst mit epistologischem Vorrang, das Bedeutung von sich aus erzeugt. (S. 4)

Wie bei anderen Erzählungen auch, findet die Entwicklung dieser Erzählungen zur Definition des Selbst in einem sozialen und lokalen Kontext statt, der Gespräche und Handlungen mit wichtigen anderen, einschließlich sich selbst, umfaßt. Aus einer sprach- und dialogorientierten Sicht ist diese soziale – aus Beziehungen entstehende und in ihnen verkörperte – Natur des Selbst von besonderer Bedeutung, wie auch unsere Fähigkeit, mittels Gesprächen Bedeutung zu erzeugen. Darin besteht die von Gergen (1987, 1989, 1991b) unterbreitete *sprachbezogene, relationale Auffassung vom Selbst,* in der das Selbst (und der andere) sich in Sprache und Dialog realisiert und zu einem sprachlichen, dialogischen Selbst wird. Wie weiter oben angeführt, gehört dazu auch, daß eine Erzählung nie eine Einzelstimme repräsentiert, sondern ein von vielen Autoren geschaffenes Selbst; und weil wir uns im Dialog konstituieren, ändern wir uns fortwährend. Kurioserweise behauptet Sarbin (1990) in diesem Zusammenhang, daß die Erzählungen über uns selbst aufgrund ihres sozialen Kontexts das Produkt „erzwungener Zusammenarbeit" seien (S. 60).

Ich möchte keineswegs etwas bagatellisieren, was für die menschliche Natur charakteristisch zu sein scheint – unsere rastlose Suche nach uns selbst und nach Selbst-Verständnis, oder wie Madison (1988) es nennt, die „strebenden Ichs". Für ihn ist das Selbst „eine Funktion von Gesprächen mit gleichartigen strebenden Ichs, eine Funktion selbstverstärkender Erzählungen, die sie gemeinsam weiterspinnen, sowohl in gelegentlichen, zwanglos sich ergebenden Unterhaltungen, als auch in den ernsthafteren Gesprächen, die bis tief in die Nacht dauern können" (S. 166). Mit „strebend" meint Madison die Selbstvervollkommnung, das Ich, das wir sein möchten und kraft unseres Potentials auch verwirklichen können.

Auch aus der Sicht von Bachtin (1981) nimmt dieses Geschichten erzählende Selbst Dialogform an. Bachtin war nicht ausschließlich, aber entscheidend von Dostojewskis Schreibstil beeinflußt, bei dem die Geschichte nicht von einem einzelnen, sondern von mehreren Autoren erzählt wird, und jeder Protagonist seine eigene Darstellung der Geschichte liefert. In seiner Analyse von Dostojewskis Konstruktionsweise äußerte Bachtin die Ansicht, jeder Charakter (oder Autor) bestehe aus einer Vielzahl unabhängiger Stimmen (das könnten zum Beispiel eine andere Figur, das Gewissen, die eigenen Gedanken oder eine imaginierte andere Person sein) im Dialog, was er *Polyphonie* nannte. Bachtin verglich also das Selbst mit einem polyphonen Roman, worin das Selbst nicht aus einem einzelnen Wesen, einer Einzelstimme oder nur einer Position besteht, sondern diese jeweils mehrfach vorhanden sind. Dazu meinen Hermans et al. (1992): „Die Vorstellung vom Selbst als polyphonem Roman ... gestattet es dem einzelnen, in einer Vielzahl von Welten zu leben, wobei jede Welt ihren eigenen Autor hat, der eine von den Autoren der anderen Welten relativ unabhängige Geschichte erzählt" (S. 28). Ich bezweifle jedoch, daß sie *relativ unabhängig* voneinander entstehen.

Auch die Ärztin Rita Charon bezieht sich auf diese Art der Polyphonie oder Erzähler-Ichs, wenn sie über Patienten-Erzählungen spricht, die sich in ärztlichen Behandlungs-Settings ergeben oder auch nicht.

> In einem therapeutischen Setting – sei es bei einem Arzt oder einem Psychotherapeuten – etwas über sich selbst zu erzählen setzt ein Selbst voraus, das erzählt, und ein Selbst, über das der Erzähler spricht, so daß das therapeutische Erzählen [wie jedes Erzählen] einen Autor, einen implizierten Autor und

einen Protagonisten hervorbringt. ... Obwohl die Berichte der Patienten über sich selbst auf *wahren* Begebenheiten beruhen, liegt es in der Natur der Erzählsituation, daß die Patienten eine bestimmte Version der *wahren* Begebenheiten vorbringen [Hervorhebung ergänzt]. ... Im Gegensatz zu einer weitverbreiteten Annahme ist also der Patient nicht gleich der Person ... man muß eine Vielzahl widersprüchlicher Stimmen hören und zur Kenntnis nehmen, [die] dann zusammen erst die Person ausmachen, die leidet. (S. 89)

Geschichten über das Selbst und Auffassungen vom Selbst sind jeweils nur eine – von der Erzählsituation beeinflußte – Version von vielen. Welches Selbst einer Person sich zeigt und welche Geschichte sie über sich erzählt, ist je nach sozialem Kontext und den jeweiligen Gesprächen mit anderen innerhalb dieses Kontextes unterschiedlich.

Wir sollten uns daher vor Augen halten, daß die Selbst-Darstellung, die wir in der Therapiesituation hören, nicht die einzige Geschichte ist, und auch nicht unbedingt *wahrer* als andere.

„Ränder", an denen ein Umbruch stattfand

Es war die Sozialpsychologie und insbesondere der soziale Konstruktionismus, in deren Rahmen „sich zunehmend ein Interesse an der Persönlichkeit – an Person, eigenem Wirkungsvermögen und Handeln (statt an Ursachen, Verhalten und Objekten) herausbildete und die Vorstellung von der sozialen Konstruktion des Selbst in vollem Ausmaß hervortrat" (Shotter, 1989, S. 135). Auch wenn mehreren Leuten (Gergen, 1982, 1989; Harré, 1979, 1983; Harré & Secord, 1972; Polkinghorne, 1988; Potter & Wetherell, 1987; Shotter, 1975, 1989) das Verdienst gebührt, bis an die Grenzen dieser Idee gegangen zu sein mit der Behauptung, Selbst und Ichidentität würden in der Sprache und im Sozialen konstruiert, sind es doch Gergen, Harré und Shotter, die auf je eigene Weise einen zentralen Beitrag geleistet haben; bei allen steht der *Prozeß* der Identitätserzeugung im Mittelpunkt, nicht deren Struktur.[6]

Gergens (1977) Forschungsarbeiten darüber, wie Selbstbild und Selbstwertgefühl eines Menschen in Abhängigkeit von sozialem Kontext und den Äußerungen der einzelnen Personen innerhalb dieses Kontextes variieren, stellen wahrscheinlich den frühesten unverkennbaren Versuch dar, die sozialen und relationalen

Aspekte der Selbsterfindung als vorrangig wirksam herauszustellen. Davon ausgehend unterbreitete er die Idee der relationalen Autorschaft und erklärte, Selbst und Ichidentität seien sozial und sprachlich herausgebildete, erzählerische Gegebenheiten. Ichidentität ist eine Funktion der im sozialen Zusammenhang konstruierten Geschichten, die wir einander und uns selbst fortwährend erzählen. Die eigene Ichidentität wird erzeugt von – und manifestiert sich in – Personen, die miteinander und mit sich selbst sprechen und handeln. Durch diese sozial konstruierte erzählerische Wirklichkeit erhalten nicht nur die Ereignisse und Erfahrungen in unserem Leben Ordnung und Sinn, sondern auch unsere Ichidentität, die entsprechend der wechselnden sozialen Interaktion ständig wechselnden Definitionen und einer Vielzahl von Explikationen unterworfen ist. Vergleichbar ist dieser Prozeß dem, was Bruner (1990) als „Bedeutung schaffen" bezeichnete (S. 12).

Mit der Feststellung eines sozial herausgebildeten „relationalen Selbst" geht Gergen (1973, 1985, 1991b) weit über die Vorstellung von individueller Autorschaft und Ko-Autorschaft hinaus (Gergen, 1973; Gergen & Taylor, 1969; Morse & Gergen, 1970) und begreift nun das Selbst als eine soziale Konstruktion mit vielen Autoren:

> Erzählende Darstellungen sind eingebettet in soziales Handeln. Ereignisse werden durch sie sozial sichtbar ... und Erwartungen an zukünftige Ereignisse werden typischerweise so begründet. ... Erzählungen über das eigene Selbst sind nicht grundsätzlich Eigentum des Individuums; vielmehr sind sie Erzeugnisse des sozialen Austauschs – Eigentum des sozialen Wesens. (Gergen & Gergen, 1988, S. 18)[7]

Das heißt also, daß eine Erzählung nie nur eine einzelne Stimme repräsentiert. Wir bestehen immer aus so vielen Ichs und potentiellen Ichs, wie in unseren Gesprächen und Beziehungen verankert sind. Gergen trifft die deutliche Unterscheidung, daß diese Ichidentität – wer wir sind oder zu sein glauben – ebenso wie die Vorstellung eines Selbst, „keine individuelle Triebkraft ist, die ‚vergesellschaftet' wird, sondern ein sozialer Prozeß, dessen Realisierungsort das Individuum ist" (S. 210). Er geht sogar so weit zu behaupten:

> Wir sollten nicht davon ausgehen, daß die menschliche Natur eine Eigenschaft einzelner, voneinander isolierter Individuen ist und Bezogenheit ein sekundä-

res und problematisches Nebenprodukt. Gefordert ist eine Analyse, in der sich das Individuelle als aus der Gemeinschaftlichkeit entstehende Eigenschaft zeigt – in der die Beziehung der Identität vorausgeht. Wenn das allgemein anerkannt würde, müßte Konflikt keine notwendige Bedingung für ein Miteinander sein. (S. 405)

Shotter (1989) unterstreicht, daß wir unsere Aufmerksamkeit nicht nur auf die Konstruktion des *Ich* richten sollten, sondern auch auf die Konstruktion und Bedeutsamkeit des anderen, des *Du*: „Ich handle nicht einfach ‚aus' meinen eigenen Plänen und Wünschen ‚heraus', unbehelligt vom sozialen Umfeld meines Handelns, sondern gehe in gewissem Sinne auch auf die mir gebotenen Handlungsmöglichkeiten ‚ein'. ... Die Beziehung ist unsere, nicht nur meine" (S. 144). Shotter spricht vom formgebenden Charakter des *Du* in der Kommunikation (und in der Beziehung) als einem „Prozeß, durch den die Menschen sich im kommunikativen Miteinander gegenseitig prägen, also dazu beitragen, einander zu Personen dieser oder jener Art zu machen" (S. 145). Somit sind *meine* Erzählungen über *dich* Teil deiner Identitätsfindung und umgekehrt. Harré (1983) vertritt wie Gergen und Shotter die Ansicht, nicht nur die Persönlichkeit werde im Gespräch geformt, sondern auch Institutionen und Unternehmen.[8]

Mit diesem sprachlichen, dialogischen und relationalen Zugang begeben wir uns weit über die Auffassung hinaus, narrative Therapie bestehe aus Geschichtenerzählen und Geschichtenerfinden und das Selbst sei der Erzähler. Wir müssen diese Perspektive erweitern, weil wir sonst den Gefahren und Bedenken erliegen, die mit modernistischer Objektivität einhergehen: wer die zu erzählende Geschichte auswählt und sie steuert, wie sie erzählt wird, und was sich aus ihr ergibt.

Der Erzählprozeß: eine Warnung

Nicht nur in der Psychotherapie hat sich die Narrationstheorie als nützliches Konzept erwiesen, sondern bekanntlich noch in einigen anderen sozialwissenschaftlichen Bereichen: Medizin, Anthropologie, Rechtswissenschaften, Kulturtheorie und Organisationsentwicklung und Unternehmensführung (Brody, 1987; Bruner, 1990; Charon, 1993; Coles, 1989; Davis, 1992; Feldman, 1990; Kleinman, 1988a, 1988b; Sherwin, 1993; Turner, 1980). Gemeinsam ist allen Verfassern die Ansicht, daß unsere im sozialen Austausch entstandenen Erzählungen die einzige uns bekannte menschliche Natur und Verhaltensweise darstellen – unser Verständnis, unsere Schilderungen, unsere Methoden zur Beobachtung sozialer Organisation, die Mittel und Wege, wie wir Probleme begreifen, sowie unsere Handlungsmodi sind alle nichts weiter als Ausdruck unseres Sprachgebrauchs, unseres Wortschatzes und unserer Geschichten. Gleichviel, ob es sich um ein juristisches, ärztliches, anthropologisches oder therapeutisches Prozedere handelt, der jeweilige Experte nimmt zusammen mit dem Klienten an einem *Erzählprozeß* teil, in dem Vergangenheit, Gegenwart und Zukunft des Klienten erzählt, wiedergegeben und hergestellt – oder erfunden und wiedererfunden – werden.

Die Art und Weise, wie wir uns als Fachleute an diesem Erzählprozeß beteiligen, welchen Platz wir darin einnehmen und wie wir darauf einwirken, macht den Unterschied zwischen einem modernistischen und einem postmodernen Prozeß aus. Die professionell Beteiligten tragen dabei spezielle Verantwortung dafür, welche Position sie einnehmen und welche Entscheidungen sie im narrativen Erzähl-, Hör- und Erfindungsprozeß treffen – den relationalen Mitteln für die gemeinsame Konstruktion der neuen Erzählung. Als Therapeuten entscheiden wir zum Beispiel, wie wir mit und über Klienten reden, worüber wir mit ihnen reden, und wie wir uns an ihrem Erzählen beteiligen. Und ob wir nun die Sprache als nur repräsentational oder als gestaltend ansehen – wir sind dafür verantwortlich, wie wir die Sprache verwenden, welche Ausdrucksweise wir jeweils wählen und wie sich dies darauf auswirkt, welche Darstellung zum Vorschein kommt, welche bevorrechtigt ist und welche für die richtige gehalten wird. Die Art zum Beispiel, wie wir nach dem Verhalten eines Vaters gegenüber seiner Tochter fragen, vermag demselben Vorkommnis eine ganz unterschiedliche Bewertung zu geben: als gutes, schlechtes oder fragwürdiges Verhalten. Ein anderes Beispiel: Wie sich die Geschichte über einen Konflikt zwischen einem Mann und seinem Chef gestaltet, kann dadurch beeinflußt werden, was wir darüber wissen wollen und in welcher Weise: wo die Schuld gesucht wird, wer was hätte tun sollen, und wer was tun sollte. Es kann dadurch auch signalisiert werden, auf wessen Seite wir stehen, und den Hinweis enthalten, wie das Problem unserer Ansicht nach gelöst werden sollte.

Im Zusammenhang mit einem anderen Berufsfeld, dem Rechtswesen, hören wir von Sherwin (1993), wie juristische Verfahrensregeln und Institutionen auf sozialer Grundlage gebildet und aufrechterhalten werden, nämlich durch die diskursiven Praktiken und erzählerischen Konstruktionen des juristischen Berufsstandes. Er kritisiert, daß sich Leute in einer Machtposition des vorherrschenden juristischen Diskurses bedienen, um die Geschichte eines anderen zu steuern oder zu erzählen, so daß die professionelle Version größere Bedeutung als die des Klienten erhält. Wie der Therapeut kann auch ein Anwalt die Interaktion und damit die sich ergebende Geschichte dominieren, indem er die Themenauswahl und das Tempo bestimmt. Am Beispiel von Scheidungsfällen konnte Sherwin aufzeigen, daß „Anwälte die Identität ihrer Klienten konstruierten ... und die Geschichte ihrer Klienten in einer Weise wiedergaben, die ihre eigene Auffassung der Rechtslage widerspiegelte und unterstützte" (S. 46). Sherwin fordert die Anwaltschaft auf, einen eingehenden Blick darauf zu werfen, wie Gesetze entstehen und wie durch den herrschenden Diskurs die theoretischen Rechtsauffassungen aufrechterhalten werden; dieser Prozeß ließe sich ebensogut auf jede psychotherapeutische Theorie und Praxis (einschließlich der Diagnosen) anwenden.

In ähnlicher Weise haben einige feministisch orientierte Wissenschaftlerinnen in der Philosophie und Psychologie an der offiziellen sozialwissenschaftlichen Lehrmeinung generell sowie an der Psychologie im besonderen angesichts der ihnen zugrundeliegenden modernistischen Methodik Kritik geübt. Aufgrund dieser wissenschaftlichen Methoden arbeitet der Fachmann unter dem „Nimbus der Objektivität" (Kitzinger, 1987, S. 24), wobei das Individuum die Untersuchungs- und Begriffseinheit darstellt und normative Definitionen entstehen – im Falle des Feminismus die normative Definition unterdrückter und gesellschaftlich marginalisierter Personen. Ein so verstandenes Expertentum legitimiert laufend von innen her den Fortbestand einer Disziplin.

Wenn diese Wissenschaftlerinnen postmoderne Vorstellungen von Selbst und Ichidentität – als von den soziokulturellen, historischen und politischen Diskursen beeinflußt, in denen sie konstruiert und interpretiert werden – heranziehen, sie kritisieren und daran mitwirken, stehen sie im Einklang mit der Idee, daß die individuellen narrativen Identitäts- und Selbstdarstellungen einer kontinuierlichen Revision zugänglich sind (für weitere Arbeiten, die dieser Definition des Selbst entsprechen, siehe Flax, 1990; M. Gergen, 1994, 1995; Grimshaw, 1988; Hooks, 1984; Joy, 1993; Kerby, 1991; Kitzinger, 1987, Ricoeur, 1991a,b). Und wie Ricoeur warnen sie davor, Ichidentität und Kernselbst zu verwechseln (Flax, 1990; Kitzinger, 1989). Wenn man von einem im sozialen, dialogischen Austausch konstruierten *Ich* und der dauernden Neuschreibung der Ichidentität ausgeht, gehört ein erzählendes Kern-Ich, ein Kern-Selbst ins Reich der Mythen.[9] Das Erzähler-*Ich* und das sozial und dialogisch konstruierte *Ich* sind rückbezüglich – der Erzähler bildet sich im Erzählvorgang heraus.

Cecilia Kitzinger (1987), Wissenschaftlerin und Vertreterin der feministischen Psychologie, stellt beispielsweise den Begriff *Lesbianismus* als psychologische Kategorie in Frage. Sie behauptet, durch den individualistischen, humanistischen Fokus in den Ansätzen der heutigen liberaleren Psychologie werde das Politische individualisiert und dadurch einer Realität der „privaten und entpolitisierten Identität" Vorschub geleistet (S. 45); das in ihren Augen Institutionelle, Soziopolitische und Soziokulturelle dieser Haltung werde nicht beachtet und gemieden.[10] In scharfem Kontrast dazu und in einer kühnen und zwingenden Beweisführung setzt Kitzinger auf eine sozialkonstruktionistische Alternative und schlägt „‚Darstellungen' lesbischer Identität" vor (S. 90), mit dem Argument, daß der Beobachter keinen direkten Zugang zum individuellen Erleben habe, und die *Identitätsdarstellung*, nicht das Individuum die zu analysierende Grundeinheit sei.

Wenn wie in dieser Studie die *Darstellung* als Hauptuntersuchungselement definiert wird, dann ist das Innenleben der Untersuchten für die Forscher nur Nebensache, auch wenn sie für das Sammeln der Darstellungen zunächst auf die einzelnen Lieferanten solcher Beschreibungen angewiesen sind. Da die Darstellung nicht mehr an das Individuum, das sie zur Verfügung gestellt hat, gebunden ist, kann die Forscherin der Untersuchung der Darstellung selbst nachgehen und die Forschung dahingehend ausweiten, Anzeichen für diese Darstellungen im soziokulturellen Milieu festzustellen sowie die damit verbundenen Ideologien und politischen Interessen herauszufiltern, die ihre Förderung oder Unterdrückung vorschreiben. Dieser Ansatz lenkt die Aufmerksamkeit auf die politischen statt die persönlichen Merkmale in den von Lesben verfaßten Beschreibungen ihrer Identität.

Handlungsfähigkeit und Veränderung: „Die Geschichten, die wir uns selbst erzählen"

Es sind diese Erzählungen über uns selbst, durch die wir zu „Akteuren", Darstellern oder Handelnden werden und das Gefühl bekommen, sozial und/oder selbstbezogen handlungsfähig zu sein. Mit *Handlungsfähigkeit* oder *Wirkungsvermögen* meine ich das individuelle Gefühl von Handlungskompetenz. Zu handeln oder in Aktion zu treten ist ein Zeichen von Intentionalität, wie Sarbin (1990) und andere anmerken: „Menschliche Akteure legen Verhalten an den Tag aus einem bestimmten Grund, um einen Zweck zu erfüllen, um einen Sinn zu erkennen" (S. 50). Wirkungsvermögen oder ein Gefühl der eigenen Handlungsfähigkeit zu besitzen, heißt fähig zu sein, sich in einer Weise zu verhalten, zu empfinden, zu denken und *zu wählen*, die befreiend wirkt, die neue Möglichkeiten erschließt oder uns einfach die Augen für ihr Vorhandensein öffnet. Handlungsfähigkeit bezieht sich nicht nur darauf, Entscheidungen zu treffen, sondern auch darauf, an der Schaffung und Vermehrung der Wahlmöglichkeiten mitzuwirken. Das Konzept des Wirkungsvermögens ist so ähnlich wie eine Stimme zu besitzen und die Wahl zu haben, ob man sie benutzt oder nicht.

Ich bin überzeugt, daß dieses Wirkungsvermögen uns allen innewohnt und nur wir selbst Zugriff darauf haben. Es wird uns nicht geschenkt. Wir als Therapeuten können es niemandem aushändigen, genauso wie wir einen anderen nicht zu irgend etwas befähigen können; wir können uns lediglich an einem Prozeß beteiligen, der die Möglichkeit, daß es sich einstellt, maximiert. Harré (1995) bezeichnet diese inhärente Kompetenz als „Durchsetzen von Potentialen ... Die Menschen werden als potentielle Personen geboren, und die Sozialkonstruktionisten bieten eine Beschreibung an, wie die potentielle Persönlichkeit zur tatsächlichen Persönlichkeit wird und wie in dieser Entwicklung eine bedeutungsvolle Vielfalt zu erkennen ist" (S. 372). In Shotters (1995a) Worten: Das Wirkungsvermögen der Menschen „zeigt sich in ihrer Fähigkeit, ihrem Leben eine individuelle Form oder Gestalt zu geben und zugleich in ihrer Kultur verwurzelt zu bleiben" (S. 387).

Wenn ich an den Begriff Wirkungsvermögen denke, fallen mir zwei Begriffe ein, die häufig von Klienten als Ergebnis einer gelungenen Therapie erwähnt werden: *Freiheit* (von der einengenden Vergangenheit, Gegenwart und Zukunft) und *Hoffnung* (auf eine andere Zukunft) (Anderson, 1991b, 1992, 1995). Es kommt zur Entwicklung neuer Geschichten vom Selbst, neuer Ich-Erzählungen, mit denen sich eine neue Lebensgeschichte erzählen läßt – eine, die erträglicher, kohärenter und mit der derzeitigen Zielsetzung und Handlungsfähigkeit eher vereinbar ist. Das läßt sich mit dem vergleichen, was Shotter (1991a) meint, wenn er über „neue und befähigende Selbstdarstellungen statt unfähig machender" spricht. Es entspricht auch der Antwort, die der Brite Ronald Frazier, der die Geschichte der mündlichen Überlieferung erforscht, seinem Analytiker gab, als dieser fragte: „Was genau erwarten Sie sich?" Frazier sagte: „Eine Vergangenheit zu finden, neu zu erschaffen, mit einer angemessenen Gewißheit, daß ich sie hinter mir lassen und mich meinem Leben widmen kann" (zit. in Shotter, 1991a). Sowohl Shotter als auch Frazier beziehen sich auf das Gefühl der eigenen Handlungsfähigkeit, ein Gefühl der Freiheit und der Hoffnung.

Mir gefällt auch Freemans (1993) Hinweis, daß man sich mit der scheinbaren Suche nach Freiheit von der Vergangenheit eigentlich vom „zu erwartenden Verlauf der Dinge" befreien will (S. 216). Die Zukunft, die man sich ausmalt, ist das Gefängnis, nicht die (imaginierte) Vorgeschichte.[11]

Das erinnert mich an Tom, den arbeitslosen Englischlehrer und Sporttrainer an einer High-School auf dem Land in South Carolina: Der Protagonist in Pat Conroys *Die Herren der Insel* versucht sich von seiner Vergangenheit, Gegenwart und Zukunft zu befreien, und herauszufinden, wer er sein kann. Er blickt reflektierend zurück auf seine gestörte „wehrlose, gedemütigte und entehrte" Familie und seine Kindheit voller Mißbrauch und Erschütterungen, und versucht sein Leben zu entwirren, zu verstehen und Frieden damit zu schließen.

> Ich wünschte, es gäbe keine Geschichte, über die hier zu berichten wäre. Lange Zeit habe ich so getan, als hätte meine Kindheit nicht stattgefunden. Ich hielt sie tief in meiner Brust verschlossen. Nein, ich konnte sie nicht herauslassen, ich folgte dem fragwürdigen Beispiel meiner Mutter. Erinnerung ist auch eine Sache des Willens, und ich entschied mich gegen meine Erinnerung. Da ich die Liebe zu meiner Mutter und meinem Vater brauchte, trotz all ihrer menschlichen Schwächen und Abscheulichkeit, konnte ich es mir nicht leisten, sie unverblümt auf die schweren Vergehen anzusprechen, die sie an uns Kindern begangen hatten. Ich konnte sie nicht verantwortlich machen oder sie wegen Verbrechen anklagen, die sie nicht hatten verhindern können. Sie hatten ihre eigene Geschichte, eine Geschichte, an die ich mich mit Zärtlichkeit und Schmerz zugleich erinnerte, und die mich all ihre Vergehen an den eigenen Kindern verzeihen ließ. In Familien gibt es kein Verbrechen, das nicht vergeben werden könnte ...
> Auch meinen Vater haßte ich, aber diese Haßgefühle drückte ich aus, indem ich ihn nachahmte, von Tag zu Tag ein wenig lebensunfähiger wurde ...
> ... hatte ich alles so eingerichtet, daß ich ein absolut bedeutungsloses Leben führen konnte, allerdings ein Leben, das unmerklich, aber auch unweigerlich das Leben der Menschen in meiner nächsten Nähe zerstörte. (Conroy, 1987, S. 14, 109f.)

Einmal beschreibt er die noch immer leeren Seiten einiger ledergebundener Tagebücher, Geschenke seiner Schwester zu jedem Weihnachtsfest, als „eloquente Metapher meines Lebens als erwachsener Mann. Ich lebte in dem furchtbaren

Wissen, daß ich dereinst ein alter Mann sein und immer noch auf den eigentlichen Beginn des Lebens warten würde" (S. 645).

Für Tom trat das Verzeihen an die Stelle der tyrannischen Vergangenheit, wie es seine Worte „indem ich mich an alles erinnerte, wollte ich versuchen, mich selbst zu heilen" (S. 110) nahelegen. Es gestattete ihm sozusagen, die Tagebücher aus dem Regal zu nehmen und wie Frazier „sein Leben anzupacken". Und, um mit Shotter zu sprechen, er war in der Lage, seinem Leben Form und Gestalt zu geben, und doch in seiner Kultur verwurzelt zu bleiben:

> Mein Leben fing eigentlich erst richtig an, als ich die Kraft aufbrachte, meinem Vater zu verzeihen, daß er aus meiner Kindheit eine Zeit des Schreckens gemacht hatte. ... [wir] begannen ..., wie ich glaube, unseren Eltern zu verzeihen – zu verzeihen, daß sie so waren, wie zu sein es ihnen bestimmt war. Unser Gespräch fing immer an mit den Erinnerungen an Brutalität und Niedertracht – und endete damit, daß wir wieder und wieder bestätigten, wie innig unsere Liebe zu Henry und Lila allen Widrigkeiten zum Trotz doch war. Endlich waren wir alt genug, um ihnen vergeben zu können, daß sie nicht vollkommen waren. (Conroy, 1987, S. 296, 642)

Unsere Erzählungen von und über uns selbst können unser Wirkungsvermögen freisetzen oder behindern. Das heißt, es wird in ihnen eine Identität geschaffen, die es uns gestattet oder uns daran hindert zu tun, was wir tun müssen oder wollen, oder uns einfach nur das Gefühl gibt, wir könnten handeln oder auch nicht, ganz wie wir wollten (Anderson & Goolishian, 1988a; Goolishian, 1989; Goolishian & Anderson, 1994). In der Therapie begegnen wir Menschen, deren „Probleme" als daher rührend zu betrachten sind, daß ihnen ihre sozialen Erzählungen sowie ihre Selbstdefinitionen oder Geschichten über sich selbst keine wirkungsvolle Handlungsfähigkeit für die anstehenden Aufgaben zugestehen. Zum Beispiel entwickeln Frauen, die entweder von sich selbst oder von anderen als „Erwachsene, die mit einem Kindheits-Inzest leben müssen" abgestempelt sind, häufig Erzählungen, die eine inhärent selbstbeschränkende Ichidentität festschreiben (Anderson, 1992). Dazu fällt mir Rita[12] ein, die in einer inzestuösen Familie aufwuchs und sich jahrelang quälte in dem Bemühen, nach ihren eigenen Worten, „mit der Rita, die andere sahen und mochten" und „der Rita, die ich kannte und nicht leiden konnte", auszukommen.[13] Mit Blick auf ihre Erfahrungen in der Therapie sagte sie: „Jetzt fühle ich mich frei, mein Leben anzupacken.

Als mir klar wurde, daß ich alle beide Personen sein konnte, daß ich immer noch ich bin. Ich bin immer noch diese beiden, aber jetzt mag ich mich." Durch die Therapie entwickelte Rita eine neue Identität, die unter anderem zwei einander zuvor widersprechende Identitäten enthielt: „ich"/ „nicht ich". Die neue Identität „Beide sind ich", befreite Rita von ihren Qualen und versetzte sie in die Lage, nun ihr Leben in die Hand zu nehmen. An Ritas Dilemma ist sehr deutlich zu sehen, wie solche Etikettierungen die Vergangenheit so lebendig erhalten, daß die Identität der Betreffenden als Opfer oder lebenslang Gezeichnete gewahrt bleibt und ein Hindernis für ihre tragfähigeren und befreienderen Selbstdefinitionen darstellt. Es ist vergleichbar mit Freemans (1993) Gedanken der „Neuschreibung des Selbst", womit er den Prozeß bezeichnet, „durch den die eigene Vergangenheit und sogar man selbst durch Auslegung neu figuriert wird" (S. 3).

Aus einer interpretierenden, bedeutungserzeugenden Perspektive ist Veränderung dem Dialog inhärent: Veränderung bedeutet, die vertrauten Geschichten immer wieder, und immer wieder anders zu erzählen; es bedeutet die Neuschreibungen, die im Gespräch entstehen; es bedeutet, den vergangenen, gegenwärtigen und für die Zukunft ausgemalten Ereignissen und Erlebnissen einen neuen Sinn zu verleihen. Veränderung wird zu einer Entwicklung zukünftiger Ichs. Für die Therapie werden die Ich-Erzählungen des einzelnen entscheidend (Gergen, 1994; Gergen & Gergen, 1983, 1986, 1988; Kitzinger, 1987; Shotter, 1991b, 1993a; Surrey, 1991). Shotter drückt es so aus:

> Das soziale Leben gründet sich auf ein Ichpersonen zugestandenes Recht, uns von sich selbst und ihrem Erleben zu *erzählen*, und daß das, was sie sagen auch ernst genommen wird. ... Alle unsere geltenden Formen der Erkundung/Nachforschung basieren auf einem solchen Recht. ... In jüngster Zeit ist die Autorität der Ichpersonen [später verwendet Shotter den Ausdruck *ganz normale Menschen*] von der Position des externen, in der dritten Person sprechenden Beobachters [später bevorzugt Shotter *Experten*] unberechtigterweise verdrängt worden. (Shotter, 1984, zit. in Shotter, 1995a, S. 387)

Wenn die gewohnten Auffassungen vom Individuum meinen sich wandelnden Erfahrungen in Beziehungen und Gesprächen über und mit Klienten nicht mehr entsprechen, sind diese Ansichten vom Selbst, von Ich-Erzählung und Ichidentität – und damit Selbst-Transformation – als begriffliches Instrument sehr willkommen. Zum Teil waren sie die Anregung dafür, die Auffassung, Systeme seien ein

Menschenkollektiv – ein umgrenztes Gebilde, das handelt, denkt, empfindet und Meinungen hat –, aufzugeben und Systeme eher als etwas zu betrachten, das aus Individuen besteht, die sich um einen bestimmten Sachverhalt von Bedeutung zusammengeschlossen haben (Anderson, 1990; Anderson & Goolishian, 1988a; Anderson, Goolishian & Winderman, 1986a, 1986b; Goolishian & Anderson, 1987a). Dieses wiedererwachte Interesse am einzelnen betraf nicht das Individuum, wie es in der westlichen Psychologie verstanden wird, nämlich als beschränkt auf und im Besitz eines Kernselbst, sondern vielmehr das in Beziehung stehende Individuum. Zudem waren diese abweichenden Ansichten Teil eines Gesinnungswandels, was die Veränderung in der Therapie betraf: Selbst oder Ich waren nicht länger das Objekt des Verbs „verändern"; ein Klient war nicht mehr das Subjekt, das der Therapeut veränderte. Und aufgrund dieser Anschauungen ist der kollaborative sprachsystemische Therapieansatz sehr gut von anderen narrativ geprägten, postmodernen Therapien zu unterscheiden.

Für mich gilt: Es ist Sinn und Zweck der Therapie, Menschen dabei zu helfen, ihre Ich-Erzählungen so zu gestalten, daß eine Umwandlung ihrer Ichidentität stattfinden kann: zu einer Identität, die es gestattet, ein Verständnis ihres Lebens und was darin geschieht, zu entwickeln; die für jeden Zeitpunkt und für jede Lage mehrere Möglichkeiten des In-der-Welt-Seins und In-der-Welt-Handelns zuläßt; und die ihnen hilft, zu ihrem Wirkungsvermögen oder der eigenen Handlungsfähigkeit Zugang zu finden und sie zum Ausdruck zu bringen oder in die Tat umzusetzen. Um Ich-Kompetenz wiederherzustellen oder zu erlangen, muß man die Erzählung über sich selbst transformieren. Es ist genau diese Umwandlung der eigenen Geschichte, die es den für Rita als widersprüchlich erlebten – einengenden – Ichs möglich machte, zu sagen: „Ich kann alle beide Personen sein." Solch befreiende Darstellungen führen zu einer Transformation des Selbst. Therapie wird zu einem transformierenden Geschehen – die natürliche Folge dialogischen Gesprächs und kollaborativer Beziehung.

Rückblick und Ausblick

Wir werden nicht nachlassen in unserem Forschen.
Und das Ende unseres Forschens
Ist, an den Ausgangspunkt zu kommen
Und zum erstenmal den Ort zu erkennen.
T. S. Eliot

Man fragt mich oft, wie lang ich brauche, um ein Stück zu schreiben und ich antworte „mein ganzes Leben". Ich weiß schon, daß sie eigentlich hinter etwas anderem her sind – sie wollen ungefähr wissen, wieviel Zeit zwischen dem ersten Aufscheinen des Stücks in meinem Kopf und der Niederschrift vergeht, und vielleicht noch, wie lange das Schreiben selbst dauert – aber „mein ganzes Leben" ist die ehrlichste Antwort, die mir möglich ist.
Edward Albee

Als ich dieses Buch in Angriff nahm, tat ich es in der Hoffnung, meine Version einer aufkommenden dynamischen, postmodernen Therapie – und was sie von anderen unterscheidet – teilen, erkunden und erweitern zu können. Ich habe ein Fenster zum Verständnis des zwischen Klient und Therapeut erzeugten Sprach- und Gesprächsumfeldes aufgestoßen: nur eine der Möglichkeiten, zu verstehen, wie einander Fremde in einem künstlich hergestellten Kontext – der Therapie – eine zeitweilige Beziehung eingehen können, die der Handlungsfähigkeit und -freiheit im täglichen Leben nahekommt und sie fördert.

In der Psychotherapie werden Personen hinsichtlich der Notlagen und Konfliktsituationen in ihrem Leben beraten. Diese reichen von den vielschichtigen Problemen des normalen Alltags – mit Kindern, Erwachsenenbeziehungen, Familie, Schule, Arbeit – bis zur recht erbarmungslosen Komplexität von Ausnahmefällen – bei Psychosen, Rauschmittelmißbrauch und Eßstörungen. Wie werden diese vielschichtigen Problemlagen in einem nicht-pathologischen Kontext gesehen? Die Psychotherapie an sich ist ja eine Konstruktion des Modernismus; die psychosozialen Berufe sind eine gesellschaftliche Konstruktion. Aber sind es auch noch hilfreiche, praktikable Konstruktionen? Sind sie überholt? Sollten einige oder alle von den Krankenversicherungen getragen werden? Angesichts des rapiden und unberechenbaren sozialen, technologischen und wissenschaftlichen

Wandels bietet der Postmodernismus einen Durchbruch in Gestalt einer neuen Erzählung an, die die Zukunft der uns bisher bekannten Psychotherapie in Frage stellt, einschließlich der Art und Weise, wie wir diese Fragen behandeln. Therapeuten, die den Postmodernismus zu ihrer Sache machen, finden sich in unvertrauten, noch unerforschten Gewässern wieder, und müssen gegen den Strom schwimmen.

Dem postmodernen Denken haften die gleichen Risiken an wie jedem anderen Diskurs-, Geschichts- oder Kulturprodukt. Allein schon das Unterbreiten einer postmodernen Therapie birgt die Gefahr, in den Empirismus zurückzufallen: man empfiehlt eine weitere, als erwiesen angesehene Therapie-Metapher, unterstützt bestimmte Denk- und Handlungsweisen, und untersagt andere. Gergen (1991b) warnt in diesem Zusammenhang:

> Insoweit jedes Paradigma Anhänger seiner diskursiven Verfahren und damit verbundenen Vorgehensweisen gewinnt, kann man sagen, daß es Machtenklaven erzeugt. Das heißt, das herrschende Verstehenssystem fördert bestimmte Muster organisierten sozialen Handelns und verbietet oder erschwert gleichzeitig eine Anzahl von Konkurrenten. Im Grunde wirkt jedes Paradigma als eine produktive und zugleich repressive Kraft. (S. 212)

Ich könnte mir vorstellen, daß mancher Leser zu dem Schluß gekommen ist, ich glaubte den wirklichen Sachverhalt, die Wahrheit über Therapie gefunden zu haben, auch wenn ich noch so sehr auf meine postmoderne Weltsicht poche. Meine Überzeugung, daß dialogische Gespräche generativ sind und Veränderung ihre natürliche Folge ist, könnte leicht als die Realität, als die Wahrheit verstanden werden. Weder glaube ich noch möchte ich den Eindruck erwecken, dies sei die Wahrheit; es ist einfach eine im Augenblick gültige Beschreibung und Erklärung meiner Erfahrung. Um sie zu schildern und zu erläutern, verwende ich die mir gegenwärtig zur Verfügung stehenden sprachlichen Mittel. Meine Erfahrungen und meine Ansichten darüber werden sich wohl irgendwann in der Zukunft ändern, wie es auch in der Vergangenheit der Fall war.

Der Leser wird hoffentlich nicht zu dem Schluß kommen, ich hätte ein neues Modell präsentiert. Vielmehr möchte ich ihm eine Denkweise gegenüber den Menschen, ihren Lebenskonflikten und der Beziehung zu einem „Professionellen" in ihrem Leben nahebringen. Aus dem starken Nachdruck, mit dem ich Sprache und Dialog in den Mittelpunkt rücke, sollte man nicht auf einen kognitiven

Ansatz schließen, der nur für Leute mit ausgeprägten sprachlichen Fähigkeiten und Fertigkeiten geeignet ist. Jeder Mensch, ganz gleich als wie begrenzt man seine sprachliche oder geistige Leistungsfähigkeit aus Expertensicht einschätzt, hat Gedanken, Gefühle und Ansichten, die im dialogischen Gespräch zugänglich und artikulierbar sind. In einer therapeutischen Beziehung ist der Therapeut dafür verantwortlich, dem Betreffenden Wege finden zu helfen, wie er seine eigenen Erzählversionen zum Ausdruck bringen kann.

Wie am Anfang zögere ich auch jetzt, das Wort *Therapie* so zu verwenden, als sei es objektiv definierbar, weil jeder, der damit zu tun hat, seine eigene Definition mitbringt. Die anerkannten, kulturell feststehenden Bedeutungen von Therapie, in der das Ziel von Heilbehandlungen soziale Folgsamkeit ist, lehne ich ab. Meine Bedenken richten sich gegen die Konvention der Funktionsstörungen, wie sie meiner Ansicht nach treffend in Nancy Milfords (1972) *Zelda: A Biography* vorgeführt wird: War sie verrückt, oder hat sich F. Scott Fitzgerald zu Unrecht ihrer Erzählung bemächtigt? Auch Therapie kann sich der Icherzählungen bemächtigen.

Hier schließt sich für mich der Kreis zu meinem anfänglichen Erstaunen, auf wie vielfältige Weise andere den leidenschaftlichen Bericht der schwedischen Mutter über den verzweifelten Kampf ihrer Familie mit der Anorexie verstanden haben. Eine ähnliche Vielfalt habe ich erlebt, wenn Beispiele aus meiner Arbeit auf Video betrachtet wurden: „Ich sehe nichts Postmodernes." „Das sieht nicht anders aus, als was ich ohnehin schon mache." „Erfrischend innovativ." „Kaum wahrnehmbar." Verschiedene Leute werden immer ganz unterschiedliche Erfahrungen und Bedeutungen aus demselben Geschehen ableiten. Aufgabe des Therapeuten ist es, dafür zu sorgen, daß jede Stimme zu Wort kommen kann, und das Gespräch der Stimmen untereinander zu ermöglichen.

Gespräche haben mit Nachdenken zu tun. Mit der Niederschrift dieses Buchs waren zahlreiche reflektierende Gespräche mit mir selbst und anderen verbunden. Ich habe die Autoren Edward Albee und Horton Foote sinngemäß sagen hören, das Schreiben beginne mit dem Denken, lange bevor die Worte zu Papier gebracht werden. Entsprechend geht das Denken auch nach dem Schreiben weiter. Denken heißt schreiben; schreiben heißt denken. Als postmoderne Therapeutin, Lehrkraft, Seminarleiterin, Supervisorin und Organisationsberaterin muß ich allen Drehungen und Wendungen gegenüber offen bleiben, gegenüber der Ungewißheit, dem unbekannten Kommenden und Neuen, zu dem sie führen. Bei der Begegnung mit Neuem und Rätselhaftem in meinem Alltag bin ich gezwungen, ihm einen Sinn zu geben, da es meine liebgewonnenen, vertrauten Ansichten, Vorlieben und Abneigungen in Frage stellt. Ich bin immer gespannt, was aus mir wird, das ich noch nicht gewesen bin.

Ich hoffe, Ihre inneren Gespräche und Überlegungen in Gang gesetzt und Sie dazu angeregt zu haben, Ihre eigene klinische Theorie und Praxis zu analysieren und zu hinterfragen. Ich werde auch meine weiterhin überprüfen. Sie, meine Leser, waren und sind Teil der Gespräche, an denen ich mich beteilige bei jeder neuen Erfahrung, die mich dazu aufruft, sie zu beschreiben, zu erklären und zu verstehen sowie beim Nachdenken über all die Dinge, die ich gesagt oder nicht gesagt habe. Ich bin für diese Gespräche dankbar und freue mich auf die Orte, die ich noch kennenlernen werde.

Anmerkungen

Vorwort zur deutschen Ausgabe
1. Damit meine ich die Anhänger und Freunde des Houston-Galveston-Instituts in Deutschland.
2. Kollaboration (lat.) = Zusammenarbeit
3. compliance (engl.) = Folgsamkeit
4. Es gibt einen interessanten Bezug zum deutschen Gebrauch des Begriffs Kollaboration, der es nahelegt, ihn auch in unserer Sprache im therapeutischen Bereich zu nutzen. In Krankenhäusern im besonderen und in der medizinisch-therapeutischen Auffassung im allgemeinen geht es darum, Krankheiten zu bekämpfen. Je größer ein Krankenhaus jedoch ist und damit je anonymer die „Kranken" in diesem Krankenhaus „behandelt" werden, desto mehr kann im Zuge dieses Prozesses nicht nur die Krankheit, sondern auch der sogenannte Kranke zum Feind werden. Legt man nun den Begriff Kollaboration zugrunde, wie er in der Militärsprache benutzt wird, heißt dies: „Zusammenarbeit mit dem Feind" – dem Kranken also. In diesem Sinne macht der Begriff Kollaboration auch im Deutschen Sinn, weil er implizit den Begriff der Feindschaft gegenüber der Krankheit und dem Kranken, die einhergeht mit dem kalten Krieg in Form von Manövern, Taktiken und Interventionen, in Frage stellt. (Diese Anmerkung soll nicht in Abrede stellen, daß sich in manchen Bereichen der Medizin und Psychotherapie die Sprache der Zusammenarbeit bereits etabliert hat.)
5. Wobei ich Harlene Andersons Antwort auf diese Frage nicht vorgreifen möchte.

Vorwort
1. Ich unterscheide nicht zwischen Theorie, Forschungsarbeit, Behandlungspraxis, Lehre und Unternehmensberatung. Allen widme ich mich mit derselben weltanschaulichen Einstellung. Es sind alles kollaborative Bemühungen.
2. Der Leser, der daran interessiert ist, wie sich mein postmoderner Ansatz auf Ausbildungs- und Organisationsberatungszusammenhänge anwenden läßt, sei auf die englische Ausgabe, Teil IV verwiesen.

Kapitel 1
1. Lynn Hoffman gibt in ihrem inzwischen als Klassiker geltenden Werk *Grundlagen der Familientherapie* (1981) eine exzellente Darstellung der Geschichte der Familientherapie und den damit verbundenen theoretischen und klinischen Umwälzungen.
2. Für dieses erste Kapitel fand ich es zweckmäßig, die Erzählmerkmale der Moderne und/oder Aufklärung zusammenzuziehen.
3. Wir interessierten uns für die ganz und gar nicht im Gleichgewicht befindlichen Systeme, die der Physiker Ilya Prigogine als „dissipative Strukturen" bezeichnete. Um

den Gleichgewichtszustand aufrechtzuerhalten, müssen sie sich ständig verändern. Laut Prigogine ist die Wirklichkeit – also auch der Wandel – multidimensional und weder in ihrem Ausgangs- noch ihrem Endzustand ein pyramidenförmiges Gebilde. Vielmehr findet eine nicht-hierarchische, netzartige Entwicklung statt, innerhalb derer das Geflecht der Darstellungen immer komplexer wird (siehe Briggs & Peat, S. 167–178).
4. Das Interesse an Sprache entzündete sich bei der Galveston-Gruppe zunächst an der Arbeit „Menschliche Kommunikation" von Watzlawick, Beaven und Jackson (1969). Später wurden wir beeinflußt von Maturanas „Die Organisation des Lebendigen" und „Biologie der Sprache (1982); seit den frühen achtziger Jahren orientieren wir uns an einem Sprachkonzept, wie es in den zeitgenössischen hermeneutischen und sozialkonstruktionistischen Theorien sichtbar wird.
5. Ich mache mir Richard Palmers (1985) Unterscheidung zwischen Theorie und Philosophie zu eigen. Palmer führt aus, daß es in einer Theorie darum geht, sich mit theoretischem Wissen, meist im Gegensatz zum praktischen, zu befassen; der Theoretiker bleibt distanziert, abgehoben, objektiv. Philosophie oder Denkungsart bezeichnet dagegen Haltungen, die man einnimmt, zum Beispiel Wertvorstellungen und Standpunkte. John Shotter (1993a,b) trifft diese Unterscheidung ebenfalls. In meinen Betrachtungen über Therapie im allgemeinen werde ich näher darauf eingehen, warum ich diese Unterscheidung schätze.
6. Ein umfassender Überblick über die Postmoderne (oft im Zusammenhang mit dem Poststrukturalismus genannt) würde den Rahmen dieses Buches sprengen (siehe Andreas Huyssen in Nicholson, 1990).
7. Auch wenn die beiden Haltungen häufig in einen Topf geworfen werden, haben sie jeweils eine andere Herkunft. Der Poststrukturalismus wird meist dem französischen Literaturkritiker Jacques Derrida, dem Sozialhistoriker Michel Foucault und dem Psychoanalytiker Jacques Lacan zugeordnet und bezeichnet ganz allgemein die Idee, daß ein Diskurs von zugrundeliegenden, in Sprache gefaßten Strukturen vorangetrieben wird, und nicht von der inneren Struktur der Objekte (Gergen, 1995, S. 39).
8. Der hermeneutische Philosoph Wilhelm Dilthey verwendete im neunzehnten Jahrhundert den Begriff *Erlebnis* für seine Anschauung, daß Verstehen selbst eine Erscheinung des Lebens ist; Verstehensakte werden von uns gelebt, sie stellen Erlebnisse dar.
9. Ein umfassender Vergleich und eine Gegenüberstellung finden sich bei Gergen (1995, S. 66–69).

Teil II
1. Dies ist die klinische Erzählung eines Interviews im Rahmen der *Master's Series* auf der Jahrestagung der American Association for Marriage und Family Therapy, im Oktober 1992.
2. Einer der Nachteile des Schriftlichen ist es, daß der Leser nur mit dem von ihm selbst geschaffenen Autor interagieren kann; ein zweiter, daß es linear ist. Bei diesem Text kann der Leser hoffentlich mit dem „ich", das er sich vorstellt, und mit sich selbst reflektierenderweise interagieren.

Kapitel 2

1. Wegen meiner engen Zusammenarbeit mit Harry Goolishian, anderen Kollegen und Studierenden verwende ich wechselweise Singular- und Pluralpronomen.
2. Meine Kollegen und ich sind stark von den kreativen Denkern am Mental Research Institute beeinflußt, deren Schwerpunkt darauf liegt, „die Sprache des Klienten zu sprechen", und weniger von der herkömmlichen therapeutischen Vorgehensweise, die „den Klienten die Sprache des Therapeuten lehrt" (siehe Watzlawick u. a., 1974).

Kapitel 3

1. Lynn Hoffman machte sich ähnliche Gedanken, als sie auf folgendes hinwies: „Nicht das System schafft das Problem, sondern das Problem erzeugt das System." (1990, S. 5–6; 1993, S. 40)

Kapitel 4

1. Ich verwende das Wort *verändern* nicht gern, weil es im psychotherapeutischen Diskurs gewöhnlich eine lineare und individualistische Bedeutung hat: Jemand verändert einen anderen. Mir ist das Wort *transformierend* lieber, das eher ein Gefühl von gemeinsam-dauernd in-Bewegung vermittelt; allerdings verwende ich aus Gewohnheit beide.
2. Diese Idee hat sich aus der Zusammenarbeit mit meiner Kollegin Arlene Katz entwickelt.
3. Früher habe ich den Begriff Ko-Autor verwendet, aber er erscheint mir nicht mehr geeignet. Die neuen Erzählungen werden auch von den Beziehungen und Ereignissen außerhalb des Behandlungszimmers beeinflußt; der Therapeut ist einfach einer von mehreren Autoren.
4. Diesen Begriff verdanke ich meiner Kollegin Kathy Weingarten.
5. Hermans Vorstellung gleicht den in Kapitel 9 erörterten Ideen über Dostojewskis Romanfiguren.
6. Shotter (1990) reagierte und äußerte sich sehr besorgt darüber, welche Rolle Psychologen in „zweifelhaften Militärprojekten" spielen; er beschuldigt die Psychologie, ihre Eigendynamik dazu einzusetzen, die Verantwortung und Rechenschaftspflicht für etwas abzulehnen, was in seinen Augen offensichtlich politisch anrüchige Angebote darstellte (S. 207).

Kapitel 5

1. Studierende benutzen häufig das Wort *Kraft*, um ihre persönlichen und beruflichen Erfahrungen der Selbst-Transformation zu beschreiben, wenn sie damit beschäftigt sind, den kollaborativen Ansatz zu lernen.
2. McCarthy und Byrne (1988) zitieren Hederman und Kearney: „Es war ein Ort, wo sogar das allernormalste in einem ungewöhnlichen Licht erscheint. Es muß ein neutrales Gebiet geben, wo die Dinge sich aus allen parteiischen und vorurteilsvollen Zusammenhängen lösen und sich als das zeigen, was sie wirklich sind.... Diese Provinz,

dieser Ort, dieses Zentrum ist keine politische oder geographische Position, sondern eher so etwas wie eine Dis-Position."
3. Erörterung des „hermeneutischen Zirkels" bei Wachterhauser (1986b, S. 23) und Warneke (1987, S. 83–87).
4. Ich bin mit Gergen (1988a) einer Meinung, was „die Person als Text" betrifft, „daß uns die Textmetapher in eine Position bringt, aus der weder Lesen noch vertraute Nähe, noch Selbsterkenntnis möglich sind" (S. 43). Gergen meint weiter, daß auch sich auf den Leser zu konzentrieren nicht die Antwort sein kann. In beiden Fällen befindet sich das Individuum in der Isolation. Er fährt fort:
„Man kann keinen brauchbaren Bericht darüber abgeben, wie es zu einem gültigen Rückschluß von äußeren Anzeichen auf den Innenbereich der Intention oder der Motive kommen könnte; und es gibt kaum Möglichkeiten, darzulegen, wie Tests der Einverleibung durch das Vorverständnis des Lesers entgehen könnten. Daher begünstigt die Metapher von der Person als Text den Schluß, wirksame Kommunikation, richtige Interpretation und wahre Vertrautheit seien allesamt für den Menschen unerreichbar." (S. 49)
In der von ihm vorgelegten Alternative, einer relationalen Darstellung, „wird der Auslegungsprozeß nicht als Handlung des einzelnen gesehen, der versucht, den Innenbereich des anderen aufzuspüren, sondern als Ablauf einer gemeinsamen Zusammenarbeit" (S. 49).
5. Wygotski hat schon früh an den traditionellen Auffassungen von Entwicklungspsychologie Kritik geübt. Er und seine Mitarbeiter vertraten einen kulturhistorischen Ansatz in bezug auf die menschliche Entwicklung, und interessierten sich besonders für die symbolhaften Mittel und Wege der Interaktion: Spracherwerb und Sprachverwendung.
6. Für Gergen (1994) bedeutet Ergänzung, dem anderen gegenüber Kommunikationsangebote zu machen und sich an seiner Äußerung zu orientieren (S. 265). Es ist ein zwingend reziproker und fließender Prozeß in dem Sinne, daß „Ergänzungen die Bedeutung einer Handlung operativ bestimmen, während Handlungen die Gelegenheit für eine Ergänzung schaffen oder einschränken" (S. 266).
7. Stein Braten ist ein norwegischer Soziologe und Systemiker, der die Frage stellt, ob einige der theoretischen und anwendungsbezogenen Ideenentwicklungen in der Systemtheorie bezüglich der Autonomie für die Psychologie und die Sozialwissenschaften überhaupt geeignet sind (siehe Braten, 1987).
8. Auch Shotter (1993a) bezeichnet Theorien als monologisch, wenn er sagt: „Wenn einzelne Forscher den theoretischen Weg beschreiten, ist es ihr Vorhaben, monologisch einen Bezugsrahmen zu formulieren, der als ‚strukurierter Behälter' alle betreffenden Fälle aufnimmt, so daß eine stabile, kohärente und verständliche Ordnung unter ihnen herrscht" (S. 57).
9. An anderem Ort habe ich den Monolog als etwas dargestellt, was therapeutische Sackgassen erklären könnte (Anderson, 1986). Doch möchte ich nicht implizieren, Monolog sei etwas Schlechtes; vielmehr würde ich es so sehen, daß wir in diesen Momenten dem anderen gegenüber verschlossen sind, so daß keine „Überschneidung der Sichtweisen" zustandekommt (Braten, 1984).

10. Diese Beratung habe ich andernorts beschrieben: Siehe Anderson, 1991b, 1993.
11. Wenn ich über diese Form von Dialog und Beziehung – diese Form des Zuhörens – spreche, vergleichen Therapeuten wie Studenten es häufig mit einem psychodynamisch fundierten, an Rogers orientierten Ansatz. Es besteht jedoch ein grundlegender Unterschied. Hinter den Kommentaren oder Fragen des Therapeuten steht nicht die Absicht, widerzuspiegeln, sondern sie stellen den Versuch dar, in einer gemeinsamen Erkundung aktiv anwesend zu sein; das erfordert, nachzufragen, ob der Betreffende verstanden oder mißverstanden hat, und dem Klienten zu helfen, das Gesagte näher auszuführen und das Unausgesprochene zu formulieren.

Kapitel 6
1. Hierbei handelt es sich um eine von meiner Kollegin Arlene Katz erörterte Idee.
2. Sämtliche Namen und andere Erkennungsmerkmale der Klienten wurden geändert.
3. Siehe Shotter (1993a) für nähere Angaben, was eine nichtwissende Haltung vom Therapeuten verlangt.
4. Dieser Klient kommt schon in früheren Arbeiten vor (siehe Anderson, 1995, Anderson & Goolishian, 1992). Hier verwende ich die Geschichte, weil sie die Therapeutenposition, die ich meine, so drastisch veranschaulicht.
5. Mit *Subjektivität* meine ich die geheimen Gedanken des Klienten, das Unausgesprochene und das Noch-nicht-Gesagte. Ich verstehe Subjektivität nicht als Geistes- oder Gemütszustand, oder als einem einzelnen Geist zugehörig bzw. von ihm umschlossen, oder als das Wirkliche. Ich glaube, daß das, was sozusagen im Kopf eines Menschen vorgeht, relational ist.
6. Allerdings zweifle ich doch manchmal daran, daß es eine unendliche Anzahl von Möglichkeiten gibt, da jeder von uns oder auch jede Personenkombination nur auf eine endliche Anzahl von Erfahrungen zurückgreifen kann. Auf jeden Fall sind die Möglichkeiten ungezählt.
7. Ich habe Anna an anderer Stelle erwähnt (siehe Anderson, 1995).
8. Der Leser mag eine Nachricht, die auf einer zusammengefalteten Serviette und mit einer Briefmarke frankiert, von Norwegen nach Texas geschickt wird, für ein wenig merkwürdig halten. Für mich war sie das nicht. Ich war nur verblüfft, daß sie unversehrt eintraf.
9. Ich möchte mich bei meiner Kollegin Karen Parker bedanken, daß sie mich auf Anne Rice aufmerksam machte.
10. Bills Therapeut war Harry Goolishian. Ich habe dieses Fallbeispiel an anderer Stelle verwendet und möchte es hier aufnehmen, weil es das, was ich vermitteln will, so treffend illustriert.
11. „Langsam vorgehen" meine ich nicht im klassischen Sinn von Watzlawick, Weakland und Fisch (1974), wenn sie es als „die paradoxe Intervention der Wahl" beschreiben (S. 135).
12. Ich habe von Hans an anderer Stelle gesprochen (siehe Anderson, 1995). Der Therapeut war Klaus Deissler vom Institut für Systemische Therapie, Marburg.

13. Ich möchte mich bei meiner Kollegin Sylvia London und ihrer Klientin bedanken, daß sie mir dieses (auch in Kapitel 5 erwähnte) Transkript zur Verfügung gestellt haben.
14. An andererem Ort habe ich es C-Therapie genannt (Anderson, 1992).

Kapitel 9
1. *Narrativ* [im Deutschen auch *Erzählung* A. d. Ü.] und *Geschichte* verwende ich wie austauschbare Ausdrücke.
2. Bruner (1990) weist darauf hin, daß die Erzählung nicht nur gewährend, sondern auch einschränkend wirken kann: „Und schließlich gibt es einen Zusammenbruch, der aus der schieren Verarmung der narrativen Mittel resultiert – in der Situation ständiger Unterdrückung in den städtischen Ghettos, in der zweiten und dritten Generation innerhalb der palästinensischen Flüchtlingslager, in den von Hunger geplagten Dörfern der fast ständig von Dürre heimgesuchten afrikanischen Gebiete südlich der Sahara. Natürlich gibt es dort keinen völligen Verlust der Fähigkeit, Erfahrungen in Geschichtenform zu bringen, aber die Geschichte mit dem „schlimmsten Szenario" hat das Leben in so eisernem Griff, daß Variationen gar nicht mehr denkbar erscheinen. (S. 107 f.)
3. Bruner (1986) argumentiert, daß es zweier Denkmodi – in denen wir Erlebnisse konstruieren und strukturieren – bedarf: der paradigmatischen (zuständig für Induktion, Objektives und gegebene Tatsachen) und der narrativen (zuständig für Subjektivität, Reflexivität und Flüssigkeit) (S. 11–43).
4. Eigentlich verdient das Auftauchen des Selbst/Ich als Geschichtenerzähler in den Sozialwissenschaften und der Psychotherapie mehr Aufmerksamkeit, als in diesem Rahmen möglich ist. Der Leser sei auf Mitchell (1981) und Sarbin (1986, 1990) verwiesen.
5. Freud scheint sich jedoch von der narrativen Position später wieder distanziert zu haben, als er diesen Prozeß mit einem psychotischen Wahn verglich und davon abriet.
6. Gergen, Harré und Shotter führen auch die Liste jener an, die die modernistische Tradition der Psychologie im allgemeinen und ihren illusionären Wissenschaftlichkeitsanspruch im besonderen in Frage stellen.
7. Gergen (1994) nimmt später eine Umformulierung vor, um den Begriff der Beziehung noch mehr hervorzuheben: „Narrative über das Ich/Selbst gehören im Grunde nicht dem Individuum, sondern den Beziehungen – sie sind Produkte des sozialen Austauschs" (S. 187–188).
8. Ein anderer Zweig dieser Richtung, zu dem z. B. Jonathan Potter und T. R. Sarbin gehören, nennt sich *narrative Psychologie*, und sie sind entsprechend auch am Narrativ der Psychologie selbst interessiert.
9. Der Psychiater Roderick Anscombe (1989) betrachtet den „Mythos des wahren Selbst", wie er es nennt, aus einem interessanten Blickwinkel. Er meint, der Begriff des wahren Selbst (in unserem Zusammenhang das Kernselbst) habe eine wichtige Funktion in der Psychotherapie. Als Phantasieprodukt von Therapeut und Patient gleichermaßen dient es als Ausgangspunkt für Neugier und als eine Richtung oder ein Potential, das der Patient anstrebt.
10. Kitzinger (1987) macht geltend, eine solche Definition des Lesbentums sei im Grunde eine Form von sozialer Kontrolle (S. 39).

11. Freeman (1993) gibt uns ein wunderbares Beispiel für diese Vorstellung des Eingesperrtseins durch den „zu erwartenden Verlauf der Dinge", wenn er den lebenslangen Kampf der australischen Historikerin und Autorin Jill Kerr Conway mit den Beziehungen und Identitäten in ihrem Leben schildert und erörtert (S. 185–214).
12. Den Namen Rita habe ich einer Frau aus einer Familie mit massivem, mehrere Generationen umfassenden sexuellen Mißbrauch gegeben; die Familie wurde von meiner Kollegin Arlene Katz und mir beraten.

Bibliographie

Andersen, T. (1990): Das Reflektierende Team. Verlag Modernes Lernen, Dortmund.
- (1991): Relationship, language, and pre-understanding in the reflecting process. Vortrag auf der Houston-Galveston Narrative and Psychotherapy Conference, „New Directions in Psychotherapy", USA.
- (1995a): Clients and therapists as co-researchers: Enhancing the sensitivity. Fokus Familie, 1.
- (1995b): Reflecting processes; acts of informing and forming: You can borrow my eyes, but you must not take them away from me! In: S. Friedman (Hg.), The reflecting team in action: Collaborative practice in family therapy (S. 11–37). New York, Guilford.
- (1996): Research on the therapeutic practice. What might such research be – viewpoints for debate. Fokus Familie, 1.

Anderson, H. (1986): Therapeutic impasses – A breakdown in conversation. Überarbeiteter Vortrag, gehalten in Grand Rounds, Department of Psychiatry, Massachusetts General Hospital, Boston, MA, im April 1986 sowie bei der Society for Family Therapy Research, Boston, MA, im Oktober 1986.
- (1990): Then and now. From knowing to not-knowing. Contemporary Family Therapy Journal, 12, S. 193–198.
- (1991a): Opening the door for change through continuing conversations. In: T. Todd & M. Selekman (Hg.), Family therapy approaches with adolescent substance abusers. Needham, MA, Allyn & Bacon.
- (1991b): „Not-knowing" – An essential element of therapeutic conversation. Vortrag auf der Jahrestagung der American Association of Marriage and Family Therapy, „Creating a Language of Change", Dallas, Tx.
- (1992): C therapy and the F word. American Family Therapy Association Newsletter, 50, S. 19–22.
- (1993): On a roller coaster; a collaborative language systems approach to therapy. In: S. Friedman (Hg.), The new language of change; constructive collaboration in therapy. New York, Guilford.
- (1994): Rethinking family therapy: A delicate balance. Journal of Marital and Family Therapy, 20, 1545–150.
- (1995): Collaborative language systems; toward a postmodern therapy. In: R. Mikesell, D. D. Lusterman & S. McDaniel (Hg.), Integrating family therapy: Family psychology and systems theory. Washington, DC., American Psychological Association.
- (1996a): Collaboration in therapy: Combining the client's expertise on themselves and the therapist's expertise on a process. In: T. Keller & N. Greve (Hg.), Social psychiatry and systems thinking: Cooperation in psychiatry. Bonn, Psychiatrie-Verlag.

- (1996b): A reflection on client-professional collaboration. Families, Systems and Health, 14, S. 193–206.
- & Burney, J. P.(1997): Collaborative inquiry: A postmodern approach to organizational consultation. Human Systems: The Journal of Systemic Consultation and Management.
- & Goolishian, H. (1986): Systems consultation to agencies dealing with domestic violence. In: L. Wynne, S. McDaniel & T. Weber (Hg.), The family therapist as systems consultant. New York. Guilford.
- & Goolishian, H. (1988): Changing thoughts on self, agency, questions, narrative and therapy. Unveröffentlichtes Manuskript.
- & Goolishian, H. (1990): Menschliche Systeme als sprachliche Systeme. Familiendynamik, 15, S. 213–242.
- & Goolishian, H. (1989): Conversation at Sulitjelma: A description and reflection. American Family Therapy Association Newsletter.
- & Goolishian, H. (1990a): Beyond cybernetics: Some comments on Atkinson & Heath's „Further thoughts on second order family therapy." Family Process, 29, S. 157–163.
- & Goolishian, H. (1990b): Chronic pain: The family's role in the treatment program. Houston Medicine, 6, S. 1–6.
- & Goolishian, H. (1990c bzw. 91): Supervision als kollaboratives Gespräch. In: H. Brandau (Hg.), Supervision aus systemischer Sicht. Salzburg, Müller.
- & Goolishian, H. (1991a): Revisiting history. Australian-New Zealand Journal of Family Therapy, 12, S. iii.
- & Goolishian, H. (1991b): Thinking about multi-agency work with substance abusers and their families. Journal of Strategic and Systemic Therapies, 10, S. 20–35.
- & Goolishian, H. (1992): Der Klient ist Experte. Zeitschrift für systemische Therapie, 10, S. 176–209.
- et al. (1986): The Galveston Family Institute. A personal and historical perspective. In: D. Efron (Hg.): Journeys: Expansions of the strategic-systemic therapies. New York, Brunner/Mazel.
- –, Goolishian, H. & Winderman, L. (1986a): Beyond family therapy. Journal of Strategic and Systemic Therapies, 5(4), i-iii.
- –, Goolishian, H. & Winderman, L. (1986b): Problem determined systems: Towards transformation in family therapy. Journal of Strategic and Systemic Therapies, 5, S. 1–13.
- & Rambo, A. (1988): An experiment in systemic family therapy training: A trainer and trainee perspective. Journal of Strategic and Systemic Therapies, 7, S. 54–70.
- & Swim, S. (1993): Learning as collaborative conversation. Human Systems: The Journal of Systemic Consultation and Management, 4, S. 145–160.
- & Swim, S. (1995): Supervision as collaborative conversation. Journal of Strategic and Systemic Therapies, 14, S. 1–13.

Anderson, W. J. (1989): Family therapy in the client-centered tradition: A legacy in the narrative mode. Person-centered Review, 4, 295–307.
Anscombe, R. (1989): The myth of the true self. Psychiatry, 52, S. 209–217.
Atkinson, B. J. & Heath, A. W. (1990): The limits of explanation and evaluation. Family Process, 29, S. 145–155.
Auerswald, E. H. (1968): Interdisciplinary versus ecological approach. Family Process, 7, S. 202–215.
- (1971): Families, change, and the ecological perspective. Family Process, 10, S. 263–280.
- (1985): Thinking about thinking in family therapy. Family Process, 224, S. 1–12.
- (1986): Epistemological confusion in family therapy. Journal of Marital and Family Therapy, 26, S. 317–330.
Ault-Riche, M. (Hg.) (1986): Women and family therapy. Rockville, MD., Aspen Systems.
Bachtin, M. (1981): The dialogic imagination. Austin, University of Texas Press.
- (1986): Speech genres and other late essays. Austin, University of Texas Press.
- (1990): Art and answerability: Early philosophical essays. Austin, University of Texas Press.
Baker, W. J., et al. (Hg.) (1988): Recent trends in theoretical psychology. New York, Springer.
Bateson, G. (1981): Ökologie des Geistes. Frankfurt/Main, Suhrkamp.
- et al. (1956): Toward a theory of schizophrenia. Behavioral Science, 1, 251–264.
- et al. (1963): A note on the double-bind. Family Process, 2, 154–161.
Bateson, M. C. (1994): Peripheral visions: Learning along the way. New York, HarperCollins.
Becker, A. L. (1984): The linguistics of particularity: Interpreting super-ordination in a Javanese text. Protokoll des 10. Jahrestreffens der Berkeley Linguistic Society, Berkeley, CA., Linguistics Department, University of California, Berkeley.
Becker, C. et al. (1995): From stuck debate to new conversation on controversial issues. In: K. Weingarten (Hg.), Cultural resistance: Challenging beliefs about men, women, and therapy. New York, Harrington Press.
Beckman, H. B. & Frankel, R. M. (1984): The effects of physician behavior on the collection of data. Annals of Internal Medicine, 101, 692–696.
Belenky, M. F. et al. (1986): Women's ways of knowing. New York, Basic Books.
Benveniste, E. (1971): Problems in general linguistics. Coral Gables, Fl., University of Miami Press.
Berger, P. L. & Luckmann, T. (1970): Die gesellschaftliche Konstruktion der Wirklichkeit. Frankfurt/Main, Fischer.
Blackman, L. M. (1994): What is doing history? The use of history to understand the constitution of contemporary psychological objects. Theory and Psychology, 4, 485–504.
Bograd, M. (1984): Family systems approaches to wife battering: A feminist critique. American Journal of Orthopsychiatry, 54, 558–568.

Braten, S. (1984): The third position: Beyond artificial and autopoietic reduction. Kybernetes, 13, 157–163.
- (1987): Paradigms of autonomy: Dialogical or monological? In: G. Teubner (Hg), Autopoietic law: A new approach to law and society. Berlin, De Gruyter.
- (1988): Between dialogic mind and monologic reason: Postulating the virtual other. In: M. Campanella (Hg.), Betwen rationality and cognition. Turin, Albert Meynier.
- (1993): Law as an autopoietic system. Oxford, Blackwell.

Briggs, J. P. & Peat, J. P. (1984): Looking glass universe. New York, Cornerstone Library, Simon & Schuster.

Brody, H. (1987): Stories of sickness. New Haven, CT, Yale University Press.

Bruner, J. (1986): Actual minds, possible worlds. Cambridge, MA, Harvard University Press.
- (1997): Sinn, Kultur und Ich-Identität. Heidelberg, Carl Auer Systeme.

Buxton, C. E. (1985): Points of view in the modern history of psychology. London, Academic Press.

Carpenter, J. (1992): What's the use of family therapy? Ansprache vor dem Plenum auf der Australian Family Therapy Conference. Australian-New Zealand Journal of Family Therapy, 13, 26–32.

Cecchin, G. (1988): Zum gegenwärtigen Stand von Hypothetisieren, Zirkularität und Neutralität: Eine Einladung zur Neugier. Familiendynamik, 13, 190–203.

Chance, S. (1987): Goodbye again. The Psychiatric Times/Medicine and Behavior, 11 und 21.

Charon, R. (1993): Medical interpretation: Implications of literary theory of narrative for clinical work. Journal of Narrative and Life History, 3, 79–98.

Chessick, R. (1990): Hermeneutics for psychotherapists. American Journal of Psychotherapy, 44, 256–273.

Chubb, H. (1990): Looking at systems as process. Family Process, 29, 169–175.

Coddou, F., Maturana, H. & Mendez, C. L. (1988): The bringing forth of pathology: Radical constructivism, autopoiesis and psychotherapy. The Irish Journal of Psychology, Special Issue, 9(1).

Code, L. (1988): Experiences, knowledge and responsibility. In: M. Griffiths & M. Whitford (Hg.), Feminist perspectives in philosophy. Bloomington, Indiana University Press.

Colapinto, J. (1985): Maturana and the ideology of conformity. The Family Therapy Networker, 9, 29–30.

Coles, R. (1989): The call of stories: Teaching and the moral imagination. Boston, Houghton Mifflin.

Conroy, P. (1987): Die Herren der Insel. Bergisch Gladbach, Lübbe.

Copeland, W. D. et al. (1993): The reflective practitioner in teaching: Toward a research agenda. Teaching and Teacher Education, 9, 347–359.

Crews, F. C. (1995): The memory wars: Freud's legacy in dispute. New York, New York Review of Books.

Danziger, K. (1988): On theory and method in psychology. In: W. J. Baker et al. (Hg.), Recent trends in theoretical psychology. New York, Springer.
- (1994): Does the history of psychology have a future? Theory and Psychology, 4, 467–484.

Davis, P. C. (1992): Law and lawyering: Legal studies with an interactive focus. New York Law School Law Review, 37, 185–207.

Deissler, K. G. (1997): Sich selbst erfinden? Von systemischen Interventionen zu selbstreflexiven Gesprächen. Münster, Waxmann.

Dell, P. F. (1980a): The Hopi family therapist and the Aristotelian parents. Journal of Marital and Family Therapy, 6, 123–130.
- (1980b): Researching the family theories of schizophrenia: An exercise in epistemological confusion. Family Process, 19, 321–335.
- (1982): Beyond homeostatis, toward a concept of coherence. Family Process, 21, 21–42.

Dell, P. (1985): Understanding Bateson and Maturana: Toward a biological foundation for the social sciences. Journal of Marital and Family Therapy, 11, 1–20.
- & Goolishian H. (1981): Order through fluctuation: An evolutionary epistemology for human systems. Australian Journal of Family Therapy, 21, 75–184.

Denzin, N. K. (1989): Interpretive biography. Newbury Park, CA, Sage.

Derrida, J. (1972): Die Schrift und die Differenz. Frankfurt, Suhrkamp.

de Shazer, S. (1989): Wege der erfolgreichen Kurztherapie. Stuttgart, Klett-Cotta.
- (1991a): Here we go again: Maps, territories, interpretations, and the distinction between „the" and „a" or „an". Journal of Marital and Family Therapy, 17, 193–195.
- (1991b): Muddles, bewilderment, and practice theory. Family Process, 30, 453–458.

Dilthey, W. (1914–1936): Gesammelte Schriften. Leipzig, Teubner.

Doherty W. J. & Boss, P. G. (1991): Values and ethics in family therapy. In: A. S. Gurman & D. P. Kniskern (Hg.), Handbook of Family Therapy. New York, Brunner/Mazel.

Drucker, P. F. (1994): The age of social transformation. The Atlantic Monthly, November, 53–80.

Dunn, J. (1988): The beginnings of social understanding. Cambridge, MA, Harvard University Press.

Eco, U. (1982): Der Name der Rose. München, Hanser.

Elkaim, M. (1980): A propos de thermodynamique des processus irreversibles et de thérapie familiale. Cahiers critiques de Thérapie Familiale et de Pratiques de Réseaux, 3, 6.
- (1981): Non-equilibrium, chance, and change in family therapy. In: Models of Therapeutic Intervention with Fmilies. A Representative World View. International Issue Journal of Marital and Family Therapy, 7, 291–297.

Erickson, G. D. (1988): Against the grain: Decentering family therapy. Journal of Marital and Family Therapy, 14, 225–236.

Eron, J. B. & Lund, T. W. (1993): How problems evolve and dissolve: Integrating narrative and strategic concepts. Family Process, 32, 291–309.

Evans, S. (Produzent) und Hyther, N. (Regisseur) (1994): The Madness of King George (Film). Verleih Concorde.
Faulconer, J. E. & Williams, R. N. (Hg.) (1990): Reconsidering psychology: Perspectives from continental philosophy. Pittsburgh, Duquesne University Press.
Feldman, S. P. (1990): Stories as cultural creativity: On the relation between symbolism and politics in organizational change: Human Relations, 43, 809–828.
Fish, V. (1993): Poststructuralism in family therapy: Interrogating the narrative/conversational mode. Journal of Marital and Family Therapy, 19, 221–232.
Flaskas, C. (1990): Power and knowledge: The case of the new epistemology. Australian/New Zealand Journal of Family Therapy, 11, 207–214.
Flax, J. (1990): Thinking fragments: Psychoanalysis, feminism, and postmodernism in the contemporary West. Berkeley, University of California Press.
Foucault, M. (1973): Archäologie des Wissens. Frankfurt a. M., Suhrkamp.
– (1980): Power/knowledge. New York, Pantheon.
Fowers, B. J. (1993): Psychology as public philosophy: An illustration with the moral and cultural dilemmas of marriage and marital research. Journal of Theoretical and Philosophical Psychology, 13, 124–136.
– & Richardson, F. C. (1996): Individualism, family ideology and family therapy. Theory and Psychology, 6, 121–151.
Fraser, N. & Nicholson, L. J. (1990): Social criticism without philosophy: An encounter between feminism and postmodernism. In: L. J. Nicholson (Hg.), Feminism/postmodernism. New York, Routledge.
Freedman, J. & Combs, G. (1996): Narrative therapy; the social construction of preferred realities. New York, W. W. Norton.
Freeman, M. (1993): Rewriting the self: History, memory, narrative. London, Routledge.
– (1995): Groping in the light. Theory and Psychology, 5, 353–360.
Freud, S. (1937): Konstruktionen in der Analyse. GW XVI, 43–56.
Friedman, S. (1993): The new language of change: Constructive collaboration in psychotherapy. New York, Guilford.
– (1995): The reflecting team in action: Collaborative practice in family therapy. New York, Guilford.
Fried Schnitman, D. F. (1989): Paradigma y crisis familiar. Psicoterapia y Familia, 2(2), 16–24.
– (1994): Nuevos paradigmas, cultura y subjetividad. Buenos Aires, Paidos.
Fulford, K. W. M. (1989): Moral theory and medical practice. Cambridge, Cambridge University Press.
Gadamer, H-G. (1960): Wahrheit und Methode. Tübingen, Mohr.
Garfinkel, H. (1967): Studies in ethnomethodology. New York, Prentice-Hall.
Gauron, E. F. & Dickinson, J. K. (1969): The influence on seeing the patient first on diagnostic decision making in psychiatry. American Journal of Psychiatry, 126, 199–205.
Geertz, C. (1973): The interpretation of cultures. New York, Basic Books.

- (1983): Local knowledge. New York, Basic Books.
Gergen, K. J. (1973): Social psychology as history. Journal of Personality and Social Psychology, 26, 309–320.
- (1977): The social construction of self-knowledge. In: T. Mischel (Hg.), The self: Psycological and philosophical issues. Oxford, Blackwell.
- (1982): Towards transformation in social knowledge. New York, Springer.
- (1985): The social constructionist movement in modern psychology. American Psychologist, 40, 255–275.
- (1987): Towards self as a relationship. In: T. Honess & K. Yardley (Hg.), Self and identity: Psychosocial processes. London, Wiley.
- (1988a): If persons are texts. In: S. B. Messer et al. (Hg.), Hermeneutics and psychological theory. New Brunswick, NJ, Rutgers University Press.
- (1988b): The pragmatics of human nature: Commentary on Joel Kovel. In: S. B. Messer et al. (Hg.), Hermeneutics and psychological theory. New Brunswick, NJ, Rutgers University Press.
- (1988c, August): Understanding as a literary achievement. Presidential address to Psychology and the Arts, Annual Meetings of the American Psychological Association, Atlanta, Ga.
- (1989): Warranting voice and the elaboration of the self. In: J. Shotter & K. J. Gergen (Hg.), Texts of identity. London, Sage.
- (1990, Juni): Constructionisms. Seminar auf der Melbu Conference, Melbu, Vesteralen, Norwegen.
- (1991a, November): Future directions for psychology: Realism or social constructionism. Vortrag an der University of Houston, Houston, TX.
- (1991b, deutsch 1996): Das übersättigte Selbst, Heidelberg, Auer.
- (1994): Realities and relationships: Soundings in social construction. Cambridge, MA, Cambridge University Press.
- & Gergen, M. M. (1983): Narratives of the self. In: T. R. Sarbin & K. E. Scheibe (Hg.), Studies in social identity. New York, Praeger.
- & Gergen, M. M. (1986): Narrative form and the construction of psychological science. In: T. R. Sarbin (Hg.), Narrative psychology: The storied nature of human conduct. New York, Praeger.
- & Gergen, M. M. (1988): Narrative and the self as relationship. In: L. Berkowitz (Hg.), Advances in experimental social psychology. San Diego, Academic Press.
-, Hoffman, L. & Anderson, H. (1995, deutsch 1997): Diagnose – ein Desaster? Ein konstruktionistischer Trialog. Zeitschrift für systemische Therapie, 15, 224–241.
- & McNamee, S. (1994, April): Communication as relational process. Vortrag auf der Tagung „Relational Practices: Social Construction in Therapy and Organization Development", Taos, NM.
- & Semin, G. R. (1990): Everyday understanding in science and daily life. In: G. R.

Semin & K. J. Gergen (Hg.), Everyday understanding; social and scientific implications. London, Sage.
- & Taylor, M. G. (1969): Social expectancy and self-presentation in a status hierarchy. Journal of Experimental Social Psychology, 5, 79–82.

Gergen, M. M. (1988): Feminist thought and the structure of knowledge. New York, New York University Press.
- (1994): Free will and psychotherapy: complaints of the draughtsman's daughters. Journal of Theoretical and Philosophical Psychology, 14, 87–95.
- (1995): Postmodern, post-Cartesian positionings on the subject of psychology. Theory and Psychology, 5, 361–368.

Giddens, A. (1984): Hermeneutics and social theory. In: G. Shapiro & A. Sica (Hg.), Hermeneutics: Questions and prospects. Amherst, MA, University of Massachusetts Press.

Gilligan, C. (1982): In a different voice. Cambridge, MA, Harvard University Press.

Giorgi, A. (1990): Phenomenology, psychological science and common sense. In: G. R. Semin & K. J. Gergen (Hg.), Everyday understanding: Social and scientific implications. London, Sage.

Golann, S. (1988): On second-order family therapy. Family Process, 27, 51–72

Goldner, V. (1985): Feminism and family therapy. Family Process, 24, 31–47.
- (1988): Generation and gender: Normative and covert hierarchies. Family Process, 27, 17–33.

Goodman, N. (1978): Ways of worldmaking. New York, Hackett Publishing.

Goolishian, H. (1985, August): Beyond family therapy: Some implications from systems theory. Vortrag auf der Jahrestagung der American Psychological Association, Division 43, San Francisco, CA.
- (1989): The self: Some thoughts from a postmodern perspective on the intersubjectivity of mind. Unveröffentlichtes Manuskript.
- & Anderson, H. (1987a): Language systems and therapy: An evolving idea. Psychotherapy, 24(3S), 529–538.
- & Anderson, H. (1987b): De la thérapie familiale à la thérapie systémique et au-delà. In: F. Ladame, P. Gutton & M. Kalogerakis (Hg.), Psychoses et adolescence: Annales internationales de psychiatrie de l'adolescence. Paris, Masson.
- & Anderson, H. (1988): Menschliche Systeme: Vor welche Probleme sie uns stellen und wie wir mit ihnen arbeiten. In: L. Reiter, J. Brunner & S. Reither-Theil (Hg.), Von der Familientherapie zur systemischen Perspektive. Berlin u. a., Springer.
- & Anderson, H. (1990): Understanding the therapeutic process: From individuals and families to systems in language. In: F. Laslow (Hg.), Voices in family psychology. Newbury Park, Sage.
- & Anderson, H. (1992): Strategy and intervention versus nonintervention: A matter of theory. Journal of Marital and Family Therapy, 18, 5–16.
- & Anderson, H. (1994): Narrativa y self. Algunos dilemas postmodernos de la psico-

terapia. In: D. F. Schnitman (Hg.), Nuevos paradigmas, cultura y subjetividad. Buenos Aires, Paidos.
- & Kivell (1981): Including non-blood-related persons in family therapy. In: A. Gurman (Hg.), Questions and answers in the practice of family therapy. New York, Brunner/Mazel.

Grimshaw, J. (1988): Autonomy and identity in feminist thinking. In: M. Griffiths & M. Whitfield (Hg.), Feminist perspectives in philosophy. Bloomington, Indiana University Press.

Groeben, N. (1990): Subjective theories and the explanation of human action. In: G. R. Semin & K. J. Gergen (Hg.), Everyday understanding: Social and scientific implications. London, Sage.

Habermas, J. (1972): Theorie und Praxis. Frankfurt a. M., Suhrkamp.

Hardy, K. V. (1994): Marginalization or development? A response to Shields, Wynne, McDaniel, and Gawinski. Journal of Marital and Family Therapy, 20, 139–143.

Hare-Mustin, R. (1987): The problem of gender in family therapy theory. Journal of Marital and Family Therapy, 26, 15–27.
- & Marecek, J. (1988): The meaning of difference: Gender theory, postmodernism and psychology. American Psychologist, 43, 455–464.

Harré, R. (1979): Social being: A theory for social psychology. Oxford, Basil Blackwell.
- (1983): Personal being: A theory for individual psychology. Oxford, Basil Blackwell.
- (1995): The necessity of personhood as embodied in being. Theory and Psychology, 5, 369–373.
- & Secord, P. (1972): The explanation of social behavior. Oxford, Basil Blackwell.

Heidegger, M. (1967): Sein und Zeit. Tübingen, Niemeyer.

Held, B. S. & Pols, E. (1985): The confusion about epistemology and „epistemology" – and what to do about it. Family Process, 24, 509–517.

Hermans, H. J. M: (1995): The limitations of logic in defining the self. Theory and Psychology, 5, 375–382.
- et al. (1992). The dialogical self: Beyond individualism and rationalism. American Psychologist, 47, 23–33.

Høeg, P. (1995): Fräulein Smillas Gespür für Schnee. München, Hanser.

Hoffman, L. (1971): Deviation-amplifying processes in natural groups. In: J. Haley (Hg.), Changing families. New York, Grune & Stratton.
- (1975): Enmeshment and the too richly cross-joined system. Family Process, 14, 457–468.
- (1982): Grundlagen der Familientherapie. Hamburg, Isko.
- (1983): Diagnosis and assessment in family therapy – II. A co-evolutionary framework for systemic family therapy. Family Therapy Collections, 4, 35–61.
- (1987): Jenseits von Macht und Kontrolle: Auf dem Weg zu einer systemischen Familientherapie „zweiter Ordnung". Zeitschrift für Systemische Therapie, 5, 76–93.
- (1988): Reply to Stuart Golann. Family Process, 27, 65–68.
- (1990): Constructing realities: An art of lenses. Family Process, 29, 1–12.

- (1991): A reflexive stance for family therapy. Journal of Strategic and Systemic Therapies, 10(3,4), 1–17.
- (1993): Exchanging voices: A collaborative approach to family therapy. London, Karnac Books.
- (1994): Podiumsdiskussion bei „New Voices in Human Systems" – A Collaborative Conference. Northampton, Massachusetts.

Holloway, E. L. (1992): Supervision: A way of teaching and learning. In: S. D. Brown & R. W. Lent (Hg.), Handbook of counseling psychology. New York, Wiley.

Hooks, B. (1984): Feminist theory: From margin to center. Boston, South End Press.

Hoshmand, L. T. (1994): Orientation to inquiry in a reflective professional psychology. Albany, State University of New York Press.
- & Polkinghorne, D. E. (1992): Redefining the science – practice relationship and professional training. American Psychologist, 47, 55–66.

Hoy, D. C. (1986): Must we say what we mean? The grammatological critique of hermeneutics. In: B. R. Wachterhauser (Hg.), Hermeneutics and modern philosophy. Albany, State University of New York Press.

Hughes, J. (1988): The philosopher's child. In: M. Griffiths & M. Whitford (Hg.), Feminist perspectives in philosophy. Bloomington, Indiana University Press.

Huyssen, A. (1990): Mapping the postmodern. In: L. J. Nicholson (Hg.), Feminism/postmodernism. New York, Routledge.

Imber-Coppersmith (Black), E. (1982): The place of family therapy in the homeostasis of larger systems. In: L. R. Wolberg & M. L. Aronson (Hg.), Group and family therapy: An overview. New York, Brunner/Mazel.
- (1983): The family and public sector systems: Interviewing and interventions. Journal of Strategic and Systems Therapies, 2, 38–47.
- (1985): Families and multiple helpers: A systemic perspective. In: D. Campbell and R. Draper (Hg.), Applications of systemic family therapy: The Milan method. London, Grune & Stratton.

Jackson, D. (1957): The question of family homeostasis. Psychiatric Quarterly Supplement, 3, 79–90.
- (1965): Family rules: Marital quid pro quo. Archives of General Psychiatry, 12, 589–594.

Jackson, D. D. (1968a): Communication, family, and marriage: Human communication; Bd. 1. Palo Alto, CA, Science and Behavior Books.
- (1968b):): Communication, family, and marriage: Human communication; Bd. 2. Palo Alto, CA, Science and Behavior Books.

Jackson, S. W. (1992): The listening healer in the history of psychological healing. American Journal of Psychiatry, 149, 1623–1632.

Jantsch, E. (1982): Die Selbstorganisation des Universums. Vom Urknall zum menschlichen Geist. München, dtv.

Jones, E. E. (1986): Interpreting interpersonal behavior; the effects of expectancies. Science, 234, 41–46.

- (1993): Afterword: An avuncular view. Personality and Social Psychology Bulletin, 19, 657–661.
Jordan, J. (1991): The meaning of mutuality. In: J. V. Jordan et al. (Hg.), Women's growth in connection: Writings from the Stone Center. New York, Guilford.
Joy, M. (1993): Feminism and the self. Theory and Psychology, 3, 275–302.
Kaslow, F. W. (1980): History of family therapy in the United States: A kaleidoscopic overview. Marriage and Family Review, 3, 77–111.
Kearney, P. A., Byrne, N. & McCarthy, I. C. (1989): Just metaphors: Marginal illuminations in a colonial retreat. Family Therapy Case Studies, 4, 17–31.
Keeney, B. P. (1979): Ecosystemic epistemology: An alternative paradigm for diagnosis. Family Process, 2, 17–129.
- (1982): What is an epistemology of family therapy? Family Process, 21, 153–168.
- (1983): Diagnosis and assessment in family therapy: IX. Ecological assessment. Family Therapy Collections, 4, 155–169.
- & Sprenkle, D. H. (1982): Ecosystemic epistemology: Critical implications for family therapy. Family Process, 21, 1–19.
Kelly, G. A. (1955): The psychology of personal constructs; Bd. 1–2. New York, Norton.
Kerby, A. P. (1991): Narrative and the self. Bloomington, Indiana University Press.
Kitzinger, C. (1987): The social construction of lesbianism. London, Sage.
- (1989): The regulation of lesbian identities: Liberal humanism as an ideology of social control. In: J. Shotter & K. J. Gergen (Hg.), Texts of identity. London, Sage.
Kjellberg, E. et al. (1995): Using the reflecting process with families stuck in violence and child abuse. In: S. Friedman (Hg.), The reflecting team in action. New York, Guilford.
- et al. (1996): The community and the clinicians co-evaluate the clinical work. Beitrag auf der Konferenz „The Impact of Conversations and Language on Clinical Work and Research". 13.–19. Juni, Sulitjelma, Norwegen.
Kleinman A. (1986): Social origins of distress and disease. New Haven, CT, Yale University Press.
- (1988a): The illness narratives: Suffering, healing, and the human condition. New York, Basic Books.
- (1988b): Rethinking psychiatry: From cultural category to personal experience. New York, Free Press.
Kuhn, T. S. (1967): Die Struktur wissenschaftlicher Revolutionen. Frankfurt, Suhrkamp.
Kvale S. (Hg.) (1992): Psychology and postmodernism. London, Sage.
- (1996): InterViews. London, Sage.
Labov, W. (1972): Language in the inner city. Philadelphia, University of Pennsylvania Press.
Laing, R. D. (1973): Das Selbst und die anderen. Köln, Kiepenheuer & Witsch.
- & Esterson, A. (1971): Sanity, madness and the family. New York, Basic Books.
Laird, J. (1989). Women and stories: Restorying women's self-constructions. In: M. McGoldrick et al. (Hg.); Women in families. New York, Norton.
Lehtinen, U. (1993): Feelings are „patterns in the weave of our lives", not a basis for feminist epistemology. Nordic Journal of Women's Studies, 1, 39–50.

Leppingston, R. (1991): From constructivism to social constructionism and doing critical therapy. Human Systems, 2, 79–103.

Levin, S. B. (1992): Hearing the unheard: Stories of women who have been battered. Unveröffentlichte Dissertation, The Union Institute, Cincinnati, OH.

Lipps, H. (1938): Untersuchungen zu einer hermeneutischen Logik. Frankfurt/M., Vittorio Klostermann.

Luepnitz D. A. (1988): The family interpreted: Feminist theory in clinical practice. New York, Basic Books.

Lyotard J.-F. (1984): The post-modern condition: A report on knowledge. Minneapolis, University of Minnesota Press.

MacGregor, R. et al. (1964): Multiple impact therapy with families. New York, McGraw-Hill.

MacKinnon, L. & Miller, D. (1987): The new epistemology and the Milan approach: Feminist and sociopolitical considerations. Journal of Marital and Family Therapy, 13, 139–156.

Madison, G. B. (1988): The hermeneutics of postmodernity. Bloomington, Indiana University Press.

Mair, M. (1988): Psychology as storytelling. International Journal of Personal Construct Psychology, 1, 125–137.

Marayuma, M. (1963): The second cybernetics: Deviation-amplifying mutual causal processes. American Scientist, 51, 164–179.

Maturana, H. (1975): The organization of the living: A theory of the living organization. International Journal of Man-Machine Studies, 7, 313–332.

– (1978): Biology of language: Epistemology of reality. In. G. Miller & E. Lenneberg (Hg.), Psychology and biology of language and thought. New York, Academic Press.

– & Varela, F. (1982): Erkennen: Die Organisation und Verkörperung von Wirklichkeit. Braunschweig, Vieweg.

– & Varela, F. (1987) Der Baum der Erkenntnis. München, Scherz.

McArthur, T. (1992): The Oxford Companion to the English Language. Oxford, Oxford University Press.

McCarthy I. & Byrne, N. (1988): Mis-taken love: Conversations on the problem of incest in an Irish context. Family Process, 27, 181–200.

McNamee, S. & Gergen, K. (Hg.) (1992): Social construction and the therapeutic process. Newbury Park, CA, Sage.

Mead, G. (1968): Essays on his social philosophy (J. W. Petras, Ed.). New York, Teachers College Press.

Mendez, C., Coddou, F. & Maturana, H. (1988): The bringing forth of pathology – radical constructivism, autopoiesis and psychotherapy. The Irish Journal of Psychology, Special Issue, 9.

Messer, S. B., Sass, L. A. & Woolfolk, R. L. (Hg.) (1988): Hermeneutics and psychological theory: Interpretive perspectives on personality, psychotherapy, and psychopathology. New Brunswick, NJ, Rutgers University Press.

Milford, N. (1972): Zelda: A biography. New York, Harper & Row.

Mitchell, W. J. T. (1981): On narrative. Chicago, University of Chicago Press.

Morse, S. J. & Gergen, K. J. (1970): Social comparison, self-consistency, and the presentation of self. Journal of Personality and Social Psychology, 26, 309- 320.

Müller-Vollmer, K. (Hg.) (1989): Language, mind, and artifact: An outline of hermeneutic theory since the Enlightenment. In: The hermeneutics reader. New York, Continuum.

Murray, K. (1995): Narratology. In: J. A. Smith, R. Harré & L. Van Langenhove (Hg.), Rethinking psychology. London, Sage.

Nelson, K. (1989): Monologue as representation of real-life experience. In: K. Nelson (Hg.), Narratives from the crib. Cambridge, MA, Harvard University Press.

Nicholson L. J. (Hg.) (1990): Introduction. In: Feminism/postmodernism. New York, Routledge.

Palmer, R. (1984): Expostulations on the postmodern turn. KRISIS, Nr. 2, 140–149. Houston, TX, International Circle for Research in Philosophy.

- (1985): Quest for a concept of postmodernity. Krisis, 3–4, 9–21.
- (1987): Nietzsche and the project of post-modern hermeneutics. Krisis: Hermeneutics and Humanism, 5–6, 3–19.

Parsons, T. (1951): The social system. New York, Free Press

Penn, P. & Frankfurt, M. (1994): Creating a participant text: Writing, multiple voices, narrative multiplicity. Family Process, 33, 217–231.

Percy, W. (1996): Shakespeare had it easy. The New Yorker, 24. Juni – 1. Juli.

Piaget, J. (1974): Der Aufbau der Wirklichkeit beim Kinde (Ges. Werke Bd. 2). Stuttgart, Klett.

Piaget, J. (1973): Einführung in die genetische Erkenntnistheorie. Frankfurt a. M., Suhrkamp.

Pittman, B. (1995): Cross-cultural reading and generic transformations: The chronotype of the road in Erdrichs „Love Medicine". American Literature, 67, 777–792.

Polkinghorne, D. (1983): Methodology for the human sciences: Systems of injury. Albany, State University of New York Press.

- (1988): Narrative knowing and the human sciences. Albany, State University of New York Press.
- (1991): Two conflicting calls for methodological reform. The Counseling Psychologist, 19, 103–114.

Potter, J. & Wetherell, M. (1987): Discourse and social psychology: Beyond attitudes and behavior. London, Sage.

Prigogine, I. & Stengers, I. (1984, deutsch 1981): Dialog mit der Natur. Zürich, Piper.

Reichelt, S. & Christensen, B. (1990): Reflections during a study on family therapy with drug addicts. Family Process, 29, 273–287.

- & Sveaass, N. (1994): Therapy with refugee families: What is a „good" conversation? Family Process, 33, 247–262.

Reik, T. (1951): Listening with the third ear: The inner experience of a psychoanalyst. Garden City, NY, Garden City Books.

Rice, A. (1989): Gespräch mit dem Vampir. Frankfurt a. M., Ullstein.
- (1993): Hexenstunde. München, Goldmann.

Richardson, F. C. & Woolfolk, R. L. (1994): Social theory and values: A hermeneutic perspective. Theory and Psychology, 4, 99–226.

Ricoeur, P. (1991a): Zeit und Erzählung. München, Fink.
- (1991b): Narrative identity. Philosophy Today, 35, 3–81.

Roebeck, A. A. (1964): History of psychology and psychiatry. New York, Citadel Press.

Rønnestad, M. H. & Skovholt, T. M. (1993): Supervision of beginning and advanced graduate students of counseling and psychotherapy. Journal of Counseling and Development, 71, 396–405.

Rorty, R. (1987): Der Spiegel der Natur. Eine Kritik der Philosophie. Frankfurt/Main, Suhrkamp.

Rosenhan, D. L. (1973): On being sane in insane places. Science, 179, 250–258.

Roth, S. A. (1985): Psychotherapy with lesbian couples: Individual issues, female socialization, and the social context. Journal of Marital and Family Therapy, 11, 273–286.

Russell, R. L. et al. (1993): Analyzing narratives in psychotherapy: A formal framework and empirical analyses. Journal of Narrative and Life History, 3, 337–360.

Ryder, R. (1987): The realistic therapist; Modesty and relativism in therapy and research. New Park, CA, Sage.

Saba, G. (Guest ed.) (1985): A contextual refocus of systems therapy: An expansion of role, purpose, and responsibilty. Journal of Strategic and Systemic Therapies, 4(2).

Sacks, O. (1987): Der Mann, der seine Frau mit einem Hut verwechselte. Reinbek, Rowohlt.

Sampson, E. E. (1981): Cognitive psychology as ideology. American Psychologist, 36, 730–743.

Sandifer, M. G., Hordern, A. & Green, L. M. (1970): The psychiatric interview: The impact of the first three minutes. American Journal of Psychiatry, 126, 968–973.

Sarbin, T. R. (1986): Emotion and act: Roles and rhetoric. In: R. Harré (Hg.), The social construction of emotions. New York, Blackwell.
- (1990): The narrative quality of action. Theoretical and Philosophical Psychology, 10, 49–65.

Sass, L. A. (1992): Madness and modernism: Insanity in the light of modern art, literature and thought. New York, Basic Books.

Scarr, S. (1985): Constructing psychology: Making facts and fables for our times. American Psychologist, 40, 499–512.

Schafer, R. (1978): Language and insight. New Haven, CT, Yale University Press.
- (1995): Erzähltes Leben: Narration und Dialog in der Psychologie. München, Pfeiffer.

Schön, D. A. (1983): The reflective practitioner: How professionals think in America. New York, Basic Books.
- (1987): Educating the reflective practitioner. San Francisco, Jossey-Bass.
- (1991): The reflective practitioner: Case studies in and on educational practice. New York, Teachers College Press.

Schwartzman, J. (1984): Family therapy and the scientific method. Family Process, 23, 223–236.

Searle, J. R. (1992): Searle on conversation. (Zusammengestellt von H. Parret & J. Verschueren). Amsterdam, John Benjamins.

Seikkula, J. (1993): The aim of therapy is generating dialogue. Bakhtin and Vygotski in family system. Human Systems Journal, 4, 33–48.

Selvini-Palazzoli M. et al. (1977): Paradoxon und Gegenparadoxon. Stuttgart, Klett-Cotta.
- et al. (1981): Hypothetisieren, Zirkularität, Neutralität: drei Richtlinien für den Leiter der Sitzung. Familiendynamik 6, 123–139.
- et al. (1983): Das Problem des Zuweisenden. Zeitschrift für Systemische Therapie, 1(3), 11–20.
- & Prata, G. (1982): Snares in family therapy. Journal of Marital and Family Therapy, 8, 443–450.

Semin, G. R. (1990): Everyday assumptions, language and personality. In: G. R. Semin & K. J. Gergen (Hg.), Everyday understanding: Social and scientific implications. London, Sage.

Shapiro, G. & Sica, A. (Hg.) (1984): Introduction. In: Hermeneutics. Amherst, University of Massachusetts Press.

Sherwin, R. K. (1993): Lawyering theory: An overview of what we talk about when we talk about law. New York Law School Law Review, 37, 9–53.

Shields, C. (1986): Critiquing the new epistemologies: Toward minimum requirements for a scientific theory of family therapy. Journal of Marital and Family Therapy, 12, 359–372.
- et al. (1994): The marginalization of family therapy: A historical and continuing problem. Journal of Marital and Family Therapy, 20, 117–138.

Shotter, J. (1974): What is it to be human? In: N. Armistead (Hg.), Reconstructing social psychology. Harmondsworth, Penguin.
- (1975): Images of man in psychological research. London, Methuen.
- (1984): Social accountability and selfhood. Oxford, Blackwell.
- (1985): Social accountability and self specification. In: K. J. Gergen & E. Davis (Hg.), The social construction of a person. New York, Springer.
- (1987): The social construction of an ‚us': Problems of accountability and narratology. In: R. Burnett, P. McGee & D. Clarke (Hg.), Accounting for personal relationships: Social representations of interpersonal links. London, Methuen.
- (1988): Real and counterfeit constructions in interpersonal relations. Vortrag auf der Don Bannister Memorial Konferenz „Metaphors in Life and Psychotherapy", London Institute of Group Analysis.

- (1989): Social accountability and the social construction of „you". In: J. Shotter & K. J. Gergen (Hg.), Texts of identity. London, Sage.
- (1990): Knowing of the third kind. Utrecht, ISOR.
- (1991a, Mai): Consultant re-authoring: The „making" and „finding" of narrative constructions. Vortrag auf der Houston-Galveston Konferenz über „Narrative and Psychotherapy: New Directions in Theory and Practice", Houston, TX.
- (1991b): Rhetoric and the social construction of cognitivism. Theory and Psychology, 1, 495–513.
- (1993a): Conversational realities: Constructing life through language. London, Sage.
- (1993b): Cultural politics of everyday life. Toronto, University of Toronto Press.
- (1994): Making sense on the boundaries: On moving between philosophy and psychotherapy. In: A. P. Griffiths (Hg.), Philosophy, psychiatry, and psychology. Cambridge, MA, Cambridge University Press.
- (1995a): A „show" of agency is enough. Theory and Psychology, 5, 383–390.
- (1995b): In conversation: Joint action, shared intentionality and ethics. Theory and Psychology, 5, 49–73.
- & Gergen K. J. (Hg.) (1989): Texts of identity. London, Sage.

Simon, G. M. (1992): Having a second-order mind while doing first-order therapy. Journal of Marital and Family Therapy, 18, 377–387.

Simons, H. W. & Billig, M. (1994): After postmodernism: Reconstructing ideology critique. London, Sage.

Slife, B. D. (1993): Time and psychological explanation. Albany, State University of New York Press.

Sluzki, C. E. & Ransom, D. C. (Hg.) (1976): The double bind: The foundation of the communication approach to the family. New York, Grune & Stratton.

Smedslund, J. (1978): Bandura's theory of self-efficacy: A set of common-sense theories. Scandinavian Journal of Psychology, 19, 1–14.
- (1988): Psycho-logic. New York, Springer.
- (1990): Psychology and psychologic: Characterization of the difference. In: G. R. Semin & K. J. Gergen (Hg.), Everyday understanding: Social and scientific implications. London, Sage.
- (1993): How shall the concept of anger be defined? Theory and Psychology, 3, 5–34.

Smith, D. (1988): Interpretation theory: Freud and Ricoeur. Vortrag beim American Psychological Association Meeting, Washington, DC.

Smith, J. A., Harré, R. & Van Langenhove, L. (1995): Rethinking psychology. London, Sage.

Snyder, M. (1984): When belief creates reality. San Diego, Academic Press.
- & Thomsen, C. J. (1988): Interactions between therapists and clients: Hypothesis testing and behavioral confirmation. In: D. C. Turk & P. Salovey (Hg.), Reasoning, inference, and judgement in clinical psychology. New York, Free Press.

Spanos, W. (1985): Postmodern literature and its occasions: Towards a „definition". Krisis, 3–4, 54–76.

Speed, B. (1984): How really real is real and rejoinder. Family Process, 23, 511–520.

Speer, A. (1970): Family systems: Morphostasis and morphogenesis, or „Is homeostasis enough?". Family Process, 9, 259–278.

Spence, D. (1984): Narrative truth and historical truth: Meaning and interpretation in psychoanalysis. New York, Norton.

Spolin, V. (1963): Improvisations for the theater. Chicago, Northwestern University Press.

Stanfield, S., Matthews, K. L. & Heatherly, V. (1993): What do excellent psychotherapy supervisors do? American Journal of Psychiatry, 150, 1081–1084.

Surrey, J. L. (1991): Relationship and empowerment. In: J. V. Jordan et al. (Hg.), Women's growth in connection: Writings from the stone center. New York, Guilford.

Sylvester, D. (1985): A note in reply to the questionnaire on postmodernism. Krisis, 3–4, 232.

Szasz, T. (1972): Geisteskrankheit – ein moderner Mythos? Olten, Freiburg i. Br., Walter.

Taggart, M. (1985): The feminist critique in epistemological perspective: Questions of context in family therapy. Journal of Marital and Family therapy, 11, 113–126.

Tannen, D. (1991): Du kannst mich einfach nicht verstehen. Hamburg, Ernst Kabel Verlag.

Taylor, C. (1989): Sources of the self: The making of the modern identity. Cambridge, MA, Harvard University Press.

Terwee, S. (1988): Need rhetorical analysis lead to relativism? An examination of the views of K. J. Gergen. In: W. J. Baker et al. (Hg.), Recent trends in theoretical psychology. New York, Springer.

Tjersland, O. A. (1990): From universe to multiverses – and back again. Family Process, 29, 385–397.

Tolstoy, L. (1967): On teaching the rudiments. In L. Weiner (Hg.), Tolstoy on education. London, University of London Press.

Toombs, S. K. (1990): The temporality of illness: Four levels of experience. Theoretical Medicine, 11, 227–241.

Turner, V. (1980): Social dramas and stories about them. Critical Inquiry, 7, 141–168.

Van der Merwe, W. L. & Voestermans, P. P. (1995): Wittgenstein's legacy and the challenge to psychology. Theory and Psychology, 5, 5–26.

von Foerster, H. (1982): Observing systems. Seaside, Intersystems Publications.

– (1985): Das Konstruieren einer Wirklichkeit. In: P. Watzlawick (Hg.), Die erfundene Wirklichkeit. München, Piper.

von Glasersfeld, E. (1985): Einführung in den radikalen Konstruktivismus. In: P. Watzlawick (Hg.), Die erfundene Wirklichkeit. München, Piper.

– (1987): The control of perception and the construction of reality. Dialectica, 33, 37–50.

Wachterhauser, B. R. (Hg.) (1986a): Introduction: History and language in understanding. In: Hermeneutics and modern philosophy. Albany, State University of New York Press.

– (1986b): Must we be what we say? Gadamer on truth in the human sciences. In: Hermeneutics and modern philosophy. Albany, State University of New York Press.

Warneke, G. (1987): Gadamer: hermeneutics, tradition and reason. Stanford, CA, Stanford University Press.
Watzlawick, P. (1976): Wie wirklich ist die Wirklichkeit? München, Piper.
- (1977) The interactional view: Studies at the Mental Research Institute, Palo Alto, 1965–74. New York, Norton.
- (Hg.) (1985): Die erfundene Wirklichkeit. München, Piper.
-, Beaven, J. H. & Jackson, D. D. (1967): Menschliche Kommunikation. Bern, Huber.
-, Weakland, J. & Fisch, R. (1974): Lösungen. Zur Theorie und Praxis menschlichen Wandels. Bern, Huber.
Weakland, J. et al. (1974): Brief-therapy. Focused problem resolution. Family Process, 13, 141–168.
Weingarten, K. (1991): The discourses of intimacy; adding a social constructionist and feminist view. Family Process, 30, 285–305.
- (Hg.) (1995): Cultural resistance: Challenging beliefs about men, women, and therapy. New York, Harrington Park Press.
White, H. (1980): The values of narrativity in the prepresentation of reality. Critical Inquiry, 7, 5–27.
White, M. (1995): Re-authoring lives. Adelaide, Australien; Dulwich Centre.
- & Epston, D. (1990, dtsch 1989): Die Zähmung der Monster – Literarische Mittel zu therapeutischen Zwecken. Heidelberg, Carl-Auer-Verlag.
Wile, D. B. (1977): Ideological conflicts between clients and psychotherapists. American Journal of Psychotherapy, 31, 437–449.
Wittgenstein, L. (1969): Schriften 1. Frankfurt a. M., Suhrkamp.
Woolfolk, R. L., Sass, L. A. & Messer, S. B. (1988): Introduction to hermeneutics. In: S. B. Messer, L. A. Sass & R. L. Woolfolk (Hg.), Hermeneutics and psychological theory: Interpretive perspectives on personality, psychotherapy, and psychopathology. New Brunswick, NJ, Rutgers University Press.
Wygotski, L. S. (1977): Denken und Sprechen. Frankfurt, Fischer.
- (1966): Development of the higher mental functions. In: A. N. Leont'ev, A. R. Luria, A. Smirnov (Hg.), Psychological research in the USSR. Moskau, Progress Publishers.

Register

Albee, E. 275, 277
Andersen, T. 16, 82, 86, 123, 154, 194
Anderson, H. 40f., 94, 138
Anorexie, Fallbeispiel 32–37, 229–237
Anscombe, R. 284 A.9
Auflösung von Problemen.
   Siehe Problemauflösung
Äußerer Dialog: Klient im 154
   Therapeut fördert 119
   Therapeut im 154f.

Bachtin, M. 23, 50, 144, 149, 245, 263
Baker, W., Mrs. 38
Bateson, G. 42, 189, 244
Beckman, H. B. 196
Bedeutung: hermeneutischer Zirkel und 138, 190
   im kollaborativen Ansatz 84
   lokale 191f.
   sozialer Konstruktionismus und 56
   durch Sprache 244
   Wörter und 245f.
Benveniste, E. 256f.
Beratungsgespräch 96ff.
Berger, P. L. 54
Bescheidenheit, Nichtwissen und 163f.
Beteiligender Text 21
Bewertung, durch reflektierendes Team 123f.
Beziehungssystem(e): Familie als 98ff.
   multiple, simultane und überlappende 96ff.
   Problemsysteme und 96–102
Braten, S. 131, 136, 138, 148f., 189, 282
Bruner, J. 54, 169, 176, 239, 250f., 260, 283

Byrne, N. 136, 281

Chance, S. 120
Charon, R. 263
Chessick, R. 54
Code, L. 45, 128, 133
Conroy, P. 271f.

Davis, P. 197f.
Dell, P. F. 40, 48
Demonstrationsgespräch, mit „Sabrina" 61–74
Denken und Sprechen (Wygotski) 141f.
Denken, Sprechen und 141, 246f.
Denzin, N. 173
Derrida, J. 50, 164, 280 A.7
Diagnose: Modernismus und 47f.
   von Problemen 93ff.
Diagnostische Systeme, diagnostische Erkenntnisse und 93ff.
Dialog 22
   in Gang setzen 63
Dialogische Gespräche, Richtlinien für 169–199
   gesprächsbezogene Fragen 174–183
   Die Geschichte des Klienten würdigen 195–199
   zuhören und reagieren 183–188
   Kohärenz wahren 188–193
   Synchronizität 193f.
   vertrauen und glauben 168–174
Dialogischer Raum: beim gemeinsamen Erkunden 135f.
   Therapeut erzeugt und ermöglicht, 30f., 115–119
   Therapeut bewahrt inneren 154
Dialogisches Gespräch 131–158

Monolog versus 149
Wandel und 114, 131 ff.
Siehe auch Gemeinsames Erkunden; Therapeutisches Gespräch
Dilthey, W. 280 A.8
Dostojewski, F. 263
Drucker, P. 47
DSM-IV 93
Duell der Wirklichkeiten 140
Probleme und 92

Eco, U. 142
Einzelner, in Beziehung stehend 101
Eliot, T. S. 159, 275
Erfahrung, Sprache und 242 f.
Ergänzung (Gergen) 145
sozialer Konstruktionismus und 55 f.
Erzähler, Ich als 252, 259–262, 284 A.4
Erzählung (Narrativ) 249–252
Kultur und 250 f.
als diskursives Schema 250 ff.
Geschichte und 251
Lebensgeschichte und 251
Verständlichkeit von 251 f.
in der Psychotherapie 260 f.
Siehe auch Selbst, postmodernes narratives

Fachsprache, lokale Sprache und 191 f.
Familie: Kognitionspsychologie und 256
Definition von, als Beziehungssystem 98 ff.
Feministische Autorinnen: postmodernes narratives Selbst und 268 f.
Verantwortung und 128
transparent und 124
Foote, H. 267
Forschung, als tägliche Praxis 122 ff.
Foucault, M. 50, 245, 280 A.7
Fragen: des Klienten 63, 126
gesprächsbezogene 174–183

Richtlinien für, in dialogischen Gesprächen und kollaborativen Beziehungen 174–183
Frankel, R. M. 196
Frankfurt, M. 21
Frazier, R. 270
Freeman, M. 128, 271, 273, 285 A.11
Freud, S. 183, 260, 284 A.5
Freunde, in das therapeutische Gespräch einbezogen 105 ff.

Gadamer, H.-G. 16 f., 52 ff., 118, 135, 138, 140 ff., 153, 257
Galveston-Gruppe 28 f., 279 A.1
Garfinkel, H. 140, 144
Gast, Therapeut als 120 f.
Gedächtnis, Therapeut und 69, 71
Geduld des Therapeuten 193 f.
Geertz, C. 54, 239 f.
Gemeinsames Erkunden 30 f.,
Zugehörigkeit zum Gespräch bei 145 f.
im kollaborativen Ansatz 79 f.
Gesprächshintergrund bei 143 f.
dialogischer Raum bei 136
Weiterentwickeln und Aussprechen des Ungesagten bei 141 ff.
innerer Dialog bei 141 f.
mutuelles Explorieren und Entwickeln bei 137 f.
geteilte Intentionalität bei 147 f.
Verstehen aus dem Gespräch heraus bei 139 ff.
Gemeinschaftliche Aktionen: Gespräch und 139
sozialer Konstruktionismus und 54 ff.
George III., König 259
Gergen, K. 47 f., 52, 54–57, 91, 102, 128, 145, 162, 173, 239, 245 f., 251, 257, 262, 264 f., 276, 284 A.6, 7
Gergen, M. 128
Gesagte, das: Fragen zur Klärung 174 f.

responsiv-aktives Zuhören-Hören und 184f.
Geschichte.
Siehe Erzählung
Gesellschaftliche Konstruktion der Wirklichkeit, Die (Berger und Luckmann) 54
Gesellschaftsschicht, therapeutische Systeme und 87f.
Gespräch: Zugehörigkeit zum 145f.
  Merkmale des 67f., 73, 135
  Definition von 134f.
  Wichtigkeit des 21
  einer nach dem anderen 77
  verbesserte Möglichkeiten durch 21
  aufgeworfene Fragen durch 70
  Handlungsfähigkeit durch 21f.
  Verstehen aus ihm heraus 137f.;
  Siehe auch Dialogische Gespräche; Therapeutische Gespräche
Gesprächsbezogene Fragen, Richtlinien für, in dialogischen Gesprächen und kollaborativen Beziehungen 174–183
Gesprächshintergrund (Shotter) 143ff.
Gesprächspartnerschaft: zwischen Klient und Therapeut 84, 137f.
  kollaboratives therapeutisches System als 88
geteilte Intentionalität, beim gemeinsamen Erkunden 147
Giddens, A. 250
Glaubwürdigkeit der Geschichte des Klienten 194–199
Goodman, N. 54
Goolishian, H. 94, 96ff., 101, 121, 138, 151, 165–168
Gute Mutter/schlechte Mutter 200–228

Habermas, J. 52
Handlungsanweisungen, Seinsweise versus 114, 119f.
Handlungsfähigkeit, eigene 132
  durch Gespräch erlangen 22
  therapeutische Gespräche führen zu 226ff.
Harré, R. 54, 134, 258, 264, 266, 270
Hartviksen, I. 175
Heidegger, M. 52f., 243, 245
Helfende Systeme, Einfluß auf therapeutische Systeme 88
Hermans, H. J. M. 125, 258, 263
Hermeneutik: Definition von 52f.
  Postmoderne und 52ff.
Høeg, P. 186f.
Hoffman, L. 9–15, 32, 119, 279 A.1, 280 A.1
Hören, responsiv-aktives Zuhören und 184–188
Horizont (Heidegger) 53
Houston-Galveston-Institut 28.
  Siehe auch Galveston-Gruppe
Hoy, D. 139

Ich-Erzählung, Postmodernismus und 37
Ich-Erzählungen, Ich-Identität und 262ff.
Identität: narrative 262ff.
  postmodernes erzählendes Ich und 252ff., 257f.
Inhalt, Prozeß versus 192ff.
Innere Sprache (Wygotski) 141f.
Innerer Dialog: Klient im 154
  beim gemeinsamen Erkunden 141f.
  Therapeut fördert 119
  Therapeut im 154
Intentionalität.
  Siehe Geteilte Intentionalität
Intervention: Beteiligung des Klienten an Entstehung 78f.
  Nicht-Intervention versus 118f.
Intimität, bei Interaktion im Gespräch 198

Jantsch, E. 87

Jordan, J. 128, 198
Joy, M. 253

Kerby, A. 262
Kitzinger, C. 269, 284 A.10
Klienten: als Gesprächspartner 84, 137 f.
 in äußerem Dialog 154
 in innerem Dialog 154
 eingebrachtes Expertentum der 115
 Konzentration auf Expertentum der 79
 Sprache der 75 f.
 Modernismus und 47
 normale Alltagssprache beim Reden über 77 f.
 Beteiligung der an Interventionen 78 f.
 Fragen von 126
 gemeinsames Erkunden mit 79 f.
 Lernen der Therapeuten von 159
 siehe auch Dialogische Gespräche, Richtlinien für; Beziehung zwischen Therapeut und Klient.
Klinische Erfahrungen: kollaborativer Ansatz beeinflußt von 75–84
 voll und ganz gefesselt sein 76
 Klientenbeteiligung an Interventionen 78 f.
 Klient und Therapeut als Gesprächspartner 84
 öffentlich machen 81 f.
 Sprache aller Mitglieder des Familiensystems lernen 77
 Nicht-Wissen 80
 Einzelperson als Teil einer Familie betrachtet vs die Gesamtfamilie 82 f.
 gemeinsames Erkunden 79 f.
 Sprache der Klienten sprechen 75, Einfluß von Ausbildungskandidaten 80 f.
 Vorwissen suspendieren 79
 in Alltagssprache über Klienten reden 77 f.

mit einem nach dem anderen reden 77
Kognitionspsychologie, Selbst und 256
Kohärenz 188–193
Kollaborative Beziehung, zwischen Klient und Therapeut 88
Kollaborative Beziehungen 30 f.
 Verbundenheit, Zusammenarbeit und Konstruieren in 198 f.
 Beispiel für 198
 Transformation und 274
kollaborative Sprache *siehe* kollaborativer Ansatz; kollektive Sprache
Kollaborativer Ansatz 58 f.
 Definition von 28
 Demonstrationsgespräch als Beispiel für 61–74
 Beispiele für den 61–74
 Einflüsse auf, *siehe* Klinische Erfahrungen, kollaborativer Ansatz beeinflußt von
 Wissen im 84
 Sprache im 75 f.
 Bedeutung im 84
 philosophische Prämisse des, 84 f.
 therapeutische Systeme beeinflußt vom 88 *siehe auch* Postmoderne
kollaborativer sprachsystemischer Ansatz *siehe* kollaborativer Ansatz
kollektive Sprache 63, 204
Konstruktivismus, sozialer Konstruktionismus versus 57 f.
Kooperative Sprache 204
Koordinierung, Sprache und 246 f.
Kultur: Wissen und 239 f.
 Narrativ und 250 f.

Lernen, als tägliche Praxis 122 ff.
Lesbianismus, Identität und 269
Levin, S. B. 142 f., 184, 187 f., 200
Lipps, H. 142
Lödgö, B. 228

307

Lokale Bedeutung 191 f.
Lokale Sprache 191 f.
Lösungssysteme, Problemsysteme versus 111 f.
Luckmann, T. 54
Lyotard, J.-F. 50, 250

Madison, G. B. 43, 131, 242 f., 256, 263
McCarthy, I. 136, 281 A.2
McNamee, S. 128
Mehrparteilichkeit des Therapeuten, Neutralität versus 116
Milford, N. 277
Mitgliedschaft im therapeutischen System 101–111
   Freunde 105 ff.
   Problem bestimmt 101 f.
   wechselnde und fließende 107–112
   Therapeut 102 f.
Moderne (Modernismus) 38, 42 ff.
   Veränderung und 47
   Klient im 46
   Definition von 42 f.
   Diagnosen in 46
   Wissen und 43
   Sprache und 42–47
   Einschränkungen, Grenzen und Desillusionen der 47 ff.
   Psychotherapie und 45 ff.
   Therapeut in 45–49
Möglichkeiten und Gespräche 21
Monolog: als Zusammenbruch im Gespräch 149 f.
   Dialog versus 135 f.
Monologischer Raum, dialogischer Raum versus 136
Moralische Verantwortung, sozialer Konstruktionismus und 127 f.
Murray, K. 261

Narrative Identität 262 ff.
Narrative Psychologie 284 A.8
Narrative Wahrheit (Spence) 260 ff.
Narrativer Redakteur 117
Neutralität des Therapeuten, Mehrparteilichkeit versus 115 f.
Nicht-Intervention, als philosophische Haltung 118 f.
Nicht-Wissen 30 f., 80, 160–170
   Definition von 161
   Beispiel für 165 ff.
   Bescheidenheit und 163 f.
   Wissen versus 160–163
   neue Bedeutung und 138, 191
   erworbenes Fachwissen und 164 f.
   Fragen aus der Position des 175 f., 182 f.
   Erfordernisse für 164
   Risiko und 163 f.
   Ungewißheit und 161 ff.
Noch-nicht-Gesagtes: Wissen fördert Taubheit für 160
   Fragen zur Klärung von 174
normale Alltagssprache, beim Reden über Klienten 78
Notizen in therapeutischen Gesprächen 156

O'Keefe, G. 159
Objektive Realität und 51
Objektive Validität 239
Öffentliches Verhalten 124 ff.
   siehe auch Öffentlichmachung
Öffentlichkeit.
   Siehe Öffentlich, sich verhalten; Öffentlichmachung
Öffentlichmachung 30 f., 81 f.

Paradigmen 38 f.
Penn, P. 21

Perpektivenwechel (Wittgenstein) 21
Person als Text 282 A.4
Philosophische Haltung 22, 30 f., 113–126
   sich öffentlich verhalten 124 ff.
   Klienten wollen Gewißheit vom Therapeuten und 128 f.
   Definition von 114
   dialogischer Prozeß und 115
   Forschen und Lernen als tägliche Praxis und 122 f.
   Verbindung von Expertentum des Klienten und des Therapeuten und 115
   geteilte Verantwortung und 127 f.
   Veränderung des Therapeuten und 121 f.
   Therapeut als Erzeuger und Förderer von dialogischem Prozeß und Raum 115–119
   Therapeut als Gast und 120 f.
   Seinsweise versus Handlungsanweisungen und 114, 119 f., 129 f.
   was ein Therapeut nicht ist und 116 ff.
Polkinghorne, D. 39, 54, 260
Polyphonie (Bachtin) 263
Postmoderne (Postmodernismus) 22, 27 f.
   Anderson übe 58 f.
   Annahmen der 29 ff.
   Definition von 49 ff.
   Hermeneutik und 51 ff.
   Wissen und 50 f.
   Sprache im 241–246
   Moderne versus 29 ff.
   Selbst und 37
   Ich-Erzählungen und 37
   sozialer Konstruktionismus und 51 ff., 55 ff.
   Gesellschaftskritik und 50 f.
   Siehe auch Kollaborativer Ansatz
Postmodernes Selbst.
Siehe Selbst, postmodernes narratives
Poststrukturalismus 50
Potter, J. 284 A.8
Prigogine, I. 279 A.8
Problem-Aufbereitung (Schön) 95
Problem-Auflösung 132
   Beispiele für 90, 95, 111 f., 131 f., 228
problem-determiniert 83
Problem-organisierende, problem-auflösende Systeme 83
Probleme: Definition von 90 f.
   diagnostische Erkenntnisse und 93 ff.
   sich duellierende Wirklichkeiten und 91 f.
   Existenz der, in Sprache 90–95
   in therapeutischen Systemen 101–111
Problemsysteme 101 f.
   Lösungssysteme versus 111 f.
   Therapeut als Mitglied von 103
Prozeß, Inhalt und 192 f.
Psychiatrie 39
Psychologie, Kritik an 39
Psychologisches Wissen 38 f., 239 f.
Psychotherapie: Modernismus und 44 ff.
   Erzählung in der 260 f.

Radikaler Konstruktivismus 57
Raumaufteilung, bei therapeutischen Gesprächen 157
Reagieren des Therapeuten, Richtlinien für, in dialogischen Gesprächen und kollaborativen Beziehungen 183 ff.
Realität, Sprache als 242 f.
Rechtswesen, postmodernes narratives Selbst und 267 f.
Reflektierendes Zuhören, in therapeutischen Gesprächen 152 f.
Reflexion, Forschung als tägliche Praxis und 122 f.
Reik, T. 183

Relationale Sicht des Selbst 262–266, 284 A.9
Responsiv-aktives Zuhören-Hören 184–188
Responsives Zuhören (Shotter) 140
Rice, A. 181, 186
Richtlinien für 168–199
  gesprächsbezogene Fragen stellen 174–183
  die Geschichte des Klienten würdigen 195–199
  zuhören und reagieren 183–188
  Kohärenz wahren 188–193
  Synchronizität 193 f.
  vertrauen und glauben 169–174
Ricoeur, P. 52, 242, 253, 268
Risiko, Nicht-Wissen und 162 f.
Rogers, C. 113
Rorty, R. 43, 46 f., 50, 239, 252

„Sabrina", Interview mit 61–74
Sarbin, T. R. 54, 262, 269, 284
„Scanning", schrittweises Vortasten 208
Schafer, R. 254, 260 f.
Schön, D. A. 95, 122–126
Schwimmende Inseln (Hoffman) 23
Searle, J. R. 136, 144, 147
Seinsweise, als philosophische Haltung 114, 119 f., 130
Selbst, postmodernes narratives 37, 248–274
  Kontinuität und Wandel und 258 f.
  Kognitionspsychologie und 256
  Kritik an 258 f.
  feministisch orientierte Wissenschaftlerinnen und 268 f.
  Identität und 225 ff., 258
  Lesbianismus und 269
  sprachliches und gesellschaftlich erzeugtes 256 ff.
  modernistische Auffassung des selbst und 254 ff.
  narrative Identität und 262 ff.
  relationale Sicht des 262–266
  eigene Handlungsfähigkeit und 269–274
  Ich als Erzähler und 252, 259 ff.
  Therapeuten und 266 ff.
Selbst-als-Prozeß, Forschen und Lernen und 122
Selbstoffenbarung, sich öffentlich verhalten versus 125 f.
Sexueller Mißbrauch, Demonstrationsgespräch über 61–74
Sherwin, R. K. 198, 267 f.
Shotter, J. 54–57, 111 f., 127 f., 133 f., 136, 138 f., 143-149, 152, 183, 189, 243, 246, 257, 264, 266, 270, 273, 280 A.5, 281 A.6, 282 A.8
Smedslund, J. 46
Snyder, M. 195 f.
Sozialer Konstruktionismus 54 ff.
  Konstruktivismus versus 57 f.
  gemeinschaftliche Aktionen und 55 ff.
  moralische Verantwortung und 127 f.
  Postmodernismus und 51 f., 58 f.
  Selbst und 261
  Ergänzung und 55 f.
Sozialkritik, Postmodernismus und 50 f.
Sozialsysteme: Familientherapie und als sprachliche Systeme 89
Spence, D. 260 f.
Sprache: aktive 243
  des Klienten 75
  im kollaborativen Ansatz 75 f.
  kollektive 63,
  kooperative 204
  Koordinierung und 246 f.
  eigene jedes Familienmitglieds 76
  Erfahrung und 241 f.

generativer Charakter der 204–247
Hermeneutik und 54
Hermeneutik und sozialer Konstruktionismus und 51 f.
lokale versus Fach- 191 f.
Bedeutung durch, 244
Moderne und 42 f.
Erzählung und 250
Existenz von Problemen in 90–95
Selbst und 256 ff.
sozialer Konstruktionismus und 55
gesellschaftliche Realität geschaffen durch 243 f.
Denken und 141 f., 246
Verstehen bedingt und erzeugt durch 246
normale beim Reden über Klienten 77 f.
Wörter und 245
Sprachliche Systeme: menschliche Systeme als 89
therapeutische Systeme als 112
Strebende Ichs (Madison) 263
Ström, G. 228
Subjektivität: Fragen und 174 f.
Subjektivismus versus 138
Sylvester, D. 48

Tannen, D. 158
Taylor, C. 54
Team, Gedanken der Mitglieder, mit Klient und Therapeut geteilt 81 f.
Terminvereinbarungen 156
Terwee, S. 173
Therapeut, Position des 85
Therapeuten: Zusammenbruch des Gesprächs und 151
Klient erfährt etwas über 71
als Gesprächspartner 137 f.
im äußeren Dialog 154
im inneren Dialog 154
Expertentum der 115 f.
Richtlinien für, *siehe* Dialogische Gespräche, Richtlinien für 102 f.
als Mitglied des Problemsystems 102 f.
im Modernismus 44 ff., 49 f.
postmodernes narratives Selbst und 267
in Beziehungssystemen 96 ff.
gemeinsames Erkunden mit 79 f., 137
Transformation von 121 f., 133, 151
als Gast 96 f., 200 f.
Siehe auch Nicht-Wissen; Kollaborative Beziehung, zwischen Therapeut und Klient
Therapeutische Haltung.
Siehe Philosophische Haltung
Therapeutische Systeme 85–112
kollaborative 88
diagnostische Erkenntnisse in 93 ff.
Auflösung von 111 f.
sich duellierende Wirklichkeiten in 91 f.
Familie als Beziehungssystem und 98 ff.
helfende Systeme und 88
als sprachliche Systeme 89, 112
Mitgliedschaft in 101–112
Problem in 90–95, 110–112
soziale Schicht und 87 f.
Therapeutischer Prozeß 85 f.
Siehe auch Dialogisches Gespräch
Therapeutisches Gespräch: Ambiente und 157
Terminvereinbarung für 156 f.
Zusammenbrüche im 150 f.
Veränderung und 133 f.
Zusammenarbeit im 88
Komponenten 153 f.
Definition von 131 f.

Einbeziehung von Freunden 104 ff.
Wirkung von 157 f.
Intention von 147
Monolog und 137 f.
mutuelles Explorieren und Entwickeln aus 148 f.
Notizen während 156
Handlungsfähigkeit und 226 ff.
veränderliche und im Fluß befindliche Natur von 107 ff.
Raumaufteilung bei 157
als Sprungbrett für zukünftige Gespräche 226 ff.
Struktur von 152 f.
Siehe auch Dialogisches Gespräch
Therapeutisches Interview, Beispiel für 200–228
Therapie, Definition von 277
Thomsen C. J. 196
Timing, mit dem Klienten synchron sein und 193 f.
Transformation 30 f., 274
dialogisches Gespräch und 114, 131–134
Therapeut erfährt 121 f., 132, 151
Siehe auch Veränderung
Transparent, sich öffentlich verhalten versus 124

Unausgesprochene, das 160 f.
weiterentwickeln und aussprechen 141 ff.
Wissen macht unempfänglich für 160
responsiv-aktives Zuhören-Hören 184 f.
Ungewißheit, Nicht-Wissen und 161 ff.
Siehe auch Nicht-Wissen

Verallgemeinerung, Nicht-Wissen und 162
Veränderung 258 f.
miteinander in Sprache sein und 143
Moderne und 47 f.

Postmoderne und 49 f.
Handlungsfähigkeit und 269 ff.
wechselnde Identitäten und Kontinuität durch 252 ff.
therapeutische Gespräche und 132 ff.
siehe auch Transformation
Verantwortlichkeit, geteilte 127 f.
Verantwortung: moralische 127 f.
postmodernes narratives Selbst und 258 f.
geteilte 127 f.
Verhaltensbestätigung 93
Versprachlichung 101
Verstehen: Gespräch und 161 ff.
Hermeneutik und 53 f.
Sprache bedingt und erzeugt 246
Nicht-Wissen und 161 f.
Vertrauen in den Klienten 168–173
Vertrauen zum Klienten 169
Vorwissen, Suspendierung von 79

Wachterhauser, B. 140 f., 243
Wechselseitigkeit, in der Gesprächsinteraktion 198
Weingarten, K. 198, 200
Widerstand, Zusammenbruch in therapeutischen Gesprächen 151
Wissen (und Erkenntnis): fehlende Geduld und 193 f.
Nicht-Wissen versus 161 ff.
Expertentum des Klienten als Schwerpunkt 79
im kollaborativen Ansatz 84
als Gemeinschaftsbesitz 239
kulturgebundenes 239 f.
als laufender Prozeß 240
Moderne und 42 f.
Postmoderne und 49 f.
psychologisches 37 f.
relationale Natur von 238 ff.

sozialer Konstruktionismus und 54 ff.
Siehe auch Nicht-Wissen
Wissenschaftliche Methodik, psychologisches Wissen durch 38 f.
Wittgenstein, L. 21, 50, 112, 238, 241 ff., 248, 261
Wörter, Mitteilung von Bedeutung durch 204 f.
Siehe auch Sprache
Würdigung der Geschichte des Klienten 195
Van der Merwe, W. L. 241 f.
Gasttherapeut 96 ff., 200 f.

Voestermans, P. P. 241 f.
Foerster, H. von 93
Glasersfeld, E. von 57
Wygotski, L. S. 141 ff., 282 A.5

Zeitgenössische Hermeneutik 54
Zirkel, hermeneutischer 138, 190, 282
Zugehörigkeit zum Gespräch 145 ff.
Zuhören des Therapeuten, Richtlinien für 183–188
Zuhören, reflektierendes 152 f.
Zusammenbrüche im Gespräch 148–151

Ingeburg Stengel/Theo Strauch:
Stimme und Person
Personale Stimmentwicklung, Personale Stimmtherapie
3., in der Ausstattung veränderte Auflage, 1998
231 Seiten, broschiert
ISBN 3-608-91988-0

In der langjährigen theoretischen und praktischen Arbeit der Autoren mit Patientinnen und Patienten in logopädischer Praxis entstand das Konzept für eine »personale« Stimmarbeit, dessen Ansatz lautet: Arbeit an der Stimme ist bewußte Arbeit an der Person. Dieses Buch wendet sich an Berufsgruppen, die sich im pädagogischen und therapeutischen Sinne mit der Stimme befassen, aber auch an Laien, die sich auf diesem Gebiet kundig machen wollen.

Ingeburg Stengel/
Lieselotte von der Hude/
Veronika Meiwald:
Sprachschwierigkeiten bei Kindern
Wie Eltern helfen können
9. Auflage, 180 Seiten, broschiert
ISBN 3-608-91884-1

Ihr Kind lernt nicht so schnell sprechen, wie es normal ist. Bedeutet das, daß Ihr Kind unter ernstzunehmenden Sprachstörungen leidet? Dieses Buch ist für Eltern eine kompetente Hilfe.

Frederick S. Perls/Patricia Baumgardner:
Das Vermächtnis der Gestalt-Therapie
Aus dem Amerikanischen von Hanfried Blume und Peter Kalkowski
1990. 256 Seiten, broschiert
ISBN 3-608-95662-X

Eine ausgezeichnete Einführung in die grundlegenden Konzepte und zentralen Begriffe der Gestalt-Therapie. Der zweite Teil enthält Vorträge und Vorlesungen, die Perls in seinen letzten Lebensmonaten am Lake Cowichan in Kanada gehalten hat.

Klett-Cotta

Marlis Pörtner:
Praxis der Gesprächspsychotherapie
Interviews mit Therapeuten
1994. 144 Seiten, Leinen, ISBN 3-608-91647-4

Marlis Pörtner, eine ausgebildete und engagierte Gesprächspsychotherapeutin, verlangt eine vertiefte Diskussion über das Wesentliche der Gesprächstherapie, über Fragen der Aus- und Weiterbildung, über diagnostische Kriterien und die Anwendung in unterschiedlichen Arbeitsfeldern. Sie hat deshalb in verschiedenen Ländern, in Europa und den USA klientenzentriert arbeitende Gesprächstherapeuten nach ihren Erfahrungen befragt.

Auf diese Weise ergibt sich ein sehr lebendiges, vielseitiges Bild dessen, was in der Praxis der Gesprächstherapie in den verschiedenen Ländern heute tatsächlich geschieht, wie Gesprächstherapeuten ihre Arbeit verstehen, wie sie sich von anderen Therapien abgrenzen.

David Mann:
Psychotherapie: Eine erotische Beziehung
Aus dem Englischen von Elisabeth Vorspohl
342 Seiten, Leinen mit
Schutzumschlag, Fadenheftung

Dieses Buch zeigt, wie latente und manifeste erotische Gefühle in der Psychotherapie neu bewertet und für Patienten und Therapeuten konstruktiv genutzt werden können – im Dienst von innerem Wachstum und Veränderung.

In anschaulicher Weise führt David Mann vor, wie sich die verschiedenen Formen von erotischer Übertragung gestalten können. Schließlich sieht er in den erotischen Phantasien des Therapeuten selbst, wenn sie nicht verdrängt oder verleugnet, sondern in all ihrer Ambivalenz konsequent analysiert werden, einen Schlüssel für das tiefere Verständnis des Unbewußten des Patienten.

Ein Buch, das offen und unvoreingenommen einen wichtigen Aspekt neu bewertet und als Chance zur Förderung des Behandlungsprozesses versteht.